C000020796

1 MONTH OF
FREE
READING

at

www.ForgottenBooks.com

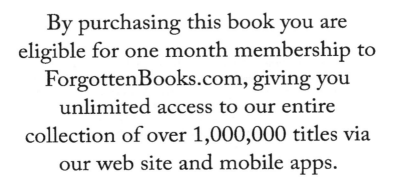

By purchasing this book you are eligible for one month membership to ForgottenBooks.com, giving you unlimited access to our entire collection of over 1,000,000 titles via our web site and mobile apps.

To claim your free month visit:

www.forgottenbooks.com/free919402

* Offer is valid for 45 days from date of purchase. Terms and conditions apply.

ISBN 978-0-265-98564-9
PIBN 10919402

This book is a reproduction of an important historical work. Forgotten Books uses
state-of-the-art technology to digitally reconstruct the work, preserving the original format
whilst repairing imperfections present in the aged copy. In rare cases, an imperfection in
the original, such as a blemish or missing page, may be replicated in our edition. We do,
however, repair the vast majority of imperfections successfully; any imperfections that
remain are intentionally left to preserve the state of such historical works.

Forgotten Books is a registered trademark of FB &c Ltd.
Copyright © 2018 FB &c Ltd.
FB &c Ltd, Dalton House, 60 Windsor Avenue, London, SW19 2RR.
Company number 08720141. Registered in England and Wales.

For support please visit www.forgottenbooks.com

GUTZKOW

ET

LA JEUNE ALLEMAGNE

PAR

J. DRESCH

Docteur ès-lettres

PARIS

SOCIÉTÉ NOUVELLE DE LIBRAIRIE ET D'ÉDITION

(*Librairie Georges Bellais*)

17, RUE CUJAS, Vᵉ

1904

TOUS DROITS RÉSERVÉS

Ce livre est une étude de la pensée et des écrits de Gutzkow, replacés au milieu du mouvement politique, moral et littéraire de 1830 à 1852. Nous croyons que l'intérêt de l'œuvre de Gutzkow est surtout dans la Jeune Allemagne, et qu'aussi cette École n'a d'importance que par son œuvre, Heine n'étant ici qu'un précurseur. Rapproché des écrivains frappés avec lui par le Décret du 10 décembre 1835, Gutzkow apparaît comme très supérieur à la plupart d'entre eux. On peut ne pas approuver ses idées, on peut lui refuser certains mérites, trouver à blâmer même dans ses meilleurs ouvrages ; mais ce que l'on doit reconnaître, c'est qu'il n'appartient pas à la catégorie des journalistes médiocres qui se plaisent à parler sur tout sujet au jour le jour. Personne ne s'est fait du rôle de l'écrivain une plus haute idée. Il n'est pas non plus, parce qu'il a vite pensé et beaucoup produit, un auteur fumeux et verbeux. Ses ouvrages peuvent nous instruire ; il convient donc de les connaître.

L'étude de Gutzkow et de la période dont il est le centre est bien faite pour attirer un Français. Il est certain que la France de 1830 a fortement agi sur la Jeune Allemagne, directement ou par l'intermédiaire de Börne et de Heine. Cela ne veut pas dire que nous ayons l'intention de multi-

153502

plier à plaisir les attaches entre la France et la Jeune Allemagne. Nous nous efforçons plutôt de les préciser, en évitant
de rester dans l'abstrait, en jugeant des œuvres par les
hommes et par les événements. Gutzkow, en particulier, qui
souvent est tout proche de la France par sa pensée, nous
paraît en être très loin par sa nature. Il appartient à son
pays autant que les écrivains qui lui reprochaient de chercher à l'étranger des principes politiques ou des idées
morales. Ses créations dans le domaine littéraire ne sont
pas d'importation française ; des influences de détail ne les
empêchent pas d'être parmi les œuvres véritablement origi-
nales de la littérature allemande.

L'une des principales difficultés de ce travail fut d'en
grouper les éléments : documents historiques qui peu à peu
sortent des archives, lettres qui ont paru çà et là dans un
livre ou dans un périodique, éditions princeps devenues
presque introuvables, revues ou journaux aujourd'hui très
dispersés. Nos meilleurs guides dans nos recherches ont été
Johannes Prœlss et le Docteur Houben, qui nous ont trans-
mis directement quelques indications ; leurs travaux, ainsi
que ceux de Geiger, nous furent d'un grand secours. La
Bibliothèque Nationale, le British Muséum, les Bibliothèques
d'Allemagne et de Suisse nous ont fourni beaucoup de matériaux ; d'autres sont dus au hasard d'une trouvaille chez un
libraire. Nous remercions les Bibliothécaires français et
étrangers qui nous ont fait parvenir des ouvrages parfois
très rares. Nous tenons à dire aussi combien nous devons
à madame Bertha Gutzkow ; non seulement elle nous a
souvent conseillé, mais elle a bien voulu nous communiquer
quelques lettres et quelques manuscrits de son mari.

Mars 1904.

Nous n'avons pas voulu donner une Bibliographie de notre sujet, parce qu'elle eût nécessairement été trop sommaire. Nous ne pouvions, en ce qui concerne le mouvement historique, songer à être plus complet que ne le sont les ouvrages classiques auxquels nous nous sommes référé, et, sur le mouvement littéraire, nous aurions été moins précis que ne l'est, par exemple, Richard-M. Meyer dans son *Grundriss der neueren deutschen Literaturgeschichte*. D'autre part, il ne nous aurait pas été possible, dans la Bibliographie spéciale à chaque auteur et à chaque ouvrage, de rappeler les différentes éditions, les lettres, les revues, les journaux consultés; nous les mentionnons au cours de cette étude avec les références et les éclaircissements nécessaires pour en faire usage (1).

On trouvera dans le livre du Docteur H. Houben : *Gutzkow-Funde* (Berlin, 1901), une excellente bibliographie de Gutzkow (pages 543-554). Nous n'indiquons ici que les principales collections de ses œuvres.

(1) Pour les passages traduits, le texte est cité chaque fois que le livre auquel nous renvoyons est difficile à trouver, ou bien lorsque l'expression allemande présente, par elle-même, une importance particulière.

. La première a été publiée entre les années 1845 et 1852 à Francfort. Elle ne contenait pas les drames; ceux-ci parurent réunis pour la première fois chez Weber à Leipzig (1842-57); en 1862, deuxième édition des drames chez Brockhaus (Leipzig); en 1871, troisième édition chez Costenoble (Iéna).

La deuxième collection des œuvres de Gutzkow a été entreprise par Costenoble à Iéna en 1872; elle contient, si l'on excepte les romans, une grande partie des écrits de Gutzkow : 1ʳᵉ série (1872-76), critique littéraire, théologie, histoire, récits et nouvelles ; 2ᵉ série (1880 et suiv.), drames.

C'est à cette dernière collection que nous renvoyons, mais nous serons obligés d'avoir souvent recours aux autres éditions. Pour les livres publiés isolément, nous donnerons les renseignements utiles à mesure que nous serons amenés à en parler.

ABRÉVIATIONS DES NOTES

B. W.. . . . . Ludwig Börne, *Gesammelte Schriften.*
Hamburg, Hoffmann und Campe,
1862.

G. W. . . . . . . Gutzkow, *Gesammelte Werke.* Iena,
Costenoble, 1872.

H. W. . . . . . . Heine, *Sämmtliche Werke*, Neue Ausgabe in 12 Bänden. Hamburg, Hoff-
mann und Campe.

L. W.. . . . . . . Laubè, *Werke.* Wien, 1875.

Heine, *Correspondance* *Correspondance* de H. Heine. Édition
Michel-Lévy (tomes 3, 4 et 5).

G., *Dram. Werke.* . Gutzkow, *Dramatische Werke.* Iena,
Costenoble, 1880.

Geiger. . . . . . Ludwig Geiger, *Das Junge Deutschland
und die preussische Censur nach
ungedruckten archivalischen Quellen.*
Berlin, 1900.

Houben (Gutzk.Funde) Dr. Heinrich Hubert Houben, *Gutzkow-
Funde*, Berlin, 1901.

Houben (*Devrient*). . Dr. Heinrich Hubert Houben, *Emil
Devrient. Sein Leben, sein Wirken,
sein Nachlass.* Frankfurt-am-Main,
1903.

Prœlss . . . . . Johannes Prœlss, *Das Junge Deutschland*, Stuttgart, 1892.

Rückbl. . . . . . . K. Gutzkow, *Rückblicke auf mein Leben*,
Berlin, 1875.

PREMIÈRE PARTIE

———

LE MOUVEMENT POLITIQUE DE 1830-1832
INFLUENCE DE BÖRNE
UNE ANNÉE DE DÉSARROI : 1833

I. — Enfance de Gutzkow (1811-1821) : Origine populaire.et pauvrete
— Sentimentalité : nature et religion. — Premières épreuves.
II. — Le gymnase Friedrich-Werder (1821-1829). — L'enseignement
pendant la persécution démagogique. — Gutzkow est philologue
et romantique ; épris des principes de la *Burschenschaft*, il n'aime
pas Heine (premiers *Reisebilder*, 1828), il admire Menzel (*Deutsche
Literatur*, 1827), et Börne (*Gesammelte Werke*, 1828 et suiv.).
III. — L'Université (1829-1831). — Manque d'indépendance, Hegel, Ed.
Gans. — Saint-Marc Girardin à Berlin. — Révolution de 1830 : Berlin reste immobile. — Gutzkow fonde le *Forum der Journalliteratur*. — Sa passion pour Rosalie Scheidemantel. — Le choléra. —
Gutzkow quitte Berlin.

I

Quatre ouvrages de Gutzkow nous instruisent sur sa vie :
Vergangenheit und Gegenwart (1839) ; — *Aus der Knabenzeit* (1re partie 1852. 2e partie 1871) ; — *Das Kastanienwäldchen* (1869-71); — *Rückblicke auf mein Leben* (1875).

Vergangenheit und Gegenwart parut en 1839 à Hambourg, dans une revue que Campe venait de fonder, *das
Jahrbuch der Literatur*, et qui ne dura qu'une année ; jamais
ces pages de Souvenirs n'ont été réimprimées ; écrites après
une des périodes les plus orageuses de la vie de Gutzkow,
elles donnent de ses premières années de lutte un aperçu
rapide et très net.

La première partie de *Aus der Knabenzeit* est de l'année
1852 (1). Gutzkow était alors heureux, admiré ; cette impression de bonheur rejoignit celle de son enfance et lui inspira,
chose rare dans son œuvre, un livre de calme et de sérénité,
tout parfumé des sentiments de l'enfant restés vivaces et que
sont venues seulement éclairer les observations de l'homme
fait (2).

Vingt ans après, il écrivait la suite de ses Souvenirs avec
moins de tranquillité d'esprit, fatigué de travail, méconnu,
aigri par l'insuccès ; sa pensée se reportait vers le temps où,
étudiant à Berlin, il faisait de la vie une première expérience
douloureuse. Il appela son livre *Das Kastanienwäldchen*,
désignant par ce titre le bois de marronniers qui autrefois
entourait l'Université berlinoise. Cet ouvrage n'a pas paru
dans la collection de ses œuvres, il est au deuxième volume
des *Lebensbilder* (3).

Les *Rückblicke auf mein Leben* sont un des derniers
ouvrages de Gutzkow (4). Ils continuent *Aus der Knabenzeit*
et *Das Kastanienwäldchen*, vont de 1830 à 1850 et forment
un document d'une très grande valeur, non seulement pour

(1) Cette première partie (1811-1821) est de beaucoup la plus longue ;
la deuxième (1821-1829), publiée en 1871, conte les années que Gutzkow a passées au gymnase. V éd. Costenoble (G. W.), I⁰ʳ vol., Préfaces, pages 7 à 12.

(2) Wehl (*Zeit und Menschen*, II, 102-103) dit avec raison que ce
livre trop peu connu prouve quelle richesse de sentiments il y avait
chez un auteur que l'on osait appeler « *herzlos* ».

(3) *Lebensbilder*, 2 vol., Stuttgart. La 2ᵉ édition, à laquelle nous renvoyons, est de 1874. Remarquer que les années d'Université (*Kastanienwäldchen*) ont été contées avant les années de gymnase. *Das Kastanienwäldchen* parut en 1869, les souvenirs du gymnase ne furent
écrits qu'en 1871 ; ils sont au Iᵉʳ volume des Œuvres de Gutzkow, à
la suite des Souvenirs d'enfance (*Aus der Knabenzeit*, p. 195) V. Préface G. W., I, p. 11.

(4) Les *Rückblicke* n'ont pas paru dans les Œuvres complètes de
Gutzkow, ils ont été publiés en 1875 (Berlin, A. Hofmann et Co.).

la vie de Gutzkow, mais pour l'histoire littéraire et politique du milieu du xixe siècle.

Gutzkow avait en outre écrit une autobiographie pour le *Grundriss der deutschen Dichtung* ; il l'avait, en 1859, envoyée à Gœdeke qui la publia en 1879 dans la revue *die Gegenwart* (1) ; elle indique avec clarté les principales tendances d'une vie littéraire qui fut très tourmentée.

Écrites à des années de distance et sous des impressions différentes, ces pages ont un trait commun qui est la sincérité. Gutzkow, par erreur de mémoire, a pu se tromper sur un fait de peu d'importance ou sur une date ; plus d'un de ses jugements, surtout dans la dernière partie de sa vie, révèle un esprit que les circonstances avaient rendu chagrin ; il a parlé sans ménagement des autres comme de lui-même, mais jamais il n'a faussé sciemment la vérité par vanité ou par intérêt. C'est ce que tous les témoignages extérieurs sont venus prouver : les souvenirs de ses amis L. Schücking, F. Wehl, Frenzel et, ce qui est plus probant encore, ceux de ses ennemis, Hebbel (2), Julian Schmidt, Freytag ; les recherches faites aux archives par Johannes Prœlss et plus récemment par Geiger, le professeur de l'Université de Berlin ; les lettres que Gutzkow écrivit et reçut et dont une partie a déjà été retrouvée par le docteur H. Houben. Ces témoignages complètent les souvenirs de Gutzkow, redressent certains faits, mais confirment toujours ce qu'il avance. C'est donc à lui-même qu'il faut avant tout s'adresser pour connaître la première partie de sa vie, celle qui appartient à l'histoire de la Jeune Allemagne.

---

(1) *Die Gegenwart*, 20 déc. 1879, n° 51, page 394.

(2) Emil Kuh (*Hebbel*), I, 381. « Hebbel neigte sich ferner zu dem Glauben hin, dass Redlichkeit der Grundzug der Natur Gutzkow's sei. »

Karl Gutzkow est né le 17 mars 1811 (1) à Berlin, dans le
pavillon nord-est du palais qui abritait l'Université fondée
depuis cinq mois (15 octobre 1810). Là tout un monde s'ouvrit à la première curiosité de l'enfant : longues galeries de
livres et de moulages, salles d'imprimerie, appareils d'astro-
nomie, cliniques où chaque soir sont alignés de nouveaux
cadavres (2) ; à côté du domaine de la science, mystérieux
ou effrayant, l'éclat et le mouvement d'une cour princière,
celle de Frédéric-Guillaume-Charles de Prusse, frère du
roi Frédéric-Guillaume III, le remue-ménage des écuyers,
piqueurs, palefreniers, le bruit des éperons et des sabres, des
gardes montantes et descendantes ; puis, des coins de solitude,
des retraites silencieuses, cours intérieures aux vieux puits,
citernes ombragées de noyers, bois de châtaigners où la
rêverie se promène. Gutzkow s'est plu à rappeler tous ces
souvenirs ; il veut que son imagination ait trouvé là des
éléments romantiques, et son intelligence une vue claire de
la réalité. « Le monde autour de lui était, dit-il, plein de
distinction et riche d'enseignements » (3). Son père (4), il est
vrai, n'occupait dans ce monde que le rang de premier
écuyer d'arrière. Entre la richesse du milieu et la gêne intérieure le contraste était grand ; le jeune Karl avait un frère
et une sœur plus âgés que lui (5), et le logis était étroit ;
on n'avait qu'une chambre, la cuisine même devait être
partagée avec le ménage de l'écuyer de tête.

Du côté paternel, la famille était d'origine poméra-
nienne (6), mais elle sortait de Franconie ; Gutzkow s'atta-

---

(1) *Aus der Knabenzeit*, Éd. Costenoble, G. W., I, 18.
(2) G. W., I, 19 et suiv.
(3) G. W., I, 22.
(4) G. W., I, 22.
(5) Le frère avait treize ans, la sœur huit ans de plus que Karl
Gutzkow.
(6) G. W., I, 27, 28, 34, 35.

che à le prouver, en s'amusant, d'ailleurs, et sans apporter d'arguments bien sérieux. Il prétend que le nom vient de l'ancien allemand *Gutzgauch (Kuckuk)*, et décrit le blason des comtes Gutzkow au IXᵉ siècle déjà célèbres. Descendait-il de ces comtes en ligne directe ? Lui-même nous permet d'en douter ; ce qu'il désire que nous retenions, c'est qu'il n'est point de race slave. On lui a tant reproché de ne pas être allemand par ses écrits qu'il veut l'être au moins par ses ancêtres.

Son père, sanguin, remuant, emporté, mais ponctuel et bon enfant, avait un talent de conteur que Sheheresade lui aurait envié (1) ; et ce n'était point contes des Mille et une Nuits, ce qu'il disait, mais bien pure vérité, faits vus et accomplis par lui. C'était une chevauchée au galop à travers toute l'Allemagne (2) à la suite du prince Guillaume, la victoire après les défaites, l'invasion en France, l'entrée superbe à Paris au milieu des fleurs, des guirlandes et des cocardes blanches (3), une vision rapide et restée étincelante du Palais Royal et des Tuileries. Il avait dans ses campagnes aperçu maintes fois Napoléon (4), ce comédien qui avait humilié des rois et des reines choisis de Dieu ; il l'appelait simplement Bonaparte, le haïssait franchement et apprenait à son fils à le haïr. Quel éloge (5) par contre il faisait du prince Guillaume ! Il connaissait son courage sur le champ de bataille, il avait éprouvé souvent sa libéralité ; le prince avait comblé de ses dons le jeune Karl, son filleul, l'avait fait soigner par ses médecins, nourri de sa table (6). Qu'un enfant avec un tel parrain ait pu devenir « déma-

(1) G. W., I, 37.
(2) G. W., I, 40.
(3) G. W., I, 47.
(4) G. W., I, 41.
(5) G. W., I, 42-43.
(6) G. W., I, 43.

gogue, littérateur, blasphémateur », c'est ce que le père ne put jamais concevoir, dans la persuasion où il resta que généraux et ministres sont d'un autre sang que les gens du commun (1).

Gutzkow eut pour sa mère une affection profonde ; il parle souvent d'elle dans ses Souvenirs (2). Elle était petite, avec des yeux bleus et des cheveux noirs, très douce, mais très volontaire à l'occasion, la raison et la règle du logis ; son regard surtout frappait : il était à la fois malicieux, souriant et réfléchi. Se séparer d'elle par la pensée, sentir qu'il n'est plus rien pour elle, sera plus tard l'une des plus vives souffrances de Gutzkow ; il le dit dans une lettre à Weill du 5 janvier 1843 : « L'une des émancipations les plus cruelles, est celle d'un enfant à l'égard de ses parents » (3). Ce qu'il a aimé surtout en sa mère, c'est la femme du peuple, estimée par lui infiniment plus que la femme des classes élevées, et à laquelle il ne reproche que son bavardage (4). Car il est peuple par la naissance, et l'est resté sa vie entière par le sentiment ; il veut qu'on le sache et s'en fait gloire, comme le prouve l'épigraphe de ses Souvenirs d'enfance qui pourrait être mise en tête de toute son œuvre : « Qui n'a pas connu l'humanité dans ses classes inférieures ne la comprend pas dans ses hauteurs (5). » Toute sa parenté, nombreuse, était pauvre (6), petits artisans, tisserands, gantiers ou chapeliers, à l'aise aujourd'hui, demain dans la

(1) Voir aussi *Aus Empfangszimmern*, p. 132, dans les *Lebensbilder*.

(2) G. W., I. 27, 49, 50, 58, 59.

(3) « Es ist eine der grausamsten Emanzipationen, die der Kinder von ihren Eltern. » V. Alex. Weill, *Briefe hervorragender verstorbener Männer Deutschlands.* Zürich, 1889.

(4) G. W., I, 139.

(5) G. W., I, 5.

(6) G. W., I, 50, 57, 136, 137.

misère, qu'il a vus à la besogne, maugréant, envieux, âpres
au gain, mais sachant souffrir et s'entr'aidant ; il a toujours
vanté leur bon sens solide et leur probité.

Avant qu'il ait senti le poids de la misère, son enfance
dut être heureuse, tant le seul souvenir en est pour lui reposant et doux. Les joies les plus vives, c'était la nature qui
les lui donnait : une fleur découverte, un brin d'herbe est
pour lui toute une idylle ; les promenades matinales à Span-
dau à travers les pins et les bouleaux, sur les bords de la
Sprée aux larges boucles, lui apportent à chaque printemps
des plaisirs nouveaux (1). Toujours, aux heures de tristesse,
la nature resta son refuge ; non pas qu'il la transfigurât en
philosophe ou en poète qui cherche en elle un écho à sa
souffrance, mais il revenait à elle simplement, plutôt en
naturaliste qui l'aime et la comprend, s'arrête pour en
observer les formes et pour en suivre la vie. Témoin cette
page de ses Souvenirs : « Entrer dans un jardin après un
orage (2), quand les allées sablées ont bu vite les averses
torrentielles, et que les roses, les œillets, les giroflées sont
comme baignés de pluie, c'est là un plaisir tout captivant.
Les fleurs sont comme nouvellement écloses et répandent
leur arome dans l'air purifié. Ce n'est que dans ces instants
qu'elles ont la force d'étaler par tout l'espace les nuances de
leur couleur et de leur parfum. Si le soleil vient alors à
paraître, rien n'est comparable aux fleurs humides. Suspendues au jasmin, les gouttes restent comme retenues par un
charme. Il faut qu'elles rassemblent longtemps leurs forces,
jusqu'à ce qu'elles soient assez lourdes pour rouler sur les
feuilles vertes. Plus la fleur contient d'huile, plus longtemps
scintille sur son calice l'humidité de ces gouttes isolées. Une
rose aux cent feuilles qui vient de faire éclater son enveloppe

(1) G. W., I, 85, 92, 95.
(2) G. W., I, 161.

verte à sépales dentelés, quand elle est parsemée de petites
gouttes de pluie qui ne veulent pas s'écouler et brillent dans
le soleil dégagé de nuages, est bien l'image la plus gracieuse
de tout le monde des fleurs. »

De même que la nature, la religion (1) agit profondément
sur Gutzkow. Il n'en sentit tout d'abord que la beauté ;
l'une des plus grandes fêtes de sa jeunesse fut le jubilé de la
Réforme, qui resta dans sa mémoire comme un éclat merveilleux de soleil, un son de cloches continu pendant trois
jours ; la Bible (2), qu'il appelle « le livre du peuple », le
captivait. Son père et sa mère étaient « piétistes » et lui-
même longtemps écouta les prêches de Jänicke. Peu à peu il
se délivra, comme il le dit (3), « du poids d'une obscure sentimentalité ultra-religieuse », mais toujours cette première
influence mystique laissa sur lui son empreinte ; il ne cessa
de croire à la divinité alors même qu'il passa pour athée : il
y a souvent dans son œuvre une sorte de ferveur religieuse (4).

Il était d'une nervosité extrême, au point de ne pouvoir
entendre les sons du violon sans pleurer ; il aimait le frisson (5) de la peur, la vue de la clinique où l'on dissèque, du
gibet où l'on roua, des casernes qu'il supposait hantées ;

(1) G. W., I, 115.
(2) G. W., I, 118.
(3) G. W., I, 124.
(4) Dans ses dernières années encore, il affirmait ses convictions
religieuses, comme le prouvent ses *Denksprüche* (*Vom Baum der
Erkenntniss*, 1868) et ce passage inédit de son Journal: « Mein Leben
lang war Gott mein einziger Gedanke. Auch wenn ich « sündigte ».
Dann unterhielt ich mich mit ihm und stritt mit ihm und wollte mir
mein Recht nicht nehmen lassen, nach den Gesetzen der Natur zu
leben, und mich durch den Genufs über den Mangel an Glück zu
trösten und zu erheben. » Voir des fragments de ce Journal à fin du
volume.
(5) G. W., I, 61-64 et suiv.

il lisait avec délices le sabbat du *Faust*. L'assassinat de
Kotzebue par Ludwig Sand fit sur lui une vive impression ;
des images aperçues aux devantures des magasins, représentant l'étudiant hessois dans sa prison ou sur l'échafaud, obsé-
daient sa pensée ; il imitait son exécution, assis sur une
chaise, la nuque à découvert, attendant le coup fatal (1).

Si l'on en juge par ses Souvenirs (2), Gutzkow eut vite
compris quelle condition d'existence était la sienne ; tout
enfant il sentit la différence entre la richesse et la pauvreté,
l'indépendance et la servitude ; la joie calme du premier âge
disparut ; en cette âme à la fois sentimentale, ardente et
réfléchie s'établit la désharmonie. Il (3) s'était lié avec le
fils d'un peintre, Cleanth von Minter, dont la maison devint
pour lui un deuxième foyer ; il y connut l'abondance, le luxe
et le bon ton. C'était, dit-il, l'existence des dimanches à
côté de celle de tous les jours ; celle-ci lui parut d'autant
plus pénible, et ce fut un déchirement lorsque Cleanth von
Minter partit avec son père pour la Pologne (4). Le jeune
Gutzkow avait maintenant besoin d'une autre vie que celle
qu'il trouvait au logis de ses parents. Il entra au gymnase
Friedrich-Werder : il avait alors dix ans (5).

II

Gutzkow passa au gymnase huit années (6) qui comptent
parmi les plus sombres dans l'histoire (7) de l'Allemagne

(1) G. W., I, 239.
(2) G. W., I, 96, 151.
(3) G. W., I, 158.
(4) G. W , I. 193.
(5) G. W , I, 194.
(6) *Aus der Knabenzeit*, 2ᵉ partie, 1821-1829, G. W , I, 195.
(7) Ouvrages historiques consultés : Treitschke, *Deutsche Geschichte im neunzehnten Jahrhundert*. Tomes IV et V. — A. Stern,

(1821-29). L'attentat de Sand avait offert à Metternich une occasion nouvelle d'organiser la réaction, et les décrets de Karlsbad en 1819 avaient donné le signal des mesures les plus rigoureuses contre le mouvement libéral et la presse : une commission siégeant à Mayence surveillait les Universités ; les associations d'étudiants *(Burschenschaften)* étaient interdites sous les peines les plus sévères, Jahn était en prison, Arndt poursuivi ; la diète fédérale de Francfort avait établi la censure dans tous les États allemands, lui soumettant non seulement les journaux, mais tous les livres qui ne dépassaient pas vingt feuilles d'impression.

La Prusse avait mis au service de ce mouvement réactionnaire son administration savante. Organisant à Berlin un Conseil de la censure (1), le gouvernement avait eu soin, pour sauver les formes, d'y faire entrer des hommes qui étaient libéraux ou passaient pour l'être, Körner qui avait été l'ami de Schiller, les historiens Raumer et Ancillon ; mais le ministère, loin de se laisser guider par leurs avis, pesait sur leurs décisions. La pensée religieuse et philosophique était réglementée (2) : le mot « protestantisch », réputé malsonnant, était remplacé par le terme « evangelisch » ; une liturgie nouvelle tendait à rapprocher luthériens, protestants et catholiques, le piétisme devenait religion gouvernementale ; la philosophie officielle était celle de Hegel qui, dans la Préface à la

---

Geschichte Europas (3 volumes seulement ont paru). — G. Kaufmann, *Politische Geschichte Deutschlands im neunzehnten Jahrhundert*, 1900. — Lévy-Bruhl, *L'Allemagne depuis Leibnitz*, 1890. — Seignobos, *Histoire politique de l'Europe contemporaine*, 1897. — E. Denis, *L'Allemagne de 1810 à 1852*, 1898. — É. Bourgeois, *Manuel historique de politique étrangère*. — Lavisse et Rambaud, *Histoire générale*, Tome X.

(1) En 1819. V. Geiger, *Das junge Deutschland und die preussische Censur*. Berlin, 1900, p. 6 et suiv.

(2) V. Brandès, *Das junge Deutschland* (2e édition), p. 10 et 14. — Ziegler, *Die geistigen und socialen Strömungen*, p. 217. — Kaufmann, *Politische Geschichte*, 196-197, 144-147.

Philosophie du droit, avait approuvé les poursuites contre les démagogues. A cette impulsion politique et religieuse obéissaient les écoles prussiennes surveillées de près par Altenstein et Kamptz : faire allusion dans l'enseignement à des événements contemporains, mentionner même une victoire allemande de 1813 était un crime : les vingt premières années du siècle devaient être ignorées (1).

Dans le gymnase (2) où se trouvait Gutzkow, l'hegelianisme était donc enseigné, sur l'ordre même d'Altenstein, réduit il est vrai à la pure logique ; les principes religieux qu'il fallait accepter étaient ceux de Schleiermacher (3), interprétés par des « penseurs corrects »; la littérature était apprise dans le manuel de Franz Horn, dont la sentimentalité n'était pas troublante, et l'on avait soin de passer Wieland sous silence, cet auteur ayant foulé aux pieds toute convenance et toute religion. Ferdinand Ribbeck, professeur correct et distingué autant qu'un conseiller intime, était le maître du beau langage, et poursuivait impitoyablement tout berlinisme ; il avait en esthétique les principes de Platen et de Ruckert : la forme était pour lui plus importante que le fond. C'était alors l'époque d'un culte gœthéen créé par Zelter et Friedrich Förster, entretenu avec partialité et méthode au détriment de Schiller, esprit dangereux ; il y avait des concours de poésie en l'honneur du « vieillard de Weimar », et Ribbeck prenait part à ces tournois littéraires. Encore tout n'était-il pas à louer chez Gœthe ; personne dans un gymnase ne se serait avisé de parler du *Faust*. Gutzkow était au nombre des élèves favoris de Ribbeck, mais il a bien trompé ses espérances : chez lui le fond passera avant la forme, ou plutôt la créera.

(1) G. W., I, 220.
(2) G. W., I, 208.
(3) G. W., I, 213.

Mais plus les maîtres paraissaient ignorer le présent, plus les écoliers étaient désireux de le connaître. Malgré le régime Kamptz-Altenstein, des œuvres profanes franchissaient les murs du gymnase : Justinus Kerner avait quelque chose de libre et d'individuel qui captivait les jeunes esprits ; le nom d'Uhland (1) arrivait aux élèves de « seconda » et de « prima » comme un rayon de lumière dans une chambre obscure ; on se disputait le *Morgenblatt*, journal littéraire de Stuttgart, où ses vers paraissaient. Gutzkow (2) fut attiré surtout par les romantiques : les nouvelles de Tieck lui plaisaient, les Hymnes à la Nuit de Novalis (3) lui inspiraient une apostrophe aux Étoiles ; il aimait à s'arrêter avec Arnim aux époques lointaines du Moyen-Age ; le fantastique d'Hoffmann répondait à son imagination ; il lisait avec joie Walter Scott, l'auteur fêté de tous les partis, mais, entre tous, son favori était Jean-Paul, qui mieux que tout autre savait peindre à ses yeux la vie de tous les jours.

Parfois, au Stehely, café longtemps célèbre, Gutzkow passait de longues heures à lire les journaux, et s'initiait aux discussions de la littérature contemporaine. Elles étaient aussi médiocres que l'époque. Saphir (4) était l'idole du grand public : protégé par le roi, par Hegel le tout puissant, il paraissait invulnérable ; ses revues *(Schnellpost, Courier, Staffette)* (5) avaient un succès retentissant. Au théâtre, Raupach devenait célèbre ; Houwald (6), Clauren, Blum étaient les dramaturges du roi : « une critique trop vive de leurs pièces dans les feuilles censurées attirait à son auteur des lettres de cabinet avec les mesures qui s'ensuivaient » ;

(1) G. W., I, 214.
(2) G. W., I, 240.
(3) G. W., I, 221.
(4) G. W., I, 226.
(5) G. W., I, 227.
(6) G. W., I, 227.

il fut même quelque temps défendu de critiquer une pièce avant la troisième représentation.

Gutzkow, malgré cette curiosité tournée vers l'extérieur, était un élève laborieux. Après quarante années il se rappelle (1) quel plaisir il éprouvait à lire Horace et Tacite avec ses maîtres Passow et Giesebrecht ; il étudiait Homère, Sophocle et Eschyle, il en imposait à ses camarades par ses connaissances, on croyait voir en lui un futur professeur de philologie. Adolphe Glassbrenner, qui fut son condisciple (2), s'étonnera plus tard que cet écolier timide et silencieux ait pu ébranler l'Allemagne et ouvrir à la littérature un champ nouveau (3).

Tout jeune pourtant, et dès le gymnase, il perdit la foi dans le passé et la confiance dans le présent. Il avait cru aux mythes antiques, comme à une révélation, et n'avait jamais eu l'idée d'en sonder la valeur ; les Prolégomènes de Wolf (4) lui prouvèrent qu'ils n'étaient que de belles constructions. Le respect de la tradition s'en alla. Il devait au romantisme, en même temps que ses premières joies littéraires, ses premiers principes politiques ; il rêvait d'une Allemagne unie et libre suivant l'idéal de la *Burschenschaft*, et le présent tous les jours s'écartait de son rêve ; il cherchait humanité et vérité, et ne trouvait que fanatisme et ignorance (5). Il en vint à mépriser superbement les conditions sociales où il vivait ; le pessimisme de la poésie lyrique, le « *Weltschmerz*, » le Byronisme, dont la première influence se faisait sentir en Allemagne, sans pénétrer son âme robuste, ajoutaient à son inquiétude. Qui écouter dans

(1) G. W., I, 215, 216.

(2) Voir un article de Houben dans le *Zeitgeist*, 51, *Berliner Tageblatt*, 21 Déc. 1903.

(3) Lettre du 28 juin 1836, citée par Prœlss, *Das junge Deutschland*, 225.

(4) G. W., I, 230.

(5) G. W., I, 239, 240, 241.

le présent ? Quelle voix était digne d'être entendue ? Un
nom grandissait chaque jour, qui devait être bientôt parmi
les plus célèbres : celui de Heine. Gutzkow lut ses premiers
écrits et fut déçu : les *Reisebilder* (1) lui montraient le mal
social sans en indiquer le remède, ils le déconcertaient ; les
Lieder lui paraissaient affectés dans le sentiment, négligés
dans la forme, et d'ailleurs imités des anciennes ballades : ces
gouttes de rosée (2), ces lis, ces roses dont tant de vers se
paraient, tont cela était déjà dans le *Wunderhorn ;* Gutzkow
accusait Heine de plagiat, et « son judaïsme, dit-il, complé-
tait cette image de vieux habits d'emprunt ». Tout rempli de
l'esprit vieil-allemand qui animait les anciennes associations
d'étudiants, Gutzkow détestait les juifs (3). Et puis, Heine
n'avait-il pas déclaré qu'il fallait se dégager « du marécage
de la vanité nationale » (4) ? N'avait-il pas applaudi lorsque
trente-deux étudiants berlinois avaient été relégués pour
avoir fait partie de la *Burschenschaft* (5) ? De telles idées ne
pouvaient plaire au jeune écolier de dix-sept ans épris de
romantisme ; il cherchait un guide : ce fut Menzel qu'il rencontra.

   Menzel (6) à cette époque n'était pas moins renommé que
Heine. Il représentait la tendance romantique libérale qui
avait pris naissance en 1813 avec Stein, Fichte, Arndt ; en
1818, à Iéna, il avait été l'un des fondateurs de l'*Allgemeine
Burschenschaft*, union générale des étudiants ; après le
meurtre de Kotzebue, il avait été arrêté et expulsé d'Iéna ;

----

   (1) Le premier volume parut en 1826.
   (2) G. W., I, 241, 242.
   (3) « Ich hasste Heine », dit Gutzkow (V. *die Gegenwart*,1879, p.394).
   (4) « Aus dem Sumpfe der Nationaleitelkeit », *Briefe aus Berlin*
(1822). H. W.. V, 171 (Édition Hoffmann et Campe en 12 volumes).
   (5) H. W., V, 183.
   (6) V. Menzel, *Denkwürdigkeiten.*, 1877. — V. Prœlss, *Das junge
Deutschland*, pages 270 et suiv.

après les décrets de Karlsbad il avait dû fuir encore de Bonn où il s'était refugié ; reçu avec enthousiasme en Suisse, il avait fondé en 1824 les *Europäische Blätter*. Il faisait des principes de la *Burschenschaft*, libéralisme, patriotisme, religion, la mesure de la critique littéraire ; ennemi des idées de Voltaire, il admirait sa façon de combattre. Quant il avait cru pouvoir rentrer à Stuttgart, les libéraux l'avaient accueilli avec joie. Cotta lui avait confié en juillet 1825 la rédaction du *Literaturblatt*, supplément du *Morgenblatt*. Menzel, qui avait à peine trente ans, était devenu par ce journal en peu de temps le critique le plus puissant de l'Allemagne du sud.

Le *Morgenblatt* était le journal cher à Gutzkow (1) ; tout ce qui dans sa pensée luttait vers la lumière et voulait prendre forme trouvait dans les écrits de Menzel, une force organique, une activité ordonnée. Aussi sa joie fut grande lorsque Menzel publia un ouvrage sur la littérature allemande : (*Deutsche Literatur*, 1828). Il faut voir dans les Souvenirs de Gutzkow et dans un article écrit par Heine en 1828 l'impression produite par ce livre sur de jeunes esprits ; c'était, a dit Heine (2), depuis les leçons de F. Schlegel (*Vorlesungen über die deutsche Literatur*), le premier ouvrage d'ensemble sur la littérature allemande, c'était le seul répondant à l'esprit nouveau. Menzel cherchait le rapport de la vie avec les livres, il voulait que la politique et la littérature fussent étroitement unies : esprit encyclopédique, moins savant par lui-même que désireux de science, il voyait dans l'universalité le caractère de l'époque. A l'entrée du xixᵉ siècle, au lendemain de la mort de Napoléon, il proclamait que les idées remplaçaient les hommes, qu'on ne lutterait plus pour un maître, mais pour un principe. Au servilisme (3) historique

(1) G. W., I, 243, 244.
(2) Heine (Éd. Hoffmann et Campe), H. W., XII, 157.
(3) Menzel, *Deutsche Literatur*, I, 223 et suiv.

et réactionnaire il opposait le libéralisme qui seul avait été
fécond dans le monde littéraire, de qui seul l'avenir était
à attendre, ce qui prouvait que la liberté est non seulement
un droit, mais un devoir. Son héros en littérature était
Jean-Paul, l'unique, l'inoubliable, dont l'œuvre contenait
en germe tout le siècle qui s'annonçait ; Gœthe (1) en face
de lui n'était que le représentant du passé littéraire ; écrivain
sans caractère, il représentait, comme l'avait dit Novalis,
un art aristocratique.

Bien des principes que la jeune Allemagne devait répandre
étaient exposés dans la *Deutsche Literatur* pour la première
fois avec netteté. Le jour où Gutzkow lut ce livre, sa pensée
pour longtemps fut conquise par Menzel.

Une autre voix qu'il écouta dès le gymnase fut celle de
Börne (2): il ignorait alors que Börne fût juif, et put le lire
sans arrière-pensée. Il retrouvait dans son œuvre ce qu'il
avait déjà rencontré chez Menzel : l'union de la science et de
la vie (3), mais plus de hardiesse encore dans les revendications. Börne réclamait la liberté de la presse, sans laquelle
les peuples, par lassitude ou par intérêt, n'ont plus que
des soucis matériels ; après les décrets de Karlsbad il
avait osé se railler de la censure (4), chose effrayante et
risible, car elle prouve la force de l'opinion publique. Il
retraçait le Paris des années 1822-25 (5), si actif, si plein
d'espoir, où l'on vivait double, il louait Jean-Paul (6) comme

---

(1) Menzel, *Deutsche Literatur*, II, 205 et suiv.
(2) V. Gutzkow, *Rückblicke*, 48.— La 1ʳᵉ édition des œuvres de Börne
commença à paraître en 1828 et Gutzkow dit s'être aussitôt abonné.
(3) Börne, *Gesammelte Schriften* (Hoffmann et Campe), *Das Leben
und die Wissenschaft* (1808), B. W., II, 199. — *Ankündigung der Wage*
(1818), B. W., I, 132.
(4) *Denkwürdigkeiten der Frankfurter Censur* (1819), B. W., II, 57.
(5) *Schilderungen aus Paris*, B. W., III.
(6) Börne, *Denkrede auf Jean-Paul* (1825), B. W., I, 312

nul n'avait su le faire : le chantre des pauvres, le révélateur
des moindres secrets du cœur, le lutteur pour la vérité, le
droit, la liberté et la foi. Il faisait mieux que de le louer (1),
il possédait ses qualités : la sincérité, l'amour de tout ce qui
est profond et vrai, la naïveté et la chaleur quand il rappelait les sentiments les plus simples et les plus généraux du
cœur humain, l'ironie quand il parlait des princes et des
grands ; il avait dans le style le même naturel avec plus de
netteté et de force.

Börne fut pour Gutzkow un second maître ; il eut sur lui
peut-être moins d'action que Menzel, parce que son œuvre,
moins régulièrement construite, paraissait moins logique,
mais les deux noms restèrent unis dans sa pensée. Chez
tous les deux, il avait trouvé ce qu'il aimait du passé (2) :
chez Menzel l'école romantique, chez Börne l'inspiration de
Jean-Paul, et tous les deux annonçaient la tendance nouvelle, l'union de la littérature et de la vie sociale (3). A les
lire, Gutzkow sentait redoubler son mépris pour le présent ;
« partout je ne voyais, dira-t-il, que servilité volontaire, refus
de s'ouvrir à des idées meilleures, hypocrisie à vouloir conserver des institutions depuis longtemps caduques. Dans le
domaine littéraire, tout me paraissait manque de personnalité, imitation, adoration affectée et de coterie pour la
période classique (4) ».

Il était encore au gymnase que, pour réagir contre cet
esprit de coterie, il fondait une revue : *Die Blätter für
Poesie und Prosa* (5). Ce n'était encore qu'un essai de

(1) Gutzkow, *Börnes Leben*, G. W., XII, 317 et suiv.
(2) Gutzkow, *Lebensbilder*, II, 108.
(3) Sur les rapports de Menzel et de Börne en 1827, voir Gutzkow,
Börnes Leben, XII, 335.— Börne, dans une lettre à Menzel du 13 juillet
1827, déclare attendre avec impatience la *Deutsche Literatur*.
(4) Gutzkow, *Lebensbilder*, II, 108.
(5) G. W., I, 244.

rhétoricien ; le seul fait intéressant de cette entreprise, c'est
que le collaborateur le plus actif de Gutzkow était le fils du
persécuteur des démagogues, Kamptz, dont le *Codex der
Gensdarmerie* avait été brûlé solennellement en 1817 par
les étudiants à la Wartbourg (1). Gutzkow devint à regret le
protégé de cet homme que tout le contraignait de détester.
Kamptz se promenait souvent avec lui le long des Linden
et se plaisait à le faire parler de philologie, il lui donnait des
livres et lui fit même un jour présent d'un billet de cinquante
thalers. Leurs rapports peu à peu devinrent moins ami-
caux (2), ils cessèrent même avec les années, puis recommen-
cèrent sous une autre forme.

Gutzkow, élève de « prima », était devenu bibliothécaire du
gymnase ; il lisait beaucoup : les six volumes d'Études de
Creuzer et de Daub (3) lui parurent une mine pour l'histoire
de la recherche scientifique depuis 1806 ; il passait l'*Abitu-
rienten-examen* (4) en élève brillant, et déjà travaillait à un
sujet d'étude proposé par la Faculté de philosophie de Berlin
sur les « Divinités de la Fatalité chez les anciens ».

Ses parents le pressaient de chercher une position ; il désirait être professeur ou homme de lettres, et fut immatriculé le
18 août 1829 à l'Université comme « Studiosus philosophiae »;
mais la théologie était puissante et menait vite à un solide
établissement ; sur les instances de son père, Gutzkow passa
à la Faculté de théologie. En automne il prêchait déjà au
village de Weissensee, près de Berlin (5). Les études théologiques toutefois le retinrent peu de temps : dès 1831, il était
retourné à la Faculté de philosophie (6).

(1) *Kastanienwäldchen*, dans les *Lebensbilder*, II, 58 et suiv.
(2) *Lebensbilder*, II, 67 et 134.
(3) G. W., I, 245.
(4) G. W., I, 247.
(5) G. W., I, 248.
(6) V. Prœlss, 237.

III

Gutzkow (1) avait dix-huit ans lorsqu'il entra à l'Université. C'était un étudiant élancé et vigoureux, bien que penché un peu en avant par suite de sa myopie, blond avec des yeux bleus, et de profil hardi. Très sérieux, enclin à l'isolement au point de passer pour fier, il devenait, dans un cercle d'amis, joyeux et ouvert. Il était toujours bien mis, avec simplicité (2).

En se faisant immatriculer, il jura comme tous les étudiants de ne faire partie d'aucune association. Il avait prêté ce serment à un système politique détesté, et pourtant, « homme de conscience comme il l'a été de tout temps » (3), il avait la meilleure intention de le tenir aussi longtemps que possible. A dire vrai, il n'entra jamais dans une *Burschenschaft* ; il fit partie seulement d'une « societas bibatoria » à laquelle appartenaient les fils de Hegel, de Böckh et Aug. Bürger, le petit-fils du poète (4).

Mais si Gutzkow fut modéré dans sa conduite, il se réserva le droit de penser suivant les principes de la *Burschenschaft* et jugea d'après eux les maîtres auprès desquels il travaillait. L'Université de Berlin n'avait plus l'indépendance qui avait suivi sa fondation ; elle avait fait la paix avec le système politique régnant, elle lui parut sans vie et sans action : il n'y avait, dit-il, ni dans la philologie ni dans la théologie de force capable d'agir sur une âme jeune (5). Il

---

(1) Voir sur ces années d'université *Das Kastanienwäldchen in Berlin* (dans les *Lebensbilder*, II, 45).

(2) Témoignage de Ad. Licht et de Schlemüller qui l'ont connu à cette époque. V. Prœlss, *Das junge Deutschland*, 226 et 245.

(3) *Lebensbilder*, II, 57.

(4) V. Prœlss, 244.

(5) *Lebensbilder*, II, 90.

admirait Schleiermacher (1), connu de lui depuis son enfance, mais il l'écoutait comme on écoute une musique, tant la pensée restait enténébrée et mystique. Aug. Neander (2), juif converti, avait trop d'onction, Hengstenberg était ennuyeux. Les philologues l'intéressaient davantage ; il y en avait d'illustres : Aug. Böckh (3), Lachmann (4), surtout, dont il reconnaissait la science et la pénétration, mais il leur manquait le don de créer ; ils n'avaient pas trouvé le lien entre leur savoir et les intérêts de l'humanité ; leur procédé était analytique, atomistique (5). Parmi les historiens, Raumer (6) lui paraissait peu libéral, Leop. Ranke l'était moins encore (7). En philosophie, Marheinecke enseignait le dogmatisme hegelien sur lequel il construisait la métaphysique de l'État prussien (8) : le plus haut degré de la politique est le système Kamptz-Wittgenstein-Altenstein, ce qui est, est raisonnable, pourquoi la Prusse aurait-elle donc accordé une constitution libérale ? Logique verbale, dit Gutzkow, sans chaleur et sans conviction. Combien plus grand était le maître, Hegel ! il se donnait tout entier dans son enseignement ; il n'avait pas la virtuosité de Schleiermacher, mais comme lui il parlait d'abondance. Gutzkow fut gagné par l'homme, il resta hostile à la doctrine ; il ne pouvait comprendre que la pensée et la réalité fussent une seule et même chose (9).

L'Hegelianisme, qu'il ne devait jamais cesser de com-

(1) *Lebensbilder*, II, 68.
(2) *Ib*. II, 73.
(3) *Ib*. II, 86.
(4) *Ib*. II, 80.
(5) *Ib*. II, 83, 86.
(7) *Ib*. II, 92.
(6) *Ib*. II, 98.
(8) *Ib*. II, 40.
(9) *Ib*. II, 111.

battre, agit pourtant sur lui ; il terminait le travail entrepris
sur les dieux de la Fatalité lorsqu'il eut, dans une promenade
au Thiergarten, une sorte d'extase mystique inspirée par le
spinozisme, dit-il, mais plutôt, à son insu, par la dialectique
hegelienne. Il nous l'a racontée dans ses *Lebensbilder* (1) :
Zeus lui apparut comme ayant vécu aussi bien que Jéhovah
et le Dieu des chrétiens, lequel n'était qu'une forme plus
haute dans la marche ascendante vers le Dieu de Spinoza ;
le monde antique, condamné par la théologie, était un stade
nécessaire dans la manifestation terrestre de la divinité.
Représenter Dieu parut à Gutzkow le but de toute existence,
comme aussi le but de toute histoire ; chaque pas en avant
dans la voie de la lumière et de la vérité, chaque victoire de
la raison fut à ses yeux comme un progrès dans la révélation
continue. Caselmann, qui a écrit un livre sur Gutzkow théologien (2), fait de cette extase l'un des moments les plus importants de sa vie ; peut-être ne faut-il pas lui donner tant de
valeur ; elle est intéressante toutefois, parce qu'elle révèle
une métaphysique à laquelle Gutzkow s'arrêtera, qu'il ne
dépassera jamais, peu préoccupé qu'il sera de questions
spéculatives, désireux avant tout de pensées claires, propres
à l'action. Philologue et historien, il ne prenait du système
hegelien que le point de vue historique ; il y trouvait une
raison de plus de croire au progrès, et cette foi animera
toute son œuvre.

Un professeur qui l'attirait et l'inquiétait à la fois était
Ed. Gans (3). Il savait ménager Kamptz en introduisant la
philosophie de Hegel dans la jurisprudence (théorie du droit
de succession, *Erbrecht*), mais il n'avait par contre que plus
d'audace en exposant ses propres opinions sur la constitution

(1) *Lebensbilder*, II, 100 et suiv.
(2) Dr Aug. Caselmann, *Karl Gutzkows Stellung zu den religiös-
ethischen Problemen seiner Zeit* (1900), 22.
(3) *Lebensbilder*, II, 93.

politique ; il avait constamment le regard tourné vers la France, lisait le *Journal des Débats*, osait en parler dans ses cours, s'inspirait de Mauguin, d'Odilon Barrot. Cela était nouveau pour Gutzkow et lui plaisait, mais pourquoi Gans semblait-il mépriser la *Burschenschaft* ? Le jeune étudiant, ignorant de l'Europe et jugeant de l'Allemagne d'après les principes de 1813, ne comprenait pas certaines idées de Gans ; il y avait des jours où il le détestait.

A cette même époque, vers le milieu de l'année 1830, un Français, Saint-Marc Girardin (1), vint à Berlin pour y étudier l'organisation des écoles prussiennes ; voulant apprendre l'allemand, c'est à Gutzkow qu'il s'adressa. Tout en traduisant Kotzebue, ils ne parlaient tous les deux que des *Débats*, auxquels Saint-Marc Girardin était collaborateur, ils ne s'entretenaient que du ministère Polignac et de la minorité des 221. Saint-Marc Girardin, très lié avec Gans (2), se moquait de la *Burschenschaft* comme d'une idéologie sans plan et sans but : « Vous voulez, disait-il à Gutzkow, délivrer le monde par le sanscrit (3). » Il désignait par ces mots le libéralisme romantique de 1813 ; il en avait aperçu nettement le défaut, et l'a indiqué dans ses *Notices politiques et littéraires sur l'Allemagne,* parues en 1835 (4) : « Il y a des libéraux qui veulent le rétablissement de l'empire romain, des protestants qui se passionnent pour la théocratie de Grégoire VII. Tout cela, parce que la colère qu'excitait la servitude de 1813 faisait trouver glorieuses et belles

(1) V. Gutzkow, *Rückblicke,* p. 7, et *Jahrbuch der Literatur,* 1839 (*Vergangenheit und Gegenwart,* p. 4 et suiv.).

(2) Voir *Quelques souvenirs sur Gans,* par Saint-Marc Girardin, publiés comme préface à son *Histoire du droit de succession,* traduite par Loménie, Paris, 1845.

(3) « Sie wollen die Welt durch das Sanscrit befreien », *Jahrbuch* 1839, p. 4.

(4) Page 35.

toutes les époques où l'Allemagne était libre du joug étranger.... La préoccupation du Moyen-Age perce dans toutes les entreprises du libéralisme allemand. »

Gustzkow avant peu d'années verra plus loin et plus juste encore que Saint-Marc Girardin et que Gans, mais il lui faudra, pour cela, passer du domaine de l'idéal dans celui du réel, suivre l'histoire de l'Europe de 1830 à 1832, et connaître de près Menzel pour apprendre à s'en détacher. Alors il dira que le temps est passé des chants monotones de Arndt, que le Moyen-Age allemand doit disparaître dans un crépuscule lointain, qu'il s'agit moins désormais de l'orgueil national que de la délivrance des peuples (1).

Les événements étaient proches qui devaient l'éclairer (2). En France les ordonnances de juillet 1830 parurent, les Chambres furent dissoutes, les 221 l'emportèrent, les Bourbons cessèrent de régner. Gutzkow, en ce même été 1830, recevait en séance solennelle, à l'Académie, le prix décerné à sa dissertation (3) sur les dieux de la Fatalité ; Hegel faisait son éloge ; mais la pensée de Gutzkow était distraite, elle n'appartenait plus à ses études, elle allait vers ce Paris dont le nom retentissait encore une fois dans le monde entier. « La science était derrière moi, dira-t-il, l'histoire devant moi (4). »

Ses rêves, il l'espérait, se réalisaient enfin; il voyait déjà la liberté triomphant dans toute l'Europe, la vie s'unissant à la pensée. Sa joie fut de courte durée : l'année 1831 devait être l'une des plus tristes de son existence. Au milieu de l'Europe ébranlée, Berlin fut immobile ; en Bavière, en

(1) *Jahrbuch der Literatur*, p. 10.

(2) *Rückblicke*, p. 8.

(3) Ce travail n'a jamais été imprimé, il a été repris en partie dans la dissertation pour le doctorat présentée par Gutzkow à Iéna en 1832.

(4) Voir *Jahrbuch*, 7. « Die Wissenschaft lag hinter, die Geschichte vor mir ».

Wurtemberg, dans le duché de Bade, pays à constitutions, les libéraux élevèrent la voix ; la Hesse, le Brunswick se soulevèrent, la Saxe obtint un régime constitutionnel ; mais en Prusse continuèrent à prévaloir les conseils de Metternich et du tsar Nicolas, gendre du roi (1). Hardenberg en vain présente à la signature royale l'octroi d'une constitution représentative, il ne peut triompher des répugnances de Frédéric-Guillaume III ; au ministère de l'Extérieur, Bernstorff est remplacé par Ancillon, dont le libéralisme était tempéré par une extrême prudence ; Tzchoppe, qui devait acquérir dans l'histoire de la jeune Allemagne une triste renommée, entre au conseil de la censure (nov. 1830) (2) ; la surveillance redouble, et même les communications sur les événements révolutionnaires sont interdites aux journaux.

La population berlinoise fronda, plus par amusement que par irritation, puis, redevenue indifférente, contente d'elle-même, piétiste et dissolue, continua de confondre dans une même admiration Saphir et Hegel, Raupach et Gœthe.

Il fallait secouer une telle inertie. Gutzkow, avec le courage de ses vingt ans, l'entreprit sans hésiter ; il tenta de fonder une revue capable d'ouvrir les esprits aux idées de Menzel (3). Le *Forum der Journalliteratur* parut dès janvier 1831, et commença par un article élogieux sur le critique de Stuttgart (4). La faveur de Kamptz permit à Gutzkow de traiter de tout, même de politique ; toutefois la censure veillait ; dès le treizième numéro la revue fut suspendue, le 26 septembre 1831 elle avait disparu. Le résultat avait été médiocre : il n'y eut pas plus de soixante-dix abonnés.

Au dépit que cet essai infructueux causa à Gutzkow, se

(1) *Rückblicke*, p. 8.
(2) Geiger, *Das junge Deutschland und die preussische Censur*, p. 9.
(3) *Rückblicke*, 37-38.
(4) Le *Forum der Journalliteratur* est tout entier à la Bibliothèque royale de Berlin ; il est analysé par Prœlss, pages 257, 258, 259.

joignirent d'autres soucis (1). Dès le premier semestre universitaire il avait été fiancé à Léopoldine Spohn, fille d'un maître d'école ; ce lien, accepté hâtivement, bientôt le désespéra, et d'autant plus ardemment battit son cœur pour une brunette de seize ans, Rosalie Scheidemantel. Pour rompre peu à peu avec Léopoldine Spohn, il passa par une douloureuse épreuve, qu'il a racontée cinq ans plus tard dans une de ses nouvelles : *Seraphine* (1835). Quand ses scrupules eurent disparu et qu'il crut pouvoir se laisser aller à sa véritable inclination, il se heurta à la résistance des parents de Rosalie Scheidemantel ; il songeait à passer l'examen d'Oberlehrer pour se marier, mais il n'obtint que de vagues promesses de la part d'une mère que déjà ses idées inquiétaient. Longtemps encore il espéra : le tourment durera jusqu'en 1834 et ses ouvrages en porteront la marque. Idéaliste et sentimental, il aima, à vingt ans, profondément ; l'amour se confondait en lui avec le besoin d'idéal et de beauté, mirage dangereux, dira-t-il plus tard, dont il avoue avoir infiniment souffert (2).

Rien de ce que Gutzkow avait rêvé en ces années 1830 et 1831 ne s'était accompli ; son besoin d'activité ou d'affection ne lui apportait que de la souffrance ; il se sentait isolé, l'existence à Berlin lui était devenue insupportable (3). Toutes les nouvelles de l'Europe ajoutaient à sa tristesse : la bataille d'Ostrolenka (12 mai) et la prise de Varsovie (7 sept. 1831) mettaient fin à la résistance de la Pologne, et,

(1) V. Gutzkow, *Rückblicke*, p. 17, 18. — Houben, *Gutzkow-Funde*, p. 15. — Prœlss, p. 262.

(2) *Aus der Knabenzeit*, G. W., I, 184. Voir aussi *Vom Baum der Erkenntniss*, 1868, p. 149. « Die Täuschungen der ersten Liebe sind darum so rührend. weil sie uns meistentheils auch zugleich den ersten schönen Glauben an die Bestimmung der Erde und den höheren Werth der Menschennatur rauben. »

(3) V. *Rückblicke*, 34, et *Lebensbilder*, II, 119 à 123.

tandis qu'aux frontières de l'Est un peuple agonisait, le lamentable exode des Polonais fugitifs commençait à travers l'Allemagne. A leur suite s'avançait l'hôte asiatique : en automne, le choléra était à Berlin, faisant dans une ville de 200.000 habitants chaque jour 200 victimes. Le ministère Ancillon-Kamptz et le choléra semblaient s'unir pour contraindre les esprits à l'inertie.

Les seules joies que Gutzkow eût encore lui venaient de Menzel. Il avait envoyé au maître révéré le premier numéro du *Forum* avec une lettre très respectueuse et très digne (1); Menzel lui répondit par un long article du *Literaturblatt* (N° 20, Supplément littéraire du *Morgenblatt*), où il le louait comme un de ces esprits universels dont la nation a besoin pour prendre conscience de ses forces ; en août 1831, Menzel lui écrivait pour lui offrir de collaborer au *Morgenblatt* (2).

Les regards de Gutzkow se tournaient vers l'Allemagne du Sud, où il croyait trouver un reste d'idéal ; des illusions qu'il devait bientôt perdre l'attiraient vers Stuttgart, Menzel l'appelait : il quitta Berlin (3).

(1) Lettre citée par Houben (*Gutzkow-Funde*, 4). Gutzkow disait à Menzel : « Ich bin jung, aber ich habe mich genährt und gestärkt an Ihren Schriften ». — « Comment peut-on s'attacher à ce Menzel ? » lui avait dit une fois Hegel d'un ton bourru. « C'est une conviction chez moi », lui avait répondu Gutzkow. *Kastanienwäldchen*, 107-110. (*Lebensbilder*, II).

(2) V. Prœlss, 265.

(3) V Houben, *Gutzkow-Funde*. Lettre de Menzel à Gutzkow du 23 août 1831, lettre de Gutzkow à Menzel du 2 octobre 1831.

LES PRINCIPES DE 1830 VONT REMPLACER, DANS LA PENSÉE DE GUTZKOW, LES PRINCIPES DE 1813.

I. — De Berlin à Stuttgart. — Börne, premières lettres de Paris (novembre 1831). — Gutzkow aide de camp de Menzel : Le *Literaturblatt du Morgenblatt*. — Cotta. Le journalisme à Stuttgart : l'*Allgemeine Zeitung*. — Heine, *Englische Fragmente* et *Französische Zustände*. — L'Ecole souabe.

II. — L'Allemagne politique jugée par les contemporains : Saint-Marc Girardin, Lerminier, Quinet, Kombst, Rotteck, P. Pfizer, Gagern. — Inconséquences dans les idées de liberté et d'unité. — La Prusse semble devoir réaliser la liberté et l'unité ; elle fait illusion à toute l'Europe par son spiritualisme et son libéralisme ; les doctrinaires.

III. — Le Matérialisme va s'opposer au Spiritualisme. — Saint-Simon et le Saint-Simonisme. — Influence du Saint-Simonisme en Allemagne : le Saint-Simonisme agira surtout après 1832, alors que le mouvement social et moral remplacera le mouvement politique. — Divisions de cette étude : 1° le mouvement politique (1830-1832), influence de Börne, année de désarroi en 1833 ; 2° mouvement moral et social (1833-1835), influence de Heine ; 3° les résultats (1835-1852).

I

Des semaines étaient nécessaires, à cette époque, pour se rendre de Berlin à Stuttgart ; il s'en fallait de six ans que List eût introduit les chemins de fer en Allemagne, et les diligences allaient sans hâte, de relai en relai. Plus lentes encore étaient les formalités d'une police tracassière qui voyait en chaque voyageur un démagogue ou un Polonais sans passe-port ; les douanes innombrables ajoutaient à l'embarras et, plus que tout encore, les mesures prises contre le choléra. Mais c'était le premier voyage entrepris par Gutzkow, et les retards, les ennuis ne furent pour lui qu'incidents joyeux (1) ; les arrêts lui permirent d'apercevoir les villes où déjà s'était transportée son imagination d'étudiant : Halle, l'Université la plus remuante de la Prusse, longtemps un asile de la *Burschenschaft*, Wittemberg rempli des souvenirs de Luther, Weimar où Gœthe vivait encore, Eisenach où les étudiants, en 1817, avaient brûlé le livre de Kamptz, Francfort, la ville de la diète fédérale et de Börne.

Depuis qu'il avait quitté Berlin, il respirait, tout était mouvement autour de lui ; on parlait des révolutions, de l'union douanière prussienne (Zollverein), considérée par les uns comme une gangrène qui s'étendait, par les autres comme un présage de l'unité politique. Au milieu de cette agitation, en automne 1831, arrivèrent les Lettres de Börne écrites de Paris ; elles provoquèrent dans toute l'Allemagne un véritable scandale (2). Soi-disant imprimées à Paris chez Burnet, mais en réalité sorties de la maison Julius Campe, à Hambourg, elles avaient échappé à la censure et, devant le bruit qu'elles produisaient, la censure, impuissante, se taisait, sentant qu'elle ne pouvait plus rien et qu'il était trop tard. Toutes les idées qui, jetées çà et là dans les écrits politiques et littéraires, dans les nouvelles humoristiques de Börne, avaient séduit sans inquiéter, apparaissaient réunies tout à coup, mises en pleine lumière, et, ce qu'il y avait de plus troublant, appuyées par l'exemple éclatant que venait de

(1) *Rückblicke*, 38 à 47.
(2) *Rückblicke*, 47.

donner Paris. Börne était arrivé en automne 1830 dans ce Paris dont il aurait voulu « nu pieds fouler le pavé sacré » (1) ; à voir ce peuple « tranquille, joyeux, modeste » (2), qui vite avait vaincu et vite pardonné, il avait rêvé pour l'Allemagne aussi de liberté et plus encore d'égalité ; il voulait une république où l'homme ne fût pas sacrifié à l'État, où les rapports fussent doux, les actes honnêtes et les défenses sans âpreté. Ses appels au peuple allemand étaient pressants ; il le poussait à l'action, le plaignait de subir l'orgueil des grands, l'injustice des Princes, le dogmatisme de Hegel et de Raumer. Tout événement amenait en lui une joie ou un désenchantement. Sur ses quarante-huit premières lettres, il y en avait qui sonnaient comme un chant de triomphe, d'autres où il criait ses déceptions et ses craintes : en France, le gouvernement ne se montrait pas digne du peuple, les ministères chancelaient, la politique extérieure était faible ; on parlait de mesures pour réduire la liberté de la presse, à la Chambre régnait une aristocratie d'argent ; en Pologne, les Russes l'emportaient ; mais la Hesse s'agitait en Allemagne et l'Italie se soulevait (3). Il y avait tant de passion dans ces lettres que les plus hardis eux-mêmes s'effrayèrent : elles trouvèrent plus de contradiction que d'écho même dans le parti libéral (4). Un nombre infini d'écrivains, Raumer, Willibald Alexis, Friedrich Förster, tous les critiques des feuilles de

(1) *Briefe aus Paris*, B. W., VIII, 33.
(2) *Briefe aus Paris*, B. W , VIII, 42.
(3) B. W., VIII. Le premier recueil des *Briefe aus Paris* (48 lettres) parut en 1832. Voir, sur ces lettres : Gutzkow, *Börnes Leben* (G. W., XII, 370 et suiv.). *Jahrbuch der Literatur*, p. 14, 15. — Reinganum, *Börnes Leben* (B. W., XII, 390 et suiv.). — Alberti, *Ludwig Börne*, Leipzig, 1886. — Holtzmann, *Ludwig Börne*, Berlin, 1888. — Alfred Klaar, Introduction à la dernière collection des œuvres de Börne. *Lud. Börnes Gesammelte Schriften*, Ier volume, p. LXXXII (Hambourg, Hoffmann et Campe).
(4) G. W., XII, 359.

Brockhaus tombèrent sur Börne ; ils apprirent à Gutzkow, qui souffrit de cette découverte, que Börne était juif (1).

Toutefois Menzel sut louer les Lettres de Paris ; dans le chaos où l'on vivait, disait-il, c'était à en devenir fou, et Börne avait le beau courage de le devenir réellement ; son patriotisme ardent le faisait blasphémer contre la Patrie, mais ses avertissements devaient attirer l'attention de tou-vrai patriote (2). Menzel parlait ainsi de Börne dans le *Literaturblatt* du 28 novembre ; vers la même époque, Gutzkow arrivait à Stuttgart (3).

Il se rendit aussitôt chez Menzel, qui le reçut amicale-ment. Il a dans ses *Rückblicke* conté cette première entre-vue et fait le portrait du puissant critique (4) : « La nature, écrit-il, l'avait pourvu de larges épaules, d'une poitrine robuste et d'une chevelure noire ; sa tête aurait pu être celle d'un ecclésiastique catholique » ; sa bouche, sérieuse ou sardonique, indiquait la volonté ; il y avait en lui du Voltaire et du Görres. Tel était l'homme dont « le jeune étudiant, pâle, maigre et blond, » allait devenir « l'aide de camp (5) ».

Dès le 2 décembre paraissait au *Literaturblatt* un article de Gutzkow sur l'ouvrage de Steffens, recteur de l'Univer-sité de Berlin, *Wie ich Lutheraner wurde* (6), premier compte-rendu, que beaucoup d'autres, près de cent cinquante,

---

(1) *Rückblicke*, 48.
(2) Cet article est cité par Proelss, p. 277.
(3) V. Lettre de Gutzkow à Cotta, citée par Proelss, 266-267.
(4) *Rückblicke*, 52.
(5) Lettre à Cotta, citée par Proelss, 266.
(6) Steffens dans cet ouvrage combattait l'*Union*, par laquelle le roi prétendait concilier l'Église réformée et le luthéranisme. Gutzkow ne prend pas nettement parti dans cette question religieuse ; il parle de Steffens avec éloge ; le ton de l'article est modéré, le style, qui veut être soigné, trahit l'effort et l'embarras.

suivirent périodiquement pendant deux années (1), biographies, résumés d'ouvrages de théologie, de littérature ou d'histoire, qui prouvent que la science de Gutzkow était grande, mais aussi que Menzel s'entendait à faire usage d'un esprit universel ; ce travail était payé trente florins par mois (2). Gutzkow s'est moqué dans ses *Rückblicke* (3) de cette école du journalisme où il acceptait sans contrôle les jugements de Menzel. Il se fait tort par cette boutade ; quelques-uns de ses articles et ses premiers ouvrages montrent qu'il se réservait le droit de penser librement, et qu'il eut vite laissé le maître loin derrière lui.

Pour qui voulait suivre les événements de l'Europe, la capitale du Wurtemberg était une résidence bien choisie. Stuttgart était l'un des centres intellectuels les plus actifs de l'Allemagne. C'est là que vivait Cotta, le vieux baron libéral qui avait édité Gœthe et Schiller. Audacieux et prudent à la fois, très puissant d'ailleurs, il menait la librairie à la façon d'un homme d'État (4). Il avait su grouper autour de lui les écrivains des tendances les plus diverses, ne redoutait pas les opinions les plus avancées, et tenait la tête du journalisme allemand par la variété et l'importance de ses journaux et revues : l'*Allgemeine Zeitung*, les *Politische Annalen*, le *Morgenblatt*, l'*Hesperus*.

Les deux premières de ces publications périodiques s'occupaient surtout de politique. L'*Allgemeine Zeitung*, la plus importante « gazette » (5) de l'Allemagne, était lue dans

---

(1) La liste en est donnée par Houben (*Gutzkow-Funde*, 518 et suiv).

(2) *Rückblicke*, 63.

(3) *Rückblicke*, 53.

(4) V. *Rückblicke*, 62.— V. aussi, sur les rapports de Gutzkow avec Cotta, Prœlss, 278. Prœlss a étudié de très près les relations qui s'établirent entre le *Junge Deutschland* et la maison Cotta.

(5) On l'appelait alors en France *la Gazette d'Augsbourg*. C'est à Augsbourg qu'elle était imprimée.

toute l'Europe ; pour elle, Cotta avait toujours cherché les
rédacteurs et les correspondants les plus illustres. Börne y
avait publié ses *Schilderungen aus Paris*, Heine depuis
octobre 1831 avait promis sa collaboration (1). Or, Cotta
savait quelle audace l'auteur des *Reisebilder* apportait
parfois à défendre les idées libérales. Heine avait été rédacteur des *Politische Annalen*, auxquelles il aurait voulu
donner comme épigraphe : « Il n'y a plus de nations en
Europe, mais des partis » (2). Il avait fait paraître dans cette
Revue, en 1828, les *Englische Fragmente* (3), où, laissant
le ton ironique des *Reisebilder*, il faisait un éloge enthousiaste de la liberté, religion de l'avenir, et de la France, terre
de révolution que le Rhin sépare du pays des philistins. En
1828, il avait envoyé d'Italie au *Morgenblatt* (4), sous le titre
Von München nach Genua, quelques pages inspirées par les
mêmes idées libérales et cosmopolites, et ces écrits, publiés
en 1831 dans un volume de supplément aux *Reisebilder* (5),
venaient d'être interdits en Prusse par la censure (6) ; cette
même année encore, la préface aux *Lettres de Kahldorf sur
la noblesse* (7) était pour Heine l'occasion d'une de ses plus
violentes attaques contre l'aristocratie (8). Pourtant Cotta
n'avait pas hésité à lui demander sa collaboration. Heine, en
France depuis le 3 mai, écrivit à son tour ses Lettres de

(1) V. Heine, *Correspondance*. Lettre à Cotta du 31 octobre 1831.
(2) V. Heine, *Correspondance*. Lettre à Gast. Kolb du 11 novembre
1828.
(3) V. Préface du 16 novembre aux *Englische Fragmente*, H. W.,
VI, 171.
(4) Décembre 1828. Voir H.W., VI, 31.
(5) *Nachträge*, 1831.
(6) Geiger, *Das junge Deutschland*, 18.
(7) *Einleitung zu « Kahldorf über den Adel »*, H.W., XII, 3.
(8) Heine était dans cette préface allé plus loin qu'il n'aurait voulu.
V. Lettre à Varnhagen du 1ᵉʳ avril 1831, et Lettre au comte Moltke du
25 juillet 1831 dans sa *Correspondance*.

Paris et, à partir du mois de décembre 1831, les envoya à l'*Allgemeine Zeitung* (1).

Dès ses premiers articles il apparaissait tel que les *Englische Fragmente* l'avaient fait connaître, défenseur de la liberté (2), cosmopolite, ennemi déclaré de la noblesse, mais partisan d'une royauté constitutionnelle. Au contraire de Börne, il n'était nullement républicain (3), il traitait de plagiaires du passé les démagogues qui singeaient la révolution. Les Français selon lui étaient trop épris d'art et de luxe pour être jamais de véritables démocrates (4); il aimait cette nation enthousiaste et intelligente, il adorait Paris, la tête de la France et du monde entier, le seul endroit du globe où l'on puisse se passer de bonheur, mais il ne cessait aussi de répéter que ce peuple si admirable avait un gouvernement indigne de lui : Louis-Philippe oubliait l'origine de sa monarchie ; Casimir-Perier, son ministre, produisait l'éclipse entre le peuple et le soleil de juillet (5), et si la France un jour était perdue, si les bottes sales des Teutons souillaient de nouveau le sol sacré des Boulevards, c'est « l'Homme du Juste Milieu » qui, par sa misérable médiocrité, serait la cause de tout le mal.

Tel était le ton des articles que Heine périodiquement faisait paraître à l'*Allgemeine Zeitung* et qui étaient lus en Allemagne plus encore que les Lettres de Börne. Cotta avait fait de Heine un journaliste dont l'influence immédiate fut très grande (6).

Si l'*Allgemeine Zeitung* était l'organe politique le plus

---

(1) Ces articles deviendront les *Französische Zustände*. Les premières pages sont datées de Paris, 28 décembre 1831, H.W., IX, 20.

(2) V. articles du 28 décembre 1831 et du 10 février 1832.

(3) H.W., IX, 14.

(4) H.W., IX, 29.

(5) Mars 1832.

(6) Le poète devait se taire jusqu'en 1844.

important, le *Morgenblatt* occupait dans la littérature une place presque aussi grande. Cotta avait autrefois confié la direction de ce journal à Wilhelm Hauff ; depuis sa mort les rédacteurs étaient Hermann Hauff, le frère de Wilhelm, et Gustave Schwab. Par eux le *Morgenblatt* appartenait aux poètes souabes, qui étaient groupés autour de Uhland et plus immédiatement autour de Schwab (1).

Le *Literaturblatt*, supplément littéraire du *Morgenblatt*, était le domaine de Menzel qui y régnait en maître. Quant à l'*Hesperus*, il traitait d'économie politique, science à l'ordre du jour depuis Mac-Culloch, Malthus, et Say ; il était dirigé par W. Schulz, que ses idées libérales avaient fait chasser de la Hesse (2).

Dans tout ce monde politique et littéraire Gutzkow eut bientôt ses entrées : il fit partie du cercle lyrique qui se réunissait chez G. Schwab, même il aurait laissé imprimer quelques vers au *Morgenblatt* si Menzel ne l'en avait détourné (3). Le conseil de Menzel était bon ; ces poésies, que Gutzkow a plus tard publiées dans ses Œuvres complètes (4), prouvent qu'il n'avait pas le talent d'un ciseleur ; le lyrisme chez lui était dans la pensée et non pas dans la forme.

Au reste, les poètes souabes le retinrent peu de temps ; bientôt il les dédaigna, et tous ses regards se tournèrent vers la vie politique.

Pour la suivre avec lui et comprendre la façon dont il la

(1) Lenau quelque temps se joignit à eux lorsque, avant de partir pour l'Amérique, il vint de Weimar à Stuttgart apporter à Cotta un volume de vers. V. *Rückblicke*, 54.

(2) V. *Rückblicke*, 58. — Gutzkow, de Berlin déjà, avait envoyé à cette revue quelques articles qui, n'étant pas signés, seraient difficiles à retrouver (V. Houben, *Gutzkow-Funde*, 14).

(3) *Rückblicke*, 61.

(4) G. W., 1ᵉʳ volume.

jugera, il faut voir quelles opinions étaient répandues en Europe, particulièrement en France, sur la situation des partis dans l'Empire germanique, quelles influences agitaient alors les esprits. Ce coup d'œil est nécessaire afin de mar. quer, dans la formation et l'histoire de la Jeune Allemagne, les étapes les plus importantes.

II

Entre les années 1825 et 1835 avaient voyagé au-delà du Rhin trois écrivains français dont les œuvres reflètent bien l'esprit de l'Allemagne aux environs de 1830 : Saint-Marc Girardin, E. Lerminier et Ed. Quinet.

Saint-Marc Girardin, à son retour de Berlin, après la Révolution de Juillet, avait été nommé professeur à la Sorbonne ; quelques-unes de ses leçons parurent au *Temps* en 1832, il les réunit en 1834 dans ses *Notices politiques et littéraires sur l'Allemagne*. Lerminier, qui fut rédacteur au *Globe* et partisan des doctrines Saint-Simoniennes, avant d'être appelé au Collège de France, donna en 1835, sous le titre *Au-delà du Rhin*, .l'ouvrage le plus complet et le plus documenté qui ait été publié au commencement du XIXe siècle sur l'Allemagne, de 1815 à 1835. Ed. Quinet écrivit en octobre 1831 quelques pages éloquentes sur le système politique de l'Allemagne (1).

Ce qui a frappé ces trois écrivains c'est le besoin de liberté et plus encore d'unité en Allemagne, mais aussi l'extrême confusion des idées évoquées par ces mots. Les opinions diffèrent en Prusse et en Wurtemberg, par exemple, elles sont soutenues dans les divers partis politiques par des arguments souvent contradictoires.

Après 1815, la Prusse était « le messie de la liberté et de

(1) Ed. Quinet, *Allemagne et Italie*.

l'unité germanique (1) » : à l'éclat de la victoire elle unissait
celui de la pensée ; héritière du protestantisme, elle semblait
l'être aussi du libéralisme du xviiie siècle ; les débuts
brillants de son Université avaient fait d'elle la capitale littéraire de l'Allemagne, elle était une école. Les événements,
depuis 1819, avaient prouvé qu'elle était aussi une caserne ;
elle s'etait chargée en Allemagne d'assurer la sécurité extérieure et intérieure, avait, d'accord avec l'Autriche, appliqué
dans toute leur rigueur les décrets de Karlsbad, protégé en
toute occasion (2) le principe monarchique contre l'idée de
la souveraineté du peuple.

Cette idée de la souveraineté du peuple avait pourtant,
malgré l'Autriche et malgré la Prusse, gagné des partisans
en Allemagne. A l'acte de Constitution fédérative du
8 Juin 1815 une clause très vague avait été ajoutée, l'article
XIII : « Il y aura des assemblées d'états dans tous les pays de
la Confédération ». Ce terme, assemblée d'états (*Landstände*)
avait été interprété par la plupart des gouvernements dans
un sens réactionnaire : ils avaient conservé ou organisé des
assemblées de l'ancien régime et non créé des chambres
délibérantes sous un régime constitutionnel ; mais, dans le
Sud, quelques princes avaient dû accorder de véritables
institutions représentatives. Le grand-duché de Bade avait
à Karlsruhe une tribune parlementaire : Rotteck s'y était
rendu célèbre, et venait, en 1831, de faire voter une loi libérale sur la presse ; il y avait des assemblées analogues dans la
Hesse, le Nassau, le Wurtemberg et la Bavière. L'ouverture
d'esprit de quelques hommes d'État, surtout les souvenirs
de la conquête française, avaient aidé dans le Sud au mouvement libéral, mais il était dû aussi à des raisons de
politique extérieure. Il était en effet de l'intérêt des nou-

(1) St-Marc Girardin, *Notices politiques et littéraires*, p. 25.
(2) Conférences de Vienne, 1820.— Réunion de Johannisberg, 1824.

veaux rois du Sud, pour combattre l'influence prussienne, de paraître libéraux ; il plaisait au roi de Wurtemberg (1) de rappeler que la véritable Allemagne n'était pas en Prusse et en Autriche, puissances absolutistes et à demi étrangères auxquelles la Confédération donnait tout pouvoir, mais bien dans les États du Sud, qui joignaient aux traditions du Moyen-Age le libéralisme d'une époque nouvelle.

Entre le gouvernement réactionnaire de Metternich et le gouvernement libéral des États du Sud, l'attitude de la Prusse était devenue difficile : « Il faut qu'elle paraisse libérale, et que cependant elle détruise autant que possible le libéralisme du midi de l'Allemagne » (2). La politique qu'elle suivait est mise en lumière par une série d'articles et de documents qui parurent en 1835 (3). Celui qui les publia, G. Kombst, avait été secrétaire de l'ambassadeur prussien à la diète fédérale, M. de Nagler ; à la suite de démêlés, il avait dû quitter le service de la Prusse, s'était réfugié en Suisse, et avait fait imprimer à Strasbourg des pièces dont il avait pris copie aux archives de la confédération germanique, lettres de Metternich, Bernstorff, Ancillon, et rapports de Nagler (4).

(1) V. Gutzkow, *Rückblicke*, 55.

(2) S¹-Marc Girardin, *Notices politiques et littéraires*, p. 49.

(3) *Authentische Aktenstucke aus den Archiven des deutschen Bundes*. — Livre publié la première fois sous le titre faux : *Aktenstücke über die Wirksamkeit der englischen Gesellschaft*. Strasbourg, G.-L. Schüler, 1835 ; 2ᵉ édition, Leipzig, 1838.— Ce livre est signalé par Börne (*Menzel der Franzosenfresser*, B. W., VI, 426), et Dahlmann-Waitz, *Quellenkunde*, nᵒ 3393. Voir aussi Prœlss, 642.

(4) C'est probablement à cet ouvrage de Kombst que Treitschke fait allusion quand il écrit (IV, 424) en parlant de Börne : « Mehrere der apokryphen Aktenstücke aus dem Archive des Bundestags, an denen sich nachher jahrelang die liberale Legende nährte, wurden zuerst in seinen Pariser Briefen veröffentlicht ». Sur l'authenticité de ces documents, voir Prœlss, p. 642 et suiv. — Et quand ils seraient apocryphes, il n'en reste pas moins vrai que la politique prussienne avait été bien vue et bien exposée dans la préface.

La préface du livre, formée par un article écrit dès 1822 (*Ueber die Politik Preussens*), expose avec la plus grande netteté le système prussien.

Par sa position militaire dans le nord jusqu'au Main, la Prusse a comme un droit de protection sur les petits États qui d'ailleurs tendent à s'unir. Dans le sud de l'Allemagne, où elle se trouve en face de deux groupes, d'une part la Bavière, de l'autre le Wurtemberg et Bade, la Prusse cherche à se lier le plus possible à la Bavière ainsi qu'aux deux maisons de Hesse, ce qui est le moyen de peser sur le Wurtemberg, Bade, le Nassau et la Thuringe. La Saxe doit être surveillée et isolée, mais avec modération, car il faut l'épargner.

Contre le Wurtemberg et contre l'Autriche, voici comme il convient d'agir : en communion avec l'Autriche, s'assurer d'une solide organisation militaire qui dans une crise européenne contiendrait ou entraînerait les autres États de l'Allemagne ; combattre le système représentatif démocratique (1), mais en ayant soin de jouer un rôle secondaire à côté de l'Autriche; lutter contre les influences étrangères qui agissent dans les petits États, particulièrement en Wurtemberg, mais avec mesure, de telle sorte que dans le cas d'une scission avec l'Autriche, la majorité de la Confédération soit dévouée à la Prusse ; veiller donc au choix des ambassadeurs à la diète dans les différents États, ne pas donner au système de la diète trop de netteté, ce qui serait prêter à l'Autriche, qui en a la direction, une force trop grande.

La Prusse prendra donc la défense de l'autorité, mais en puissance protestante distincte de l'Autriche catholique. Comme avant la révolution française, il faut que les écrivains prussiens donnent le ton en politique, ce qui ne peut avoir

---

(1) *Representativ-demokratisches System.*

lieu que si le mouvement démocratique du Sud et le constitutionalisme apparent (*Scheinkonstitutionalität*) perdent de
leur popularité, et si l'on oppose à cette influence étrangère
la vanité nationale (*Nationaleitelkeit*).

Telle est « la perfidie, écrit Kombst, avec laquelle la
Prusse a trompé les plus belles espérances du peuple allemand ».

Ce document fut aussitôt recueilli au deuxième volume
du *Portfolio* (1) publié à Londres en 1836 et traduit en français cette même année. L'éditeur anglais partageait sur la
politique prussienne l'avis de Kombst : « On peut attaquer
l'Autriche, disait-il, parce que ses hommes d'État prennent
pour règle de conduite des principes immuables dont leur
propre fierté ne leur permet plus de dévier. Mais aussi ces
principes sont des barrières inaccessibles à des projets d'ac-
quisition et incompatibles avec tout désir d'agrandissement.
La Prusse n'a pas de pareils principes : elle ne cherche de
règle de conduite que dans le moyen de réaliser ses projets ;
le principe de son mouvement n'est qu'un désir d'acquisi-
tion ; elle ne s'arrête que devant ce qu'elle ne peut exécuter
et, dans la réalisation de ses plans, elle a su se servir, comme
de moyens d'action, des dispositions libérales de ses sujets
et des autres puissances ; soutenue par ces dispositions, la
Prusse emploie son libéralisme nominal à combattre l'Autriche, le seul soutien de la nationalité germanique, et à
détruire l'indépendance des petits États allemands. »

Cette observation, que confirmaient les documents de
Kombst, était bien fondée. Lerminier et Saint-Marc Girardin le
remarquaient à la même époque : la Prusse mettait en œuvre

(1) V. Börne (*Menzel der Franzosenfresser*) et Dahlmann-Waitz,
Quellenkunde, n° 3394. *The Portfolio, or a collection of State papers,
illustrative of the history of our times*, Londres, 1836. — *Le Portfolio
ou collection de documents politiques relatifs à l'histoire contemporaine*, traduit de l'anglais, Paris, Truchy, 1836.

toutes les forces matérielles et morales pour réaliser l'unité
à son avantage. La diète, moyen de sûreté à l'intérieur et à
l'extérieur, devient par elle et par l'Autriche instrument de
police. L'idée d'unité lui sert à créer l'union douanière,
« elle enveloppe l'Allemagne dans son système de douanes,
et exclut l'Autriche de la solidarité des intérêts germani-
ques (1) ». L'idée de liberté aussi lui est utile : depuis 1815,
l'opinion s'est établie que la liberté ne peut se développer
« qu'à la condition d'avoir pour fondement l'unité politique
de l'Allemagne (2) » ; Börne a contribué par ses premières
œuvres à répandre cette pensée : l'Allemagne n'est qu'en
Prusse, dit-il, et la Prusse sans richesse, sans passé glorieux,
ne peut être grande que par son libéralisme et l'amour de son
peuple (3). Cette opinion répandue, la Prusse s'efforce de la
maintenir ; elle fait, comme au xviiie siècle, des réformes
partielles, elle accorde des libertés municipales ; elle surveille ses Universités, mais un libéralisme de doctrinaires
ne lui déplaît pas, pourvu qu'il reste prussien. Gans peut
parler sans crainte.

Ainsi la Prusse se prépare à tirer pour elle seule profit
de l'œuvre de centralisation entreprise de concert avec l'Autriche ; elle est en train de fonder une unité distincte de la
Confédération germanique, en s'appuyant sur des principes
d'économie politique et de sûreté générale, en flattant les
libéraux sans leur permettre de créer une vie parlementaire.
Tout cela est conçu, exécuté d'après un système arrêté
depuis longtemps, poursuivi avec ténacité ; il y a un esprit
prussien qui s'oppose à la fois à l'Allemagne du Sud et à
l'Autriche. Saint-Marc Girardin s'en était aperçu et l'avait
dit : « La politique de la Prusse doit tendre à substituer autant

(1) Lerminier, *Au delà du Rhin*, I, 80.
(2) Quinet, *Allemagne et Italie*, p. 198 et suiv.
(3) B. W., I, 89-90, II, 62 (*Denkwürdigkeiten der Frankfurter Censur*).

que possible en Allemagne à l'esprit libéral l'esprit prussien,
à l'esprit de 89 l'esprit des grandes monarchies adminis-
tratives du xviii⁰ siècle, de Frédéric II, de Catherine II,
de Joseph II ». « Tel est l'esprit prussien, qui lutte sans
l'avouer contre l'esprit libéral du midi de l'Allemagne (1). »

Contre le système prussien, quelle peut être la force du
libéralisme du Sud ? Elle ne réside pas dans les gouvernants (2) sans élévation, sans énergie, sans ferme direction ;
elle est tout entière dans les gouvernés, mais elle y est confuse et nullement organisée. « Les princes (3) se reposent,
satisfaits d'être rois depuis Napoléon. Venons aux peuples.
Le midi de l'Allemagne est libéral, mais dans ce libéralisme,
que de confusion et d'inconséquences ! Le libéralisme allemand aime la philosophie de 89, la révolution française, les
journées libératrices de juillet ; en même temps il adore le
Moyen-Age avec sa noblesse indépendante et fière, avec ses
villes libres et leurs municipalités républicaines. »

Saint-Marc Girardin avait bien vu : il y a dans le libéralisme du Sud des restes du saint-empire romain germanique,
des idées françaises et aussi de l'esprit prussien ; on a des
rêves, peu de principes politiques, on s'entretient d'illusions.
Il y a peu d'idées communes, peu d'entente parmi les hommes
politiques ; ils se défient plutôt les uns des autres : Schott,
Tafel ou Rödiger, rédacteurs du journal de l'opposition en
Wurtemberg, le *Hochwächter*, apparaissent à Menzel comme
des figures révolutionnaires, des Danton ou des Robespierre (4) ; pourtant eux-mêmes sont loin de ressembler à
Siebenpfeiffer et à Wirth, républicains l'un et l'autre, mais à

---

(1) Sʲ-Marc Girardin, *Notices politiques et littéraires*, p. 49.
(2) V. *Rückblicke*, 55, le portrait que Gutzkow fait du roi de Wurtemberg.
(3) Sʲ-Marc Girardin, *Notices politiques et littéraires*, p. 35.
(4) V. Gutzkow, Rückblicke, 56.

tendances diverses et bien mêlées encore des souvenirs du passé.

Dans ce libéralisme, si obscur qu'il soit, réside toutefois, suivant Saint-Marc Girardin, la vigueur du Sud allemand ; elle s'oppose à l'influence prussienne comme une « force morale » à une « force matérielle ». « Point de centre (1), des princes sans politique, sans avenir, un libéralisme confus et inconséquent, tel est le midi de l'Allemagne, et cependant c'est là que vit. le principe de l'unité morale de l'Allemagne. C'est là qu'est l'idée de l'unité par la liberté, unité plus noble et plus féconde que l'unité des intérêts que veut fonder la Prusse. C'est là qu'est le ferment qui doit un jour remuer l'Allemagne. Le libéralisme méridional est peut-être moins savant et moins élevé que le libéralisme septentrional, mais il a plus d'action. Les livres de M. de Rotteck, de Bade, fabriquent plus de libéraux que n'en créent les leçons de M. Gans, de Berlin. Au nord, le libéralisme est une science encore entre quelques adeptes, au midi c'est une force agissante et efficace. »

De ces deux forces, laquelle triomphera ? Le problème est posé depuis 1815, il est, après les Journées de Juillet, plus net que jamais : « La révolution de Juillet vint mettre à néant tous les détours et toutes les fictions..... Mais cette franchise a changé la face de l'Europe et donné à tous une autre langue et une autre situation. La résistance devint aussi ouverte que l'insistance révolutionnaire des peuples. Jusqu'en 1832, je ne sais quel souffle heureux et populaire semblait pousser en avant la bannière de l'émancipation humaine (2). »

Dans cette lutte ouverte, Saint-Marc Girardin, Lerminier et Quinet désirent que l'unité morale l'emporte. Ils crain-

---

(1) Sᵗ-Marc Girardin, *Notices politiques et littéraires*, p. 37.
(2) Lerminier, *Au delà du Rhin*, I, 237.

draient une unité prussienne fondée sur l'intérêt : elle serait,
à leur avis, indigne de l'Allemagne idéaliste et métaphysique. Pourtant ils ont trouvé dans le Sud si peu d'expérience et tant d'inconséquence, que leurs regards toujours se
reportent vers le Nord ; après avoir aperçu le danger de
l'unité matérielle, que se propose la Prusse, ils ont pour le
système prussien des paroles d'indulgence ou d'admiration.
Saint-Marc Girardin trouve la Prusse « habile et sage » :
« elle laissa les idées libérales s'exalter en Allemagne à qui
mieux mieux, sachant bien que ces idées se perdraient
bientôt dans leur propre fougue, et qu'alors, après un court
dépit contre la Prusse, l'Allemagne reprendrait son ancien
amour (1) ». Ed. Quinet écrit en 1830 que la Prusse réunit
« ce qu'il y a au monde de plus pratique et de plus idéal (2) ».
Lerminier loue cet État de n'avoir pas de tribune parlementaire : « Il est de la destinée de la Prusse (3), si intelligente
et si instruite, de ne pouvoir tolérer le gouvernement de la
parole et de la liberté..... Chaque État a sa loi ; la Prusse est
faite pour la guerre et la science, mais non pour la tribune. »
Il a dans ses jugements de singulières contradictions, il
redoute la Prusse et il a foi en elle : « Si la Prusse, avant que
l'Allemagne ait pris tout-à-fait le goût et l'habitude des
mœurs représentatives, se hâtait d'exalter le patriotisme et
la fierté de la nation, si elle s'offrait à lui donner une consis-
tance formidable et guerrière entre la Russie et la France,
elle pourrait distraire les Allemands de la liberté en les eni-
vrant de science spéculative, de mysticisme et d'exaltation
militaire. La voix des tribuns inexpérimentés se perdrait
dans le fracas des années ; les libertés constitutionnelles ne
fleurissent pas sur les champs de bataille ». ...« Si donc les

(1) St-Marc-Girardin, *Notices politiques et littéraires*, 26.
(2) V. aussi un article de Quinet (*Revue des Deux-Mondes*, février
1832). *De l'Allemagne et de la Révolution.*
(3) Lerminier, *Au delà du Rhin*, I, 121.

Allemands veulent arriver à l'unité par le despotisme, la chose est faite (1) ». Mais cette vision d'une Prusse conquérante et despotique que les événements déjà justifiaient, Lerminier se hâte de l'écarter, elle lui répugne, il se réfugie dans le rêve d'une Allemagne humanitaire ; il espère que la liberté viendra de la métaphysique, de Kant, de Fichte, de Schelling, et de Hegel aussi, quand les formules auront disparu.

Quinet comprendra bientôt mieux, mais Saint-Marc Girardin, et Lerminier, et Cousin à son tour, quand il vint étudier l'instruction publique en Prusse (1831) (2), ont été comme la plupart des Allemands « enivrés de science spéculative » ; ils ont subi le mirage prussien auquel se laissaient prendre même les moins aveugles parmi les libéraux du Sud : Rotteck, professeur à Bade et membre du parlement, qui depuis 1830 rédigeait les Annales politiques (*Allgemeine politische Annalen*), offrait à la Prusse constitutionnelle l'hégémonie sur une Allemagne unifiée (3) ; Paul Pfizer, membre et orateur du parlement wurtembergeois, réclamait dans la même pensée la séparation de l'Allemagne et de l'Autriche (4) : il avait vu l'Allemagne nouvelle, dit Treitschke (5) ; Gagern (6) dans la Hesse avait déjà demandé avec la liberté l'union des intérêts matériels et intellectuels contre la France ambitieuse et la Russie trop forte.

Lerminier et Saint-Marc Girardin, en 1835 encore, alors que les événements auraient pu les instruire, en étaient restés à leurs premières illusions ; ils croyaient à une *Allemagne*

(1) Lerminier, *Au delà du Rhin*, I, 245.
(2) Voir Cousin, *Rapport sur l'état de l'instruction publique dans quelques pays de l'Allemagne, et particulièrement en Prusse*. Nouvelle édition, 1833.
(3) *Das Eine was Deutschland Not thut, Annalen*, juillet 1831.
(4) *Briefwechsel zweier Deutschen*, 1831.
(5) Treitschke, IV, 257.
(6) *Vaterländische Briefe*.

idéaliste sous l'hégémonie de la Prusse, qui règnerait moins par les armes que par la pensée. Ils ne remarquaient pas que cet idéalisme faisait place à un *matérialisme* qui devait être une des forces agissantes du xixᵉ siècle. Les premiers écrivains en France qui s'apercevront des effets de ce matérialisme ne le comprendront pas, Quinet seul excepté. Toujours hanté par le souvenir d'une Allemagne classique et romantique, Saint-René Taillandier qui, à partir de 1843, écrira sur l'Allemagne dans la *Revue des Deux-Mondes*, s'étonnera de ce « matérialisme hideux » dans la « patrie de Leibnitz et de Schiller » (1).

Lerminier entrevoit bien en Allemagne une école nouvelle qu'il appelle « l'école libérale française », mais il l'étudie peu, unissant au hasard les noms de Börne, Heine, Menzel et Pfizer (2) ; il distingue un mouvement politique et littéraire, et ne s'aperçoit pas que les idées répandues par quelques jeunes écrivains correspondent à une transformation sociale et morale. Il lui appartenait pourtant de connaître et de mettre en lumière ce qui se passait en Allemagne, s'il avait voulu se souvenir des principes de Saint-Simon qu'il avait défendus jusqu'en 1830 ; c'est parce qu'il leur accordait maintenant moins de valeur (3) que l'Allemagne nou-

(1) *Revue des Deux-Mondes*, 15 avril 1850, 15 février 1851. — Dans la préface à *Dix ans de l'Histoire d'Allemagne*, écrite en 1875, Sᵗ·René Taillandier semble un peu regretter d'avoir eu de l'Allemagne une conception toujours idéaliste.

(2) *Au delà du Rhin*, II, p. 269-270. « De jeunes écrivains, pleins de verve et d'audace, réagirent contre la dictature de Gœthe, l'idéalisme de Hegel et les excès du patriotisme germanique. Ils empruntèrent à la France une allure plus vive, une position plus claire, et, pour le fond même, des idées plus positives et plus applicables. MM. Börne, Heyne, Menzel, Pfizer, sont au premier rang de cette littérature nou_ velle. »

(3) V. *Revue des Deux-Mondes*, 3 août 1832 (*Lettres à un Berlinois*), et *Philosophie du Droit*.

velle lui échappait. Bien plus pénétrant était Ed. Quinet lorsque, la même année où Lerminier faisait paraître *Au delà du Rhin*, il écrivait sur *la Chute du spiritualisme. la Théologie moderne et la Religion de la matière* (1): « Le fait qui s'accomplit aujourd'hui est la chute du spiritualisme ». « Tant que l'idéalisme et la poésie ont soutenu l'Allemagne, ils ont caché où fait oublier le vide des institutions. Aujourd'hui il en est autrement ; la vie publique et la vie privée sont dévoilées en même temps. Sous le manteau percé de la . philosophie. on commence à remarquer d'étranges plaies : .... dans les écoles un fatalisme inerte, au dehors la foi qui tombe, et qui ne survit que dans les extrémités, à Berlin dans le piétisme protestant, à Munich dans le mysticisme catholique ; une jurisprudence très savante et une législation décrépite ; dans les champs, la corvée et la dîme ; point de garanties nulle part, le privilège partout, l'intolérance religieuse poussée en certains cas jusqu'à la démence ; des tribunaux secrets ; point de presse pour y suppléer ; au faîte de tout cela, une noblesse infatuée et qui a besoin d'être châtiée ». « L'influence de la Révolution de 1830 n'a pas été en Allemagne aussi nulle qu'on le pense. Ce branle-bas donné au monde a hâté le bouleversement de systèmes surannés. Le Saint-Simonisme lui-même a pénétré au sein du vieil idéalisme ; la réhabilitation de la matière n'a été prêchée nulle part avec plus d'activité que par les frères et descendants du jeune Werther. »

C'est une page éloquente, d'une vue profonde et juste : le spiritualisme allemand frappé de vétusté chancelait devant le matérialisme naissant ; l'histoire de la Jeune Allemagne est un épisode de la lutte qui va se livrer.

(1) *Allemagne et Italie*, 1835, XII.

III (1)

Il convient de jeter ici un coup d'œil sur le Saint-Simonisme pour mesurer l'influence qu'il a pu exercer en Allemagne. Le fondateur de la doctrine, Saint-Simon, avait, en 1802, dans les *Lettres d'un habitant de Genève* (2), exposé une partie de ses principes : à la société qui se partageait en oisifs et travailleurs il voulait substituer un état social où chacun fût actif et contribuât, selon sa capacité, au bien-être commun. La propriété, cause de paresse, disparaîtrait ; le travail serait organisé entre les hommes et entre les peuples, ce qui ferait naître l'union et la paix. Il établissait une relation étroite entre la politique et la science : le monde moral et le monde physique étant étroitement unis, la science devait être, suivant lui, régulatrice de la vie.

Dans ses premiers ouvrages, c'est aux savants qu'il

(1) Publications Saint-Simoniennes et études sur le Saint-Simonisme qui ont été consultées :

Saint-Simon. — *Œuvres de Saint-Simon*, publiées par Olinde Rodrigues, 1832 (le Ier vol. seul a paru). — *Œuvres de Saint-Simon et d'Enfantin*, Paris, 1865-78 (47 vol. in-8). — *Œuvres choisies de Saint-Simon*, publiées par Lemonnier, Bruxelles, 1859-61, 3 vol. in-12.

Saint-Simonisme.— *Doctrine de Saint-Simon, Exposition* (1e année) 1829. — *Doctrine Saint-Simonienne, Exposition* (1re et 2e année), 1854.— *Le Globe, Journal de la doctrine de Saint-Simon* (années 1831 et 1832).

Charléty, *Histoire du Saint-Simonisme*, 1896.

G. Weill, *L'École Saint-Simonienne*, 1896.

H. Michel, *L'Idée de l'État*, p. 173 et suiv.

Carové, *Der Saint-Simonismus und die neuere französische Philosophie* (Leipzig, 1831).

Moritz Veit, *Saint-Simon und der Saint-Simonismus*, Leipzig, 1834.

Lorenz von Stein, *Der Socialismus und der Communismus des heutigen Frankreichs*, 1842. — *Geschichte der socialen Bewegung in Frankreich seit 1789*, 3 vol., 1850.

(2) Saint-Simon, *Œuvres choisies*, I, 3.

s'adressait, leur demandant de réaliser la paix et le bonheur sur la terre (1) ; par eux, devaient être à nouveau systématisées la nature, l'histoire, la religion et la politique. « Les nations de même que les individus ne se querellent et ne se battent que faute de s'entendre et de concevoir clairement le moyen de concilier leurs intérêts (2) » ; il pensait à un parlement européen qui préviendrait les différends entre les peuples, établirait les grandes voies de communication, réglerait les questions coloniales et commerciales. La philosophie du dernier siècle ayant été révolutionnaire, celle du XIXᵉ siècle devait être organisatrice (3). Peu importait, selon lui, que les États fussent des Républiques, des Monarchies absolues ou constitutionnelles : « Nous attachons trop d'importance à la forme des gouvernements ; il semble que toute la politique soit concentrée là, et que, une fois la division des pouvoirs bien établie, tout soit organisé le mieux du monde (4). »

Plus tard, en précisant sa pensée, il avait fait appel aux industriels comme seuls capables, par leur activité, de réaliser l'harmonie de la science et de la vie. « Dieu a dit : Aimez-vous et secourez-vous les uns les autres (5) ». Ceci ne pouvait être réalisé que si « le système féodal faisait place au système industriel (6) » ; la rénovation sociale ne pouvait plus être attendue ni du clergé ni de la noblesse (7) : « heu-

---

· (1) *Introduction aux travaux scientifiques du XIXᵉ siècle* (1807), (Sᵗ-Simon, *Œuvres choisies*, I, 55).

(2) *Mémoire sur la science de l'homme* (1812-1813), S.-S. (*Œuvres choisies*, II, 43).

(3) *Réorganisation de la société européenne*, oct. 1814. (S.-S , *Œuvres choisies*, II, 252).

(4) *Vues sur la Propriété et la Législation* (1818), édition Rodrigues, p. 255.

(5) *Système industriel*, 1821. (S.-S., *Œuvres choisies*, III, 5).

(6) *Catéchisme de l'industriel*, 1823. (S.-S., *Œuvres choisies*, III, 134).

(7) *Système industriel*. (S.-S., *Œuvres choisies*, III, 14).

reusement pour nous et grâce aux métaphysiciens, d'une part
les savants adonnés à l'étude des sciences d'observation ont
acquis des connaissances plus positives que le clergé et une
capacité plus grande pour faire application du principe de
morale divine, d'une autre part les industriels ont obtenu
par leurs travaux une plus grande masse de richesses que
les nobles et une plus grande influence sur le peuple, de
manière que les forces politiques ont changé de mains et
qu'il est devenu monstrueux et impraticable que la direction
des affaires publiques restât entre les mains du clergé et de
la noblesse. »

Saint-Simon était fermement persuadé que « l'âge d'or
qu'une aveugle tradition a placé jusqu'ici dans le passé
est devant nous (1) », et sur cette croyance il fondait une
religion nouvelle que son dernier ouvrage, *Le Nouveau
Christianisme*, mettait particulièrement en lumière. Ce livre
devait rappeler les peuples et les rois au véritable esprit
de la religion, préciser l'action du sentiment religieux dans
la société (2). « Dieu a dit : les hommes doivent se conduire en frères à l'égard les uns des autres » ; d'après ce
principe, que Dieu a donné aux hommes pour règle de conduite, « ils doivent organiser leur société de la manière qui
puisse être la plus avantageuse au plus grand nombre ; ils
doivent se proposer pour but dans tous leurs travaux, dans
toutes leurs actions, d'améliorer le plus promptement et le
plus complètement possible la condition morale de la classe
la plus nombreuse (3) ». « La religion doit diriger la société
vers le grand but de l'amélioration la plus rapide possible
du sort de la classe la plus pauvre (4) ».

(1) *Opinions littéraires, philosophiques et industrielles*, 1825 (S.-S.,
Œuvres choisies, III, 215).
(2) *Nouv. Christianisme* (S.-S., *Œuvres choisies*, III, 322).
(3) *Nouv. Christianisme* (S.-S., *Œuvres choisies*, III. 324).
(4) *Nouv. Christianisme* (S.-S., *Œuvres choisies*, III, 328).

Saint-Simon était mort l'année où le *Nouveau Christianisme* paraissait, en 1825 ; il avait donné dans ce livre en
quelque sorte un testament dont ses disciples se servirent
pour systématiser ses pensées. L'exposition de la doctrine
qu'ils publièrent *(La Doctrine de Saint-Simon, 1828-1829)*
partait de l'idée de religion à laquelle l'œuvre de Saint-
Simon avait abouti. « La religion de l'avenir ne doit pas
être une pensée intérieure », disaient les Saint-Simoniens (1),
mais « l'explosion de la pensée collective de l'humanité » ;
l'organisation sociale et politique dans son ensemble est une
institution religieuse (2), et ce principe doit guider toutes les
réformes touchant la propriété, la famille, l'éducation et la
législation. L'activité en vue du bien commun étant notre
règle de conduite, la propriété (3) disparaîtra ainsi que
l'héritage qui crée l'oisiveté; le salariat aussi, qui n'est qu'une
autre forme de l'esclavage, est un mal qu'il faut détruire ;
l'exploitation de l'homme par l'homme fera place à l'exploitation bien entendue du globe, des banques systématiseront
l'industrie et porteront partout les instruments de travail.
Dans la famille, dans les relations sociales, les sexes seront
considérés comme égaux ; l'éducation n'aura qu'un but,
« l'amélioration toujours progressive de la condition morale,
physique et intellectuelle du genre humain ». Un changement
profond doit être apporté dans les idées, les mœurs, et les
sentiments ; la réforme du milieu, plus importante que celle
des institutions, doit la précéder.

Les Saint-Simoniens n'admettent « ni le Moyen-Age,
ni le constitutionalisme » (4), ils rejettent un libéralisme
« irréfléchi et désordonné » ; tout ce qui n'a pas pour effet
d'établir un état de paix et de bonheur entre les peuples

(1) H. Michel, *L'Idée de l'État*, 198.
(2) *Doct. St-Simonienne*, 1854, p. 342.
(3) *Doct. St-Simonienne*, 1854, p. 159.
(4) *Doct. St-Simonienne*, 1854, p. 66.

doit disparaître : l'amour exclusif de la patrie est destiné à s'éteindre parce qu'il n'est que « l'égoïsme des nations » ; la politique n'est pas une sphère étroite de petites agitations et d'ambitions mesquines, elle est l'industrie organisée rendant possible « l'unité d'affection, de doctrine et d'activité ».

L'unité (1), telle était la pensée maîtresse des Saint-Simoniens, le principe qui animait tous leurs enseignements. Ils voulaient l'harmonie entre les hommes, et aussi l'harmonie en chacun de nous : « L'esprit et la matière ne sont point deux entités réelles, disaient-ils, deux substances distinctes » (2) ; dans une conception très haute et purement morale, ils réhabilitaient la matière (3), et lui rendaient ses droits : la matière est divine comme l'esprit, car « Dieu est un, Dieu est tout ce qui est ; tout est en lui, tout est par lui, tout est lui » (4). Pourtant les Saint-Simoniens n'acceptaient pas pour leur doctrine le nom de panthéisme ; ce terme rappelait, suivant eux, trop de systèmes anciens (5) inférieurs au catholicisme qu'ils respectaient, auquel ils reprochaient seulement d'avoir condamné la chair.

En même temps que cette *Exposition* de la doctrine, paraissaient les *Lettres sur la Religion et la Politique*, d'Eugène Rodrigues ; la *Revue encyclopédique* (6), l'*Organisateur* interprétaient le Saint-Simonisme, le *Globe* (7), depuis le commencement de l'année 1831, s'efforçait de le vulgariser ; ce journal avait peu d'abonnés, 500 au plus, mais 2 à 3,000 exemplaires en étaient chaque jour distribués

(1) V. H. Michel, *L'Idée de l'État*, 207.

(2) *Doct. St-Sim.*, p. 410.

(3) *Ib.*, p. 404.

(4) *Ib.*, p. 410.

(5) *Ib.*, p. 411.

(6) Depuis octobre 1831.

(7) Depuis le 27 décembre 1830 *Le Globe* était Saint-Simonien ; à partir du 18 janvier 1831 il porta en sous-titre : *Journal de la doctrine de St-Simon.*

gratuitement (1). La propagande fut active surtout en l'année
1831 ; les partisans de la société nouvelle s'organisaient en
famille, rue Monsigny ; l'enseignement oral était donné rue
Taranne, rue Taitbout, à l'Athénée ; en province, le prosé-
lytisme n'était pas moins ardent.

Mais déjà l'on pouvait remarquer dans les publications
Saint-Simoniennes un manque d'harmonie. Deux tendances
qui, à l'origine, étaient étroitement liées, allaient se séparant : l'une sociale et politique, l'autre morale et religieuse. Parmi les disciples de Saint-Simon, Bazard pen-
chait vers la première, Enfantin représentait la seconde.
Bazard attendait le progrès social de l'activité matérielle et
intellectuelle de l'humanité : la rapidité des communications,
l'exploitation des voies ferrées devaient, suivant lui, dans
un avenir prochain, grouper les peuples et supprimer les
frontières. Enfantin aimait le mysticisme de la doctrine, il
en faisait une force morale par excellence, il voulait agir sur
les cœurs comme Bazard sur les esprits, il fondait une religion nouvelle, traitait, dans le *Globe*, de la question du
mariage, projetait l'émancipation de la femme et l'union
libre. Bazard s'étant séparé de la grande famille Saint-Simonienne en novembre 1831 (2), Enfantin resta le Père suprême
incontesté, et c'est à son enseignement que l'on rattacha
toutes les théories qui vinrent se greffer sur le Saint-Simonisme. Les idées d'Enfantin sur « la Femme Messie »,
quelques articles parus au *Globe* sur la réhabilitation de la
chair (3), quelques scènes mystiques de la rue Taitbout

(1) V. Moritz Veit, *St-Simon,* 2ᵉ chap. — Thureau-Dangin, *Histoire
de la Monarchie de Juillet*, III, 227. On a calculé, écrit Thureau-Dangin, que, de 1830 à 1832, le S'-Simonisme a publié près de 18 millions
de pages.

(2) Il mourut peu de temps après (29 juillet 1832).

(3) Surtout un article de Duveyrier du 12 janvier, où il est dit que
la pudeur doit disparaître.

devaient, en avril 1832, faire appeler les Saint-Simoniens devant les assises.

La propagande internationale était étroitement liée au cosmopolitisme de la doctrine (1) ; les Saint-Simoniens avaient donc tenté d'exercer leur action dans les pays étrangers, envoyé leurs brochures au-delà des frontières et suivi avec attention l'accueil qui leur était fait ; l'Allemagne surtout, terre des principes humanitaires, attirait leurs regards. Toute pensée nouvelle qui, au-delà du Rhin, répond à la doctrine Saint-Simonienne est aussitôt reproduite dans le *Globe*. Les Saint-Simoniens comptent Siebenpfeiffer pour un des leurs parce qu'il a écrit au *Messager de l'Ouest* (2) : « La seule politique qui puisse convenir aux besoins de la civilisation nouvelle est l'association pacifique des peuples, ayant pour but l'échange libre et réciproque de tous les biens qui font le bonheur de la vie humaine ». Parmi les États allemands, c'est vers la Prusse que vont toutes les sympathies des disciples de Saint-Simon. « Nul pays n'a consacré une attention plus profonde au Saint-Simonisme », dit le *Globe* (3) ; son administration, que toute l'Europe tient pour excellente, paraît aux Saint-Simoniens, vue de loin, un modèle qui s'accorde avec leurs principes : point de parlementarisme en Prusse, ni de constitutionalisme, « point de libéralisme irréfléchi et désordonné », on n'a souci dans cet État que de

(1) « Si nous étudions l'Allemagne, écrivait *Le Globe* (16 janvier 1832), si nous cherchons à fraterniser, à communier avec elle, ce n'est pas au nom de cet instinct qui, à toutes les époques de renouvellement, s'empare des hommes les plus avancés par leurs sympathies et par leurs lumières, et les pousse à leur insu dans la voie du progrès ; mais au nom d'une foi puissante à une doctrine clairement formulée qui nous donne la conscience de nous-mêmes.... Nous regardons les associations des peuples comme un des principaux moyens d'arriver à la réalisation de ce progrès. »

(2) *Journal de la Bavière rhénane*. Voir *Globe*, 21 janvier 1832.

(3) 16 mars 1832.

la régénération sociale et individuelle, « La Prusse se prépare en silence au rôle qui lui est assigné dans l'avenir où nous entrons. » (1) Singulier effet d'une opinion répandue par toute l'Europe ! De la Prusse qui travaille à créer un nationalisme, les Saint-Simoniens font un modèle de cosmopolitisme humanitaire ; et cette erreur n'a rien d'étrange, alors que *l'Allgemeine Zeitung* du 30 mars 1832 s'associait de tout point à ce que disait le Saint-Simonisme de l'administration prussienne (2).

La doctrine Saint-Simonienne avait en Allemagne rencontré plus de contradicteurs que d'adhérents, mais elle avait fait du bruit, assez au moins.pour que l'archevêque de Trèves lançât contre elle un mandement (3) : la plupart des journaux s'occupaient de cette école nouvelle, *Die Jahrbücher für wissenschaftliche Kritik* (4), *Der Gesellschafter* (5) *die kritische Zeitschrift für Rechtswissenchaft* (6), *l'Allgemeine Jenaer Literaturzeitung* (7), *Das Ausland* (8), *das Literaturblatt des Morgenblatts* (9) ; par les uns le Saint-Simonisme était dénoncé comme une doctrine de pillards,

(1) Voici la fin de l'article : « Son excellente administration qui, sur les trois points de vue de l'amélioration morale, intellectuelle et physique des classes inférieures, pourrait servir de modèle à tous les gouvernements de l'Europe, la dispense de remuer des théories de pouvoir et d'équilibre constitutionnel, et lui laisse le temps de s'occuper du grand problème de la régénération sociale et individuelle. »

(2) V. *Globe*, 5 avril 1832.

(3) V. *Globe*, 16 mars 1832.

(4) *Ende des Jahrgangs 1829*, résumé de la doctrine Saint-Simonienne, par Carové.

(5) Article élogieux, V. *Globe*, 16 mars 1832.

(6) Article de Warnkönig qui traite le Saint-Simonisme d'utopie. Voir *Globe*, 16 janvier 1832.

(7) 1832, 145, 146.

(8) *Ueber die neuesten religiösen und politischen Entwickelungen des Saint-Simonismus.* (3 articles).

(9) *Literaturblatt*, 1er août 1832.

par les autres considéré comme une puissante philosophie. Les écrits de Saint-Simon furent résumés en partie dans la *Neue Monatschrift für Deutschland, historisch-politischen Inhalts*, éditée par Buchholz (1). Puis de nombreux ouvrages sur le Saint-Simonisme se succédèrent dans les années 1831 et 1832 : Raumer lui consacrait le dernier chapitre de son livre sur le développement historique des idées d'État, de Droit et de Politique (2) ; Carové déclarait la doctrine utopique et d'ailleurs nullement nouvelle, contenue qu'elle était déjà dans Rousseau et dans Fichte (3); Schiebler l'exposait avec moins de partialité (4) ; Bretschneider donnait un résumé de la doctrine, mais tenait les Saint-Simoniens pour des Jésuites déguisés (5) ; Moritz Veit en 1832 présentait à Iéna une dissertation sur le Saint-Simonisme (6); il devait reprendre ce travail en 1834, l'approfondir et le publier en y ajoutant la liste des études parues en Allemagne sur le sujet (7) ; ce livre, très rare aujourd'hui, est, avant ceux de Lorenz von Stein (8), l'ouvrage allemand le plus complet qui ait paru sur Saint-Simon et le Saint-Simonisme.

(1) Bᵈ 21, Art. 1, p. 153, 180 ; Art. 2, 267-293 ; Art. 3. 392-411. — Bᵈ 22, Art. 4, 43-95. — Voir aussi quelques détails, Bᵈ 34 (443-451), 35 (43-89). J'emprunte ces renseignements au *Globe*, à Veit, à Lorenz von Stein, et je les donne ici parce qu'ils prouvent combien l'opinion en Allemagne se préoccupait du Saint-Simonisme.

(2) Raumer (Fred) *Geschichtliche Entwickelung der Begriffe : Staat, Recht und Politik*, 1832.

(3) Carové, *Der Saint-Simonismus und die neuere französische Philosophie*, Leipzig, 1831.

(4) Schiebler, *Der Saint-Simonismus und die Lehre Saint-Simons und seiner Anhänger*. Leipzig, 1831.

(5) Bretschneider, *Der Saint-Simonismus und das Christenthum*. Leipzig, 1832.

(6) *Ueb. den neuen Saint-Simonismus*.

(7) *Saint-Simon und der Saint-Simonismus*, Leipzig, 1834, — avec le sous-titre : *Allgemeiner Völkerbund und ewiger Friede*.

(8) *Der Socialismus und der Communismus des heutigen Frankreichs*. Leipzig, 1842. — *Geschichte der socialen Bewegung in Frankreich seit 1789*, 3 vol., 1850.

Des deux parties dont il se compose, l'une d'exposition, l'autre d'interprétation, la première est d'une grande clarté. Veit distingue nettement Saint-Simon du Saint-Simonisme, et analyse sans parti pris les ouvrages du maître ; il suit avec exactitude l'histoire de la doctrine parmi les disciples jusqu'à la séparation de Bazard et d'Enfantin. La deuxième partie est plus confuse et mêlée de philosophie allemande ; Veit n'était pas partisan des théories d'Enfantin sur la religion du travail et le mariage libre (1), mais il exposait et interprétait longuement le système politique industriel : plus d'exploitation de l'homme par l'homme, plus de différences marquées par la religion, les classes, les peuples, plus d'héritages, mais des banques de travail, une systématisation de l'industrie. Il terminait par un important chapitre sur la paix éternelle, enseignait avec le Saint-Simonisme que l'histoire est une révélation de Dieu, qu'elle marche vers une union des peuples, que par conséquent l'âge d'or n'est pas derrière mais devant nous (2).

Veit le dit avec raison : dans aucun ouvrage allemand, le Saint-Simonisme n'avait avant 1834 été clairement exposé. On le connaissait surtout par la troisième édition de la « Doctrine » (3), par des extraits de l'*Organisateur* et du *Globe* ; rares étaient les écrivains qui avaient lu quelque livre de Saint-Simon avant l'édition de ses œuvres entreprise en 1832 par Olinde Rodrigues (4) ; très peu d'esprits pouvaient com-

---

(1) Veit, page 107.

(2) Veit, *Saint-Simon und der Saint-Simonismus*. Dritter Abschnitt. — Le titre du chapitre est : Ueb. die im Saint-Simonismus wieder angeregte Idee eines allgemeinen Völkerbundes und eines ewigen Friedens.

(3) V. *Literaturblatt des Morgenblatts*, 1er août 1832.

(4) V. à ce sujet Veit, *Saint-Simon und der Saint-Simonismus*, 2e chapitre, où il indique ce qu'il avait lu de Saint-Simon : *Œuvres complètes de Saint-Simon* publiées par Olinde Rodrigues, Paris, 1832. — La 1re livraison contenait : *Lettres d'un habitant de Genève, Parabole*

prendre l'ensemble du système et sa valeur philosophique. On retenait quelques idées recueillies par les feuilles allemandes : l'opposition entre richesse et pauvreté, la vie sociale des peuples plus importante que leurs agitations parlementaires et constitutionnelles, la puissance du mouvement industriel, le collectivisme que Pierre Leroux avait exposé au *Globe*, le cosmopolitisme opposé au patriotisme national, surtout le mysticisme de Prosper Enfantin et sa théorie de l'émancipation de la femme. Le Saint-Simonisme était un symptôme de l'esprit du temps ; on y prenait intérêt comme à tout ce qui venait de France à cette époque, comme aux écrits de Börne et de Heine.

Bientôt les principes Saint-Simoniens allaient par la Jeune Allemagne pénétrer dans la littérature. Est-ce à dire que Quinet ait raison quand il écrit : « l'école qui a pris un moment le nom de Jeune Allemagne n'a guère eu d'autre dogme que celui-là (1) »? C'est trop affirmer : l'influence du Saint-Simonisme fut grande, mais elle ne fut pas la même sur tous les membres de la Jeune Allemagne. Heine, qui arrivait à Paris au moment le plus brillant de l'histoire du Saint-Simonisme, et qui s'empressa d'assister aux réunions de la rue Taitbout, fut attiré par le côté religieux de la doctrine; la partie politique selon lui avait besoin d'être mieux travaillée (2). C'est aussi cette religion de la matière

politique, *Le nouveau Christianisme*. — La 2ᵉ livraison contenait : *Catéchisme politique des Industriels, Vues sur la propriété et la législation*. — Veit avait lu dans une édition antérieure *Du système industriel*. Il connaissait les autres ouvrages de Saint-Simon par les résumés de Buchholz.

(1) Quinet, *Allemagne et Italie*. Chap. XII, 317.

(2) Voir surtout une lettre de Heine à Varnhagen du mois de Mai 1832. « Besonders der politische Theil, die Eigenthumslehre, wird besser verarbeitet werden. Was mich betrifft, ich interessire mich eigentlich nur für die religiösen Ideen, die nur ausgesprochen zu werden brauchen, um früh oder spät in's Leben zu treten. Deutschland wird am

rétablie dans ses droits, la théorie de l'émancipation féminine qui intéresseront Rahel, Mundt, Laube ; à Wienbarg
plaira l'idée d'une égalité entre l'homme et la femme.
Börne, par contre, examinera plutôt le côté politique ; une
soirée Saint-Simonienne fait sur lui grande impression, il
trouve que la doctrine est une des plus belles manifestations
de la pensée du xix⁰ siècle, mais il n'en aime pas le mysticisme, soutien d'une hiérarchie monarchique (1). Ce qu'il
veut que l'on retienne avant tout des principes Saint-
Simoniens, c'est l'amélioration de la classe la plus nombreuse;
il est plus proche de Bazard que de Prosper Enfantin.
Gutzkow alliera l'élément religieux à l'élément politique
et social, mais il ne prendra au Saint-Simonisme que ce qui
confirme ses pensées ; devant cette école comme en face de
tous les partis, il restera l'un des esprits les plus libres et
les plus clairvoyants de l'Allemagne.

Ce coup d'œil jeté sur l'Allemagne de 1830 et sur le
Saint-Simonisme va permettre de suivre le mouvement des
esprits et d'interpréter l'œuvre de Gutzkow. De 1830 à 1832,
l'Allemagne, animée d'un souffle de libéralisme, est emportée
par la tourmente révolutionnaire venue de France ; le Saint-
Simonisme pénètre au-delà du Rhin, mais sans faire encore
sentir ses effets. Vers la fin de l'année 1832, la Révolution
est vaincue par les gouvernements, à l'action politique
se substitue l'action morale, et le Saint-Simonisme alors
entre dans les pensées.

Par là sont indiquées les divisions de cette étude. Dans

kräftigsten für seinen Spiritualismus kämpfen. (*Aus dem Nachlass
Varnhagen's*, 1865, p. 235.) — C'est à Prosper Enfantin que Heine
dédiera son livre de l'*Allemagne*. — Voir à ce sujet : Lichtenberger,
Les théories sociales de Heine, Annales de l'Est, 1893, et Strodtmann,
Heines Leben. II, 77.

(1) Börne, 2ᵉ Recueil des Lettres de Paris, 65ᵉ Lettre. 30 décembre 1831,
(B. W., X, 112.)

la formation de la Jeune Allemagne, il y a deux périodes distinctes : l'une, qui va jusqu'à la fin de l'année 1832, est surtout politique, marquée par l'influence de Börne ; elle se termine à la fête de Hambach ; l'autre, qui dure de 1834 à 1835, est plus proprement morale et religieuse : c'est le Saint-Simonisme qui l'inspire et Heine qui la domine ; elle se termine au décret du 10 décembre qui frappe les écrivains de la Jeune Allemagne. Entre les deux périodes est une époque de désarroi, l'année 1833. Les résultats de cette double action, politique puis morale, seront visibles dans l'œuvre de Gutzkow jusque vers le milieu du siècle.

CHAPITRE III

STUTTGART (SUITE)

LA PRUSSE DÉNONCÉE PAR GUTZKOW A L'ALLEMAGNE DU SUD.

I. — *Ueber die historischen Bedingungen einer preussischen Verfassung* (1832). — La Prusse ne réalise ni par son libéralisme, ni par son organisation, l'idéal rêvé.

II. — *Briefe eines Narren* (1832). — Républicanisme, Saint-Simonisme. — La Prusse. — Haine des doctrinaires. — La masse remplacera les héros. — Le hasard, les petites circonstances. — Littérature démocratique. — Théorie du *Nebeneinander*. — Jugement de Börne sur les *Briefe*.

III. — Agitation politique de l'année 1832 — Fête de Hambach (27 mai) et funérailles de Lamarque (5 et 6 juin).—Triomphe de la réaction : les décrets de la Diète du 28 juin. — Préface de Heine aux *Französische Zustände*.

Un libéralisme de gouvernants qui ne satisfaisait point, chez les gouvernés, des rêves d'unité fondés sur un idéal teutonique et prussien, des idées françaises répandues par Heine et Börne, et déjà des principes Saint-Simoniens : tels étaient donc les éléments de la vie politique dans le Sud de l'Allemagne. Gutzkow les eut vite aperçus, et vite il en eut discerné les défauts ; il connaissait la Prusse assez pour n'en pas subir le mirage ; quant aux illusions qu'il avait sur l'Allemagne du Sud, dès qu'il la vit de près, elles se dissipèrent. Quelques mois à Stuttgart avaient suffi pour l'instruire.

Aux libéraux qui se faisaient de la Prusse une idée chimérique, il répondit en publiant, dans les Annales de Rotteck, le 2 avril 1832, un article *Sur les conditions historiques d'une constitution prussienne* (1).

Raisonner sur les termes d'unité et de constitution libre, c'était suivant lui construire dans l'abstrait et se payer de mots ; il fallait poser le problème plus nettement, songer aux conditions, aux moyens, considérer la situation actuelle de la Prusse, voir si, comme on le pensait, par ses institutions et sans un profond bouleversement, elle était propre à réaliser le rêve d'unité et de liberté.

Représentation, Libéralisme, Gutzkow veut savoir ce que dans le présent ces mots signifient. « Nous ne combattons pas pour des formes, mais pour l'esprit qui doit les animer (2) ». On admire la Prusse ou on la hait, mais on ne la juge pas, et l'on a tort. On s'abuse sur son libéralisme aussi bien que sur la force de son organisation intérieure. Le « despotisme humanitaire (3) », dont la Prusse paraît avoir comme la tradition depuis Frédéric II, n'est qu'un trompe-l'œil ; il semble tout prévoir et tout réaliser, il empêche au contraire le besoin véritable de se faire sentir.

L'opinion se répand que la constitution prussienne devrait reposer sur les états provinciaux actuels (4) ; on

(1) *Ueb. die historischen Bedingungen einer preussischen Verfassung*, von K. . z.....w. — C'est dans les *Annales* de Rotteck qu'il faut aller retrouver cet article, 1832, 10ᵉ volume, 1ᵉʳ cahier, page 56. (*Allgemeine politische Annalen*, Neue Folge. Herausgeber : Rotteck, München, Stuttgart, Tübingen. Cottasche Buchhandlung). — Gutzkow ne l'a pas fait imprimer dans ses Œuvres ; il le mentionne seulement à la préface de *Zur Geschichte unserer Zeit* (G. W., Tome X), et dans *Deutschland am Vorabend seiner Grösse und seines Falles* (G. W., X, 250).

(2) *Ouvrage cité*, 56. « Wir kämpfen nicht um Formen, sondern um den Geist der sie beleben soll. »

(3) *Ouvrage cité*, 58.

(4) *Ouvrage cité*, 61.

vante le libéralisme d'un système politique avec la représentation égale des trois états. Pure duperie! Sous un tel régime l'aristocratie aurait seule de l'influence. Si l'on veut des assemblées comme en Angleterre, un parlement avec deux chambres, on aura une pairie héréditaire et une représentation de gens riches (1). Et cela encore sera duperie !

Que se dégage-t-il de cet article antiprussien ? C'est que, avant de créer des constitutions, avant de parler d'unité, il faut réformer l'esprit de l'Allemagne, ou plutôt savoir le trouver là où il est véritablement, chez les peuples et non pas chez les princes, les grands et les philosophes. Ce n'est pas dans une Allemagne aristocratique telle qu'elle existe, avec des restes de représentations du Moyen-Age, que l'on va façonner une constitution propre au XIXᵉ siècle. « Nous ne sommes pas de ces fous qui se moquent à plaisir et sans esprit des débris respectables du passé ; nous admirons le passé, mais nous le laissons dans ses tombeaux, puisqu'aussi bien notre temps fait germer un si beau printemps d'idées nouvelles et d'espérances. Notre temps ne tremble plus devant aucune idée » (2).

Gutzkow a dépassé Menzel, retenu les leçons de Börne et celles des derniers écrits de Heine (3). En même temps que disparaissait son teutonisme, s'atténuait son antipathie contre le judaïsme : Börne et Heine avaient un succès retentissant chez les jeunes esprits, dira-t-il (4), pourtant ils ne

---

(1) *Ouvrage cité*, 65.

(2) « Wir gehören nicht zu jenen Thoren, die die ehrwürdigen Trümmer früherer Zeiten zum Gegenstande ihres salzlosen Spottes machen. Wir bewundern die Vergangenheit, aber wir lassen sie in ihren Gräbern, da auch unsere Zeit einen so schönen Frühling von neuen Ideen und Hoffnungen keimen lässt. Unsere Zeit zittert vor keinem Gedanken mehr. » *Ouvrage cité*, conclusion, p. 65.

(3) *Ueber den Adel. Englische Fragmente. Die Bäder von Lucca.*

(4) *Jahrbuch der Literatur*, 1839, p. 14.

plaisaient pas, ils occupaient la pensée et ne gagnaient pas les cœurs, mais « il fallait deux juifs » pour renverser l'ancienne idéologie, démolir ce que le « Sanscrit » avait échafaudé et secouer toutes les illusions.

Saint-Marc Girardin à Berlin s'était moqué du Teutonisme de Gutzkow ; et deux ans plus tard ce jeune étudiant devenu publiciste n'avait pas assez de railleries pour les Français qui rêvaient d'une Allemagne où les rois seraient sages et les sages seraient rois, et qui voyaient déjà la Prusse réaliser l'unité par ses écoles (1). Les partisans d'une unité allemande sous le protectorat prussien paraissaient à Gutzkow appartenir à un âge depuis longtemps passé ; il avait vu les petitesses d'un État admiré par toute l'Europe et s'empressait de les dévoiler ; à l'utilitarisme national prussien qui devait au XIXᵉ siècle triompher, il opposait vers 1830 les besoins des masses populaires, qu'un gouvernement aidé par les circonstances peut bien étouffer un instant, mais qui tôt ou tard se révèlent à nouveau plus douloureux et plus vifs. Il était républicain ; sans le dire ouvertement, il pensait que l'unité vraie ne pouvait être réalisée que si les princes étaient chassés (2) ; l'intérêt national devait être subordonné à un but commun, la délivrance des peuples.

Telles sont les idées devant lesquelles « notre temps ne tremble plus » ; elles apparaissent çà et là sous une forme enveloppée dans les articles que Gutzkow publie aux

(1) *Morgenblatt, Literaturblatt*, 18-21 janvier 1833, *Germanisirende Franzosen.* Cours d'histoire de l'Allemagne, par S.-M. Girardin, Paris 1832 (d'après les extraits du *Temps*). « Der Zustand der preussischen Schulen, wie er durch Herrn Cousin an's Tageslicht gebracht ist wird für Deutschlands Einheit entscheidend sein. » — Ces articles sont reproduits en partie dans les *Beiträge zur Geschichte der neuesten Literatur*, 1838, 2ᵉ vol. p. 24, 25, et dans les *Reiseeindrücke* (G. W., XI, 360-372).

(2) V. l'article cité du *Literaturblatt*, et le *Jahrbuch der Literatur* (1839), p. 14.

Annales de Rotteck et au *Literaturblatt*, elles sont rassemblées dans un ouvrage qu'il entreprend dès son arrivée à Stuttgart ; comme Börne, dont Menzel avait dit qu'il avait eu le courage de devenir fou, Gutzkow écrivait des *Lettres d'un fou à une folle* : elles parurent sans nom d'auteur en 1832, à Hambourg, chez l'éditeur de Heine et de Börne, J. Campe (1). C'est un livre que Gutzkow a plus tard dédaigné : il n'en donna que quelques fragments dans la première édition de ses œuvres en 1845, et crut devoir s'excuser d'avoir pu concevoir pareil ouvrage ; ces lettres, dit-il dans une préface (2), étaient écrites suivant l'impression du moment comme une sorte de chronique journalière, et sembleraient aujourd'hui incompréhensibles ; elles sont confuses comme l'époque, mais il faut pardonner à la jeunesse de celui qui les composa.

Que ces lettres soient confuses et fatigantes à lire, cela n'est que trop vrai, mais elles sont d'un grand intérêt ; bien des principes s'en dégagent, auxquels Gutzkow restera toujours attaché. C'est une œuvre de jeunesse sans doute, mais c'est aussi une œuvre d'enthousiasme ; à de grands défauts se mêlent de merveilleuses qualités.

L'auteur nous avertit dans un avant-propos (3) qu'il a trouvé ces lettres dans une tête agitée que la folie hantait jusque dans la tombe. Il a vu dans un cimetière, sous la lueur de la lune, se lutiner deux crânes qui avaient des fleurs dans les creux des yeux et des oreilles, et tenaient entre les dents l'un une rose, l'autre un lis ; il brisa d'un coup de bêche l'un

---

(1) *Briefe eines Narren an eine Närrin.* — Les Lettres étaient alors un genre à la mode, dit Gutzkow (*Rückblicke*, 67), surtout depuis le succès des *Briefe eines Verstorbenen* de Pückler Muskau et des *Briefe aus Paris* de Börne.

(2) *Gesammelte Werke*, 1845, III, 7. — Il n'y a rien des *Briefe eines Narren* dans l'édition de 1875.

(3) *Briefe eines Narren* (Vorwort).

de ces crânes et sur le fer tranchant tombèrent les lettres dont voici le contenu.

Un prince, pour être utile, ne doit pas gouverner selon ses goûts, pas même bâtir des églises et des Pinacothèques, parce qu'il lui plaît ainsi ; il doit entendre les désirs de son peuple, et s'en faire l'exécuteur (1).

Le cœur de chacun de ses sujets est animé de l'esprit divin et, tant que cette aspiration ne sera pas étouffée, il y aura des éléments pour une « organisation républicaine » de la société. Tout despotisme se heurtera à deux puissances supérieures, au fanatisme politique et au fanatisme religieux, au besoin de vivre heureux sur cette terre et à la croyance en une vie plus haute. Ce sont les deux facteurs les plus puissants de l'histoire : dans l'avenir comme dans le passé, ils s'uniront en un besoin de républicanisme (2).

Gutzkow s'inspire ici du Saint-Simonisme. Ce qu'il y a de vrai dans cette doctrine, selon lui, c'est qu'elle a bien saisi le besoin d'une union entre l'élément intellectuel et l'élément matériel de notre vie. Elle est le symptôme de l'esprit de l'époque (3). Elle ne satisfait pas elle-même au besoin social, étant trop l'œuvre d'esprits spéculatifs, mais elle a « schématisé » les tendances de notre temps dans une formule d'une vérité mathématique. Il n'y a point de doctrine à cette époque qui ait le même avantage. « M. Carové, licencié en droit, estime cette doctrine suspecte de jacobinisme et dangereuse pour l'État » ; cet homme parle, dit Gutzkow, comme s'il avait, à Mayence, siégé en inquisiteur ; mais sa parole définit mieux le Saint-Simonisme,

(1) *Briefe eines Narren*, 1832, p. 17.

(2) *Briefe eines Narren*, 1832, p. 37.

(3) P. 38, 39. — « Sie ist ein Symptom des Zeitgeistes... Ihre Lehren haben im Schematismus der mannigfachen unsere Zeit durchkreuzenden Tendenzen eine so mathematisch richtige Stellung, wie keine andere neue Erscheinung im Gebiete der geistigen Cultur. »

qu'une phrase de Lamennais, de Cousin ou de Hegel.

A l'exception des Saint-Simoniens, Gutzkow redoute tous les doctrinaires (1) : ils ne servent qu'à tromper les esprits ; ils sont les soutiens de la royauté, depuis **Platon** et Sénèque jusqu'à Hegel et Steffens. Platon est le chef de file de l'aristocratie prussienne (2) ; il n'a qu'un mérite, c'est de s'être approché du Saint-Simonisme en essayant de relever la condition de la femme. Hegel, pour étayer de sa philosophie la monarchie prussienne, force l'univers à se plier à sa dialectique ; il écrit le roman de l'humanité, et non son histoire.

Ce que Gutzkow veut, c'est une République (3) non pas platonicienne mais démocratique, animée de l'esprit de Robespierre et de Saint-Just (17ᵉ lettre), qui seule assurera la paix au dedans et au dehors. Et les temps marchent, qui amèneront cette République ; on monte vers la liberté, comme par échelons : Napoléon, la Restauration, puis un trône entouré d'institutions républicaines ; les petits-fils recueilleront les fruits de ces efforts. « Ce sont des espérances, non des rêves (4) », et l'on est mûr pour la liberté. Aujourd'hui, il y a deux classes sociales, celle qui n'a d'autre travail que le plaisir, et celle qui n'a d'autre plaisir que le travail ; mais à l'avenir, « les gueux des fabriques de Manchester et de Birmingham joueront le rôle qui, jusqu'à présent, n'a été donné qu'à la soie et à l'hermine (5) ». Et les couronnes, sur la tête des rois, fondront dans les flammes, si les rois

---

(1) V. surtout 9ᵉ et 10ᵉ Lettres.

(2) « Plato ist der Flügelmann der preussischen Aristokratie. »

(3) P. 105, 108, 109.

(4) P. 109. « Das sind Hoffnungen, aber keine Träume. »

(5) P. 120. « Die Lumpen der Fabrikarbeiter in Manchester und Birmingham sollen künftig die Rolle spielen, die bis jetzt nur der Seide und dem Hermelin zugetheilt war. »

ne cèdent pas (1) ; la monarchie n'est pas éternelle (2).

Il y a sur la Prusse un long développement d'une très grande netteté (3). Politiquement, la Prusse comprend trois classes : 1º les vieux Prussiens (*die Altpreussen*); 2º les intellectuels (*Geistreichen*) ou autrement dit les Cavaliers (*Cavaliere*) et partisans de l'État prussien (*Liebhaber des preussischen Staats*) ; 3º enfin, les soi-disant libéraux prussiens (4). La première classe vit des souvenirs patriotiques ; sur elle repose avec solidité le système prussien. Presque charmante quand on la laisse faire sans troubler sa quiétude, elle devient insupportable quand elle lutte contre les vues ·nouvelles. Son esprit anime les écoles, c'est lui qui a fait interdire les sociétés de gymnastique et les associations d'étudiants; très sentimentale, elle aime Frédéric-Guillaume avec la pureté d'une fiancée. La deuxième classe est formée des fous politiques qui voient dans l'État prussien la réalisation de « Dieu sait quoi » (5). Steffens la personnifie ; elle s'appuie sur les idées abstraites de peuple, d'État, de religion, formes théocratiques d'existence. La troisième classe est représentée par Raumer (6). Les soi-disant libéraux parcourent volontiers les journaux étrangers, lisent avec plaisir les écrits de Börne et de Heine, parlent aussi des « Lettres d'un Fou à une Folle », nouvellement parues ; toutefois, dans ces tendances d'un esprit plus libre, ce n'est pas le contenu qu'ils considèrent, mais la forme ; celle-ci déplaît-elle, le reste n'a plus de valeur. Parmi les libéraux prussiens

(1) P. 192.

(2) P. 13.

(3) P. 158 et suiv.

(4) « Die sogenannten preussischen Liberalen. »

(5) P. 161. « Die königlich preussischen Staatsnarren, die in Preussen Gott weiss was verwirklicht sehen. »

(6) P. 163.

on compte les Juifs à la gauche extrême ; le commerce est au centre ; les modérés sont de jeunes fonctionnaires, des juristes, et quelques militaires. Hegel appartient à cette catégorie, moins par lui-même que par ses élèves. Hegel a construit le libéralisme prussien à priori, Raumer l'a transporté dans le vieux prussien, et Gans l'a mis dans le français.

Ce faux libéralisme qui n'est que sur les lèvres, il convient de le détester (1). Le roi de France et les princes héritiers parlent sans cesse des « couleurs chéries », ils nomment avec un respect religieux la charte et la Révolution de Juillet; mais ils vont avec leurs conseillers la route qui leur plaît. « La liberté ne porte pas les clefs de chambellan (2) ». En Bavière, la Camarilla de la Cour a toujours à la bouche les mots de Constitution, mais volontiers égorgerait tout adversaire du roi (3). Le vrai libéralisme lui-même se relâche ; la gauche d'autrefois s'effraie que les jeunes aillent plus loin qu'elle, elle se resserre sur le centre ; il en est ainsi dans la Chambre française et dans les États allemands (4). Et les princes de se dire : tout le monde est content, à quoi bon faire des concessions ! (5)

Penser, rêver, railler ne suffit pas : il faut haïr (6), haïr ces rois qui semblent avec douceur, un lis à la main, tenir le gouvernail. Il faut marcher sur les traces de Timon, et la haine est plus à sa place maintenant dans l'évolution historique que l'amour. Il n'est plus temps de se réjouir, il faut lutter, quand ce ne serait que pour ouvrir le chemin vers le

(1) P. 199.
(2) P. 243. « Die Freiheit trägt nie den Kammerherrnschlüssel. »
(3) P. 199.
(4) P. 216.
(5) P. 201.
(6) V. surtout la 18ᵉ Lettre.

but (1). Nos désirs ne portent encore vers aucun état déterminé, mais ils veulent la possibilité de se manifester librement. «Nous voulons avoir la liberté d'être à l'avenir ce que nous serons (2). Telle est la loi de notre époque. La force de volonté doit être réveillée jusque chez le dernier enfant du peuple. » Ayons d'abord le sentiment illimité de notre personnalité ; alors on pourra marcher vers ce que l'esprit entreprend, vers ce que le cœur désire. Le siècle de la Révolution indique une nouvelle création (3). Les lois ne seront pas écrites en lettres mortes, mais dans les cœurs des hommes. L'amour bientôt règnera. Mais jusque-là, c'est la haine qui est nécessaire ; car l'amour n'existe pas sous la loi, il en est l'ennemi.

On n'aura plus alors ni héros (4), ni conseillers de cours, parce qu'on ne distinguera plus les sots et les sages. Non pas que les talents doivent cesser de se manifester, non certes !, mais ils n'auront plus de si vastes desseins. Les entreprises du génie ont toujours avili l'humanité en la réduisant à l'état de machine (5). Les grands hommes furent rarement les amis du peuple, les grands princes ne furent pas populaires ; nous ne voulons plus de héros (6) ; l'un de ceux que l'on a le plus admirés, Napoléon, est coupable d'avoir fait dévier la Révolution (7).

(1) P. 217.

(2) P. 217. « Wir wollen die Freiheit haben, künftig das zu sein was wir sein werden. Das ist aber auch das Gesetz unserer Zeit. Die Willenskraft mufs bis zu dem Letzten im Volke wieder geboren werden. »

(3) P. 218-219.

(4) V. surtout Lettre 24.

(5) P. 280. « Die Unternehmungen des Genies waren immer nur Entwürdigungen der Menschheit, da diese von jenem nur als Maschine gebraucht wurde. »

(6) P. 281.

(7) P. 145.

Le capital intellectuel doit être cherché non chez l'individu, mais dans la masse (1). Il y a chez elle une force dynamique qui, dans des conditions favorables, aurait des effets merveilleux. Dans la rue, dans une auberge, se trouvent réunies toutes les facultés intellectuelles, esprit de pénétration, observation, qui peuvent d'un coup se révéler. N'attendons pas le salut du monde d'un individu (2). Ce n'est point par les plans gigantesques d'un conquérant ou les rêves d'un homme d'État que le monde est gouverné, mais par des rencontres de hasard, par la puissance des « petites circonstances ».

Et Gutzkow pèse les « petites circonstances », en Allemagne, favorables à une révolution (3). La foule. dans les villes est encore trop faible ; elle ne pourrait résister à une solide garnison ; mais de « petites circonstances aideront » (4) ; des escarmouches audacieuses, les hardiesses de la presse, la faveur toujours croissante des amis du peuple fatigueront la situation présente ; elle disparaîtra de la scène sous les sifflets. Nous sommes à la veille de graves événements. L'année 1836 arrive, qui sera fêtée pendant des siècles. Jusqu'à cette date les préparatifs auront lieu ; on fera table rase du passé ; ceux qui sont jeunes verront le salut du monde et la souveraineté populaire (5).

Un fou ! C'est un fou qui parle, vas-tu penser. « Eh ! qui donc t'a enseigné que je suis fou ? Je te donnerai des preuves immortelles de ma raison (6) » ; « tant que je paraîtrai

---

(1) P. 282.
(2) P. 284.
(3) P. 288
(4) P. 288. « Die kleinen Umstände werden uns helfen. »
(5) P. 307.
(6) P. 325. « Wer hat dich gelehrt, dass ich ein Narr bin ? Ich selbst werde unsterbliche Beweise für meinen Verstand führen. »

fou à la sagesse de ce monde, je rendrai mon glaive plus tranchant » (1).

La révolution qui se prépare en politique s'accomplira aussi en littérature, car l'une et l'autre doivent être inséparables. En France, la politique et le combat des partis réunissent toutes les tendances de l'esprit créateur et pensant ; nous autres Allemands, jusqu'ici éloignés de l'activité politique, nous avons toujours tenu la science à l'écart de la vie publique. « Notre lutte politique est démocratique, mais nous sommes habitués à ne jamais prendre la plume que dans l'esprit de notre aristocratie littéraire (2) ». La littérature ne sera qu'une forme superficielle et funeste tant qu'elle ne sera pas le peuple. « Le public veut des caractéristiques du temps, des tableaux du présent (3) », un écho de l'instant où il vit. C'est ce que lui ont donné Menzel, Heine, Börne, ces lutteurs dont il faut essuyer le front couvert de sueur, embrasser les mains aux veines gonflées (4). Gutzkow a pour ces trois hommes une admiration profonde ; pourtant il tient Heine pour renégat (*abtrünnig*), car il est royaliste (5).

La conception de l'histoire aussi est fausse. On regarde le passé, et on juge du présent par le passé ; on considère l'histoire dans son développement, sa longueur, dans son évolu-

(1) P. 319. « Je länger ich der Weisheit dieser Welt eine Thorheit scheine, desto schärfer wetz' ich mein Schwert. »

(2) P. 215. « Unser politisches Streiten ist demokratisch, wir sind aber gewohnt, nie die Feder zu greifen als im Geiste unserer literarischen Aristokratie. »

(3) P. 39. « Das Publicum will Charakteristiken der Zeit, Bilder aus der Gegenwart. »

(4) P. 204. « Gehe hin zu ihnen, wisch' ihnen den Schweiss von der leuchtenden Stirn, küss' ihnen die aufgelaufenen Adern ihrer Hände weg, und bedanke dich schön ! »

(5) P. 75. Heine, préface de novembre 1832 aux *Französische Zustände* ; se défend de ce reproche, et loue fort l'auteur inconnu des *Briefe eines Narren*. H. W., IX, 6.

tion suivant une voie étroite ; il faut la voir dans sa largeur, dans l'espace. C'est moins commode, c'est plus juste : « Je le dis, la contemporanéité, la juxtaposition doit rester le but principal de l'exposition » (1). « L'histoire n'est pas un drame, mais une épopée » ; « tu dois avoir une jambe à Londres, l'autre à Paris ; le synchronisme doit être introduit ». « Dans chaque mot, dans chaque fait de l'an 100 doit être contenu tout ce qui arriva à la même époque » (2).

Les idées se pressent dans ce livre en un désordre qui n'est qu'apparent. Quelques-unes appartiennent à Menzel, à Börne, à Heine, à Saint-Simon, mais Gutzkow les a faites siennes ; ce ne sont pas des emprunts qu'il oubliera ou rejettera demain, ce sont des éléments qui sont venus fortifier ses pensées déjà profondément et solidement construites. Il a foi dans les masses plus que dans les individus, et c'est à la masse qu'il s'intéressera ; il croit à l'action des petites circonstances, et opposera sa théorie du hasard à la philosophie hegelienne ; mais surtout son esprit à tendance universelle continuera de parcourir l'espace encore plus que le temps ; Gutzkow inventera en Allemagne le roman des concomitances, du « Nebeneinander ».

La forme de ce livre est moins à lui. Il dit dans ses *Rückblicke* (3) qu'il « jeanpaulisait » alors ; cela est vrai, il est disciple zélé et maladroit de Jean-Paul, et malheureusement le sera encore dans quelques œuvres. Par là il porte

---

(1) P, 182. « Ich sage, die Gleichzeitigkeit, das *Nebeneinander* muſs das Hauptziel der Darstellung bleiben ». « Die Geschichte ist kein Drama, sondern ein Epos. Darum stehst du mit dem einen Bein in London, mit dem andern in Paris.... weil die Synchronik eingeführt werden muſs. »

(2) P. 182. « In jedem Wort, in jeder That, die Anno 100 vorkam, muſs alles enthalten sein, was zur selben Zeit geschah. »

(3) *Rückbl.*, 67. — Menzel, *Literaturblatt*, n° 7, 1833, met l'auteur de *Briefe eines Narren* au dessus de Jean-Paul et de Börne.

âtteinte à la gloire de l'écrivain qu'il révérait : on n'imite pas Jean-Paul, car l'imiter, c'est trahir ses défauts ; pour rivaliser avec lui, il faut, avec des qualités égales aux siennes, rester naturel. Dans ses Souvenirs d'enfance (1), très simplement écrits, Gutzkow sans le chercher· sera proche de Jean-Paul ; il ne l'est point lorsqu'il encombre et obscurcit les Lettres d'un Fou de divagations voulues, de descriptions fantastiques et d'effusions sentimentales (2). A vrai dire, il oublie souvent d'imiter ou de divaguer, et alors il est excellent ; la première partie seulement de ces vingt-sept lettres est confuse, l'idée. peu à peu se dégage, devient plus nette, les allusions sont précises, l'auteur localise et fixe la date. Le style devient serré, clair, souvent digne de Börne comme la pensée.

(1) *Aus der Knabenzeit.*

(2) Ce sont les commencements et les fins de lettres qui sont écrits en style amphigourique ; le milieu est généralement clair. Voici, par exemple, comment s'ouvre et se termine la 3e lettre :

« Deutscher Gruss und Handschlag zuvor, edle Biederfrau ! — Ich schätze in Dir mehr, als man an Wesen deines Geschlechts zu schätzen gewohnt ist. Du bist nicht unbekannt mit den Grazien und doch ein Frauenzimmer von der ernsthaften Gattung. Du gleichst dem chinesischen Glockentempel, wenn er den Ernst bedeuten soll, eben so sehr wie der Maiblume, wenn ich darunter die Freude verstehe ; nur dass die letzte duftende Glocke oben im Wipfel sich den Strahlen der Sonne öffnet, und ich schmeichle mir diese Sonne immer für Dich gewesen zu sein. »

Il continue sur ce ton, puis amène de la façon suivante un développement sur la politique : « Nun aber theile ich Dir ein Geheimniss mit, das Du Dir gewiss nicht hast träumen lassen. Der Sultan hat mich als Redacteur des konstantinopolitanischen Moniteurs berufen. »

Et la lettre se ferme sur le refrain d'amour habituel : « Bist du also heute zur Rührung aufgelegt, so werd'ich das Vergnügen haben, Dich nicht zu sehen. Sonst ergreife ich diese Gelegenheit, Dir zu versichern, dass, wenn Du mein Alpha bist, ich dein Omega bin und bleibe ! »

Börne s'y reconnut et tressaillit de joie à cette voix républicaine venue d'Allemagne répondant à la sienne (1). Il jette un cri d'admiration à la lecture de ce livre dont il ignore l'auteur : « ouvrage si varié, à la fois si élevé et si profond » ; on se fatigue à le lire, mais il vaut la fatigue ; l'auteur se soucie peu de la forme, mais la forme vient à lui, il écrit bien sans le vouloir. Et Börne le cite longuement, rappelle les sentiments qui leur sont communs : c'est un républicain comme tous les fous, ennemi de toute nature monarchique ; « il partage mon horreur pour les grands hommes divinisés de l'histoire, il pense que la belle époque viendra où il n'y aura plus ni courtisan, ni héros ».

Le livre de Gutzkow, si difficile aujourd'hui à trouver, aurait pu disparaître, l'éloge de Börne en révèlerait encore l'inspiration.

III

Les *Briefe eines Narren an eine Närrin*, sans passer inaperçues, ne firent point sensation. Börne avait habitué à ce ton, et le bruit des événements politiques dominait les voix isolées. Le libéralisme qui, depuis 1830, s'agitait ouvertement, livrait un nouvel assaut. Tandis qu'en Angleterre O'Connell luttait pour les droits de l'Irlande, que les Carbonari en Italie osaient des insurrections, en France et en Allemagne les Républicains se groupaient. Leurs manifestations furent des défaites. La fête de Hambach du 27 Mai 1832 et les funérailles de Lamarque du 5 Juin, à huit jours de distance, semblèrent marquer l'arrêt du républicanisme dans sa marche. On avait fait grand bruit autour

(1) Lettre de Paris du 13 novembre 1832, qui paraîtra au 2ᵉ recueil des Lettres en 1833. B. W., XI, 67.

de la fête de Hambach : d'après Wirth (1), 30.000 assistants seraient venus, parmi lesquels Börne, s'il faut en croire Gutzkow, Reinganum (2) et Holzmann (3). Cette revue des forces révolutionnaires prouva seulement leur manque d'organisation : les opinions les plus contradictoires furent exprimées ; seul, Wirth eut des idées déterminées et énergiques sur l'unité nationale allemande qu'il voulait sous la forme d'une république fédérative (4). Heine, dans un article de l'*Allgemeine Zeitung*, daté du 16 juin 1832 (5), rapproche de cette fête la manifestation des funérailles de Lamarque. L'une et l'autre lui semblaient également vaines. Il aimait de moins en moins les républicains depuis qu'il se les sentait hostiles ; il comprenait à peine qu'il y en eût en Allemagne, où les intellectuels étaient si loin du peuple ; mais il était forcé d'admirer des hommes qui savaient se faire tuer ou risquaient pour leurs principes une vie de persécution ; il sentait en eux une puissance qui grandissait. « Le Dr Wirth, Siebenpfeiffer, Scharpf, George Fein de Brunswick, Grosse, Schüler, Savoye, on peut les arrêter, on les arrêtera, mais leurs idées restent libres, et planent librement comme des oiseaux dans les airs » (6). C'est sous la même inspiration qu'il avait écrit le 20 janvier à Cotta une lettre qui résume bien sa pensée politique : « Le Républicanisme des Tribuns m'est odieux.... mais il n'arrive aux rois que ce qui est justice : ils n'ont pas voulu écouter les Libéraux qui s'armaient seulement contre la noblesse et la

(1) Wirth, *Das Nationalfest der Deutschen zu Hambach*. Neustadt, 1832.

(2) B. W., XII, 394.

(3) *L. Börne*, 299.

(4) V. Wirth. *Die politische Reform Deutschlands. Noch ein dringendes Wort an die deutschen Volksfreunde*. Strassburg, 1832.

(5) *Französische Zustände*. H. W., IX, 102.

(6) H. W., IX, 106.

domination des prêtres ; maintenant ils ont sur le dos le Jacobinisme le plus sanglant. Il ne leur reste plus à la fin qu'à s'envelopper dans leurs manteaux de pourpre et à succomber, au moins avec dignité. Nous autres modérés, nous allons à notre perte avec eux... Mais tôt ou tard la révolution commencera en Allemagne, elle est là, dans l'idée, et les Allemands n'ont jamais abandonné une idée, pas même une *variante* (1) ».

La Prusse et l'Autriche voyaient le danger. La fête de Hambach fut un prétexte à des mesures de répression. Metternich écrivit à M. de Nagler (2) : « La fête de Hambach, si elle est bien employée, peut devenir la fête des bons ; les mauvais se sont tout au moins trop hâtés ». On avait pu croire, expliquait Metternich, que l'exaltation, conséquence d'une révolution dans un pays voisin, se calmerait d'elle-même ; mais au contraire elle grandissait chaque jour : les Chambres constitutionnelles affectaient de se mettre au dessus des lois fédérales, elles osaient même attaquer la Diète ; la presse devenait plus audacieuse, les feuilles journalières allaient répandre parmi le peuple l'esprit révolutionnaire ; la loi sur la presse du Landtag de Bade, particulièrement, était contraire à la législation fédérale ; un État n'avait pas le droit d'inonder les autres d'écrits non censurés ; cette loi devait être suspendue jusqu'à la création d'une loi de la presse générale et définitive (3).

A la manifestation du 27 mai répondit sans retard le protocole du 28 juin 1832. Il fut décrété (4) :

---

(1) Lettre citée par Prœlss, p. 157.

(2) Kombst (*Authentische Aktenstücke*, XI). « Das Hambacher Fest, wenn es gut benutzt wird, kann das Fest der Guten werden : — die Schlechten haben sich mindestens zu sehr übereilt. »

(3) Kombst, VI. Lettre de Metternich du 27 mars 1832.

(4) Lerminier, *Au delà du Rhin*, I, 241.

... que le souverain d'un État ne pouvait être lié par une Constitution à la coopération des Chambres...

... que la législation intérieure des États de la Confédération germanique ne saurait porter préjudice au but de la Confédération ;

... qu'il serait nommé par la Diète, d'abord pour 6 ans, une commission chargée de prendre connaissance des délibérations qui ont lieu dans les Chambres des États membres de la Confédération ;

... que les gouvernements de la Confédération empêcheraient toute attaque contre la Confédération dans les assemblées d'États ;

... que la Diète seule avait le droit d'interpréter l'acte de la Confédération et l'acte final ;

... que la Diète, au besoin, opérerait militairement ;

... que les abus de la presse périodique seraient ultérieurement réprimés.

C'était l'intervention constante et organisée de la Diète dans chacun des États, le gouvernement fédéral substitué aux divers gouvernements constitutionnels. Aussitôt les poursuites commencèrent.

Schulz, le directeur de l'*Hesperus*, avait récemment déclaré dans un ouvrage (1) qui fit du bruit, que la Prusse ne pouvait plus être la puissance centrale d'une unité allemande, parce qu'elle s'était rendue odieuse. La Prusse avait demandé sans tarder que le grand-duc de Hesse interdît ce livre. Le gouvernement hessois, une première fois, avait refusé (2) ; après le 28 juin, il fut moins généreux ; Schulz fut arrêté à Darmstadt ; condamné à cinq ans de prison, il parvint à s'enfuir et mourut en exil. C'était le sort qui attendait Wirth et Siebenpfeiffer.

(1) Schulz, *Deutschlands Einheit durch Nationalrepresentation*, 1832.

(2) V. Kombst, *Authentische Aktenstücke*, XV.

Tous les livres publiés par Campe avaient été interdits en Prusse. Il était plus difficile d'agir sur Cotta. Les *Annales* de Rotteck éditées chez lui furent suspendues dès août 1832. L'*Allgemeine Zeitung* elle-même fut menacée. Gentz (1) envoya à Cotta un énergique avertissement : on ne pouvait supporter, disait-il, que Heine traînât dans la boue le gouvernement français. Cotta resta en relations avec Heine, mais la chronique politique envoyée de Paris cessa. L'*Allgemeine Zeitung* savait ménager les puissances, elle fut trouvée trop modérée par les uns, trop radicale par les autres : Cotta ressemblait à Metternich, écrira Gutzkow (2) ; « ils étaient bons amis et se le disaient tous les jours dans l'*Allgemeine Zeitung* » ; par contre, Nagler se plaint des libertés que prenait ce journal en parlant du gouvernement prussien (3) ; elles augmentent, disait-il, la tendance anti-prussienne du sud-ouest de l'Allemagne (27 Déc. 1832).

Tout se taisait dans le Sud allemand ; mais, au protocole du 28 juin, Heine, en France, écrivait une réponse : ayant réuni les articles qu'il avait fait paraître à l'*Allgemeine Zeitung*, il les envoyait à Campe sous le nom de *Französische Zustände*, avec une préface où l'indignation l'emportait sur l'ironie (4). Cette préface était si méprisante pour la Prusse qu'éditeur et auteur hésitèrent à la publier ; Heine (5) savait qu'elle lui fermait peut-être pour jamais le retour vers l'Allemagne ; mais par elle, écrivait-il à Varnhagen, il trou-

(1) V. Strodtmann, *Heines Leben*. II, 55.

(2) *Rückb.*, 62.

(3) V. Kombst, *Authentische Aktenstücke*, XIV (*Ueber deutsche Press und Censurangelegenheiten*).

(4) Lud. Geiger a retrouvé aux archives de Hambourg la forme première de cette préface (V. *Deutsche Dichtung*, XXXIV, 5) ; elle diffère peu de celle qui est publiée dans les œuvres de Heine.

(5) V. *Correspondance* de Heine. Lettre à Campe du 28 décembre 1832. — Lettre à Varnhagen du 16 juillet 1833.

verait grâce à la prochaine insurrection aux yeux des démagogues qui le traitaient d'apostat. L'Autriche, disait-il dans
cette préface (1), avait toujours été une ennemie ouverte et
loyale, qui jamais n'avait nié sa lutte contre le libéralisme
et jamais ne l'avait suspendue un instant ; mais de quel nom
fallait-il appeler le rôle joué par la Prusse ? Elle emploie des
écrivains prétendus libéraux à pallier ses crimes ; Raumer,
« ce révolutionnaire royal prussien », dont l'histoire des
Hohenstaufen et les Lettres de Paris révèlent la modération et la médiocrité, fait l'apologie de la conduite de la
Prusse à l'égard de la Pologne et donne au cabinet de
Berlin des apparences d'honnêteté ; et les Prussiens, avec la
même habileté, véritables.« Jésuites du Nord » (2), se sont
servis de Hegel, de Schleiermacher et de Ranke.

(1) Écrite le 18 octobre 1832. H. W., IX, 7

(2) Heine avait déjà écrit à Varnhagen, 1ᵉʳ avril 1831 : « Je suis aussi
très courroucé contre la Prusse, mais seulement à cause du mensonge
universel dont la capitale est Berlin. Les Tartufes libéraux de Berlin
m'inspirent du dégoût. » (V. sa *Correspondance*).

CHAPITRE IV

ANNÉES DE VOYAGE ET D'APPRENTISSAGE LITTÉRAIRE
(1832-1833)

I. Gutzkow revient à Berlin (avril 1832) : la société berlinoise, le judaïsme, Varnhagen.— Mundt, esprit individualiste et conciliateur sans profondeur : ses *Kritische Wälder*.

II. Gutzkow à l'Université de Heidelberg (Hiver 1832-1833). — Un écrit politique : *Divination auf den nächsten Würtembergischen Land- tag* (1832).— Attentat de Francfort suivi de répressions nouvelles. — Découragement des esprits. — Börne, deuxième série des *Briefe aus Paris*. — Heine se réfugie dans le Saint-Simonisme : *Zur Geschichte der neueren schönen Literatur in Deutschland* (avril 1833). — Un livre de Mundt, *Die Lebenswirren*, traduit bien le désarroi de l'année 1833.

III. Gutzkow à Munich. — Il renonce à la théologie et à l'enseigne- ment et devient écrivain. — Ses premières œuvres littéraires. — Un drame, *Jupiter Vindex*. — *Maha Guru*, roman de religion sociale.— Gutzkow est encore sous l'influence de Menzel. Il entre en relations avec Laube.

I

Toutes ces manifestations politiques, Gutzkow les avait suivies de très loin. En avril 1832 il avait déjà quitté l'Alle- magne du Sud ; tandis que les libéraux se rassemblaient à Hambach, il parcourait Hof et Leipzig, les villes où avait vécu Jean-Paul (1), et écrivait sur ce voyage quelques lettres qu'il envoyait au *Morgenblatt* (2) (Avril 1832). Le désir de

(1) V. *Rückblicke*, 63.
(2) Écrites dans la manière de J.-Paul ; elles sont au XI° vol. de ses Œuvres, p. 1 : *Der jüngste Anacharsis*.

revoir Rosalie Scheidemantel, qu'il considérait comme sa fiancée, le ramenait vers Berlin ; il pensait se marier, et trouver dans l'enseignement des moyens de vivre sans pourtant quitter le journalisme. Il a raconté dans ses *Rückblicke* (1) ce retour dans la ville du « Despotisme patriarcal » et la tristesse qu'il ressentit. Il voyait chance-celants ou soumis tous ceux qu'il avait connus au gymnase ou à l'Université ; ses parents plus que jamais étaient piétistes et loyalistes, non moins docile était la famille de la jeune fille qu'il aimait. Berlin restait fidèle à ses princes et à ses traditions : la mort de Gœthe, de Hegel, faisait le sujet des entretiens, mais plus encore le dernier ouvrage de Pückler Muskau, ou la chronique scandaleuse d'une société insouciante et frivole.

Le Judaïsme berlinois était à la tête du mouvement littéraire (2). Le cercle qui s'était formé autrefois autour de Mendelssohn et de Marcus Herz avait grandi en influence ; il avait du Nathan de Lessing la richesse et la sagesse, et formait un « Ghetto élégant », qui donnait le ton ; on y unissait aux souvenirs classiques les idées nouvelles, on « christianisait » beaucoup, parfois on se laissait baptiser pour devenir fonctionnaire. Hitzig, Moritz Veit, Ed. Gans étaient dans cette société les personnages les plus en vue, mais aucun n'avait l'importance de Varnhagen von Ense, qui appartenait à ce cercle juif par sa femme Rahel. Varnhagen était connu comme officier, diplomate, et littérateur (3) ; il avait fait la campagne de 1814, assisté au congrès de Vienne auprès de Hardenberg ; il était ministre résident à Karlsruhe

---

(1) P. 68.

(2) *Rückbl.*, p. 68.

(3) Sur Varnhagen, voir le jugement de Laube : *Charakteristiken*, 1835. *Literatur*, IV, 204-208. *Erinnerungen*, 1ᵉ partie, 220 ; 2ᵉ partie, 33-34. — Voir aussi Mundt, *Literatur*, 645 ; Wehl, *Zeit und Menschen* II, 13.

quand la réaction de 1819 l'avait relevé de ce poste ; vivant depuis ce temps à Berlin en disponibilité avec le titre de *Legationsrath*, il restait attaché aux idées libérales (1). Son salon et celui de sa femme Rahel réunissaient les diplomates et les hommes de lettres. Varnhagen entretenait avec soin le culte de Gœthe ; il était, disait Heine, « le représentant de Gœthe sur la terre (2) ». Il avait été l'ami de Hegel et continuait les traditions de l'hegelianisme dans les *Jahrbücher für wissenschaftliche Kritik* ; depuis 1824 il écrivait ses *Biographische Denkmale*, où il contait à la façon de Plutarque la vie des grands hommes de la Prusse. D'esprit très ouvert, avec des goûts d'artiste, il était pour les jeunes auteurs une sorte de Mécène, et jouera un rôle important dans l'histoire de la Jeune Allemagne.

Gutzkow aurait pu facilement trouver en Varnhagen un protecteur. Il lui aurait suffi, dit-il, pour entrer dans ce cercle, d'admirer les poésies de H. Stieglitz, qui faisait alors paraître les *Bilder des Orients* (1831-1833), ou une farce de Robert, beau-frère de Varnhagen ; mais ses relations avec Menzel, qui avait blessé tous les Berlinois (3), ses idées libres sur la politique, et peut-être encore sa haine d'étudiant contre tout ce qui était distinction et aristocratie, l'arrêtèrent au seuil d'une société qui faisait la réputation à Berlin.

Gutzkow était retourné au Stehely (4), où il lisait autrefois les journaux. On y recevait encore le *Temps* et les *Débats* ; mais le *National* était interdit ; tout ce qui paraissait dans les journaux allemands, le *Gesellschafter*, le *Freimüthige*, la *Zeitung für die Elegante Welt* de Leipzig, avait passé

(1) L. W., I, 220-228.

(2) « Der Statthalter Gœthes auf der Erde. » V. lettre de Heine à Varnhagen du 31 mars 1838 (*Corresp.*).

(3) *Rückbl.*, 68.

(4) *Rückbl.*, 71 72.

par la censure. Dans les feuilles berlinoises on trouvait le tribut d'éloges régulièrement dû à Gœthe, des relations de voyages, et des nouvelles de Willibald Alexis. Parfois il y avait des articles où des idées modernes se laissaient entrevoir : ils étaient signés Theod. Mundt (1).

Mundt, né en 1808 (2) à Potsdam, avait été témoin des mêmes événements, élève des mêmes maîtres que Gutzkow ; il avait eu mêmes inquiétudes, mêmes espérances, mêmes déceptions. Au commencement de l'année 1832, il était allé résider à Leipzig ; il avait trouvé bienfaisant le régime constitutionnel de la Saxe (3), et sa pensée s'était arrêtée à cette forme de gouvernement. Il n'avait de Gutzkow ni le besoin d'universalité, ni le sens historique, ni l'intérêt pour les masses ; sa tendance d'esprit était bien plutôt l'individualisme, il n'aimait ni Heine ni Börne. Sur le mouvement libéral qui avait abouti à la fête de Hambach, il avait publié chez Brockhaus, en 1832, un ouvrage intitulé *Die Einheit Deutschlands in politischer und ideeller Entwickelung* (4). Il se montrait dans ce livre nettement hostile au libéralisme du Sud à tendance française ; il préférait la démagogie romantique de 1813, qui répondait du moins au besoin de particularisme propre aux Allemands. Il désirait une union politique qui laisserait place à des formes constitutionnelles distinctes. Il était doctrinaire prussien : la Prusse devait

(1) *Rückblicke*, 73 Gutzkow dit dans ses *Rückblicke* qu'il alla voir Mundt à cette époque. Houben a prouvé que sa mémoire était ici en défaut. (V. *Gutzkow-Funde*, 82). Les deux écrivains ne se sont vus pour la première fois qu'en 1835.

(2) Mundt a conté sa jeunesse dans un article du *Freihafen*, 1840, 4. Heft. (*Heine, Börne und das junge Deutschland*). C'est cette autobiographie qui nous sert ici de guide. — V. aussi Ed. Pierson, *Gustav Kühne*, 1889, p. 107-109 et passim.

(3) V. *Freihafen*, 199.

(4) V. *Freihafen*, 204 et suiv.

être dirigeante, car elle représentait l'idée d'État et le protestantisme.

Cette union des êtres et des peuples qui n'effacerait point leur caractère particulier, l'art seul pouvait le réaliser. Mundt l'avait dit dans un court roman, *das Duett*, paru l'année précédente à Berlin chez Dümmler, ce sont les arts « qui commencent à unir en une nationalité, en une belle civilisation, les peuples d'ailleurs séparés de façons si diverses » (1). Mais ce qu'il entendait par l'art ne dépassait guère la conception romantique : il tenait Tieck pour le meilleur des maîtres, il l'avait pris comme modèle dans ses premiers ouvrages, *das Duett* et *Madelon oder die Romantiker in Paris* (1822), romans sans vérité, écrits avec un agrément facile et superficiel.

C'étaient ces principes individualistes, ces goûts artistiques et ce besoin de conciliation qui formaient le lien des articles que Mundt envoyait à Berlin aux *Jahrbücher für wissenschaftliche Kritik* ou qu'il écrivait aux *Blätter für literarische Unterhaltung* de Leipzig (3). Il y défendait contre la philosophie hegelienne la personnalité et la beauté. Hegel, disait-il (4), a le tort de mettre l'idée au-dessus de la nature, le général au-dessus de l'individuel ; cette conception l'amène à condamner la nature toutes les fois que dans sa marche vers l'absolu elle ne se plie pas aux formes de l'esprit, à tenir le cœur, le sentiment pour choses inférieures qui rapprochent l'homme de la bête, par suite aussi à bannir la musique de la philosophie comme appartenant plus

(1) V. *Duett*, p. 55 « welche die sonst so mannigfach getrennten Völker zu einer Nationalität, zu einer schönen Cultur zu verbinden anfangen ».

(2) V. *Duett*, p. 198.

(3) Articles rassemblés l'année suivante en un volume sous le nom de *Kritische Wälder*, Leipzig, 1833.

(4) *Kritische Wälder*, II (Kampf eines Hegelianers mit den Grazien).

au rêve qu'à la pensée. Mundt, en romantique, voulait rendre à la sensibilité tous ses droits, et se reconnaissait par là partisan d'une théorie kantienne (1) : il souhaitait une renaissance de la tragédie grecque, et pressentait ce que Wagner réalisera, un drame où, l'idée et le rythme s'unissant, les paroles s'élèveront avec les situations jusqu'au récitatif musical. Dans les questions religieuses, Mundt était également désireux de conciliation : le roi Frédéric-Guillaume III cherchait depuis la fête de Luther (1817) à réunir sous le nom d'évangélisme l'église réformée et le luthéranisme : Steffens (2) avait toujours combattu cette idée d'union, et, en 1831, venait de soutenir encore que l'unité en religion serait synonyme d'indifférence : Mundt s'éleva contre Steffens. Il pensait que l'Union donnerait la liberté individuelle : nous sommes maintenant, disait-il (3), soumis par la naissance à une religion qui nous impose forme et fond ; l'Union, ne touchant qu'à la forme, laisserait pour le fond à chacun sa liberté ; bientôt le catholicisme se prêterait à cette conciliation, et de la même façon naîtrait une association européenne, avec des consciences nationales, où resterait vivante l'originalité propre à chaque peuple.

Mundt, en religion comme dans les questions d'art et de politique, était superficiel, abstrait et doctrinaire, mais il apportait dans la critique des qualités de clarté, il discernait assez nettement les diverses tendances du présent.

(1) V. *Kritische Wälder*, III, *Musik u. Philosophie.* IV, *Ueb. Oper, Drama, und Melodrama in ihrem Verhältniss zu einander u. zum Theater.*

(2) V. à ce sujet le premier article de Gutzkow au *Literaturblatt*, 2 déc. 1831.

(3) *Kritische Wälder*, I, *Union, Lutherthum u. die Confession von Henrich Steffens*

II

Tandis que Mundt se créait déjà une réputation dans le journalisme, Gutzkow redevenait étudiant. Il faisait sur les instances de ses parents un dernier effort pour accepter du régime prussien un poste de théologien ou de professeur. Il prêcha le dimanche de la Pentecôte 1832 (1) dans l'église de la Trinité ; il écrivit, d'après son travail sur les dieux de la Fatalité, une dissertation qu'il soutint devant l'Université d'Iéna (2) ; mais il ne put longtemps se résoudre à vivre dans un monde « piétiste et bureaucratique (3) », et saisit la première occasion de se dérober à « des conditions sociales où il étouffait (4) ». Menzel, forcé de donner une partie de son temps à la politique, fit appel pour la rédaction du *Literaturblatt* à son jeune « aide-de-camp (5) ». Gutzkow revint dans le sud de l'Allemagne, mais ne se fixa pas cette fois à Stuttgart. Désireux d'approfondir l'économie politique, il s'était fait inscrire, bien qu'il fût déjà docteur, comme étudiant en droit, à l'Université d'Heidelberg. Il éprouvait d'ailleurs le besoin de vivre seul dans cette merveilleuse vallée du Neckar, d'une vie de contemplation et d'étude (6). Son séjour à Berlin avait réveillé dans son cœur une passion qui ne devait jamais être pour lui qu'une cause de tourment ; ayant renoncé, et pour toujours, à l'enseignement qui l'aurait fixé dans la capitale prussienne, il s'effor-

---

(1) Il a imprimé son prêche neuf ans plus tard dans une revue, *Der Telegraph*, 1841, n° 65. — V. Houben, *Gutzkow-Funde*, 322, 536.

(2) V. Prœlss, p. 294.

(3) *Die Gegenwart*, 1879, p. 394.

(4) V. *Jahrbuch der Literatur*, 1839, p. 80.

(5) *Rückbl.*, 73.

(6) *Rückbl.*, 74.

çait de renoncer aussi à la jeune fille qu'il aimait (1). C'est ainsi qu'il passa l'hiver de 1832 à 1833.

Il ne se désintéressait pas de la politique. Le roi de Wurtemberg ayant enfin, après de longues hésitations, convoqué les États du royaume, Gutzkow sentit quelle était, après les arrêts de la Diète du 28 juin, l'importance de cette consultation (2). Le Landtag avait une mission à remplir qu'il voulait définir, et il publia, chez König à Hanau, à la fin de novembre 1832, sans nom d'auteur, une brochure sur le prochain Landtag wurtembergeois : *Divination auf den nächsten würtembergischen Landtag*.

Cet ouvrage, de même que les précédents (3), n'a pas été recueilli dans ses Œuvres complètes, si bien qu'il est aujourd'hui presque introuvable (4). Il révèle chez son auteur une rare sûreté de jugement. Gutzkow ne voit point les choses abstraitement, en doctrinaire ; non seulement il précise la tâche du prochain Landtag, mais il indique quels moyens pratiques peuvent seuls, dans les circonstances présentes, faire jouer à cette assemblée un rôle utile. La situation politique est si clairement exposée, que Menzel put attribuer ce livre à un ancien ministre libéral (5) ; il mérite d'être analysé à titre de document historique.

Alors que la réaction l'emporte partout, même en France, qu'est-il permis d'attendre du prochain Landtag wurtembergeois, quels partis auront de l'action, comment peuvent-ils en avoir ? Telles sont les questions que Gutzkow se pose au début de l'ouvrage.

(1) *Rückbl.*, 77.
(2) *Rückbl.*, 78.
(3) Les *Briefe eines Narren* et l'article des *Annales* de Rotteck.
(4) Le seul exemplaire peut-être qui reste de cet ouvrage se trouve à la Bibliothèque royale de Stuttgart.
(5) V. *Rückbl.*, 78.

Il distingue dans l'opposition : 1° les libéraux poètes, 2° les libéraux vrais à tendance française, qu'il appelle aussi les avocats. 3° un groupe à la tête duquel il place Menzel. Pour agir, il faut que ces groupes s'unissent. Comment le peuvent-ils ? Qui aura la direction (1) ? Sera-ce Uhland qui continuera l'œuvre inachevée de Rotteck, Jordan et Welcker ? Il est permis d'en douter, car il s'est depuis· longtemps « perdu dans les sentiers fleuris du xiii° siècle » (2). Sera-ce Pfizer, encore enlacé dans les rets de la philosophie absolue, irrité contre une époque hardie, qui ose mettre tout en question (3)? Si l'on vient à discuter la liberté de la presse, la conduite à suivre à l'égard de la Diète fédérale, la valeur de la constitution, l'émancipation des Juifs, la restriction des privilèges de l'Église, tout d'abord l'attitude de ces libéraux sera bien celle que l'on peut attendre de membres de l'opposition, mais combien de temps ces poètes et ces doctrinaires· cacheront-ils leurs dispositions véritables ? Ils trouveront bientôt que l'on va trop loin ; on sait leur sentimentalité et leur piété : ils immoleront les intérêts les plus chers à des considérations de sentiment.

Les Wurtembergeois, responsables envers tout le peuple allemand dont l'avenir est en danger, doivent élire des hommes qui ne soient point liés par d'anciens souvenirs et qui d'un regard franc et libre considèrent les événements. Assurément, les partis de l'opposition, à l'heure présente, sont unis (4). Les décrets de la Diète fédérale ont eu comme résultat immédiat de réconcilier les partis qui depuis la fête

(1) *Ouvrage cité*, p. 12, 13.

(2) *Ouvrage cité*, p. 19. « längst in den Blumenpfaden des 13ten Jahrhunderts verlaufen ».

(3) P. 20, 21. « Herr Pfizer, tief von den Netzen der absoluten Philosophie umstrikt, voller Zorn über die dreiste, alles wagende und in die Schanze schlagende Zeit. »

(4) P. 23.

de Hambach s'étaient dangereusement séparés. Lorsque
l'on vit que la Diète ne faisait pas de différences entre la
Montagne et la Plaine, une crainte commune effaça les diver-
gences d'opinion ; avocats et poètes se prêtent aujourd'hui
la main en Wurtemberg, mais combien est lâche le lien qui
les unit ! Dès que l'on discutera et que les opinions différentes prévaudront de nouveau, n'y aura-t-il pas de dis-
jonction ?

La deuxième fraction de l'opposition wurtembergeoise,
celle des avocats, se groupe autour de Schott, qui a créé la
feuille populaire appelée le *Hochwächter*. Schott (1) a été
admirable dans la question des Grecs et des Polonais ; il a
dénoncé tous les vices du gouvernement wurtembergeois,
et rien n'a pu l'arrêter, mais il faut qu'il voie nettement le
problème au Landtag. Le *Hochwächter* a tort en ce moment
de parler de l'Allemagne plus que du Wurtemberg ; au
Landtag prochain, c'est la liberté du Wurtemberg qui est
en jeu (2). Le mouvement général du libéralisme allemand,
commencé avec la révolution de Juillet, est terminé : sa fin est
marquée par la défaite de la liberté républicaine en France.
Les puissances ont l'avantage maintenant ; l'unité de la Constitution fédérale est sortie plus forte de la tourmente. Les
commissaires de la diète au Landtag ne permettront pas
que l'on discute les paragraphes qui concernent la Confédération. C'est donc des libertés particulières que tout est
à attendre ; ces libertés particulières, le Landtag a le devoir
de les protéger contre le despotisme des gouvernants. Il ne
s'agit pas de rendre les peuples et les princes indépendants

(1) P. 24.
· (2) P. 27, 28, 29. « Die jetzt niedergeschlagene Aufregung der Deutschen hat ihren Anfang genommen mit der Julirevolution, sie hat
geendet mit der Niederlage der republikanischen Freiheit in Frankreich. Die Mächte sind gegenwärtig im Vortheil. »

de la Diète, mais de délivrer les peuples de leurs princes (1).

Il faut donc, pour diriger les partis, une tête qui comprenne bien la marche des événements, ainsi que les exigences du moment. Menzel est seul capable de ce rôle. Il représente un tiers parti, et, ce qu'il y a de bon en lui, c'est que son libéralisme n'est pas dilettantisme, mais bien persuasion sacrée. C'est « un ami de la vérité comme il y en a peu » (2), ennemi des rêves et des illusions ; il suit depuis quelques années la vie publique de l'Allemagne et en a même écrit l'histoire. Menzel unira les partis ; et l'union est nécessaire dans une lutte périlleuse où le gouvernement, avec l'appui de la Diète, peut l'emporter sur le Landtag.

Personne à cette époque ne voyait plus clairement la situation que Gutzkow. Depuis les décrets du 28 Juin, le temps est passé d'une lutte ouverte contre la Diète ; ce qu'il faut sauver encore, ce sont les libertés particulières possibles dans quelques États. Ennemi de toute idéologie, Gutzkow n'a pas plus d'égards pour les libéraux poètes qu'il n'en avait eus pour les doctrinaires prussiens ; il ne se faisait illusion que sur Menzel, dont il dira bientôt : il n'était plus à la hauteur de la politique du jour, il ne savait que se jouer, maintenant il fallait se battre (3).

Sur les devoirs du Landtag, sur son attitude à l'égard du roi ou de la Diète, Gutzkow n'avait dit que trop juste. Pfizer, profondément irrité de cette brochure dont il ignorait l'auteur, loin de suivre les conseils qu'elle contenait, entre-

---

(1) P. 28. « Nicht die Fürsten mache man vom Bundestage frei, das wäre vergebliche Mühe ; sondern der heimischen Freiheit gebe man ihre Rechte, ihren stärksten Nachdruck. Oder denkt man gar, die Zukunft werde befreite Könige und nicht entfesselte Völker brauchen? »

(2) P. 30. « Ein Freund der Wahrheit, wie es deren wenige gibt. »

(3) *Jahrbuch der Literatur*, 1839, p. 25.

prit au Landtag la lutte contre la Diète. Le résultat fut ce
que Gutzkow avait prévu (1) : la Chambre fut dissoute.

C'était bien la Diète fédérale qui l'emportait ; toute résistance était vaine. Peu après la fin de l'hiver, le 3 avril 1833,
eut lieu un essai de soulèvement organisé à Francfort par
des étudiants et des campagnards, pour la plupart de la
Hesse (2). La tentative était si peu opportune qu'il semblait vraiment que Metternich l'eût ordonnée pour hâter la
répression et la rendre plus dure (3). Les prisons de
Friedberg se remplirent ; le 3 novembre 1833 les Chambres de la Hesse à leur tour furent dissoutes. L'Autriche
avait organisé à Mayence son propre comité pour surveiller
la contrée du Rhin et du Main. Devant les mesures de la
Diète, tout le monde cédait. On acceptait la servitude ; les
Universités donnaient l'exemple de la docilité, les journaux
se taisaient.

Börne, en France, était désespéré. Dans le deuxième
recueil des *Briefe aus Paris* (4), qui paraissait alors, il
n'avait plus que des paroles de colère. Depuis deux ans
qu'il écrivait ces lettres (5), aucun événement n'était venu
lui causer quelque joie ; la politique lui paraissait partout
impuissante ou lâche ; en Allemagne, on respirait un air de
prison (6) ; en France, Chambres et ministres trahissaient
les espérances de l'Europe, la bourgeoisie se rapprochait de
l'aristocratie, les esprits les plus indépendants perdaient

---

(1) V. Prœlss, 312, et *Rückblicke*, 79.

(2) *Rückbl.*, 79.

(3) V. Prœlss, 319.

(4) Le 2ᵉ et le 3ᵉ recueil des *Briefe aus Paris*, de Börne, passèrent
presque inaperçus en Allemagne. V. Holzmann, *Börnes Leben*, p. 306,
et Gutzkow, *Börnes Leben*, G. W., XII, 374 — Le 3ᵉ recueil parut en 1834.

(5) B. W., X, 253.

(6) B. W., X, 247.

leur énergie, Heine lui-même faisait de la politique un jeu d'esprit (1).

Heine, par contre, traitait Börne de Jacobin. L'auteur des *Französische Zustände* ne croyait plus à la possibilité d'agir sur les Allemands : « la dixième partie de ce que les gens en Allemagne ont supporté, disait-il, aurait en France produit trente-six révolutions (2) ». Très attentif au mouvement des idées Saint-Simoniennes, en relation avec Michel Chevalier et avec Enfantin, qu'il appelait l'esprit le plus puissant de son temps, il déclarait ne plus s'occuper que d'art, de religion et de philosophie (3). Il écrivait alors sur la littérature allemande un ouvrage inspiré par le Saint-Simonisme, *Zur Geschichte der neueren schönen Literatur*. Ce livre qui, par quelques passages et quelques pensées, rappelle la *Deutsche Literatur* de Menzel, et qui a fait accuser Heine de plagiat (4), marque pourtant avec netteté la distance très grande qui sépare deux esprits et deux époques. Menzel avait parlé d'après les principes politiques de 1813, patriotisme et libéralisme. Heine empruntait au Saint-Simonisme ses vues morales et sociales, sa philosophie de l'histoire, son panthéisme (5), et sa religion de la matière. Toute la première partie de *Zur Geschichte der neueren schönen Literatur* (6) est, sous forme de causerie

(1) Le St-Simonisme ne satisfaisait plus Börne. S'il exposait les principes Saint-Simoniens, c'était pour en montrer la vanité; il les blâmait sans les comprendre bien. V. B. W., X, p. 114 et suiv.

(2) Oct. 1833. *Vorrede* zum ersten Bande des *Salons*. H. W., XII, 22.

(3) Lettres à Varnhagen, mai 1832, 16 juillet 1832. *Correspondance* de Heine.

(4) V. un article de Jul. Gœbel dans les *Grenzboten* 1899, Zweites Vierteljahr, p. 694-704.

(5) Wienbarg comparant, en 1835, l'ouvrage de Heine et celui de Menzel (V. Wienbarg, *Zur neuesten Literatur*, p. 147), dit avec raison que Heine a su mettre dans son livre l'idée synthétique qui manquait à celui de Menzel.

(6) Appelé depuis 1835 *Die romantische Schule*. H. W., VII, 117.

littéraire, un exposé dogmatique. Mme de Staël, disait Heine
aux Français, a jugé l'Allemagne sous l'influence de Schlegel
et du romantisme allemand; or, ce romantisme n'est dans
la littérature allemande qu'une réaction, un retour au catholicisme mystique du Moyen-Age; en lui ne réside pas la
force du génie germanique; elle est chez Lessing, esprit
social et politique dont toute l'œuvre révèle la même religion de la raison; elle est chez Herder, chez Schiller et
aussi chez Gœthe, malgré son « indifférentisme ». Le *Faust*,
œuvre maîtresse de Gœthe, est la manifestation la plus
vraie de la pensée allemande; le peuple est lui-même ce
docteur savant, ce spiritualiste qui, convaincu de l'insuffi-
sance de l'esprit, demande des joies matérielles et rend à
la chair ses droits. Sans doute, ajoutait Heine, cela durera
longtemps encore avant que soit réalisée en Allemagne la
prophétie contenue dans le *Faust*; Gœthe est mort, « les
dieux s'en vont » (1) et les rois restent, mais le temps de
liberté doit venir. Heine croyait au triomphe futur de la
raison; c'était là sa religion (2): « Tout n'est pas Dieu,
écrivait-il, mais Dieu est tout. Dieu ne se manifeste pas
au même degré en toutes choses, il se manifeste bien plutôt à différents degrés dans les différentes choses, et chacune porte en soi le besoin d'obtenir un plus haut degré
de divinité; et cela est la grande loi du progrès dans la
nature. La connaissance de cette loi, qui a été révélée de
la façon la plus profonde par les Saint-Simoniens, fait maintenant du panthéisme une conception du monde qui ne
conduit nullement à l'indifférentisme, mais à l'action prête
au sacrifice (3). »

(1) H. W., VII, 158.
(2) H. W., VII, 149.
(3) Ce passage n'était pas dans les premières éditions (édition française et édition allemande), mais Heine exprimait en termes différents
la même pensée.

Heine, plus facilement que Börne, se résignait à la situation politique. Il espérait que la transformation des idées morales et sociales suffirait à créer la liberté. Il avait laissé, dira-t-il, son vieux cri de guerre contre le sacerdoce et l'aristocratie, celui qui avait retenti dans les *Englische Fragmente* et les derniers *Reisebilder* ; tandis qu'on le croyait resté en arrière, il prétendait aller de l'avant avec une meilleure devise empruntée au Saint-Simonisme. « Il ne s'agit plus de détruire violemment la vieille Église, mais bien d'en édifier une nouvelle, et, bien loin de vouloir anéantir la prêtrise, c'est nous-mêmes qui voulons aujourd'hui nous faire prêtres (1). » C'est dans cette pensée qu'il se préparait à envoyer en Allemagne *Zur Geschichte der neueren schönen Literatur*. En 1834 et 1835 l'influence de ce livre sera grande.

Mais en 1833, c'était dans la plupart des esprits le désarroi. On avait perdu tout espoir dans le mouvement politique, on entrevoyait à peine encore d'autres moyens d'action. Une œuvre traduit bien ce désordre et ce désenchantement : ce sont les *Moderne Lebenswirren*, que Mundt écrivait sous forme de lettres de mai à décembre 1833, et qu'il fit paraître à Leipzig l'année suivante. Mundt a dit dans un article du *Freihafen* (1840) (2) la matière et l'esprit de son ouvrage : un seul et même homme, très honnêtement, accepte les diverses tendances de son temps ; guidé par le génie satanique du siècle, que figure le Zodiaque, il combat ce qu'il approuvait et nie chaque principe politique après l'avoir

(1) J'emprunte ces lignes à la préface française aux *Reisebilder* du 20 mai 1834 (édition Michel Lévy, 1862, 1ᵉʳ vol., p. 4) ; elle me paraît mettre assez nettement en lumière la pensée de Heine. — Voir aussi, aux *Annales de l'Est*, 1893, l'article de H. Lichtenberger sur *Les idées sociales de Heine*. Il y est bien montré que Heine trouvait dans le Saint-Simonisme de quoi satisfaire à la fois ses sentiments d'humanité, ses goûts d'artiste et d'aristocrate, son besoin de mysticisme.

(2) Viertes Heft, p. 218.

posé. Voici d'abord l'éloge des libéraux Ils sont jeunes, présomptueux et audacieux, riches d'espérances, comme Jean-Paul (1) qu'ils ont beaucoup lu ; l'année 1832, « la plus ennuyeuse et la plus endormante de l'histoire du monde (2)», semble les avoir arrêtés dans leur élan ; toutefois ils ne doivent pas perdre courage. On lit Heine et Börne, on écoute, à Karlsruhe, Rotteck, Welcker, Merck, Fecht, Mittermaier ; à Stuttgart, Uhland, Pfizer, Menzel ; on s'agite à Darmstadt et à Dresde ; à Cassel, les états ont obtenu l'émancipation des Juifs (3). Mais dans ce libéralisme que de faiblesses et d'inconséquences ! Heine est un esprit frivole, Börne est un Don Quichotte (4). La fête de Hambach a prouvé combien peu pratiques étaient les libéraux ; les assemblées représentatives ne font rien qu'adresser des requêtes. La monarchie absolue est bien préférable (5), elle est le principe de stabilité et de légitimité personnifié par Metternich. Bien des libéraux sont revenus à l'absolutisme : le professeur Jarcke, autrefois démagogue, siège à la chancellerie viennoise en catholique légitimiste ; Leo a fait une histoire légitimiste du Moyen-Age, Ranke est chancelant, Steffens aussi (6). Tieck n'a rien d'un démocrate (7), Görres est le Titan de l'absolutisme (8), Hegel a, dans sa Philosophie du droit, donné « le catéchisme d'un État protestant absolu » (9). Faut-il donc accepter le légitimisme ?

(1) V. *Lebenswirren*, p. 31.

(2) *Lebenswirren*, p. 34. « Dies ist unbedingt das langweiligste Jahr in der Weltgeschichte.»

(3) *Lebenswirren*, p. 36-37-38.

(4) *Ib.*, p. 69.

(5) *Ib.*, p. 102-103.

(6) *Ib.*, p. 106.

(7) *Ib.*, p. 114.

(8) *Ib.*, p. 116.

(9) *Lebenswirren*, p. 120. « Hegels Rechtsphilosophie ist der Katechismus eines protestantisch-absoluten Staats. Er hat sie in Preussen geschrieben und erdacht. »

Le Juste Milieu, le gouvernement de Casimir-Perier et des doctrinaires ne vaudrait-il pas mieux ? (1) Ce système du bon temps et de l'ennui est peut-être le vrai.

Les *Moderne Lebenswirren* sont un livre médiocre qui ne dépasse pas l'époque où il fut écrit. Mundt avoue que dans son ironie il y avait du désespoir (2), qu'il était enclin d'ailleurs lui-même à se transporter dans les tendances les plus opposées (3). Gutzkow, quand il lira cet ouvrage, le condamnera sans réserve (4) : c'est l'anarchie de la pensée, dira-t-il ; l'auteur sait tout par les livres, très peu par lui-même, parle de tout sans but, tient registre de toutes les nouveautés politiques et sociales. Il est certain que Mundt n'avait pas la même foi que Gutzkow dans l'énergie des peuples ; il n'avait pas non plus ce coup d'œil politique et historique qui permettait à Gutzkow de chercher, même dans les époques les plus troublées, de nouveaux moyens de combat : il aimait la conciliation des contradictoires, en ceci resté malgré lui disciple sans profondeur de Hegel.

III

Le lendemain de l'attentat de Francfort, le 4 avril, Gutzkow était parti de Heidelberg pour se rendre à Munich : il était désireux de connaître la cité du roi Louis Ier, et voulait y continuer ses études de droit. Ses Souvenirs (5) révèlent l'impression qu'il garda de ce séjour à Munich. L'Université l'eut bientôt lassé ; elle n'avait rien qui pût le

(1) *Lebenswirren*, p. 189.
(2) V. *Freihafen*, 1840, p. 218.
(3) P. 220.
(4) V. *Phœnix, Literaturblatt*, 1er avril 1835.
(5) *Rückblicke*, p. 79-80.

retenir ; Görres lui-même, l'ancien montagnard du *Rheini-
scher Merkur,* n'avait plus de valeur à ses yeux du moment
qu'il s'était fait défenseur de l'absolutisme. Les goûts
artistiques de Louis Ier, loin de le séduire, lui déplurent ;
ce prince ami des arts oubliait, suivant lui, ses devoirs de
roi ; il construisait des Pinacothèques, mais il faisait poursuivre Wirth et Siebenpfeiffer ; il parlait dans ses vers du
culte de la beauté, mais il trompait toutes les espérances
fondées sur lui. Ce qu'il y avait de plus dangereux, c'est qu'il
parvenait, par son idéalisme déclamatoire et sa générosité
apparente, à séduire ceux-là même qu'il persécutait. Gutzkow
ne pouvait s'empêcher de le comparer à Néron.

Déjà dans les *Briefe eines Narren* il s'était raillé de ce
faux libéralisme (1). Étant encore à Stuttgart, il avait songé
à écrire sur les mensonges et les contradictions du cœur
humain un livre qu'il aurait appelé *Ironien des Satan* (2) ; il
entreprit à Munich de traiter le même sujet, mais sous la
forme d'un drame. Il était alors en relation avec l'actrice
Mme Birch-Pfeiffer (3), et avec Lewald (4), le critique dramatique, qui, récemment revenu de Paris, fondait les *Unterhaltungen für das Theaterpublicum.* Un jour il apporta à
Mme Birch-Pfeiffer une scène où il représentait Néron décla-
mant au milieu de sa cour et dans le même moment dictant
un arrêt de mort (5) ; l'actrice trouva la scène excellente
et pressa Gutzkow de terminer la pièce. Il y mit toute sa
rancune contre Louis Ier, et écrivit un long drame, du genre
aristophanesque mis à la mode par Tieck et Platen, *Jupiter Vindex, phantastisches Schattenspiel.* Lewald, à qui

(1) *Briefe eines Narren,* p. 17.
(2) *Rückblicke,* p. 81.
(3) *Ib.,* p. 86.
(4) *Ib.,* p. 88.
(5) *Ib.,* p. 82.

Gutzkow montra son œuvre, la déclara injouable (1) ; reprise
et refondue plus tard, elle deviendra le drame de *Nero*.

S'il faut en croire Gutzkow, *Maha Guru* (2), écrit à la
même époque (3), est une autre « Ironie de Satan ». Il
avait lu dans un journal français l'histoire très fantaisiste
contée sur Billaud-Varenne (4), révolutionnaire athée que
l'on disait être devenu dieu dans une peuplade de sau-
vages. Il fut frappé de cette contradiction, et voulut la
mettre dans une nouvelle ; mais son imagination transforma
bien vite la donnée première, et Billaud-Varenne devint
Maha Garu, le Dalai-Lama du Thibet, une des formes revê-
tues par la divinité dans son éternelle métempsychose. La
nouvelle se changea en un long roman philosophique, dont
voici l'analyse rapide. Hali Jong, fabricant d'idoles, est cité
devant le tribunal des grands prêtres à Lassa : il a osé
mettre entre le nez et les lèvres de ses statues plus d'espace
que l'usage consacré ne le permet. Il tremble devant le
châtiment qui le menace. Sa fille Gylluspa espère le sauver.
Elle a aimé Maha Garu avant qu'il eût revêtu un caractère
divin, elle l'aime encore et compte sur sa protection ; mais
Maha Guru est devenu le contemplateur qui ne sait plus
rien des actes de ce monde ; il doit ignorer Gylluspa et son
père. Hali Jong est condamné et exécuté. Une révolution
de palais, peu après, délivre Maha Guru de sa divinité ; il est
détrôné et épouse Gylluspa.

Quelle est l'idée de ce roman ? Elle est métaphysique,
nous répond Gutzkow dans une préface écrite en 1845 (5) :
c'est l'incarnation de Dieu dans un homme. L'idée semble

---

(1) *Rückblicke*, p. 88.
(2) *Maha Guru*, G. W., VI, 141.
(3) En avril et juin 1833. V. Lettre à Menzel du 8 juin 1833, citée
par Houben. *Gutzkow-Funde*, p. 19-20.
(4) V. *Rückblicke*, p. 81-88.
(5) V. G. W., VI, 144.

plutôt toute morale ; elle exprime d'une façon confuse les transformations qui depuis quelques années se sont accomplies dans les croyances religieuses de l'auteur : « Lorsqu'il n'y aura plus de limites entre le ciel et la terre, alors seulement la vraie piété fera ses sacrifices les plus purs (1). » La formule et la pensée sont Saint-Simoniennes ; elles renferment une protestation contre le piétisme et toute religion formaliste, contre la vertu chrétienne de renoncement, contre l'orthodoxie aux règles étroites (2).

Ce livre, moins riche de pensées que les Lettres d'un fou, est pourtant, comme elles, plus intéressant par le fond que par la forme. Il contient de belles scènes très animées, dont la plus achevée est peut-être celle du jugement de Hali Jong (3) ; il présente à défaut de vérité beaucoup de vraisemblance (4), mais il reste artificiel. Gutzkow n'avait pas encore trouvé le cadre propre à sa pensée ; il avait été, dans les *Briefe eines Narren*, disciple de Jean-Paul ; il avait, dans *Jupiter Vindex*, suivi les traces de Tieck ; il imitait ici Voltaire et Wieland.

Le premier et le troisième chapitre de *Maha Guru* parurent au *Morgenblatt* (5) (nos 244 et 262) ; tout le roman fut publié en novembre chez le jeune Georg Cotta (6). Menzel, dans un article du *Literaturblatt*, loua fort Maha Guru (7) :

(1) G. W., VI, 281. Cette phrase est soulignée dans le roman.

(2) Caselmann, *K. Gutzkows Stellung zu den religiösen Problemen seiner Zeit*, p. 29.

(3) G. W., VI, 272. Gutzkow se souviendra de cette scène du jugement lorsqu'il écrira Uriel Acosta.

(4) Gutzkow avait lu les romans anglais de Morier, Cooper, Irving (V. préface de 1874, VI, 147), et beaucoup de descriptions de voyages. (V. Proelss, p. 302).

(5) V. Houben, *Gutzkow-Funde*, p. 26.

(6) Le vieux baron Cotta était mort l'année précédente, 1832.

(7) *Literaturblatt*, 24 février 1834.

« C'est, écrivait-il, le meilleur roman qui ait été écrit depuis longtemps ; il rappelle de loin les romans de Tieck et de Steffens, mais il se distingue de ceux de Tieck par son coloris tout particulier, et surpasse ceux de Steffens par sa tranquillité épique et sa noble simplicité. »

C'était la première œuvre que signait Gutzkow. Il avait désormais la ferme intention de vivre de sa plume ; arrivé étudiant en droit à Munich, il allait en partir écrivain pour toute sa vie (1). Mais il était encore sous l'influence du critique de Stuttgart, il le reconnaît lui-même vingt ans plus tard (2) ; sa pensée ne se traduisait que par l'ironie, ses maîtres restaient Voltaire, Jean-Paul, Tieck et Menzel : « Je ne sais, dit-il, où je serais allé si je n'avais été détourné de cette voie par les railleries d'autres jeunes auteurs, particulièrement de Laube. »

(1) Houben, *Gutzkow-Funde*, p. 19.
(2) Voir l'autobiographie publiée en 1879 dans *die Gegenwart*, p. 394.

Laube

I. — Enfance et jeunesse. — Origine populaire. — Halle et Breslau. — Talent de dramaturge. — Influence de Karl Schall ; le dilettantisme de Laube.— Laube à Jäschkowitz : influence sur lui de l'aristocratie libérale et du Saint-Simonisme. — Ses premiers ouvrages : *Das neue Jahrhundert. Die politischen Briefe.* — Il se lie avec List.

II. — *Die Elegante Zeitung.* — Ce journal fait connaître toutes les tendances littéraires nouvelles et tente de grouper les forces jeunes. — Le mouvement littéraire français. — Wienbarg, *Holland in den Jahren 1831-1832.* — Deux lettres de Laube à Börne. — Heine envoie à Laube *Zur Geschichte der neueren schönen Literatur.*

III. — *Das Junge Europa.* — La première partie, *Die Poeten*, paraît en 1832. — Personnification des tendances de l'époque : Börne, Heine, Heinse, le Saint-Simonisme. — Laube reste superficiel ; son réalisme.

IV. — Voyage de Gutzkow et de Laube en Italie et en Autriche (août 1833). — Jugements réciproques. — Deux natures très opposées se révèlent dans leurs impressions de voyage : Gutzkow est un penseur et un sentimental, Laube un voluptueux et un réaliste.

I

Laube nous a laissé des Souvenirs d'enfance et de jeunesse (*Erinnerungen*) (1). Il fait preuve dans ce livre d'un merveilleux talent de conteur, mais il est doué d'une imagination si brillante qu'on est forcé, à chaque page, de

(1) V. Heinrich Laube, *Gesammelte Schriften.* Wien, 1875, Iᵉʳ vol.

contrôler ce qu'il avance. Geiger l'a fait avec beaucoup de sûreté (1) ; il a trouvé aux Archives prussiennes un « curiculum vitæ » de Laube qui sera notre guide dans cette étude (2).

Ainsi que Gutzkow, Heinrich Laube était enfant du peuple et d'origine prussienne. Il était né en 1806 (3) en Silésie, à Sprottau, où son père exerçait la profession de maître maçon. De son enfance, il nous a dit, dans ses *Erinnerungen*, très peu de chose, rien de lui-même et des siens ; quelques événements historiques seulement étaient restés présents à sa mémoire : l'arrivée des Français après Lutzen et Bautzen, la fête de la Réforme en 1817. Il fut écolier dans sa ville natale et continua ses études aux gymnases de Glogau et de Schweidnitz (4). Il avait été brillant élève, il devait par conséquent devenir théologien.

Au lieu de s'occuper de théologie, à Halle, où il est étudiant de Pâques 1826 à la fin de septembre 1827, il se laisse enrôler dans une *Burschenschaft* dont il est bientôt l'un des chefs. Il était, dit-il, de ces pauvres diables qui n'ont rien à perdre et qu'on met en pareille occasion au premier rang. Cet honneur lui valut tout de suite six semaines de prison, et plus tard bien des déboires (5).

Il quitte Halle pour se rendre à Breslau, où il étudie surtout la philosophie et l'histoire, mais sans abandonner la théologie. Il paraît avoir été fort actif pendant les deux années qu'il y passa, jusqu'au commencement de 1830 (6) :

(1) V. Geiger, *Das junge Deutschland und die preussische Censur*, p. 78 et suiv.

(2) Voir aussi, dans Prœlss, p. 185 et suivantes, une étude très documentée sur la jeunesse de Laube.

(3) Le 18 septembre. V. Geiger, 78.

(4) L. W., I, 40-42. — Geiger, 79.

(5) L., W., I, 47-49.

(6) L. W., I, 105. — Geiger, 80 et 91.

il donnait des leçons d'escrime, concourait pour un prix de poésie, fondait une Revue, l'*Aurora*, écrivait deux tragédies en cinq actes, *Gustave-Adolphe* et *Maurice de Saxe*, composait une farce, *Nicolo Zaganini* (1), qui parodiait Paganini, et un prologue à la fête du couronnement. Ce qui nous a été conservé de ces essais (2) témoigne chez Laube d'une très grande facilité et indique assez bien déjà les tendances de son esprit.

L'*Aurora* parut une fois par semaine, de 1829 au commencement de 1830. C'était une revue littéraire, dont il reste un exemplaire à la Bibliothèque de l'Université de Breslau (3). Parmi des articles très divers et quelques poésies médiocres, il y a des réflexions intéressantes sur le drame : Laube le veut naturel dans l'action aussi bien que dans la langue, et combat la conception romantique. Sa pensée s'annonçait comme réaliste, son talent semblait devoir être celui d'un dramaturge. *Gustave-Adolphe*, qui fut joué à Breslau, renferme des éléments que nous retrouverons dans presque toutes ses pièces (4) : une donnée historique dont il sait habilement tirer parti avec une vue juste des nécessités de la scène, des héros que l'histoire aussi lui fournit, rois ou aventuriers, natures ambitieuses et « démoniaques » ; par contre, des femmes aimantes, capables de se sacrifier. Cette pièce, comme bien d'autres qui suivront, fait penser à *Wallenstein* et à *Kätchen von Heilbronn*.

Dans la critique Laube eut comme Gutzkow un guide auquel longtemps il resta fidèle ; mais celui qu'il avait choisi,

(1) L. W., I, 120.

(2) Quelques-uns, *Maurice de Saxe*, *Nicolo Zaganini*, sont complètement perdus.

(3) V. Prœlss, 200. Prœlss en donne des extraits.

(4) *Gustave-Adolphe* n'a pas été imprimé ; le manuscrit est entre les mains du député Professeur Hänel, fils adoptif de Laube. Il a été analysé par Prœlss, 197-199.

Karl Schall (1), était en tout l'opposé de Menzel : gros, gras, spirituel et bon vivant, Karl Schall, le rédacteur du journal de Breslau, n'avait rien de l'ardeur et de l'esprit sectaire du critique de Stuttgart; il adorait Gœthe, n'aimait guère Jean-Paul, était dilettante et aristocrate. Laube a gardé de lui, il le dit, « la haine du lourd dogmatisme qui veut avoir partout un dessein bien arrêté et ne rien entreprendre avant de connaître la fin ».

Sous l'influence de Karl Schall, Laube ne s'occupait plus de politique. La nouvelle même de la révolution de Juillet n'agit pas profondément sur lui (2) ; ce ne fut que lentement qu'il s'intéressa aux effets de ce mouvement français : il s'efforça, dit-il, de trouver un lien organique entre les idées d'opposition qu'il avait rapportées de la *Burschenschaft* et le libéralisme politique venu de France. Il avait une situation de précepteur chez le Dr Ruprecht, à Kottwitz (3), près de Breslau, lorsqu'eut lieu le soulèvement de la Pologne. On n'éprouvait pas autour de lui beaucoup de sympathie pour les Polonais, que l'on connaissait trop bien, et lui-même ne juge pas la Pologne plus favorablement que Heine dans ses *Reisebilder* (*Ueber Polen*, 1822); il blâme le régime aristocratique de cette république où le peuple est écrasé par la classe dirigeante.

Le docteur Ruprecht ayant quitté les environs de Breslau, Laube entra comme précepteur chez le lieutenant von Nimptsch, à Jäschkowitz. Il vécut là un an, jusqu'en 1832, dans un milieu aristocratique où l'on se piquait de libéralisme, celui des « cavaliers », aurait dit l'auteur des *Briefe*

(1) V. sur Karl Schall : *Erinnerungen*, L.W., I, 113, et un article de Laube de nov. 1833, dans la *Zeitung für die elegante Welt*. — Article reproduit aux *Charakteristiken* (1835), 1er vol., et dans les Œuvres complètes de Laube, L. W., IX, 165.

(2) L. W., I, 125.

(3) Geiger, 81 et 92.

eines Narren. Gutzkow l'aurait méprisé ; Laube en fut séduit.
On lisait Börne, Heine, surtout Pückler Muskau, l'imitateur
aristocratique de Heine ; on recevait les journaux du Sud, le
Morgenblatt, l'*Elegante Zeitung,* de Leipzig, l'*Allgemeine
Zeitung,* dont Laube aimait l'éclectisme. Les femmes plus
que les hommes étaient attachées aux idées nouvelles, par
curiosité et par mode, mais aussi par sentiment : c'est probablement à Jäschkowitz que Laube a trouvé le modèle de
la princesse Constantia, l'un des personnages importants
de son futur roman, *Das junge Europa ;* un de ses thèmes
favoris, dit Prœlss avec raison, est le « démocratisme de
l'amour dans le cœur féminin » (1).

Toutes les idées libérales de 1830 s'agitaient dans son
esprit, jointes à celles de 1813, sans qu'il eût encore découvert entre elles le lien qu'il cherchait. Un livre fut pour
lui une révélation, celui de Moritz Veit (2) sur le Saint-Simonisme. Il avoue que cette lecture groupa et précisa ses
idées d'étudiant sur le libéralisme, et que, dans son enthousiasme, il aurait voulu sur le champ partir pour Paris et
connaître Enfantin. Et, comme il y avait en lui un besoin
constant de mettre en œuvre toute idée nouvelle, tout
événement qui le frappait, il entreprit à cette époque livres
sur livres, avec plus d'imagination que de connaissances
réelles. La rencontre d'un Polonais blessé et réfugié à
Breslau, la lecture d'un ouvrage de Lord Brougham (3)
sur la Pologne lui avaient inspiré un mémoire sur la révolution polonaise ; il l'envoya aussitôt à Campe, qui en différa si bien la publication que le livre ne parut pas (4). Il en
reprit les éléments, et publia une *Histoire de la Pologne*

(1) Prœlss, p. 210.
(2) L. W., I, 146.
(3) L. W., I, 130.
(4) L. W., I, 137.

chez F. Korn, à Fürth (Bavière); elle devait être le premier volume d'un grand ouvrage intitulé *Das neue Jahrhundert*. Dans le même temps, il s'adressait à Cotta pour lui proposer une *Bildungsgeschichte der Menschheit*. Geiger a retrouvé la lettre aux archives de Cotta; elle révèle une présomption qui fait sourire (1). Il est probable que Cotta ne répondit pas, et l'ouvrage proposé par Laube ne fut pas écrit. Il composa encore à Jäschkowitz *die Briefe eines Hofraths, oder Bekenntnisse einer jungen Seele* (2), dont il fit les *Politische Briefe*; ces lettres parurent en 1833 chez Reclam (3) et n'eurent pas de seconde édition. De ces ouvrages où, dit-il, le possible et l'impossible étaient jugés d'après son libéralisme, il ne reste presque rien; ce que nous en avons, c'est la police prussienne, attachée à le faire disparaître, qui nous l'a conservé (4); quelques pages contiennent des attaques contre la Prusse, la Russie et l'Autriche, un éloge enthousiaste de la France, mais elles témoignent d'une telle imprécision en politique, d'un libéralisme si incertain, que la Prusse n'avait guère sujet de les trouver dangereuses.

Laube avait offert à Brockhaus sa collaboration aux *Blätter für literarische Unterhaltung* (5). Brockhaus lui répondit qu'il ne pouvait l'occuper assez pour lui conseiller de venir à Leipzig. Laube quitta pourtant Jäschkowitz en juillet

---

(1) Geiger, 94. Cette lettre est du 1er février 1832.

(2) Geiger, 83.

(3) L. W., 155. V. aussi : Lettres de Laube à Börne du 5 mars 1833 et du 7 déc. 1833, publiées par Dr Holzmann : (*Aus dem Lager der Gœthe-Gegner ; Deutsche Literaturdenkmale des 18. und 19. Jahrhunderts*, 1904, Dritte Folge, n° 9, p. 215 et suiv.).

(4) V. dans Geiger (*das Junge Deutschland*) les rapports de la police prussienne sur ces ouvrages, avec de nombreuses citations, p. 102 et suiv.

(5) V. Geiger, 95 et 99.

1832. Son premier séjour à Leipzig ne fut pas long ; souffrant physiquement et moralement, nous dit-il sans expliquer le sujet de sa souffrance, il dut partir pour Karlsbad.
Il a parlé de Karlsbad dans ses *Erinnerungen* (1) et ses
Reisenovellen (2), et se plaît à rappeler combien brillante
était cette ville que fréquentait une noblesse cosmopolite.
L'Autriche lui sembla supérieure à sa réputation. Vue de
loin, elle avait pris comme une forme abstraite de réaction,
elle était devenue « la Chine de l'Europe (3) », suivant le
mot de Börne, de près, elle ne parut pas à Laube si vieil-
lotte. Il trouva la population avenante et aimable, ouverte,
heureuse de vivre, très attachée à son prince, l'empereur
François. Saint-Marc Girardin avait eu la même impression (4) : l'esprit réactionnaire, pour être en Autriche plus
étroit que partout ailleurs, ne revêtait pas les formes bru-
tales qu'il avait en Prusse ; lorsqu'elle se mêlait d'agir contre
le libéralisme, la bureaucratie autrichienne savait procéder
avec un certain tact.

A son retour en Allemagne, à la fin de l'automne 1832,
Laube rencontra, à Leipzig, Frédéric List (5), qui projetait
à cette époque un chemin de fer de Leipzig à Dresde. La
rencontre est intéressante, car List est un des hommes qui
ont préparé la transformation économique étroitement liée
à la réforme littéraire et morale que tentera la Jeune Allemagne. Il revenait alors d'Amérique, économiste déjà célèbre, voulant introduire en Allemagne les moyens de trans-
port rapides dont l'Angleterre se servait depuis 1825 et dont
la France commençait à comprendre les avantages. Leipzig,
cœur du commerce intérieur allemand, s'imposait, selon lui,

(1) L. W., I, 156 et suiv.
(2) L. W., IX, 90-96.
(3) B. W., I, 84.
(4) V. S. M. Girardin, *Notices politiques et littéraires*, p. 38.
(5) L. W., I, 173.

pour devenir le centre d'un immense réseau de voies ferrées ;
il défendait ses projets au nom de l'intérêt national et de la
civilisation, et les exposait dans un ouvrage qui parut en
1833 (1). Quatre ans plus tard, le premier chemin de fer
allemand, celui de Leipzig à Althen, devait s'ouvrir à la
circulation. List, par des moyens pacifiques, hâtait une
révolution contre laquelle ni doctrinaires ni hommes d'Etat
ne pourront lutter, et qui transformera le monde entier.

II

Le libraire Voss avait demandé à Laube sa collaboration
à l'*Elegante Zeitung* (2). S'il faut l'en croire, Laube aurait
refusé tout d'abord, parce que ce journal était purement
littéraire. Il en prit pourtant la rédaction le 1ᵉʳ janvier 1833.

En quelques mois il sut donner à l'*Elegante Zeitung*,
dans le journalisme allemand, une place toute particulière.
Il la rédigeait, dit-il, du point de vue de la naïveté (vom
Standpunkt der Naivctät) (3); il ne supposait aucunes connaissances acquises chez ses lecteurs, il exposait événements et
livres d'après la simple impression qu'ils lui laissaient. Sa
critique atteignait par là à bien plus de variété que celle de
Menzel, dont il n'avait ni les principes sévères ni le patriotisme vieil-allemand ; avec des tendances libérales il restait
dilettante, et rien ne lui échappait de ce qui était nouveau,
aussi bien à l'étranger qu'en Allemagne. Il fit connaître

(1) *Ueber ein sächsisches Eisenbahn-system als Grundlage eines
allgemeinen deutschen Eisenbahn-Systems*, Leipzig, 1833. Herausgegeben von L. O. Brandt, collection Reclam.

(2) V. L. W., I, 156. Le journal est ainsi appelé par Laube (*Erinnerungen*). Le titre exact et complet était *Zeitung für die elegante Welt*.

(3) L. W., I, 176.

Nodier, Sue, Scribe, Dumas, Balzac, George Sand, Jules
Janin (1) dès leurs premières œuvres; il attira l'attention
sur les ouvrages allemands qui indiquaient une direction à
suivre en dehors des chemins battus du romantisme et du
classicisme (2). Parmi les auteurs qui l'attiraient le plus, il
faut nommer tout d'abord Wienbarg, Börne et Heine.

Wienbarg (3) avait à cette époque plus de trente ans. Né
en 1802 à Altona, dans une famille de forgerons, il avait été
élevé suivant des principes démocratiques et rationalistes (4);
après de longues études aux Universités de Kiel, Bonn et
Marbourg, il était entré comme précepteur chez le descendant
du ministre de Danemark, Bernstof, puis chez l'ambassadeur
danois à La Haye, le baron de Selby; de ce séjour en
Hollande il avait rapporté un ouvrage, *Holland in den
Jahren 1831-1832*, qui parut en 1833, et fonda sa réputation littéraire. Unissant à ses principes démocratiques et à

(1) *Elegante Zeitung*, 17 mai 1835. — J. Janin était à cette époque
en Allemagne le plus admiré des écrivains français; ses *Contes fantastiques et littéraires* furent traduits par Lewald en 1833; il passait
pour un humoriste comparable à J. Paul. V. *Elegante Zeitung* du
5 décembre 1833.

(2) *Die Hohe Braut* de König, roman historique sur la Révolution
française, *Scipio Cicala*, dont l'auteur encore inconnu, Rehfues, recteur de l'Université de Bonn, passa bientôt pour un émule de W. Scott.
V. *Elegante Zeitung*, mai et juin 1833.

(3) Wienbarg a conté sa jeunesse dans une autobiographie qu'il a
envoyée à Kühne. V. G. Kühne, *Portraits und Silhouetten*, 1849, p.
179-190. — V. aussi Schweizer, *Lud. Wienbarg. Beiträge zu einer
jungdeutschen Ästhetik*, 1897.

(4) Heine, qui l'avait connu à Hambourg, admirait l'énergie de son
caractère et la sincérité de ses convictions. — V. Strodtmann, *Heines
Leben*, I, 616; et Wienbarg, *Wanderungen durch den Thierkreis*, 147.
— Strodtmann donne de lui le portrait suivant d'après Ed. Beurmann
(*Skizzen aus den Hansastädten*): « Eine lang aufgeschossene Figur, mit
dünnem blondem Haar, gläsernen Augen, einem nonchalanten aber
doch literarischen Pli. »

ses idées humanitaires un grand intérêt pour le caractère national d'un peuple, Wienbarg s'était attaché à retrouver le caractère du Hollandais dans son art, sa littérature et sa vie politique (1). Il avait dans cette étude apporté des qualités d'ordre et de précision qui manquaient à tous les livres de voyage alors si nombreux en Allemagne ; sa pensée était originale, son style net et vigoureux. Laube fut l'un des premiers à signaler la valeur de son œuvre (2) ; il tenait Wienbarg pour l'un des rares écrivains allemands dont l'action pouvait être rapide et salutaire.

C'est vers Börne que l'attention de Laube s'était tournée lorsqu'il avait commencé à s'occuper de politique. Il avait fait de lui le héros de son ouvrage sur la Pologne, il publiait des extraits de ses *Briefe aus Paris* (3), et rappelait souvent ses principes les plus audacieux (4). Au mois de janvier 1833, il lui écrivit une longue lettre d'un style qui voulait être à la fois respectueux et plaisant, et qui paraît bien prétentieux (5) : il appelait Börne le tribun du peuple, l'avocat et l'historien de l'Allemagne, lui parlait de l'amour qu'il inspirait aux princesses plébéiennes, faisait aussi allusion à Mme Straus-Wohl, et finalement lui demandait d'envoyer tous les mois quelques pages à l'*Elegante Zeitung*. Börne trouva la lettre assez extravagante (6) et ne répondit pas. Le 7 décembre de la même année, Laube lui écrivit de nouveau : il regrettait de

(1) Préface de la 2e partie de *Holland in den Jahren 31-32*.

(2) *Eleg. Zeitung*, 21 mars 1833.

(3) *Eleg. Zeitung*, février 1833.

(4) *Eleg. Zeitung*, 26 avril 1833.

(5) Voir deux lettres de Laube à Börne du 19 janvier et 7 décembre 1833, publiées par M. Holzmann : *Aus dem Lager der Gœthe-Gegner* (*Deutsche Literaturdenkmale*, Dritte Folge, n° 9, p. 215 et suiv. Berlin, 1904).

(6) Lettre du 5 mars 1833 à Mme Straus-Wohl (V. Holzmann, *ouvrage cité*, p. 215).

n'avoir reçu de lui ní une lettre (1), ni un article, et le priait
encore de collaborer à son journal. Ce deuxième appel fut
aussi vain que le premier ; Laube ne renouvela pas ses
démarches et paraît n'avoir jamais eu dans la suite de
rapport direct ou indirect avec l'auteur des *Briefe aus
Paris*. Bientôt, d'ailleurs, Heine allait dans sa pensée prendre
la place qu'il avait tout d'abord donnée à Börne.

Les premières relations de Laube avec Heine datent du
mois d'avril 1833. Heine lui avait adressé un exemplaire de
son ouvrage sur la littérature allemande : *Zur Geschichte der
neueren schönen Literatur* (2) ; il avait joint à son envoi une
lettre (3) où il disait que depuis la mort de Gœthe commençait une littérature nouvelle, dont ce livre serait le programme. Ce que contenait ce programme était bien fait pour
plaire à Laube : opposer le panthéisme moderne à l'ascétisme
chrétien, trouver dans l'œuvre de Gœthe la réalisation de
l'harmonie hellénique, introduire les principes Saint-Simoniens dans la critique, tout cela répondait à sa pensée. Dès
le 18 avril 1833, parurent dans l'*Elegante Zeitung* des
extraits du livre de Heine. Le 10 juillet de la même année,
Laube recevait une lettre de Heine, où celui-ci le remerciait
et, développant une idée Saint-Simonienne, lui conseillait de
faire de l'*Elegante Zeitung* non un organe politique, mais

(1) La lettre commence ainsi : « Sie antworten zwar nicht, wer-
thester Herr Revolutionshofrath ; aber ich muss doch wieder einmal
an Sie schreiben. »

(2) Publié en 2 petits volumes à Paris, chez Heideloff et Campe
(mars-juillet 1833), après avoir paru à l'*Europe littéraire*.

(3) 8 avril 1833. C'est la première lettre de Heine à Laube. V. *Correspondance* de Heine. « Il était nécessaire, disait Heine, après la
mort de Gœthe, de soumettre au peuple allemand un compte de liqui-
dation littéraire. Puisqu'une nouvelle littérature commence, ce petit
livre est en même temps un programme, et, *plus qu'à tout autre, c'est
à moi de le tracer.* »

un journal de propagande sociale (1) : « Tenez-vous aussi tranquille que possible, écrivait Heine. Conservez-nous pour l'avenir l'importante citadelle de la *Gazette Élégante*...
...Vous êtes plus haut que tous les autres qui ne comprennent que le côté extérieur de la Révolution et non point ses questions les plus profondes. Celles-ci ne concernent ni les formes, ni les personnes, ni l'établissement d'une république ou les limites d'une monarchie, mais le bien-être matériel d'un peuple. L'ancienne religion spiritualiste a été salutaire et nécessaire aussi longtemps que la majorité des hommes a vécu dans la misère et n'avait d'autres consolations que celles de la religion du ciel. Mais les progrès de l'industrie et des sciences économiques permettent désormais de tirer ces hommes de leur misère matérielle et de les rendre heureux sur la terre... Vous me comprenez. »

Laube devait bientôt suivre les conseils de Heine, « se tenir aussi tranquille que possible (2) », et subordonner l'action politique à l'action morale ; mais, en 1833 encore, il ne reculait devant aucune idée audacieuse, blâmant tout ce qui, socialement, ne lui paraissait pas en harmonie avec les lois naturelles, tout ce qui, politiquement, était contraire à ses principes d'indépendance. Il apportait, dans ses revendications artistiques, la même liberté ; son modèle était Heinse, dont il aimait les romans érotiques, et qu'il devait plus tard publier (3). Le Saint-Simonisme, dira-t-il (4), s'unissait en lui à Heinse, l'un fournissant le fond, l'autre la forme, ce qui, socialement et artistiquement, donnait un mélange peu clair (5). Ce jugement qu'il porte sur lui-même

(1) Lettre du 10 juillet 1833. V. *Correspondance* de Heine.
(2) Même plus tranquille que Heine ne l'aurait désiré.
(3) En 1838. Leipzig, 10 volumes.
(4) L. W., I, 177.
(5) Déjà, dans l'*Elegante Zeitung* (juillet 1833), il avait publié des *Moderne Briefe* qui trahissent l'influence de Heine et de Heinse : effu-

indique assez bien les défauts d'un roman qu'il avait entrepris depuis qu'il était à Leipzig : *Das Junge Europa*.

III

Das Junge Europa (1) comprend trois parties : *Die Poeten, die Krieger, die Bürger;* la première fut écrite et publiée en 1832.

L'idée de composer un tel roman est originale et intéressante. Grouper les tendances de 1830 et 1831, non pour les analyser et les opposer, comme l'avait fait Mundt dans ses *Moderne Lebenswirren*, mais pour les personnifier et les animer, c'est là une belle et audacieuse tentative ; ce titre, *Das Junge Europa*, est plein de promesses. On est déçu, malheureusement, à la lecture des *Poeten*; on n'y trouve ni profondeur ni maturité. Le livre révèle un enthousiasme rapide, une curiosité vive, peu de convictions fortes et peu de pensées réfléchies.

Dans cet ouvrage écrit sous forme de lettres, Laube a mis tout ce qu'il retrouvait dans ses souvenirs : le cercle littéraire de Breslau, le château de Jäschkowitz, les poètes jeunes, les aristocrates libéraux et les princesses Saint-Simoniennes. Quatre personnages représentent les tendances de l'époque. Williams, conservateur en politique et en morale, traite la poésie de Heine de déshabillage effronté et tient tout démocrate pour despote capricieux. Valerius (2)

sions sentimentales, peintures érotiques, professions de foi, récits humoristiques, tout se mêlait dans un bavardage sans ordre et sans originalité. Il n'a pas publié ces *Moderne Briefe* dans ses Œuvres complètes.

(1) *Das junge Europa* se trouve dans les Œuvres complètes de Laube. L. W., VI.

(2) L. W., VI, 20.

défend l'individualisme et la liberté, et par suite plaide la cause de Heine ; il est le personnage cher à Laube, celui qui reparaîtra dans les deux autres parties du *Junge Europa*. Si Valerius est le disciple de Heine, Constantin est celui de Börne, bien que parfois il méconnaisse sa pensée ; cosmopolite, ennemi de toute nationalité, il rêve d'une universelle République ; il combat le culte des héros et n'a de confiance que dans l'opinion publique (1) ; ayant assisté aux Journées de Juillet, il écrit des lettres où il exprime sa joie, son espoir et son découragement (2) ; ardent et sentimental, il a enlevé une jeune fille, Nora, vit avec elle à Berlin, puis à Paris. Valerius et Constantin enseignent par leurs actes que les sens ont leurs droits et que la nature est libre, mais c'est Hippolyte qui personnifie l'émancipation de la chair ; grand et robuste, il a le visage « sensuel et bestial (3), » il aime la femme plus que la liberté (4), et, dans la femme, la forme, la souplesse, la démarche (5) ; il déclare ne pouvoir être heureux que lorsque « ses membres vigoureux auront enlacé Julia (6) » ; il est disciple de Heinse et fait d'Ardinghello son livre de chevet (7). Quelques figures de femmes passent dans ce roman, moins nettes que celles des hommes, toutes aimantes ou préoccupées d'amour et prêtes à l'émancipation. Julia déclare que la femme ne s'est qu'à moitié affranchie par le christianisme, que le mariage doit être libre et séparé de l'Église (8) ; la princesse Cons-

---

(1) L. W., VI, 59-60.

(2) Il a combattu, dit-il, comme un furieux, dans la rue. Louis-Philippe a confisqué la Révolution (L. W., VI, 132.) Les phrases sont calquées sur celles de Börne.

(3) L. W., VI, 84.

(4) L. W., VI, 52.

(5) L. W., VI, 9.

(6) L. W., VI, 129.

(7) L. W., VI, 65.

(8) L. W., VI, 121-122.

tantia approuve la philosophie d'Hippolyte et la met en
pratique.

On pense, en lisant ce roman, à Heine, à Heinse, à Börne,
à certaines doctrines des Saint-Simoniens, très peu à l'auteur
lui-même. Les préférences de Laube apparaissent bien :
liberté en politique, liberté en amour, individualisme et
réalisme dans l'art semblent être ses principes ; mais à quel
degré leur est-il attaché ? Sa vie ne nous l'a point dit ; elle ne
révèle ni les souffrances qui viennent du doute, ni les convictions nées d'une volonté forte. Il faut donc, pour trouver ce
qui dans ce roman révèle la personnalité de Laube, considérer ce qu'il retiendra dans la suite des idées qu'il y défend.
En politique, il laissera tomber le républicanisme de Börne
et deviendra partisan d'un régime constitutionnel aristocratique. Au point de vue social, c'est à peine s'il apercevra les
besoins de son temps : il ne comprendra pas la valeur du
Saint-Simonisme comme système économique, il ne conser-
vera de la doctrine qu'un panthéisme vague et la théorie de
l'émancipation féminine. Les seuls droits qu'il réclamera
toujours seront la liberté de conscience en religion et la
liberté du cœur dans le domaine du sentiment (1). Il s'intéressera moins aux hommes qu'à la personnalité humaine, et
peut-être moins à l'homme qu'à la femme. Celle-ci lui apparaîtra aimante et digne d'être aimée, être d'affection et de
passion froissé le plus souvent par les condition sociales ;
mais cette image restera dans son œuvre forme abstraite et
sans nuances, éloignée de la vie et de la vérité. En art, il sera
longtemps, quoiqu'il s'en défende, imitateur de Heine, dont il
aime l'individualisme. C'est avec Heinse qu'il semble, par
sa nature, avoir le plus d'affinité ; non pas qu'il en ait la
poésie (il est souvent maladroit dans la peinture sensuelle),
mais les êtres et les choses font sur lui une impression phy-

(1) V. Laube, *Prinz Friedrich*, 1848.

sique qu'il sait bien rendre ; en quelques traits et par le détail extérieur il retrace une physionomie ; il est sensible au climat, à la douceur d'un ciel du sud ; il aime la nature en voluptueux, pour ses couleurs et ses formes. C'est là son réalisme, ou plutôt son matérialisme, tout de surface, mais intéressant, facile à saisir, agréable parfois, et qui fut pour beaucoup dans le succès de ses œuvres. Il se laisse entrevoir dès ce premier roman, il va se développer et prendre une forme arrêtée dans ses *Reisenovellen*.

Tel était le jeune écrivain déjà célèbre avec lequel Gutzkow allait entrer en relations.

IV

Laube avait fait, dès le 28 février, dans l'*Elegante Zeitung*, un long article sur les *Briefe eines Narren* ; il en louait la science et le mouvement, sans connaître l'auteur. Gutzkow lui écrivit, le remercia, mais resta sur la réserve ; Menzel l'engageait à se défier de ce jeune audacieux qui parlait des œuvres nouvelles avec une inquiétante facilité, jugeait de tout par aphorismes, sans tendance bien arrêtée, sans connaissances précises. Pourtant, ils restèrent en correspondance, et, bientôt même, s'entendirent pour entreprendre ensemble un voyage dans l'Italie du Nord. Gutzkow, dans une lettre du 31 juillet 1833 (1), annonce à Cotta qu'il part de Munich et ne sera pas de retour à Berlin avant le 15 septembre. Laube vint à Munich réjoindre son compagnon de voyage (2). Tous les deux prirent la route du Tyrol par Salzbourg et Innspruck ; ils entrèrent en Italie, s'arrêtèrent à Vérone, Padoue, Venise, et revinrent par Trieste, Vienne,

(1) V. Prœlss, 314.
(2) L. W., I, 183.

Prague et Dresde (1). Gutzkow quitta Laube à Dresde pour aller voir son frère dans la Basse-Lusace, et regagna Berlin par Francfort-sur-l'Oder. Le voyage avait duré six semaines.

C'était plus de temps qu'il n'en fallait pour que deux esprits aussi différents pussent se mesurer. A peine revenu à Berlin, Gutzkow écrivit à Menzel ce qu'il pensait du directeur de l'*Elegante Zeitung* (2). Il en fait surtout un portrait physique et laisse par là deviner le moral : Laube est petit et trapu ; très recherché dans sa mise, il garde, malgré tout, l'air d'un étudiant ; il a une vivacité d'autant plus cassante qu'il s'est habitué à terroriser ses compagnons littéraires de Leipzig (3). Si Gutzkow parle ainsi de Laube, ce n'est pas dans un esprit de complaisance pour Menzel ; les années ne feront que préciser l'impression première : « Ce fut un grand malheur, dira-t-il en 1839 (4), qu'un tel homme, avec plus d'enthousiasme que de talent, ait donné l'élan à l'école jeune : il n'avait ni connaissance du cœur humain ni science. » Et, dans ses *Rückblicke*, en 1875, il écrira : « Laube était audacieux et juvénile (5). »

Pour Laube, la personnalité de Gutzkow reste insaisissable (6). Il lui reconnaît du savoir, une très grande ouverture d'esprit. C'est un penseur, dit-il, mais tout ce qui est art chez lui est acquis avec soin et correction ; tout, jusqu'au style ; il pèse, d'après l'ancienne langue, la propriété d'un

(1) V. *Rückblicke*, 103.

(2) Le 20 septembre 1833. V. Houben, *Gutzkow-Funde*, p. 21.

(3) V. aussi *Rückblicke*, 108, et *Die schöneren Stunden*, 1869, p. 7. Gutzkow a lu en route, sur le lac de Garde, *Das junge Europa* ; il a dû avouer à Laube que tout ce que contenait ce roman lui déplaisait. V. Houben, *Gutzkow-Funde*, 22.

(4) *Jahrbuch der Literatur*, p. 30-31.

(5) *Rückblicke*, 10-11. Même portrait dans Wehl, *Zeit und Menschen*, II, 248 et 269.

(6) V. Laube, *Erinnerungen*. L. W., I, 184.

terme ; il a le sens des beautés de la nature, mais il ne
paraît pas les remarquer. « Il fit dans le voyage de tout autres
observations que moi ; nous sommes deux hommes très différents, et il ne sera pas facile que nous soyons justes à
l'égard l'un de l'autre (1). »

Tous les deux ont décrit leur voyage, et la comparaison de
leurs récits complète ce parallèle. Gutzkow envoya ses notes
au *Morgenblatt* (2). Il s'y révèle tel que nous l'avons connu,
idéaliste à tendance réaliste, penseur et politique ; il éprouve
auprès d'une nature nouvelle, en traversant le Tyrol et les
lacs italiens, une joie grave et reposante (3) ; mais à peine
at-il retrouvé l'Autriche à Vérone, que les préoccupations le
reprennent : des grenadiers aux manteaux gris, montant la
garde sur le Marienplatz, lui rappellent une puissance despotique ; à Padoue, il remarque le tableau noir de l'Université
où sont inscrits les noms des trois cents étudiants relégués (4).

Laube, dans les *Reisenovellen* qu'il publia dès son
retour (5), essaya d'imiter les *Reisebilder* de Heine (6). S'il
égale son modèle dans quelques descriptions d'une belle
allure dramatique (7), il lui est bien inférieur dans les histo-
riettes amoureuses sans nombre dont il prétend avoir été le

(1) L. W., I, 185.

(2) V. *Morgenblatt*, novembre 1833, janvier, février, juin 1834. Ces
notes de voyage ont été recueillies en partie, non pas dans ses Œuvres
complètes, mais dans ses *Rückblicke*, p. 101 et suiv.

(3) *Rückblicke*, 101.

(4) *Rückblicke*, 103.

(5) V. *die Elegante Zeitung* et 2ᵉ vol. des *Reisenovellen*, chez Wigand,
à Leipzig (V. Geiger, 87).Les *Reisenovellen* sont aux 8ᵉ et 9ᵉ volumes de
ses Œuvres complètes.

(6) Il s'en défend dans ses *Erinnerungen*. L. W., I, 199-200.

(7) Par exemple, *Napoléon à Leipzig et à Dresde* (L. W., VIII, 40).
Remarquer qu'il éprouve pour Napoléon la même admiration que
Heine. Or, il venait de dire (*Die Poeten* et *Elegante Zeitung* du 26 avril
1833) qu'il rejetait le culte des héros.

héros ; elles sont insipides et d'une rare platitude. Il a des digressions sur la littérature, quelques-unes, en très petit nombre, sur l'art; parfois, il veut être humoriste, et l'est maladroitement. Il apparaît avec toutes ses qualités quand il dit simplement l'impression vive que produit sur lui la nature : un voyage en Italie, c'est pour lui le « bonheur » dans sa plénitude ; Mignon, dont il répète le *Lied*, n'aspire pas avec plus d'ardeur à cette terre de rêve ; quand il en approche, c'est un émerveillement. Gutzkow admirait de nuit le lac de Garde : devant ce miroir immense, pailleté d'étoiles, fermé par les montagnes sombres, dans le calme profond qui l'entourait, il se sentait pénétré jusqu'à l'âme (1). Laube le voit, dans un matin d'été (2), d'un bleu de saphir miroitant sous le soleil, révélation première de la beauté italienne ; en comparaison, les eaux de la Sprée ou de la Saale lui paraissent pâles, sans couleur, sans caractère. L'Italie est lumière et joie ; elle est aussi le pays où la passion peut s'exprimer sans détours et sans fausse vertu (3) ; elle est la terre où vécut Byron, ce « colosse d'immoralité (4) », où vint mourir Shelley, qui, mieux que personne, a connu l'amour. Vienne (5) retient Laube par les mêmes attraits. En cette contrée, dit-il, la chair l'emporte sur l'âme ; mais la sensualité y est aussi gracieuse qu'une valse de Strauss. Pays et mœurs sont en harmonie. Vienne est, par sa position, d'une mollesse luxuriante ; tout est douceur et bien-être dans cette partie de la vallée du Danube. C'est une idée chère à Laube que celle du rapport entre le sol et l'homme. « Les peuples, avec toutes leurs coutumes et leurs qualités, sont toujours plus ou moins le produit de leur

---

(1) *Rückblicke*, 101.
(2) L. W., 240.
(3) L. W., 275.
(4) L. W., VIII, 358-367. « Ein Koloss der Immoralität. »
(5) L. W., IX, 21 et suiv.

sol; ce ne sont que des arbres un peu raffinés. Le peuple qui s'adapte à son sol le plus naturellement est le plus heureux (1). »

Laube écrit dans ses *Erinnerungen* (2) qu'il a composé ses *Reisenovellen* dans une pensée d'artiste; qu'il a voulu étudier le « caractère local, les coutumes d'un pays, la race ». C'est ce qu'il a tenté, il est vrai, mais sans profondeur, moins en artiste qu'en dilettante. Ce matérialisme, sur lequel il construira ses romans, n'a rien d'une doctrine philosophique; c'est moins chez lui un principe qu'un attrait.

A ce matérialisme sensuel s'oppose le réalisme de Gutzkow. Retournant en Italie en 1843, Gutzkow pense à tous les récits dont cette terre fut l'objet, depuis Gœthe jusqu'à Alexandre Dumas (3); il leur reproche de traduire surtout la joie de vivre ou l'admiration du passé, et de contenir très peu d'observations sur le présent; les auteurs, préoccupés d'eux-mêmes ou du public, n'ont laissé, dit-il, que des créations rapides et fantaisistes; leurs œuvres sont subjectives. Gutzkow, alors, souhaite que l'on écrive un autre livre sur l'Italie, qu'on la regarde telle qu'elle est dans son état politique et social. Lui-même n'entreprendra pas cet ouvrage, mais il mettra dans un de ses romans, *Der Zauberer von Rom*, toute sa pensée sur l'Italie religieuse.

(1) L. W., IX, 31. Comparer Heinse, *Ardinghello :* « Es bleibt dabei : Luft und Land macht den Hauptunterschied von Menschen.... Es kann nicht fehlen, jede Gegend stimmt mit der Zeit die Seelen der Einwohner nach sich. » Heinse, *Gesammtausgabe*, 1902, IV, 165.

(2) L. W., I, 199-201.

(3) V. *Reiseeindrücke*. G. W., XI, 71.

CHAPITRE VI

GUTZKOW CHERCHE UNE FORME DE LITTÉRATURE NOUVELLE
(1833-1834)

I. Gutzkow à Berlin et à Leipzig (septembre 1833, mai 1834). — Il subit l'influence de Menzel et celle de Laube, peu à peu se dégage de l'une et de l'autre. — George Sand. — Gutzkow publie deux volumes de *Nouvelles* et le *Schleiermachers Nekrolog* (24 fév. 1834).

II. Gutzkow et Löwenthal. — Séjour à Hambourg (été 1834). — Lettres à Cotta : Gutzkow est en politique un historien. — Séjour à Stuttgart ; collaboration à l'*Allgemeine Zeitung* ; *Öffentliche Charaktere.* — Fragments dramatiques de Gutzkow.

III. *Der Sadducäer von Amsterdam.* — C'est une confession. — Ce que Gutzkow pense de la femme. — Les héros faibles. — En 1834 une révolution sociale et morale remplace la révolution politique.

I

La résolution que Gutzkow avait prise à Munich de vivre de sa plume s'était affermie dans ce voyage avec Laube (1). En rentrant à Berlin (2), « ville de l'armée, du fonctionarisme et du clergé » (3), il sent plus que jamais la nécessité d'exercer sur l'Allemagne une action intellectuelle. Il le dit dans ses

---

(1) *Rückblicke*, 110.

(2) Le 14 septembre 1833, Lettre à Cotta citée par Prœlss, p. 349. — Voir son impression dans une Lettre à Menzel du 11 octobre 1833, Houbèn, *Gutzkow-Funde*, 29.

(3) *Rückblicke*, 110,

Rückblicke (1) : l'École, l'Université, l'Église s'étaient unies pour gêner l'esprit libre dans sa pensée ; l'attentat de Francfort n'avait pas eu de lendemain, le sacrifice de ceux qui se dévouèrent et sur qui se fermèrent les prisons était resté sans résultat ; il fallait changer l'air ambiant pour empêcher la semence d'étouffer ; une politique nouvelle serait la conséquence d'une littérature nouvelle.

Pour agir sur l'opinion, Gutzkow a besoin d'une revue de grande influence. Où la trouver en Allemagne ? Parmi celles qui existent, aucune ne lui semble être un instrument assez puissant. Le vieux baron Cotta était mort en décembre 1832 ; son fils, désireux de garder à l'*Allgemeine Zeitung* sa renommée européenne, et forcé de renoncer à la collaboration régulière de Heine, s'était, dès le mois de juillet 1833, adressé à Gutzkow (2). Celui-ci avait répondu que, pensant librement, et n'étant pas partisan de la monarchie, il ne pourrait dire franchement son avis dans une revue modérée ; pourtant, il ajoutait qu'il savait peser ses paroles et pourrait envoyer des articles qui ne choqueraient point trop l'opinion. Après son voyage il hésita à devenir à Berlin correspondant de l'*Allgemeine Zeitung* (3) ; un ville aussi morte n'offrait point matière à parler. Une lettre qu'il écrit à Cotta, le 2 novembre 1833 (4), montre quels sont ses projets et comment il juge la littérature des deux dernières années : pour s'emparer de l'opinion publique, les « nouvelles » sont, à son avis, le moyen le meilleur ; peut-être le moment serait-il venu de réunir quelques jeunes esprits, « les germes d'une *Jeune Allemagne* (5) sont là ».

C'est la première fois que le nom de Jeune Allemagne est

---

(1) *Rückblicke*, III.
(2) 31 juillet 1833.
(3) V. Prœlss, 359.
(4) V. Prœlss, 355.
(5) *Jeune Allemagne*, en français dans le texte.

prononcé avec un sens littéraire. Il ne désignait à cette
époque que le groupe des Allemands réfugiés en Suisse qui
s'étaient organisés à la façon de la *Giovine Italia*, de Mazzini. Sans doute le mot est né avec ce sens nouveau dans une
conversation de Gutzkow et de Laube en Italie, et l'auteur
du *Junges Europa* paraît avoir le droit d'en revendiquer la
création. Mais, si le terme révèle une idée commune, il n'y
a pas accord entre les deux esprits sur les moyens de la réaliser. Gutzkow, dans quelques lignes de sa lettre, juge et
rejette le genre de Heine et de Laube ; c'est à eux qu'il
pense lorsqu'il écrit qu'elle a vécu, l'opposition apprise qui,
il y a peu de temps encore, paraissait nouvelle, l'indignation
feinte, la menace étudiée, et cette ardeur politique qui n'ose
rien de plus que des esquisses et des critiques du présent (1).
C'est là voir et désigner clairement le défaut de la littérature de 1830. Si le jugement est trop sévère pour Heine, il
ne l'est point pour ses imitateurs. Gutzkow est fatigué du
bavardage ingénieux sous forme de lettres ; il trouve « fabu-
leux » (2) que l'on veuille réduire toute la littérature à
la critique, à la négation, à l'analyse ; il demande d'autres
œuvres, espère travailler lui-même, et bientôt, à une renaissance littéraire.

Toutefois il reste, quelque temps encore, attaché à des
écrivains dont il discerne les faiblesses, Menzel et Laube, et
ne se dégage que peu à peu de leur influence. Des relations
déjà anciennes, un sentiment de reconnaissance aussi, peut-
être, le liaient à Menzel ; il travailla pour le *Literaturblatt*
jusqu'en septembre 1834 (3). Laube, d'autre part, l'attirait

(1) V. Prœlss, 357.
(2) V. Prœlss, p. 358.
(3) Au *Morgenblatt* il envoya des esquisses de voyages, des nouvelles
et des fragments dramatiques ; le 4 avril 1835 encore devait y paraître
le prologue de *Nero*. — V. Houben, *Gutzkow-Funde*, p. 524.

par son audace ; tant d'assurance lui en imposait : Laube et son ami Schlesier, dira-t-il dans une lettre à Alex. Weill, exerçaient sur lui un véritable « terrorisme (1) ».

G. Schlesier, encore étudiant, s'était attaché à Laube, l'avait, pendant son voyage, remplacé à la rédaction de l'*Elegante Zeitung*. « Il était pédant, » écrit Gutzkow ; et, pourtant, Gutzkow l'écoutait (2). Vous faites fausse route, lui disait Schlesier (3) ; vous imitez Voltaire et Diderot ; on lit votre *Maha Guru* comme on lit *Zadig* ou *Candide*. Il faut aujourd'hui mettre son cœur à nu, être « moderne » ; « la littérature allemande doit prendre le chemin que la baronne Dudevant, George Sand, a tracé à toutes les littératures de l'Europe ».

Le journal de Laube avait été l'un des premiers à répandre le nom de George Sand en Allemagne. Un article (signé L. B. Wolff) du 17 mai 1833 est un long panégyrique d'*Indiana*, l'apparition la plus importante de l'époque, œuvre qui peint mieux que toute autre le malaise social. Forme et fond, tout devait plaire à Laube et à Schlesier dans ce roman d'émancipation féminine ; mais on sourit de les voir imposer leur admiration. Gutzkow n'avait pas besoin d'apprendre de Schlesier ou même de George Sand à mettre son cœur à nu. George Sand, qu'il lira bientôt (4), ne le gagnera jamais tout entier ; pourtant, il est plus proche d'elle que Laube, et fera

(1) Lettre du 27 avril 1843. — V. Alex. Weill. *Briefe hervorragender verstorbener Männer Deutschlands*, Zürich, 1889. « Dieser Terrorismus den 1833 Laube und sein Freund Schlesier auf mich ausübten, hat mich damals in meiner ganzen Entwickelung gestört, aufgehalten, ja so verwirrt, dass ich in meine Wallyperiode et cetera hinein stürzte, und erst allmählig mich wieder gesammelt habe. »

(2) V., au sujet de la très grande influence exercée par Schlesier sur Laube et Gutzkow, un article de Houben paru dans la *Vossische Zeitung*, 1903, 281-283.

(3) *Rückblicke*, 13-14.

(4) V. *Rückblicke*, 14, et *Die Gegenwart*, 1879, p. 394.

souvent penser à son œuvre lorsque, simplement, il contera
ce qu'il a souffert ou vu souffrir en des conditions sociales
qu'il voudrait changer. Les grands écrivains tels que George
Sand, qui sentent et expriment plus vivement que d'autres les
besoins de leur temps, exercent une double influence : l'une,
directe, très visible chez leurs imitateurs et amenant toute
une floraison d'œuvres médiocres ; l'autre, indirecte, beaucoup moins facile à discerner dans des ouvrages de valeur.
George Sand sera copiée par Laube quelquefois, par Mundt
plus souvent, et surtout par Fanny Lewald ; Gutzkow ne
la copiera point, mais il traitera en mainte occasion les
mêmes questions sociales ; une fois seulement, il sera tenté
de l'imiter et, se rappelant les avis de Schlesier (1) et de
Laube, écrira *Wally*, la plus célèbre et la plus médiocre de
ses œuvres de jeunesse.

Au commencement de l'année 1834, Gutzkow vint trouver
à Leipzig (2) les rédacteurs de l'*Elegante Zeitung*. C'est à ce
moment que Laube et Schlesier lui donnèrent des conseils (3) : il était abstrait, il ne prenait pas assez d'intérêt à la
littérature d'art, il avait le tort de ne pas aimer Gœthe ; sans
abandonner les questions politiques, il devait considérer les
individus, s'essayer à ces portraits plus précis dont Laube
avait donné le modèle. Gutzkow, un instant, fut docile ; il fit
paraître à l'*Elegante Zeitung*, sur le professeur Schottky (4),
de Munich, un article qui rappelle celui de Laube sur

(1) V. *Rückblicke*, 14.

(2) V. *Rückblicke*, 112.

(3) Un article de l'*Elegante Zeitung* (20 fév. 34) louait *Maha Guru*,
mais tenait ce roman pour une œuvre de rhétorique nullement
plastique.

(4) V. *Elegante Zeitung*, 7 février 1834. — Cette esquisse fut plus
tard publiée dans les *Soireen*, 1835, II, 207. Gutzkow conte avec entrain
et humour une excursion qu'il a faite dans les montagnes du Tyrol
avec Julius Marx Schottky.

Karl Schall. Les lettres qu'il envoie de Leipzig à Menzel prouvent combien il subit malgré lui l'influence de ce nouveau milieu. Il trouve adroite et vigoureuse la lutte èntreprise par l'*Elegante Zeitung* (1); il se sert, pour désigner la littératu re révolutionnaire, du nom de *Jeune Allemagne* ou de *Giovine Germania* (2), devenu courant dans ses conversations avec Laube. Il laisse entendre à Menzel, avec mille précautions, ce que les rédacteurs de l'*Elegante Zeitung* lui reprochent : Schlesier, écrit-il, veut mettre l'art à l'abri des attaques du patriotisme ; il appelle votre critique une critique patriotique ; *Maha Guru* est pour lui une étude de rhétorique à la Voltaire, et les coups qu'il dirige contre moi vont, à vrai dire, à votre adresse. Parlez de Laube, de Schlesier, conseille-t-il à Menzel, qui jamais ne les avait nommés dans sa revue, tâchez d'être juste pour eux ; ils ne vous comprennent pas, « ils croient que vous voulez chasser Gœthe de la littérature allemande ». Gutzkow jouait le rôle de médiateur, et, tandis qu'il défendait ou excusait Laube dans ses lettres, l'*Elegante Zeitung* publiait, sur le critique de Stuttgart, les articles les plus élogieux (3).

Menzel ne se laissait point gagner ; il s'irritait de ce qu'il regardait comme un abandon ; il faillit même, à la suite d'un incident, rompre brusquement. Gutzkow, publiant chez Hoffmann et Campe un recueil de nouvelles (4), y avait joint une préface qu'il avait écrite, disait-il, avec le laisser-aller de Jules Janin, et dans laquelle il se permettait quelques plaisanteries aux dépens de son ancien maître ; il reçut en réponse de tels reproches qu'il renvoya sans l'ouvrir

(1) Lettre à Menzel du 11 octobre 1833 (Houben, *Gutzkow-Funde*, p. 30).

(2) Lettre à Menzel du 21 mars 1834 (Houben, *Gutzkow-Funde*, p. 36).

(3) V. surtout *Elegante Zeitung*, 2 janvier 1834, 6 mars 1834.

(4) V. *Ruckblicke*, p. 11. Gutzkow se trompe dans ses souvenirs quand il dit avoir publié ses nouvelles en 1832.

un ballot de livres dont il devait rendre compte au *Litera-turblatt* (1).

La publication des *Novellen* marque bien le moment où Gutzkow subit encore certaines influences littéraires avec lesquelles il veut rompre ; il se raille de Menzel dans la préface, mais, lorsqu'il demande ensuite que la nouvelle, sous des vêtements anciens, renferme des pensées modernes, il donne là une définition que Menzel aurait volontiers signée. Ces nouvelles (2), dont la plupart avaient paru au *Morgen-blatt*, rappellent par leurs qualités et par leurs défauts les premières œuvres de Gutzkow : on y trouve du romantisme et du réalisme, de la sentimentalité, de l'ironie et des allusions politiques. Une seule, *Der Prinz von Madagaskar* (3), a été réimprimée en 1875 ; comme *Maha Guru*, elle est artificielle dans la forme, mais elle est loin de présenter, par les idées qu'elle contient, le même intérêt : le prince de Madagascar a été élevé à Paris ; revenu dans sa patrie, il n'est plus à sa place au milieu d'un peuple dont la civilisation diffère de la sienne ; vendu comme esclave, il s'échappe, et revient en France. Faut-il chercher dans ce récit un contraste entre deux civilisations ou, comme dans *Maha Guru*, entre une civilisation et les sentiments d'un homme ? L'allusion n'est pas claire, et le problème n'est pas nettement posé.

(1) La rupture n'eut pas lieu tout de suite, comme le prouve l'article de Menzel sur *Maha Guru* du 24 février 1834 ; mais l'amitié cessa ; elle fit place à une indifférence qui, dans le courant de l'année 1835, devait se changer en hostilité.

(2) *Novellen*. Hamburg, 1834, 1ʳ vol. *Der Kaperbrief, Die Sterbecas-siere, Geständnisse einer Perrücke.* — II* vol. *Chevalier Clément, Die Singekränzchen, Der Prinz von Madagaskar.*

(3) G. W., IV, 164. Il semble avoir écrit cette nouvelle au retour de son voyage en Italie. — V. Lettre à Menzel du 11 octobre 1833. Houben, *Gutzkow-Funde*, p. 27. — La nouvelle a été traduite en français par Ch. Simond. Paris, Savine, 1887.

Outre ces nouvelles, un article au *Literaturblatt* sur le romantisme français, un autre à l'*Allgemeine Zeitung* (1) sur Schleiermacher sont les publications les plus intéressantes de Gutzkow à cette époque.

Victor-Aimé Huber avait, dans un livre récent (2), considéré la poésie romantique en France comme une renaissance du christianisme par un retour au Moyen-Age ; Gutzkow soutint contre lui (3) que, dans cette prédilection des romantiques français pour le Moyen-Age, il ne fallait voir qu'un besoin de couleur locale. A son article, paru le 18 novembre 1833, Huber répondit par des injures dans les *Blätter für literarische Unterhaltung* (4). Laube défendit les vues de Gutzkow dans *l'Elegante Zeitung* (5) : il y disait que Huber avait jugé le romantisme français d'après le romantisme allemand, qu'il ne fallait point les confondre, attendu que les Français recherchaient la vérité dans la vie et que les Allemands la fuyaient.

C'est de Leipzig que Gutzkow envoya à l'*Allgemeine Zeitung* quelques pages sur Schleiermacher (24 février 1834) (6). Elles sont comme un défi jeté à l'orthodoxie que représentait Hengstenberg dans l'*Evangelische Kirchenzeitung*. A mesure qu'il vieillissait, Frédéric-Guillaume III s'attachait davantage à l'idée d'unir l'Église réformée et

(1) *Allgemeine Zeitung, Beilage* (24 février 1834). Outre cet article, Gutzkow a donné à cette époque à l'*Allgemeine Zeitung* les études suivantes : *Ein Blick auf Spanien, Der Statu quo in Deutschland, Pfennigliteratur.* V. Prœlss, p. 361.

(2) *Die neuromantische Poesie in Frankreich und ihr Verhaltniss zu der geistigen Entwickelung des französischen Volks.* 1833.

(3) *Literaturblatt*, 18 nov. 1833. Article repris en partie dans les *Reiseeindrücke*, G. W., XI, 361.

(4) V. Prölss, 352.

(5) 5 déc. 1833.

(6) L'article est reproduit dans les *Üffentliche Charaktere.* G. W., IX, 208. — Gutzkow se trompe quand il écrit que l'article est de 1832.

l'Église luthérienne (*Dom Agende*), conciliation que nous avons vu Mundt défendre contre Steffens ; mais le roi rencontrait beaucoup d'opposition, surtout depuis que, s'en prenant à la forme extérieure du culte, il avait voulu fixer le service divin. La lutte était aiguë en 1834 et provoquait un grand mouvement religieux. Le Gouvernement prit des mesures violentes, moyen dangereux, écrit Laube (1), les Allemands étant, en religion plus qu'en politique, soucieux de leur indépendance. Schleiermacher, longtemps partisan de la liberté protestante, avait autrefois combattu le plan de l'*Agende*. Depuis la Révolution de Juillet, il avait cédé ou tout au moins gardé le silence ; bien vu à la cour, il était hostile aux tendances nouvelles : il craignait, dit Gutzkow, qu'elles ne fissent disparaître les vertus du cœur humain, amour, confiance et fidélité ; « il se cramponnait au christianisme », prêt à tout sacrifier pour sauver seulement la personnalité du Christ. Schleiermacher était mort le 12 février 1834, et les Unionistes, dans les éloges qu'ils donnaient à sa mémoire, semblaient le tenir pour un des leurs. Gutzkow rétablit la vérité, disant que la pensée du théologien était restée libre, et que la réserve qu'il avait gardée dans ses dernières années ne devait pas être interprétée dans un sens contraire à la doctrine de toute sa vie.

L'article non signé fit du bruit à Berlin ; l'orthodoxie évangélique-luthérienne devina dans son auteur un adversaire dangereux. Moins d'un an après, Gutzkow, à propos de Schleiermacher encore, allait de nouveau la braver.

II

A son retour à Berlin, en avril 1834, Gutzkow fit la

(1) L. W   1, 202, 212.

connaissance d'un jeune étudiant (1) qui allait devenir l'un
de ses plus sûrs amis ; il s'appelait Löwenthal (2), appartenait à une famille juive de Mannheim, était très épris des
idées libérales. Il était venu de Munich exprès pour voir
Gutzkow ; il lui offrit de le mettre en relation directe avec
Campe qui voulait fonder une revue, et le pressa de quitter
Berlin pour aller passer l'été à Hambourg. Gutzkow partit
avec lui à la fin d'avril.

Un arrangement allait être conclu avec Campe lorsque
Cotta intervint : le libraire de Stuttgart proposait à Gutzkow
une situation fixe à l'*Allgemeine Zeitung*. Des négociations
s'engagèrent. Gutzkow, cette fois, pose ses conditions et
donne son programme (3) : les pages les plus importantes
de l'*Allgemeine Zeitung* lui seront réservées ; il offre une
« histoire courante » (4) : bulletin des feuilles françaises,
articles sur l'Église, l'économie politique, les grands
hommes et les caractères de l'époque. Ses tendances, sans
être trop accusées, seront indiquées par la question même
qu'il traitera. Ce n'est pas la politique, mais le point de vue
historique qui dominera. « Il faut avoir le sens de ce qui est
élevé, assez de perspective pour considérer chaque question
d'une certaine distance. Ceci est la véritable humanité, à
laquelle peu à peu doivent faire place dans nos cœurs les
restes de l'agitation toute récente... Ce n'est pas par crainte,
ajoute-t-il, que je parle plus du passé et plus encore de l'avenir que du présent, plus de nos pères et de nos fils que de
nous ; c'est la conséquence d'un système tout pénétré d'un
respect religieux des révélations de l'histoire, et reconnais-

(1) *Rückblicke*, 114.
(2) S'étant fait baptiser plus tard, il changea ce nom de Löwenthal
contre celui de Löning.
(3) Lettre à Cotta du 19 mai 1834. V. Prœlss, 362.
(4) *Eine laufende Geschichte.*

sant en chacune de ses manifestations une métamorphose de l'esprit du monde. »

La lettre est très importante dans l'histoire de Gutzkow. Il parle ici comme Lessing et comme Herder. Nulle part encore il n'avait pris ce ton et montré qu'il considérait les événements et les êtres de si haut. Ce qui le sépare de Laube, de Heine et même de Börne, c'est qu'il veut en politique être historien. Comme dans la lettre à Cotta de septembre 1833, il condamne le bavardage littéraire à propos des événements journaliers; il veut qu'on les considère dans ce qui les rattache au passé, et surtout qu'on en dégage ce qui prépare l'avenir. Par là, il fait prévoir les œuvres qui déjà sont dans sa pensée et qui paraîtront en 1835 et 1836 : *Zur Philosophie der Geschichte, Ueber Gœthe, Beiträge zur Geschichte der neuesten Literatur, die Zeitgenossen.*

Nous avons la réponse de Cotta à cette lettre (1). Il savait apprécier la valeur de Gutzkow; tout ce qu'il avait lu de lui dans les derniers temps prouvait, disait-il, non seulement un grand talent, mais l'intelligence la plus claire, ce que confirmait sa lettre du 19; il le pressait instamment de devenir rédacteur à l'*Allgemeine Zeitung*. Gutzkow, pourtant, refusa. La lettre qu'il écrivit de Hambourg, le 8 juin 1834 (2), prouve l'indépendance de son caractère et la confiance qu'il prend en ses forces; il ne veut pas être rédacteur, la fonction imposant trop de charges matérielles; il offre d'écrire simplement des articles comme les écrivains le font en France dans les grandes revues. Cotta devint plus pressant (3). Enfin, l'accord eut lieu. Gutzkow donna à l'*Allgemeine Zeitung* des articles historiques; ils parurent à la fin de 1834 et au commencement de 1835; ils ont été publiés

(1) 30 mai 1834. V. Prœlss, 364.
(2) V. Prœlss, 367.
(3) V. Prœlss, 369.

en partie en 1835, chez Hoffmann et Campe, sous le nom d'*Öffentliche Charaktere* (1).

Caractères publics, — ce titre, à lui seul, indique l'objet que se propose Gutzkow. Un caractère l'intéresse par le rôle qu'il joue dans l'histoire et le principe politique qu'il représente : un article sur Mehemed Ali, O'Connel ou Martinez de la Rosa est, non seulement une étude sur l'homme, mais sur son pays et son temps. Les nations où la vie publique est intense sont donc celles qui attirent surtout ses regards : l'Angleterre et la France. On dirait qu'il se plaît à reprendre des portraits jetés çà et là par Heine dans les *Englische Fragmente* ou les *Französische Zustände*, à les compléter par plus de science historique et plus de suite dans le développement. Heine avait dit de Wellington qu'il ne voyait en lui qu'un homme sans génie servi par les circonstances (2) ; Gutzkow s'attache à le prouver (3). Heine opposait Talleyrand aux républicains de 1833, comme Voltaire à Rousseau (4) ; Gutzkow, qui le suit dans toute sa carrière de diplomate, conclut avec Heine qu'il a enlevé à la Révolution de 1830 ce qu'elle pouvait avoir d'extraordinaire (5). Il parle de Talleyrand sans aigreur ; moins souple que Heine, toutefois, il juge les hommes d'après le bien ou le mal qu'ils ont pu faire à la cause démocratique ; il ne pardonne pas à Chateaubriand ses inconséquences, il est très dur à son égard, au point de lui refuser même tout génie littéraire (6).

---

(1) 1ʳᵉ partie. *Talleyrand.— Martinez de la Rosa. — Chateaubriand. — Mehemed Ali in Ægypten. — Die Napoleoniden. — Wellington. — Daniel O'Connell. — Doktor Francia.— Armand Carrel. — Ancillon. — Rothschild. — Der Sultan.* — G. W., IX.

(2) *Englische Fragmente.* — H. W., VI, 226.

(3) G. W., IX, 73.

(4) *Französische Zustände.* — H. W., IX, 124.

(5) G. W., IX, 25.

(6) G. W., IX, 44.

L'Allemagne offre, suivant lui, peu de caractères publics intéressants. La vie d'un homme d'État allemand a rarement un charme biographique (1) : sa carrière est trop unie et trop monotone ; il n'arrive point brusquement au pouvoir porté par les événements comme dans les pays de révolution ; il avance tranquillement et lentement. Ancillon en est la preuve ; c'est un esprit ouvert, il descend des réfugiés français, il a compris la Révolution de 89, l'a bien jugée et, comme Gentz, en a vu la nécessité ; mais il était bon fonctionnaire allemand ; le « loyalisme », chez lui, l'a emporté ; il s'est attaché à la monarchie prussienne humiliée ; il a été le médiateur entre les extrêmes ; c'est ce qui l'a fait appeler aux Affaires étrangères en 1830.

Si Gutzkow juge bien l'ancienne aristocratie, il ne distingue pas moins nettement le rôle d'une aristocratie nouvelle, celle de l'argent. Il la montre régnant, par une même famille, de Londres à Constantinople (2) : Nathaniel, le plus jeune des Rothschild d'Angleterre, est reçu en audience par le sultan ; Karl Rothschild a baisé la main du Pape, et Lionel Rothschild est fait à Madrid chevalier de l'Ordre d'Isabelle ; malgré la réaction, les frères Rothschild mènent la Banque nationale de l'Autriche et prêtent de l'argent à la Prusse (3) ; or, il y a quelques années, il ne leur aurait pas été permis de sortir le soir du ghetto, dont les chaînes étaient tendues.

Le ton de ces pages était modéré, comme l'exigeait un journal tel que l'*Allgemeine Zeitung*. Gutzkow les signait. Son nom devenait célèbre, attirait l'attention de Metternich (4). Il était en train de remplacer dans l'opinion Menzel et Heine, de devenir en Allemagne critique influent et écrivain d'autorité. Mais ce rôle au service d'un journal, où des

(1) G. W., IX, 116.
(2) G. W., IX, 134.
(3) G. W., IX, 141.
(4) V. *Rückblicke*, 285.

réserves devaient être gardées, ne pouvait longtemps lui convenir. Il n'appartenait pas tout entier à l'*Allgemeine Zeitung* ; il était bien plutôt prêt à s'en détacher. Un coup d'œil jeté sur sa vie et sur les ouvrages qu'il entreprit à cette époque prouve l'activité et l'inquiétude de sa pensée.

Après être resté à Hambourg jusqu'à la fin de juin (1), il avait fait un voyage sur les bords du Rhin, et s'était arrêté quelque temps à Mannheim dans la famille de son ami Löwenthal ; puis il était revenu à Stuttgart, où il avait retrouvé Menzel, Aug. Lewald et l'acteur Seydelmann (2). Pendant ces différents séjours, Gutzkow ne cessait de travailler. Il fit paraître au *Morgenblatt*, en septembre (3), quelques pages du *Jupiter Vindex* ; en octobre (4), une nouvelle, le *Sadducäer von Amsterdam;* en décembre (5), un fragment dramatique, *Marino Falieri. Jupiter Vindex,* c'était le drame commencé à Munich, qu'il retouchait depuis quelques mois ; il le publiera l'année suivante. Dans *Marino Falieri,* il reprenait le sujet traité par Byron (6), l'amour du vieux doge pour une jeune fille, Luzia ; les scènes publiées par le *Morgenblatt* sont jolies et d'une poésie délicate (7),

---

(1) V. *Rückblicke*, 115 à 120.

(2) Il l'avait déjà connu en 1832 à Stuttgart (*Rückblicke*, 59).

(3) 17 sept.

(4) 12 oct.

(5) 17 déc.

(6) Byron, suivant lui, était un génie descriptif, nullement dramatique ; Gutzkow trouvait très médiocre son *Marino Falieri.* —V. *Ueber Gœthe.* G. W., XII, 82.

(7) Il semble que ce soient des scènes d'exposition : Marino Falieri vient d'épouser Luzia et s'excuse de sa vieillesse ; Luzia l'aime, elle lui demande un brin de réséda ; le doge veut envoyer Steno chercher cette fleur, mais Steno refuse, moins par orgueil que par trouble, car il aime Luzia. — Ce fragment dramatique n'a pas été recueilli dans les Œuvres complètes de Gutzkow.

la pièce malheureusement restera inachevée (1). Le *Sadducäer von Amsterdam* est une de ses plus belles nouvelles ; elle a fourni le sujet du drame célèbre *Uriel Acosta ;* il convient de s'y arrêter.

III

C'est à Hambourg, dans une habitation des bords de l'Alster, auprès de son ami Löwenthal, que Gutzkow écrivit le *Sadducäer.* Il ne nous a pas indiqué quelles furent les sources de son livre ; mais il semble avoir étudié l'ouvrage de Johannes Müller sur le Judaïsme (2) ; il lut certainement la confession d'Uriel Acosta, telle qu'elle fut publiée pour la première fois par Philippe von Limborch (3), et dont voici le résumé (4). Fils d'un juif d'Oporto qui s'est fait chrétien, Uriel revient au judaïsme, puis aspire à une religion indépendante, naturelle et terrestre, telle que celle des Saducéens ; la synagogue d'Amsterdam le bannit et, pendant des années, il vit méprisé et outragé. Il se soumet enfin à la loi judaïque et se laisse flageller publiquement ; mais bientôt, révolté du

(1) Gutzkow avait montré l'esquisse de son drame à Seydelmann, dont la réponse ne fut pas encourageante : « pas de héros faibles », lui dit-il ; le mot est intéressant, car il sera dans la suite plus d'une fois répété par les critiques. — Sur Seydelmann, à cette époque, voir *Seydelmann und das deutsche Schauspiel* de Aug. Lewald, 1835, Stuttgart.

(2) *Judaismus und Judenthumb* (Hamburg, 1644). Il y est dit (p. 71) qu'Uriel avait publié en langue espagnole, à Amsterdam, un livre où il déclarait l'âme mortelle, qu'un autre juif, Samuel de Sylva, s'était élevé contre cette doctrine.

(3) Dans l'ouvrage *De veritate religionis christianiæ* (1687).

(4) V. *Uriel Acosta. Eine Skizze,* von Oberlehrer Dr Walther Volkmann, Breslau 1894. Cette brochure contient une étude des sources d'*Uriel Acosta* (p. 1 à 16) et in-extenso la biographie d'*Uriel Acosta : Urielis Acosta exemplar humanæ vitæ* (p. 16 à 36), d'après le texte de Limborch.

châtiment qu'il a subi, il n'a plus d'autre volonté que de se délivrer d'une existence qui lui est devenue odieuse. On trouva sur son cadavre un écrit où il disait sa vie et ses souffrances, et qu'il avait appelé « exemplar humanæ vitæ » (1).

L'impression que fit sur Gutzkow la lecture de cette autobiographie dut être très vive, car il venait de connaître les souffrances d'Uriel. Rompre avec l'État et l'Église lui semblait peut-être chose aisée, mais il ne pouvait sans un serrement de cœur se sentir chaque jour plus éloigné des siens, et plus douloureuse encore dut être pour lui la rupture avec la jeune fille qu'il aimait depuis 1831, pour laquelle il était retourné à Berlin en 1832, puis en 1833. Rosalie Scheidemantel ne cessait de vivre auprès de lui par la pensée (2), mais elle n'avait pas le courage de vaincre la résistance de ses parents, et Gutzkow ne voulait pas lui sacrifier ses convictions les plus chères. Dans cette lutte qu'il soutenait contre lui-même, Löwenthal était venu le seconder en l'emmenant à Hambourg. L'attrait du voyage, l'amitié qu'il éprouvait pour ce jeune étudiant, lui avaient donné quelque repos ; mais, comme le prouvent les lettres qu'il écrivait alors à Cotta (3), il souffrait physiquement et moralement.

Cette expérience de l'amour entre sa vingtième et sa vingt-troisième année agit profondément sur lui. Il a conté dans ses *Rückblicke* l'impression qu'il en garda sa vie entière (4). L'idéal féminin qu'il avait construit s'était écroulé ; il ne croira plus à la femme ; de ce moment, dit-il, « je ne voulus et ne pus écrire que pour les hommes » ; mais, il l'avoue aussi, il continuera de subir le charme féminin ; le

---

(1) Herder connaissait cette vie du Saducéen ; il ne l'avait, dit-il, jamais lue sans émotion. V. Herder, *Briefe zur Beförderung der Humanität*, 39.

(2) V. une lettre de Rosalie Scheidemantel (Prœlss. 374-376).

(3) V. Prœlss, pages 362 et suiv.

(4) *Rückblicke*, 19-20.

cœur d'une femme lui paraîtra toujours le refuge désiré ; il
n'écrira pas pour la femme, mais il parlera d'elle souvent, et
presque jamais sans amertume. Gutzkow, dont le caractère
fut si ferme et qui ne connut guère les doutes de la pensée,
a connu ceux du cœur. De là peut-être dans son œuvre ces
héros auxquels la critique a reproché trop de faiblesse. Il
créera des êtres de sentiment capables de chanceler ; ils
seront partagés entre des aspirations et des affections, souvent même ils hésiteront entre deux femmes ; ces âmes fra-
giles lui paraîtront les plus humaines.

Uriel Acosta est un de ces héros faibles. Grœtz, dans son
Histoire des Juifs (1), dit que le véritable Uriel Acosta
n'était ni un penseur ni un caractère énergique : tel il apparaît dans la nouvelle de Gutzkow (2). Il n'a point de doctrine
philosophique : son cœur est trop agité pour que sa pensée
puisse s'ordonner. Après avoir rejeté le dogme chrétien, il
retourne, moins par réflexion que par une sorte d'impulsion
atavique, au culte de Jéhova. Il croyait trouver dans l'Ancien
Testament la religion naturelle qui n'est point dans le
Nouveau ; déçu dans son espérance, il s'écarte du judaïsme
sans revenir au christianisme qu'il déteste, fréquente les
libre-penseurs, laisse entendre qu'il ne croit pas à l'immortalité de l'âme et permet qu'on le traite de Saducéen. La
Synagogue le bannit : il ne fait preuve, en cette circonstance,
ni de sagesse ni d'énergie. Dans l'histoire, il n'est faible que
par le caractère ; dans la nouvelle, il l'est aussi par l'affection
qu'il éprouve pour une jeune fille ; ce sentiment devient une
explication de sa conduite et fournit l'élément dramatique
du récit. Judith, fille du juif Manasse, est aimée d'Uriel,
et l'aime ; pour elle, Uriel renonce à la liberté de sa pensée, mais à peine a-t-il consenti à ce renoncement qu'il le

(1) Tome X, p. 139.
(2) G. W. IV.

regrette. Il est de ceux qui apprécient la valeur du bien qui leur manque et non de celui qu'ils possèdent. De là les oscillations de sa conduite. Après avoir accepté une première fois le jugement de la Synagogue, il redevient suspect d'hérésie ; dénoncé, déclaré relaps, il se soumet, pour retrouver celle qu'il aime, à une humiliation publique ; la punition l'irrite et le désespère, et, quand il apprend qu'un de ses parents, Ben Joachim, l'a trompé et va épouser Judith, il ne songe plus qu'à se venger. Au lieu de Ben Joachim, c'est Judith qu'il tue par mégarde, et il se donne la mort à ses pieds.

Judith, aimante et faible, est la première figure de femme que Gutzkow ait créée ; on n'a pas eu de peine à retrouver en elle les traits de Rosalie Scheidemantel.

Les idées qui se dégagent de ce récit sont plus religieuses que philosophiques. De même que dans *Maha Guru*, Gutzkow défend ici la religion naturelle contre l'orthodoxie intolérante, qu'elle prenne la forme du christianisme ou du judaïsme. Le *Sadducäer* est par là comparable au *Nathan* de Lessing. Sans doute Uriel est moins sage et moins beau que Nathan, mais, comme lui, sorti du judaïsme, il s'est élevé jusqu'à la pensée libre ; et de même que Lessing, en écrivant son drame, songeait à Mendelssohn, de même l'amitié de Löwenthal n'a pas été sans agir sur Gutzkow : choisir son héros parmi les juifs indiquait chez lui un intérêt pour le judaïsme qu'il n'aurait certes pas éprouvé deux années auparavant.

Cette nouvelle est courte et très achevée de forme : le cadre en est très net ; aux descriptions d'intérieur se mêlent celles d'une grande ville active que Gutzkow dut facilement imaginer, écrivant à Hambourg. Le *Sadducäer* (1) est l'œuvre capitale de Gutzkow en 1834.

(1) *Der Sadducäer von Amsterdam* a été traduit en français par Ch. Simond en 1887.

L'écrivain qui racontait avec tant d'émotion le sacrifice qu'il avait fait à la liberté de la pensée, ne pouvait devenir critique respecté de l'*Allgemeine Zeitung*. Ce n'est pas à vingt-trois ans qu'il pouvait se laisser lier à un journal devenu presque officiel, alors surtout qu'en cette année 1834 des œuvres nombreuses venaient rappeler quel était en Europe le travail des esprits. Une révolution se préparait, plus dangereuse que celle de 1830. Depuis deux ans que les gouvernements avaient enrayé le mouvement politique, s'accomplissait une transformation sociale et morale. En France, Saint-Simon l'avait annoncée ; elle était apparue, en littérature, dans les romans de George Sand, en religion, dans les *Paroles d'un Croyant* de Lamennais, aussitôt traduites par Börne (1) (1834). En Allemagne aussi le mouvement révolutionnaire gagnait ; on lisait l'ouvrage de Heine, *Geschichte der neueren schönen Literatur* ; les lettres et les Souvenirs de Rahel étaient publiés par Varnhagen ; Bettina écrivait son livre sur Gœthe ; la mort tragique de Charlotte Stieglitz apportait une inquiétude nouvelle ; Wienbarg lançait de Kiel ses *Æsthetische Feldzüge ;* la *Vie de Jésus*, de Strauss, allait paraître, — et, alors que tous les esprits libres s'agitaient, Gutzkow se serait apaisé, admiré de Metternich et docile aux conseils de Menzel !

Il allait au contraire rompre en visière à ses anciens maîtres, et sans retour. Ses amis seront Löwenthal, G. Büchner, Wienbarg ; sa revue sera le *Phœnix*, de Francfort, en attendant qu'il ait tenté d'en créer une pour grouper les forces jeunes. Avec autant d'audace que Laube, avec plus d'autorité et de science, il allait, en 1835, dire quelle réforme sociale et morale devait amener la réforme politique. Car il unissait les tendances de 1830 à celles de 1834, les principes

---

(1) *Lamennais' Worte des Glaubens*, übersetzt von Ludwig Börne. (Collection Reclam).

politiques de Börne aux idées sociales de Heine ; il voulait,
comme Laube, une révolution littéraire, mais plus complète
et plus profonde, et par d'autres moyens ; il tentait comme
Strauss une réforme théologique et religieuse. Les années
d'apprentissage étaient finies, et la lutte à ciel ouvert commençait.

DEUXIÈME PARTIE

LE MOUVEMENT MORAL ET SOCIAL DE 1834-1835
INFLUENCE DU SAINT-SIMONISME ET DE HEINE

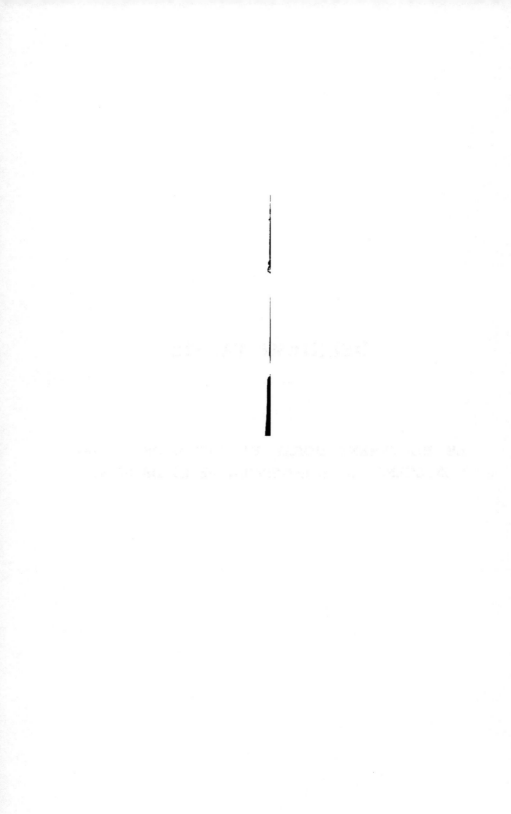

L'ÉMANCIPATION FÉMININE

I. — Rahel : **La Pensée.**
II. — Bettina : La Poésie.
III. — Charlotte Stieglitz : L'Action.

I

Rahel Levin (1) était née en 1771, à Berlin, d'une famille juive ; elle prit le nom de Frédérique Robert et se convertit au protestantisme en 1814, mais ses amis toujours l'appelèrent Rahel, et c'est sous ce nom qu'elle est restée célèbre. En 1803, lorsque Varnhagen l'aperçut pour la première fois, elle lui apparut petite et gracieuse sans être frêle ; son visage, très fin, sous une chevelure abondante et noire, avait une expression de souffrance et de douceur ; sa voix semblait venir du fond du cœur, tant elle avait un accent de vérité. Son existence fut unie et calme en apparence. Mariée à Varnhagen depuis 1814, en relation avec la plupart des écrivains de l'Allemagne, elle ne fut point tentée d'exercer, à l'exemple de Caroline Schlegel, une domination littéraire.

(1) V. Varnhagen. *Denkwürdigkeiten*, 1843-46. *Briefwechsel zwischen Varnhagen und Rahel*, 1874-75. Prœlss, p. 471 et suiv. Otto Berdrow, *Rahel Varnhagen*. Stuttgart, 1902.

D. — 5.

Ennemie des conventions sociales dont elle avait souffert étant née juive, elle ne fut pas désireuse de la célébrité de Dorothea Veit ou de Henriette Herz. Elle ne créa pas d'œuvre d'art, elle ne fut pas savante, et se plaignait même de ne savoir écrire (1). Toute sa force fut la « probité », elle-même l'a dit, et s'est bien jugée. Très sensible et très réfléchie, elle vécut intérieurement la vie de son temps, et ce qu'elle éprouva et pensa, elle le dit simplement, sans ostentation, pour elle-même dans son *Journal*, pour les autres dans ses *Lettres*.

Elle avait 18 ans quand la Révolution française éclata. La France lui apparut comme la terre de liberté. Paris, admiré de loin par elle, le fut aussi de près lorsqu'elle y vint en 1801 : la joie qu'elle éprouve à voir la ville « qui a rempli toute l'Europe (2) » n'a d'égale que celle de Heine et de Börne en 1830. La France, sous Napoléon, l'inquiète ; toutefois, malgré la crainte que lui inspirent alors les Français, elle les aime beaucoup, pour leurs défauts mêmes : « Ce sont des hommes dans toute leur vérité, très méchants, très oublieux, très légers, ayant besoin de religion et d'honneur, adroits à construire, rapides à détruire, géniaux et brutaux (3) ». Lorsqu'en 1813 l'Allemagne se leva, Rahel désira de toute ses forces l'indépendance de son pays, mais, dès 1814, elle demandait que l'on se réconciliât vite avec la chère nation (4) : les Français et les Allemands vont ensemble ainsi que deux moitiés, pensait-elle ; les Anglais ne sont qu'une race bâtarde de l'Allemagne (5).

Le joug une fois secoué, Rahel partage le malaise de l'Allemagne embarrassée de son indépendance. « Ce que

(1) *Rahel, Ein Buch des Andenkens* (Berlin 1834. 3 volumes),sept. 1810, I, 482.
(2) Lettre du 22 février 1801. *Rahel*, I, 315.
(3) 1815. *Rahel*, II, 25.
(4) *Rahel*, II, 199.
(5) 23 mars 1823 ; III, 90 ; voir aussi III, 165.

j'écris du mécontentement au sujet de la paix, dit-elle en
1814 (1), on me l'écrit de tous les coins de l'Allemagne; chacun le manifeste, et dans toutes les classes; seul, le Berlinois
fait exception. » Elle a peur que l'on fasse de l'Allemagne
une nation (2), elle pleure sur l'incorporation de Magdebourg (3), sur les libertés particulières détruites. Il faut,
dit-elle, avoir la concorde avant l'unité, être un peuple
avant d'être une nation. On n'est pas une nation, parce
qu'un gouvernement unique aura tout nivelé, ni même parce
qu'une littérature, un art patriotique auront été imposés.
Nation, patrie, sont des mots qui font oublier celui d'humanité. Rien de durable ne se fait par la force ni par la
vanité; il faut laisser aux hommes toute la liberté d'être
eux-mêmes, leur préparer pour cela des conditions d'existence qui soient bonnes, et toujours entretenir en soi l'amour
du vrai (4).

Lorsque tout s'assombrit autour d'elle dans la politique,
elle se réfugie dans un monde intérieur de conscience et de
vérité. Elle le disait en 1811 sous Napoléon (5) : « Les essais
ambitieux sont ce qu'il y a de pire. Vivre, aimer, étudier,
être actif, épouser s'il y a lieu, faire la moindre chose bien
et avec vie, cela est toujours de la vie, et cela, personne ne
l'empêchera ». Elle le répète en 1822, sous le régime de
Metternich (6) : « Chacun devra créer de la vraie poésie en
soi, dans sa conscience. »

De l'époque nouvelle, elle comprenait la transformation
morale, mais non le mouvement économique : « Plus on agit

(1) 2 mars 1814. *Rahel*, II, 224.
(2) III, 73.
(3) II, 219.
(4) Nov. 1822 (III, 77, 79, 84).
(5) 1811 (I, 505).
(6) 28 nov. 1822 (III, 84).

en masse, disait-elle (1), moins les pensées humaines ont d'influence. Le commerce, qui a comme principe et comme résultat le trafic dans le monde entier avec ses découvertes et ses besoins, est tout simplement coupable ». Elle était très individualiste, restée en ceci de l'époque de Gœthe. « L'homme, écrit-elle en 1801, est en tant qu'homme une œuvre d'art, et c'est pour cela que j'aime Gœthe. »

Gœthe et la vie étaient pour elle une seule et même chose : toute jeune déjà elle travaillait à bien entrer dans son œuvre comme elle entrait dans la vie (2). Elle avait entrevu Gœthe à Karlsbad en 1795. A Francfort, au mois d'août 1815, elle l'aperçoit qui passe en voiture (3) ; « la joie me rendant folle, raconte-t-elle, je crie de toutes mes forces, en courant : Voilà Gœthe ! Gœthe se mit à rire. » « Lorsque je voulus le voir une deuxième fois, je ne le vis pas ; j'étais rouge comme l'écarlate et j'étais pâle aussi, sans courage. Quand il fut passé, quand, à l'extrémité de la rue, à travers une fabrique, le long d'une allée de peupliers, sa voiture disparut du village, je tremblai des genoux et de tous les membres plus d'une demi-heure ; bien haut et comme une folle je remerciai Dieu, et ma voix s'éleva dans le soleil couchant. » Peu de temps après, Gœthe vint la voir. Ce furent là, dit-elle, ses lettres de noblesse. Elle fut si troublée en le recevant qu'elle se comporta très mal : elle ne sut ni se présenter ni le recevoir. La lettre où elle rappelle chaque détail de cette visite est merveilleuse de naturel et de sincérité (4) : toutes les circonstances, ce jour-là, étaient contre elle ; elle s'était levée tard ; à neuf heures elle était encore à sa toilette, lorsqu'on lui vient dire qu'un monsieur veut lui parler. « Je

(1) 1817 (II, 489).
(2) 15 nov. 1798.
(3) 20 août 1815 (II, 314).
(4) 8 sept. 1815 (II, 329). — Cette lettre est citée en partie par Brandes (*Das junge Deutschland*, 2ᵉ édition, p. 288).

demande qui il est, et j'envoie Dora en bas ; celle-ci me rapporte la carte de Gœthe, disant qu'il allait attendre un peu. Je le fais entrer, et le laisse attendre seulement le temps nécessaire pour mettre un manteau ; c'était un vêtement ouaté noir ; et c'est ainsi que je parais devant lui, *me sacrifiant* (1) pour ne pas le faire attendre un moment. Je n'étais plus capable de songer à autre chose. Et je ne m'excuse pas, mais je le remercie ! « Je vous remercie ! » lui dis-je ; et je croyais qu'il devait savoir de quoi ! de ce qu'il était venu. Je ne m'excuse donc pas ; car je pensais, il doit savoir que moi je disparais complètement, et que lui seul est pris en considération. C'était là, malheureusement, le premier mouvement de mon cœur. Et maintenant, dans un repentir très vif, comique même, et qui me tourmente, je pense autrement. » La conversation s'engage, très banale. Rahel ne dit rien à Gœthe de ce qu'elle voudrait dire ; mais il en est toujours ainsi, explique-t-elle, « quand on voit un instant seulement, après un amour de tant d'années, quelqu'un qui a été notre vie, notre adoration, notre principe d'activité et notre constante occupation ». « Et mon négligé, le sentiment que je manquais de grâce, m'accablait tout à fait ; et puis sa sortie rapide. En somme, c'est prodigieux à lui d'être venu. Il ne voit personne... Bref, je me sens, dans mon abaissement, honorée au delà de toute mesure. Je sais seulement combien j'étais pitoyable. Gœthe m'a pour l'éternité armée chevalier...» « Et maintenant, écoute bien comme je suis ridicule. Lorsqu'il fut parti, je me fis très belle, comme si je voulais rattraper, réparer ! Une belle robe blanche avec un beau col montant ; un bonnet de dentelle, un voile de dentelle, le châle de Moscou. J'écrivis à madame de B. de me venir voir, et je voulais ainsi apparaître dignement aux yeux d'un autre !!! » Ce respect pour Gœthe, Rahel ne cessa jamais de l'éprouver.

---

(1) « *Mich opfernd* », souligné dans le texte.

Passion et réflexion, un art toujours renouvelé, tout ce qu'elle désirait rencontrer dans une œuvre ou dans un homme, elle le trouvait en lui ; elle eut d'autres admirations, elle n'en eut jamais d'aussi complète.

Parmi les Français, Mirabeau est peut-être celui qu'elle préfère. « Ses Lettres du Donjon sont divines, écrit-elle (1) ; tant que je vivrai, je porterai Mirabeau dans mon cœur ». « Mirabeau est mon grand héros à cause de la force de vérité qui le mène (2) ». Victor Hugo aussi lui plaît presque sans réserve ; elle trouva très belles ses *Orientales* (3) ; lorsque parut *Notre-Dame*, elle pensa lui adresser en français une lettre qui commençait ainsi : « Votre ouvrage est comme un grand chef-d'œuvre d'architecture gothique » ; la lettre ne fut pas achevée, ni envoyée. Elle n'aime pas madame de Staël (4), bien qu'elle ait lu avec plaisir ses ouvrages sur *les Passions* (5) et sur *la Révolution* (6) : « Il n'y a point de repos chez cette femme, écrit Rahel en 1818 (7) ; elle n'aurait jamais acquis de maturité, même si elle avait autant vécu que je le désirais pour elle. De la raison, elle en a passablement, mais point d'âme qui écoute ; jamais il n'y a de calme en elle, jamais ce n'est comme si elle réfléchissait seule ; il semble toujours qu'elle parle à beaucoup de personnes. Les salons, qu'elle fréquenta de bonne heure, lui ont fait tort ».

C'est avec la même indépendance d'esprit que Rahel jugeait les écrivains allemands. Jean-Paul a de la vie, suivant elle, mais il manque de goût (8) ; sa manière d'écrire est lâche,

---

(1) 28 juin 1811 (I, 525).
(2) 2 déc. 1815 (II, 356).
(3) III, 410.
(4) Elle critique très vivement son livre sur l'*Allemagne*, 1814 (II, 216).
(5) 9 mars 1799.
(6) 24 mai 1818 (II, 540).
(7) 22 juin 1818 (II, 542).
(8) Juillet 1800 ; nov. 1808 (I, 367, 441 ; II, 161).

lui-même est laid comme ses derniers ouvrages ; Schiller a
de l'art, mais peu de psychologie (1) ; Tieck a de l'imagination. mais ne sait pas faire entrer la vie dans son œuvre (2).
Ses héros, à côté de Gœthe, ce sont Lessing et Fichte (3).
Börne aussi l'enthousiasme par ses premiers ouvrages ; elle le
déclare dans une lettre (4) : « J'ai maintenant un nouvel ami, le
Dr Börne, de Francfort-sur-le-Mein. Je ne l'ai pas vu. Je vous
le recommande chaudement ! Il écrit au journal *die Wage*.
Il est pénétrant, profond, solidement vrai, courageux, tout
à fait nouveau, mais sans la mode nouvelle, tranquille comme
quelqu'un du bon vieux temps, emporté comme on doit l'être.
Aussi vrai que je vis, un très honnête homme, osé, mais
réfléchi. Bref, mon grand favori. »

Elle estimait les auteurs suivant qu'ils se rapprochaient
de l'idéal qu'elle voulait réaliser en elle-même et voir chacun
réaliser en soi. Elle croyait que chaque homme, avec un
peu de probité, est capable d'accomplir en lui-même une
œuvre d'art qui est une création continue. Sur cette foi
elle construisait une véritable religion. Priez, pensez à Dieu,
disait-elle (5), et vous verrez le vrai ; tout le mal moral est
dans le mensonge (6). Éclairez l'âme, délivrez-la du préjugé
troublant : alors toute activité devient honnête, tous nos
désirs sont justes et libres ; « est permis ce qui plaît (7) »
(*Gœthes Tasso*) ; les âmes méchantes ne sont point claires.
Connaître les lois du monde et du cœur doit être notre
incessant travail ; les consentir est ce qu'il y a de plus
sublime ; devoir et vouloir ne sont qu'une seule et même

---

(1) 2 déc. 1812 (II, 67).
(2) 1813 (II, 81).
(3) III, 170.
(4) 18 mai 1819 (II, 576).
(5) 1817 (II, 440).
(6) 19 déc. 1818 (II, 558).
(7) 20 avril 1821 (III, 39).

chose (1). Elle aimait le christianisme tout en le trouvant insuffisant. En cela, elle était proche du Saint-Simonisme qu'elle connaissait par le *Globe* (2). Elle l'était encore plus du philosophe Saint-Martin, qu'elle se plaisait à nommer son « grand révélateur » (3) ; notre âme est un « oratoire », disait-elle avec lui (4). Mais sa prière toujours est inquiète, sa foi ne la rend pas optimiste ; elle a trop de cœur et de pensée pour être heureuse ; sachant ce que c'est que souffrir, indulgente aux autres, elle comprenait et excusait le suicide (5).

De cette morale individuelle dérivait sa morale sociale. De même que notre préoccupation constante, notre travail et notre prière doivent être de donner à notre âme toute clarté et toute liberté, de même, n'enchaînons pas l'âme des autres. D'où vient, s'écrie-t-elle (6), qu'il n'y a point de justice pour une âme meurtrie, que, dans les rapports de la société, dans les rapports plus étroits encore de la famille, toujours quelques-uns s'agitent, « garrottés dans tous les mouvements de leur esprit et de leur cœur, dans toute l'activité de leurs facultés », sans qu'ils puissent faire entendre une plainte ? On a pitié des êtres que l'on voit maltraités physiquement, et l'on passe indifférent auprès des souffrances morales. Et, parmi ces âmes ainsi asservies, celle de la femme souffre communément le plus. Le mariage tel qu'il est organisé par la société est odieux, il

(1) III, 51-58.

(2) 18 janv. 1832 (III, 550).

(3) III, 581.

(4) III, 80-85.

(5) Deux de ses amis, le prince Louis-Ferdinand et Henri de Kleist, se donnèrent la mort.

(6) 6 avril 1821 (III, 35).

n'y a pas en lui de sincérité (1) ; la femme est condamnée à suivre l'homme et à feindre l'amour, et la femme qui enfante en dehors du mariage est méprisée. Rahel devinait et dépassait le Saint-Simonisme ; dès 1820, elle comparait les enfants naturels et les enfants légitimes comme le droit naturel et le droit légal : les enfants ne devraient avoir que des mères et porter leur nom, la mère devrait posséder dans la famille toute l'autorité et toute la fortune, car c'est ainsi que l'ordonne la nature ; l'enfant appartient à la femme. « Jésus a une mère seulement : à tous les enfants on devrait donner un père idéal ; toutes les mères devraient être tenues pour pures et honorées, comme Marie (2). »

Ce sont là quelques-unes des pensées que Rahel sema dans ses lettres et dans son Journal ; elle savait que ses manuscrits seraient publiés, et pourtant jamais n'écrivit dans un sentiment de vanité. On pourra les lire, disait-elle, « non parce que c'est ma vie, mais parce que c'est une vie vraie ». Elle mourut le 7 mars 1833. En septembre, Varnhagen faisait imprimer pour quelques amis un premier recueil de ses écrits (3) ; l'année d'après, à Berlin, trois volumes parurent sous le nom de Rahel (4).

Ces lettres et ce Journal de Rahel produisirent grande impression. Alors que chacun se taisait, que les conventions et les préjugés semblaient l'emporter et que la force étouffait l'âme libre, une œuvre apparaissait, tout éclatante de vérité. Rahel occupa aussitôt les esprits ; passive dans sa vie, elle fut par sa pensée active après sa mort.

Sa renommée bientôt fut européenne. Dans cette France

(1) Écrit en 1832, 8 février.
(2) 17 mai 1820 (III, 19).
(3) Humboldt, qui avait lu ce premier recueil, disait que c'était de tous les livres qu'il connaissait le seul où rien ne fût lettre morte. — Lettre du 5 septembre 1833, citée par Prœlss, 493.
(4) *Rahel. Ein Buch des Andenkens.* Berlin, 1834, 3 volumes.

qu'elle aimait tant, une voix autorisée fit connaître son nom et dit la valeur de son livre. Lerminier, dans un des derniers chapitres (1) de *Au delà du Rhin*, la citait longuement ; il rapprochait ses idées de celles de l'école Saint-Simonienne ; il la comparait à madame de Stael et à George Sand. Trois femmes, disait-il, ont prophétisé un âge nouveau. « Madame de Stael a réfléchi le monde (l'Italie, l'Angleterre, l'Allemagne et la France), mais il y a des élévations dans la métaphysique et dans l'art qu'il ne lui fut pas donné d'atteindre. » George Sand, dans *Lelia*, « avec la sublime effronterie du génie, » « renouvelle les lois de l'amour et de l'hyménée ». « Rahel de Varnhagen, très audacieuse à huis-clos, adore Gœthe. son Dieu littéraire, et Saint-Martin, qu'elle appelle son grand révélateur ; elle est partagée entre le mysticisme chrétien et l'idéalisme infini ; elle n'a pas résolu les problèmes, mais au moins elle les a posés ; elle maudit intérieurement la loi sans cœur et sans intelligence. »

Une telle ouverture d'esprit unie à tant de franchise étonnait tous les contemporains. « Nous n'avons pas dans notre littérature de livre aussi sincère que les lettres de Rahel, écrira Laube (2) un an plus tard, nous n'avons pas tout au moins de livre où la sincérité soit servie par tant d'intelligence et d'observation ». Gutzkow parlera de Rahel avec moins d'enthousiasme : il estimait peu la société littéraire à laquelle elle appartenait, il ne croyait guère au génie de la femme (3), mais il reconnaissait l'influence exercée par une

(1) II, 269-271.

(2) *Liebesbriefe*, 1835. Préface. « Wir haben kein so offenherziges Buch in unserer Literatur als ihre Briefe, wenigstens kein's wo so viel Geist und Spekulation der Offenherzigkeit zu Hilfe gekommen wäre ». — V. aussi Laube, *Moderne Charakteristiken*, 1835, II, 172.

(3) V. *Wally* (G. W., IV, 334).

« si merveilleuse intelligence (1) ». Mundt consacre à Rahel un bel article qu'il a reproduit en 1837 dans ses *Charaktere und Situationen* : le livre de Rahel révèle, écrit-il, la personnalité la plus originale, mais il est en même temps d'un intérêt général ; toute une époque de l'humanité y apparaît, depuis l'époque de Frédéric II jusqu'à la Révolution de 1830, depuis Gœthe jusqu'au Saint-Simonisme ; il agite l'âme et la rapproche de la vie ; il touche à toutes les questions du temps et de l'avenir, en prépare la solution. Rahel traitait les mêmes problèmes que la Jeune Littérature qui s'annonçait, ajoutera Mundt en 1843 ; « aussi fut-elle nommée la mère de la Jeune Allemagne (2) ».

II

Le 19 avril 1834, Charlotte Stieglitz, la femme du poète Heinrich Stieglitz, écrivait à un oncle à Saint-Pétersbourg (3) : « Bettina, dont vous avez entendu parler (madame d'Arnim. la belle-sœur de Savigny), va nous donner un livre du plus grand intérêt, sa correspondance avec Gœthe. Lorsque Heinrich lui fit dernièrement visite, elle lui en lut des passages pendant des heures, et lui avoua tout naïvement qu'au temps

(1) *Jahrbuch der Literatur. (Vergangenheit und Gegenwart)*, et *Öffentliche Charaktere* (G. W., IX, 217).

(2) « *Die Mutter des jungen Deutschlands* » (V. Mundt. *Literatur der Gegenwart*, 2ᵉ édition, 1853, p. 635).

(3) V. Th. Mundt, *Ch. Stieglitz, ein Denkmal :* « Ein äusserst interessantes Buch haben wir zu erwarten von der bekannten Bettina (Frau v. Arnim, Schwester Savignys), nämlich Briefwechsel zwischen ihr und Gœthe. Als Heinrich sie neulich besuchte, las sie ihm Stunden lang daraus vor, und gestand ganz naiv, dass sie zu der Zeit, wo diese Briefe geschrieben seien, als zwanzigerin in den fast sechzigjährigen Gœthe sterblich verliebt gewesen sei. Heinrich behauptet, es sei das originellste was bis jetzt von Frauen gedruckt. »

où ces lettres furent écrites, alors qu'elle avait vingt ans, elle était éperdument amoureuse de Gœthe, presque sexagénaire. Heinrich prétend que c'est l'œuvre la plus originale qu'une femme ait encore fait imprimer ».

Bettina, la petite-fille de Sophie Laroche, était venue voir Gœthe à Weimar en 1807. Elle avait alors vingt-deux ans ; pourtant, comme une petite fille, elle se blottit sur les genoux du poète ; Gœthe la prit dans ses bras (1) ; elle s'endormit contre sa poitrine et, lorsqu'elle se réveilla, « commença pour elle une nouvelle vie ». Bettina aima Gœthe comme une fiancée, et cette affection, durant quatre années, l'emporta chez elle sur tout autre sentiment. Séparée de lui, tantôt à Cassel, tantôt sur le Rhin, elle lui écrivit souvent, n'ayant d'autre pensée que de lui plaire et ne lui ménageant ni les attentions ni les flatteries. Elle l'admire, elle le remercie, elle lui dit le bonheur qu'elle éprouve par lui : il est la nature libre et l'œuvre d'art à sa perfection, il domine audacieusement tous les préjugés, il a retrouvé la beauté antique telle que le paganisme l'avait créée ; mais il est aussi le révélateur qui fait comprendre aux autres la beauté libre, qui délivre l'âme de tous les liens, qui aide à connaître la nature dans son épanouissement et sa splendeur (2) ! Tel est l'hymne que Bettina répète sans cesse, amoureusement, romantiquement, le variant à l'infini, le mêlant de mille riens au hasard du moment, toujours caressante, confiante et tendre comme au jour où elle s'endormit serrée contre lui. Gœthe a plaisir

(1) V. *Gœthes Briefwechsel mit einem Kinde* (édition Reclam, p. 30-31).

(2) V. *Ouvrage cité*, 169, 157, 158, 262, 475, 476, 479, 518. — Voir un commentaire de ces pensées dans une lettre de Bettina à Varnhagen du 26 décembre 1832 : « Gœthe ist göttlich geworden durch den Genuss seiner Braut, der Natur, deren Leben ist das Aufjauchzen, das Feiern der Herrlichkeit ihres Schöpfers », etc. (*Aus dem Nachlass Varnhagens*, 312, 1865.)

à recevoir ces lettres ; il répond par des billets courts (1),
s'excuse de ne pouvoir écrire d'aussi jolies choses, mais prie
Bettina de continuer cette « danse charmante de feu follet » (2).

Tout le public aussi fut séduit lorsque Bettina fit paraître cette correspondance (3). « Mignon revint après quarante
années, et s'appela Bettina, écrivit Börne au *Literaturblatt* (4) ; son livre est un poème et sa vie un conte char-
mant » ; Gutzkow la comparait à un elfe toujours errant et
dansant (5), plus proche de la nature que les hommes, vivant
dans un air plus pur, où l'on respire plus librement (6).

On se laissait prendre au charme de cette belle œuvre,
mais on la comparait aussi au livre de Rahel, et ce rapprochement parfois fit tort à Bettina. Toutes deux elles s'oppo-
saient comme la vérité à la poésie ; auprès de la vérité, la
poésie perdait de son éclat. Toutes deux elles avaient défendu
les droits du cœur, sans respect pour la tradition ou les conventions sociales ; mais Bettina ne manifestait cette liberté
que dans un art voluptueux et romantique ; il semblait qu'il
y eût de l'égoïsme dans son individualisme, que Rahel, au
contraire, pensât plus à l'humanité. Varnhagen disait qu'il
y avait plus de cœur chez Rahel, plus de vanité chez Bettina ;
il répétait un mot de Schleiermacher sur Bettina : « Elle est
toute sensualité (7) ». C'est une païenne, écrira Laube dans
sa *Littérature* (8) : italienne par ses origines, elle est heu-

---

(1) *Ouvrage cité*, 98, 128, 134, 153.
(2) *Ouvrage cité*, 158.
(3) *Gœthes Briefwechsel mit einem Kinde. Ein Denkmal*, 1834.
(4) 1835, N° 127-128. V. B. W., VI, 209, 212.
(5) V. *Öffentliche Charaktere*. G. W., IX, 229.
(6) V. aussi ces vers de Gutzkow sur Bettina :
Sei uns nur offen und wahr ! Wirr' in das keusche Geheimniss
    Deiner Liebe uns nicht täuschende Mythen hinein !
G. W., I. 321.
(7) « Lauter Sinnlichkeit » (*Nachlass Varnhagens*, 1865, p. 261).
(8) Laube, *Literatur*, IV, 204-205.

reuse de vivre, tandis que Rahel, âme chrétienne, sait la valeur de la souffrance. Cette différence entre Rahel et Bettina, Laube la trouvait marquée surtout par la manière dont elles rendaient hommage à Gœthe : c'était une religion chez l'une, un culte chez l'autre. Rahel était plus respectueuse ; elle connaissait mieux le poète qu'elle admirait et qui dans son livre apparaissait grandi. Bettina, dans sa passion, montrait de la coquetterie ; en voulant élever un monument à Gœthe, elle se le dressait à elle-même (1). « Elle aimait Gœthe comme autrefois Pétrarque aimait Laure, disait aussi Börne ; tous deux, ils n'aimaient que l'amour. Bettina ne s'agenouillait pas devant Gœthe, elle s'agenouillait en lui ; il était son temple, non son Dieu (2). »

Rahel, moins artiste que Bettina, semblait l'emporter sur elle par la « force de la probité » ; mais leurs noms, qui devinrent célèbres à la même époque par deux œuvres d'émancipation morale et sociale, restèrent unis comme en 1830 ceux de Heine et de Börne. « C'est une raillerie pour nous autres hommes, écrivait Laube (3) en 1835, que deux femmes, en ces dernières années, aient attiré sur elles toute l'attention des lecteurs. »

III

Aux noms de Rahel et de Bettina est joint aussi celui de Charlotte Stieglitz. Dans la nuit du 28 au 29 décembre 1834, elle se tua d'un coup de poignard. Sa mort fit impression sur tous les esprits : il semblait que ce fût un acte d'émanci-

---

(1) Börne trouve dans son livre des preuves nouvelles de l'égoïsme de Gœthe (B. W., VI, 227).

(2) B. W., VI, 214.

(3) *Charakteristiken* 1835, II, 170. « Es ist ein Spott für uns Männer, dass es zwei Weiber sind, welche in den letzten Jahren alle Leseaufmerksamkeit absorbirt haben.

pation, qu'elle eût voulu prouver par là qu'un être a le droit de disposer même de son existence. On (1) rappelait qu'elle avait lu, avant de mourir, le livre de Rahel (2), et que Rahel acceptait le suicide. Le pasteur Jonas, sur sa tombe, blâma cette mort (3) ; par contre, le philologue Bœckh appela Charlotte une nouvelle Alceste.

Mundt, qui l'avait connue et lui avait dédié ses *Kritische Wälder*, écrivit, au lendemain de sa mort, à son ami Kühne : « Charlotte Stieglitz n'est plus,.... j'ai tant perdu en elle que je ne puis l'exprimer !... Elle était la plus belle âme qui ait vécu. Beaucoup l'ont connue, peu autant que moi. Je l'ai aimée » (4). Il entreprit d'élever un monument à sa mémoire comme Varnhagen l'avait fait pour Rahel ; il rassembla des fragments du *Tagebuch* de Charlotte, des lettres à Veit, à Heinrich Stieglitz, au baron Stieglitz ; il y joignit des lettres qu'il avait reçues d'elle, et composa ainsi un livre d'une lecture attachante, peut-être le plus beau qu'il ait laissé, *Charlotte Stieglitz*, *Ein Denkmal*. L'intérêt, ici, n'est pas dans la pensée de Charlotte Stieglitz, dont le Journal ne saurait être comparé à celui de Rahel ; il est dans le sentiment qui a conduit Mundt à réunir ces pages, dans le récit très simple, et parfois plein d'émotion, d'une vie que le suicide avait brusquement terminée.

Charlotte était née en 1806 (5), le 18 juin, à Hambourg. Elle était venue très jeune à Leipzig. C'est dans cette ville qu'elle rencontra, en 1822, Heinrich Stieglitz qui, déjà, rêvait de gloire littéraire et faisait paraître dans des revues ses

---

(1) V. Gutzkow. *Phönix* 1835 (25 fév.), *Deutsche Revue*, 1835, et *Öffentliche Charaktere*. G. W., IX, 215.

(2) G. W., IX, 221.

(3) V. Wehl, *Zeit und Menschen*, II, 36.

(4) Pierson, *G. Kühne*, (1889), p. 22.

(5) V. *Charlotte Stieglitz. Ein Denkmal* (Berlin. Veit und Campe, 1835), sans nom d'auteur ; la préface est datée du mois d'août.

Lieder zum Besten der Griechen. Ils se fiancèrent. Heinrich Stieglitz, encore étudiant, la quitta pour continuer à Berlin ses études de philologie, et, pendant six années, ils ne se virent qu'à de longs intervalles. Cette séparation ne leur déplaisait pas ; ils y trouvaient, dit Mundt, « un certain raffinement (1) » ; tous deux vivaient dans l'idéal ; elle l'admirait de loin, et lui se complaisait dans cette admiration. En 1827, il avait commencé, sous l'influence de Rückert et de Victor Hugo, à écrire ses *Bilder des Orients*. Il se voyait déjà poète célèbre et dédaignait la philologie. Pour épouser Charlotte, il accepta pourtant un poste de bibliothécaire à l'Université, et de professeur dans un gymnase de Berlin. En 1828, ils se marièrent. Les illusions tombèrent ; au lieu du poète que son imagination lui représentait, Charlotte trouvait une nature inquiète et maladive. Ils quittèrent Berlin, voyagèrent en Russie et dans le sud de l'Allemagne. Heinrich Stieglitz, loin de se remettre, paraissait chaque jour moins maître de sa volonté et moins sûr de ses forces : « il aspirait, dit Gutzkow, à un événement qui accomplît en lui une révolution (2) ». C'est Charlotte qui en voulut faire naître l'occasion : « Le moment va venir où l'un de nous doit tomber, disait-elle dans son Journal. Bon et cher camarade, il faut t'avancer dans les rangs avec double force et double courage si c'était moi que la première balle dût atteindre (3) ». Lorsqu'elle eut pris la résolution de mourir, elle lui écrivit :

(1) Ce qui est encore prouvé par les lettres de H. Stieglitz à sa fiancée, publiées en 1859 par son neveu (*Briefe von H. Stieglitz an seine Braut Charlotte*, 2 Bde. Leipzig 1859, herausgegeben von L. Curtze). Voir à ce sujet un article de Saint-René Taillandier dans la *Revue des Deux-Mondes*, 1860, 1er janvier.

(2) G. W., IX, 223.

(3) *Ch. Stieglitz, ein Denkmal*, 210. « Es wird schon der Moment kommen, wo Einer fallen muss. Mein guter treuer Kamerad, Du musst vor in die Reihen mit doppelter Kraft und doppeltem Muth, wenn mich einmal die erste Kugel treffen sollte !... »

« Tu ne pouvais devenir plus malheureux. ô mon bien-aimé, mais tu pouvais devenir plus heureux par un véritable malheur (1). Dans le malheur, il y a souvent une merveilleuse grâce; elle viendra sûrement pour toi » ; et elle terminait : « Ne te montre pas faible, sois tranquille et fort et grand ».

Il semble, à lire l'ouvrage de Mundt et les lettres qu'il envoyait à Kühne (2), que Charlotte se soit par sa mort offerte en sacrifice à son mari, qu'elle ait voulu l'affranchir des soucis matériels et, par une grande affliction, ramener sa pensée vers l'idéal ; si telle fut sa volonté, le sacrifice fut vain : il ne rendit à Heinrich ni force morale ni force intellectuelle ; il ne donna de gloire qu'à Charlotte Stieglitz (3). « Depuis la mort du jeune Jérusalem, écrira Gutzkow, et le meurtre de Sand, il n'est rien arrivé en Allemagne de plus saisissant que le suicide de Charlotte Stieglitz (4) ». Charlotte représentait la volonté luttant contre la réalité ; avec moins de pensée que Rahel, moins de poésie que Bettina, elle atteignait à leur renommée. « Qui veut retracer le développement organique de la nouvelle littérature allemande, dira encore Gutzkow (5), ne doit point passer sous silence la victoire que trois femmes ont remportée sur les esprits, par la pensée, par un poème et par un acte ».

(1) *Ch. Stieglitz, ein Denkmal*, 298. « Unglücklicher konntest Du nicht werden, Vielgeliebter ! Wohl aber glücklicher im wahrhaften Unglück. In dem unglücklich sein liegt oft ein wunderbarer Segen, er wird sicher über Dich kommen !!! Zeige dich nicht schwach, sei ruhig, und stark und gross ! »

(2) V. Pierson, *Kühne*, p. 23 et suiv.

(3) Les Souvenirs de Heinrich sur Charlotte (*Erinnerungen an Charlotte*, Marburg 1863), édités par son neveu Curtz, sont bien inférieurs au livre de Mundt ; ce sont des pages vides, souvent déclamatoires.

(4) G. W., IX, 220. Gutzkow la compare à Werther et avoue que sans cette mort il n'aurait pas pensé à écrire *Wally die Zweiflerin*.

(5) G. W., IX, 215.

L'ÉMANCIPATION LITTÉRAIRE

Les *Æsthetische Feldzüge* de Wienbarg (Avril 1834). — Ce livre est le manifeste de l'École nouvelle.

Pendant que Varnhagen rassemblait les lettres et le journal de Rahel, que Bettina, de sa propre correspondance avec Gœthe, composait un livre d'émancipation morale, Wienbarg, à l'Université de Kiel, devant un jeune auditoire, demandait pour des temps nouveaux une esthétique nouvelle.

L'esthétique, suivant lui, avait été conçue d'une façon trop théorique (1). La science du beau, née trop tôt en Allemagne, avait précédé le sentiment du beau ; l'enseignement était resté abstrait et superficiel. On était sorti de la vie par l'étude, il fallait rentrer dans la vie (2). Parmi les esthéticiens, Jean-Paul et Solger étaient peut-être les seuls qui l'eussent compris.

Wienbarg pensait que l'homme, pour atteindre à la beauté, avait besoin de bien-être, de liberté, d'harmonie, que toutes ces conditions ne pouvaient être données que par la vie nationale, que l'éducation politique devait par conséquent accompagner l'éducation esthétique (3). Il condamnait,

(1) *Æsthetische Feldzüge*, 1834, 1re Leçon.
(2) 5e Leçon, p. 74.
(3) 1re Leçon.

d'après ce principe, toute l'organisation sociale du présent. La belle harmonie du physique et du moral, réalisée autrefois par les Grecs (1), le christianisme l'avait brisée, et l'école historique aujourd'hui s'efforçait de rester dans la tradition mystique, mais Luther, en protestant, avait montré le chemin qu'il convenait de suivre (2). « Je veux dire par là (3), enseignait Wienbarg, le chemin de Protestation, de Protestation contre tout ce qui est arbitraire et contraire à la nature, contre la gêne imposée à l'esprit, libre, contre la formule morte et vide, de Protestation contre la destruction de l'esprit jeune dans nos écoles, contre l'enseignement terre à terre des sciences dans nos Universités, de Protestation contre la routine du fonctionnarisme dans la vie, contre la tolérance du mal parce qu'il est fondé sur la tradition et l'histoire, contre les restes de la féodalité, contre toute l'École féodale historique qui veut nous clouer tout vivants à la croix de l'histoire, de Protestation surtout contre l'esprit de mensonge, qui parle mille langues et, par mille expressions et tournures, s'est glissé dans tous nos rapports humains et sociaux ».

(1) 5ᵉ Leçon, p. 74.

(2) 3ᵉ Leçon, p. 33.

(3) « Ich meine auf dem Wege des Protestirens, des Protestirens gegen alle Unnatur und Willkür, gegen den Druck des freien Menschengeistes, gegen todtes und hohles Formelwesen, Protestiren wider die Ertödtung des jugendlichen Geistes auf unseren Schulen, wider das handwerksmässige Treiben der Wissenschaften auf unseren Universitäten, Protestiren wider den Beamten-Schlendrian im Leben, wider die Duldung des Schlechten, weil es herkömmlich und historisch begründet, wider die Reste der Feudalität, wider die ganze feudal-historische Schule, die uns bei lebendigem Leibe ans Kreuz der Geschichte nageln will, und vor allen Dingen Protestiren gegen den Geist der Lüge, der tausend Zungen spricht und sich mit tausend Redensarten und Wendungen eingeschlichen hat in alle unsere menschlichen und bürgerlichen Verhältnisse. »

La vie que Wienbarg voulait retrouver ¡dans les œuvres du présent, il la réclamait dans les études sur le passé. L'histoire, suivant lui, est étroitement liée à l'esthétique, toutes deux reposant sur la vie nationale ; par suite, l'histoire n'a pas plus que l'esthétique le droit d'être abstraite : « ce n'est pas un fait extérieur que nous voulons savoir, mais son rapport avec la vie (1); » « la vérité historique est l'harmonie vivante entre le corps et l'âme de l'histoire, entre la pensée et l'action (2) ».

Rapprochant la vie nationale et le sentiment esthétique, unissant le beau et le bien, Wienbarg était amené à cette conclusion, qu'il n'y a ni esthétique absolue, ni morale absolue (3). Tous les peuples ont le sentiment du juste et de l'injuste, comme du beau et du laid, mais ils traduisent ce sentiment d'une façon différente (4). La morale et le sens du beau varient suivant les individus ; la loi de la vie fait subir des modifications à la morale et à l'art, les différents âges de l'homme ont leurs diverses morales (5).

Cette beauté, qui est quelque chose de variable et de concret, se manifeste, suivant la théorie de Wienbarg, par le « caractère » (6), expression de la beauté individuelle et de la beauté nationale comme de la beauté naturelle. Dans toute l'échelle des êtres, depuis le mollusque jusqu'à l'homme (7), il y a des signes caractéristiques qui expriment une idée et la revêtent de beauté, mais, tandis que la nature

(1) 3ᵉ Leçon, p. 39. « Nicht irgend eine äussere Thatsache wollen wir wissen, sondern ihren Zusammenhang mit dem Leben. »

(2) P. 44. « Geschichtliche Wahrheit ist lebendige Harmonie zwischen Leib und Seele der Geschichte, zwischem Gedanke und That. »

(3) 8ᵉ Leçon, 139.

(4) 12ᵉ Leçon, 177.

(5) P. 182-183.

(6) 1ʳᵉ Leçon.

(7) P. 193.

est assujettie à des lois matérielles, chimiques et physiques, l'homme réalise librement le beau (1). L'artiste représente la beauté de l'âme dans sa manifestation corporelle, le corps devient par lui signe de l'idée.

La beauté est donc l'expression du caractère, et ce caractère se traduit chez un individu ou chez un peuple par une activité libre. D'après ce principe, Wienbarg étudie les différents arts, non d'une façon abstraite, mais dans leurs rapports avec un grand esprit créateur et avec la vie nationale (2) ; il s'arrête surtout à la poésie et à la rhétorique (3).

Dans l'art dramatique allemand, il n'est personne à ses yeux qui soit supérieur à Gœthe (4). Tous ses drames reflètent une période de sa vie ou l'époque à laquelle ils furent écrits : Gœtz répond à l'Allemagne de 1770, enthousiaste et pleine d'espérance (5) ; Faust, c'est le peuple allemand fatigué de science, de foi et de renoncement, qui en appelle aux droits de la chair, qui se dégage du Moyen-Age pour entrer dans les temps nouveaux (6). A la fin de sa longue existence encore, alors même qu'il n'apportait plus dans la vie politique les mêmes revendications que dans la vie morale, Gœthe discernait d'un regard clair le mouvement religieux, moral et scientifique de son temps et, par là, restait le littérateur des Allemands ; il fut, conclut Wienbarg, le Luther de son siècle, et sa bible était la nature (7).

Si Gœthe est le dramaturge de la période passée, Byron en est le poète lyrique (8) ; il représente ce lyrisme des

(1) 15ᵉ Leçon.
(2) Ici, le peuple allemand.
(3) P. 139.
(4) P. 252.
(5) 21ᵉ Leçon.
(6) P. 267.
(7) P. 273.
(8) 22ᵉ Leçon, p. 269.

temps nouveaux qui ne peut être que d'inspiration révolutionnaire. « Tout grand poète apparaissant à notre époque,
écrit Wienbarg, exprimera et doit exprimer les combats,
les troubles de son temps et de son propre cœur (1) ». Byron
l'a fait mieux que tout autre ; Gœthe a eu le mérite de le
reconnaître, et de lui élever un monument dans la deuxième
partie du *Faust* (2). Gœthe et Byron sont les hérauts de leur
temps (3), bien que tous les deux aient, de leur naissance
et de leur éducation, conservé une fierté aristocratique. Tous
les deux, d'ailleurs, appartiennent à un âge déjà lointain.
Le génie qui représente « l'époque esthétique immédiatement
passée (4) », celui qui, sans préjugés de naissance ou d'éducation, chante la Messiade de l'humanité, c'est Heine, non pas
dans ses vers ou ses drames, mais dans la prose merveilleuse des *Reisebilder* (5). Nul ne pouvait aussi bien que lui
démasquer les défauts des Allemands, puisqu'il était étranger
sans l'être, étant né Juif et Allemand ; il unit Voltaire et
Byron ; ses œuvres dernières sur la littérature, quoique
partiales et défavorables à l'Allemagne, renferment ce qui a
été dit sur ce pays de plus hardi et de plus profond ; leur
influence sur la jeunesse allemande est incalculable (6).

L'époque nouvelle a amené une prose nouvelle, celle de
Heine, de Börne et de Laube, très distincte de la prose du
commencement du siècle (7). Il y avait dans le style de
Gœthe et de Jean-Paul un bien-être qui manque à la prose

(1) 275. « Jeder grosse Dichter, der in unserer Zeit auftritt, wird
und muss den Kampf und die Zerrüttung aussprechen, worin die Zeit,
worin seine eigene Brust sich findet. »

(2) P. 277.

(3) 23e Leçon.

(4) « Die jüngst vergangene æsthetische Epoche. »

(5) P. 284.

(6) P. 290.

(7) P. 297.

contemporaine. On vivait autrefois dans un monde idéal ; aujourd'hui l'on est descendu de cette hauteur ; les écrivains sont une partie du public. Si la nouvelle prose est par là devenue plus vulgaire et trahit son origine plébéienne, elle est aussi devenue plus hardie, plus tranchante ; elle a un caractère de combat ; et ces qualités, elle les doit surtout « à ses rapports avec la prose française (1) ». L'esthétique se rapproche de la vie (2), bien qu'il y ait partout indécision et que l'époque cherche encore sa pensée ; les poètes deviennent prosaïques et les prosateurs plus poétiques, ce qui est bon signe, car la prose est notre pain quotidien, et c'est par elle mieux que par les vers que nous défendons nos droits. L'esprit est entré dans cette prose (3) ; il est devenu, avec Heine, un élément de beauté et une arme ; il est nécessaire, car « pour se protéger contre l'insolence de la richesse et de la puissance, il n'est plus d'autres moyens que la mort ou la satire (4) ». C'est en ces termes que Wienbarg termine son enseignement esthétique.

Ces leçons parurent au commencement de l'année 1834, chez Hoffmann et Campe, sous le nom de *Æsthetische Feldzüge* (5). Elles étaient dédiées à la Jeune Allemagne. C'est à la Jeune Allemagne que je m'adresse, expliquait Wienbarg dans la préface, et non pas à l'Allemagne libérale ; car le terme libéral est équivoque, il y a un faux libéralisme, celui de la vieille Allemagne aristocratique, savante

(1) « Besonders auch ihrem Umgang mit der französischen Schwester, welcher sie ausserordentlich viel zu verdanken hat. »

(2) 8ᵉ Leçon, 134.

(3) P. 300.

(4) « Vor dem Uebermuth des Reichthums und der Gewalt schützt euch nichts als der Tod und die Satyre. »

(5) *Æsthetische Feldzüge, dem jungen Deutschland gewidmet*, von L. Wienbarg. Hamburg, bei Hoffmann und Campe, 1834 (en avril). Strodtmann et Schweizer disent que c'est Campe qui aurait ajouté ce sous-titre : « dem jungen Deutschland gewidmet ».

et philistine (1). Ce qu'il entend par Jeune Allemagne, ce n'est pas une École, un groupe d'auteurs, mais tous les esprits jeunes désireux d'un renouveau ; ce qu'il leur offre, ce n'est pas une esthétique, mais le plan d'une esthétique future ; son livre n'est qu'une attaque et comme un service de reconnaissance dans une marche offensive.

A vrai dire, l'œuvre n'est pas solidement construite ; elle a des inconséquences et des conclusions hâtives. Elle n'est pas non plus originale ; Wienbarg doit beaucoup à Platon et à Solger ; il emprunte à Gœthe, à Börne, à Menzel et plus encore à Heine : le rapprochement entre la vie et l'art, le retour à l'hellénisme, l'harmonie entre l'âme et le corps, l'interprétation du *Faust* de Gœthe, tout cela se trouvait dans le livre récemment paru de Heine sur la littérature allemande. Mais Wienbarg était le premier qui groupât, en les approfondissant, des idées jetées çà et là depuis dix ans. Il les unissait par le principe de la « vie nationale », affirmé déjà dans son livre sur la Hollande ; il les animait par ses convictions démocratiques si audacieusement exprimées. Il réclamait la liberté d'un peuple, au moins autant que celle d'un individu. Cosmopolite par la pensée, il ne l'était pas par ses sentiments esthétiques ; il en voulait un peu à son maître Heine de ne pas être assez allemand (2). Dans son admiration pour Gœthe, il allait plus loin que Heine ; il faisait plus que lui rendre hommage, il le défendait contre les attaques, voulait qu'on le comprît, prouvait qu'en appartenant au passé il annonçait l'époque nouvelle ; per-

---

(1) *Einleitung* (adelig, gelehrt, philiströs). Wienbarg dit dans la préface que les Universités aussi sont devenues des instruments de réaction, que pour leur malheur Fichte, Schelling, Niebuhr, Schleiermacher, nés tribuns du peuple, sont devenus professeurs d'Université.

(2) Le livre de Heine sur la littérature allemande était écrit originairement pour les Français ; celui de Wienbarg s'adressait aux Allemands. V. à ce sujet Gutzkow, article du *Phœnix* du 11 Mars 1835.

sonne, même Rahel, n'avait mieux jugé l'auteur du *Faust*.

Le livre de Wienbarg est d'une lecture entraînante ; la pensée en est toujours élevée, la langue nette et nerveuse. La jeunesse, à qui cette œuvre était dédiée, l'accueillit avec joie : Laube (1), Mundt (2) ne cachèrent pas leur admiration ; mais nul n'a, mieux que Gutzkow, parlé des *Æsthetische Feldzüge*. Wienbarg, écrit-il en 1839 (3), démocrate, vraiment allemand, réclamait la vie et la vérité dans l'œuvre du présent comme dans l'histoire du passé ; il continuait Menzel, mais il le dépassait par l'ouverture de son esprit et par ses goûts esthétiques ; il savait admirer Gœthe, il comprenait les idées et l'art de Heine, il ne reculait devant aucune pensée, son livre fut le manifeste d'une littérature nouvelle.

Les *Æsthetische Feldzüge* causèrent en Allemagne, à leur apparition, presque autant de scandale que les premières lettres de Börne en 1831. L'ouvrage fut interdit par la censure prussienne (4). L'auteur dut quitter l'Université de Kiel.

On commençait à parler d'une école que l'on nommait *Jeune Allemagne* ; elle semblait d'autant plus dangereuse qu'elle était introuvable. Tzschoppe déjà craignait qu'elle n'eût des rapports avec la *Jeune Italie* ; c'est Laube du moins qui le dit dans ses *Erinnerungen* (5), et lui-même ne tarda pas à s'apercevoir qu'il était périlleux de braver Tzschoppe et la censure. Le livre de Wienbarg avait été interdit le 4 juin 1834 (6) ; dès le mois de juillet de la même année, le directeur de l'*Elegante Zeitung*, Laube, était en prison.

---

(1) V. *Elegante Zeitung*, 1ᵉʳ Mai 1834.

(2) V. Mundt, *Schriften in bunter Reihe*. Leipzig, 1834, erstes Heft, p. 14 ; l'article est cité en partie par Geiger, p. 64.

(3) Dans le *Jahrbuch der Literatur* (*Vergangenheit und Gegenwart*). Le passage est cité par Prœlss, p. 424.

(4) Geiger, p. 65.

(5) L. W., I, 178.

(6) Geiger, p. 66.

Son ardeur révolutionnaire se calme. — *Die Krieger; die Bürger.* —
Il est envoyé à Naumburg-sur-la-Saale.

Le professeur Geiger, qui a pu consulter les archives
prussiennes, écrit que l'attention de la police avait été appelée sur Laube dès la fin de 1832 (1). C'est Rochow, bientôt
célèbre par son acharnement contre les démagogues, qui le
premier avait donné l'éveil. Étant président de province à
Mersebourg, sur les confins de la Prusse saxonne, il avait,
le 3 décembre, informé le gouvernement que Laube répan-
dait des nouvelles défavorables à la Prusse. Le conseil de
la censure, siégeant à Berlin, eut donc soin d'examiner,
dès leur apparition, les premiers ouvrages de Laube ; il
proposa d'interdire *Ueber Polen, Die Briefe eines Hofraths*,
et *das Junge Europa*, comme livres révolutionnaires, anti-
prussiens, antireligieux, comparables par leur indécence
aux productions les plus infâmes de la littérature française. Les *Moderne Briefe*, lettres qui avaient été publiées

(1) Geiger, *Das junge Deutschland und die preussische Censur*, p. 102
et suivantes. — Voir aussi Laube, *Erinnerungen* (L. W., I, 282), et
Rochow, *Briefe an Nagler*, Leipzig, 1871.

dans *l'Elegante Zeitung*, furent également déclarées dangereuses (1) : elles prenaient le parti de l'opposition dans les
Chambres de Stuttgart, faisaient l'éloge de Börne et de
Heine, enseignaient que le christianisme renferme surtout
des principes démocratiques; enfin, elles attaquaient Berlin
et la Prusse.

Les effets de ces rapports se firent bientôt sentir. Sous
la pression du gouvernement prussien, les autorités saxonnes
signifièrent à Laube, en avril 1834, qu'il eût à quitter Leipzig
dans le délai d'un mois (2). Laube, surpris par cet ordre qui
venait brusquement l'arrêter dans son activité d'écrivain,
ne savait où trouver un asile. Où pouvait-il aller ? La Bavière
lui paraissait brutalement antilibérale ; dans le Wurtemberg
et le duché de Bade il ne connaissait personne ; finalement, il
résolut de faire un voyage en passant par Berlin. Aussitôt,
Rochow, de Mersebourg, fit savoir à son gouvernement
(le 13 mai 1834) que Laube était muni d'un passeport pour
se rendre à Berlin et à Gräfenberg (3). On le surveilla, et,
sur la demande de la censure, un arrêt frappa une nouvelle
édition du roman *Das Junge Europa*. Laube, informé de
ce qui se passait, n'en persista pas moins dans son projet. Il
prévoyait si peu une séquestration, dit Geiger, qu'il écrivait au prince Pückler Muskau, lui proposant de l'accompagner dans un voyage. Il resta peu de temps dans la capitale
prussienne, qui lui parut aussi calme que le vieux roi dont
elle prenait les habitudes de simplicité (4); il vit Glassbrenner, Gans, Varnhagen, et, sur leurs conseils sans doute, se
hâta de changer de résidence. Il parcourut la Saxe et la
Silésie; puis eut l'imprudence de revenir à Berlin ; cette

(1) Geiger, 109.
(2) L. W., I, 205.
(3) Geiger, 110.
(4) L. W., I, 208, 215, 232, 248.

fois on ne le laissa plus partir, le 26 juillet il était arrêté (1).

On connaît, grâce aux recherches de Geiger, l'interrogatoire de Laube (2). Il était accusé d'avoir fait partie d'une *Burschenschaft*, étant étudiant, et d'avoir, à Jäschkowitz, chez le lieutenant von Nimptsch, enseigné à son jeune élève des principes d'égalité. On lui faisait un crime aussi des idées exprimées dans ses livres. Le dernier paru, *die Reisenovellen*, ajoutait aux griefs déjà accumulés : il révélait, disait la censure, une tendance au plus haut point immorale, se rattachant aux principes pernicieux de Heine et de Wienbarg, une sensualité grossière, une hostilité venimeuse contre le christianisme (3). Laube, dès le début de son interrogatoire, fait piètre figure ; il nie avoir appartenu à une *Burschenschaft* (4), il nie l'immoralité de ses écrits et croit se décharger en disant que Heine et Rahel ont dit bien pire que lui. Il ne s'attendait pas à être traité avec tant de rigueur, et fut vite découragé. Ses convictions premières avaient été si peu profondes qu'il n'avait point de peine à les rejeter : il déclare qu'il est ennemi de toute agitation politique, il rétracte les professions de foi tapageuses de ses romans, assure qu'il n'avait plus que des préoccupations artistiques quand il écrivit les *Reisenovellen*. On avait retrouvé dans ses papiers un manuscrit, *Historische Zustände*, dont il ne parle pas dans ses *Erinnerungen* et qu'il n'a point fait imprimer ; interrogé sur cet ouvrage, il répondit qu'en le composant il s'écartait du libéralisme et rejetait toutes ses sympathies

(1) Les livres qu'il avait avec lui furent mis sous séquestre. Parmi ces livres se trouvaient : Moritz Veit, *Der Saint-Simonismus* ; Mundt, *Die Lebenswirren* ; Balzac, *Psychologie du mariage* (V. Geiger, 111).

(2) V. Geiger, 78 à 90. C'est à cet endroit du livre de Geiger que se trouve le *Curriculum vitæ* de Laube, qui complète et redresse les indications qu'il nous a laissées sur sa jeunesse.

(3) Rapport du 25 août 1834. Geiger, 115.

(4) Dans ses *Erinnerungen* il affirme le contraire.

précédentes, qu'enfin il avait de la politique une conception toute nouvelle ; il ajouta qu'il n'avait jamais été en relation avec l'étranger ni avec des écrivains politiques (1).

On ne peut s'empêcher de trouver que Laube apportait dans sa défense peu de dignité. Il dit vrai toutefois quand il affirme être à cette époque plus préoccupé d'art que de politique ; la transformation qui s'accomplissait en lui, et que cet emprisonnement venait précipiter, est marquée par la deuxième partie du *Junge Europa*, entreprise pendant ces journées d'épreuve (2). Laube l'a appelée *Die Krieger* (3), et c'est la révolution de Pologne qui en fait le sujet ; mais il n'y a plus rien ici des audaces et de l'optimisme des ouvrages précédents. Valerius, qui représentait les idées de Laube dans les *Poeten*, et qui dans les *Krieger* est encore au premier plan, n'a plus d'enthousiasmes, ni d'illusions (4) ; il reste désireux de réformes et ne sait où les chercher ; on dirait qu'il a lu les *Lebenswirren* de Mundt, et son âme est trouble comme l'époque. Parfois il se demande s'il est vraiment noble de courir le monde et de combattre pour la liberté, ou bien s'ils n'ont pas raison, les Philistins qui savent du moins rendre leur famille heureuse (5). Il voudrait être actif, et ne fait preuve que de faiblesse.

Les tendances politiques ont, dans l'esprit de Laube, fait place à une conception artistique (6). Plus de longues lettres, dans ce roman, ni d'interminables digressions, plus d'idées jetées à la hâte, mais un récit qui se tient, des des-

---

(1) Geiger, 86-87.

(2) L. W., I, 249-251. — Cette deuxième partie fut publiée seulement en 1838.

(3) L. W., Tomes VI et VII.

(4) L. W., VI, 228.

(5) L. W., VI, 246.

(6) L. W., I, 274.

criptions d'une belle allure dramatique : celle de Varsovie (1) où s'agite un peuple léger et sensuel, se reprenant à espérer, heureux de vivre ; celle d'Ostrolenka et de l'hôpital (2), où le choléra et la gangrène se disputent leurs victimes, sont parmi les peintures les plus brillantes ou les plus poignantes qui eussent encore paru dans un roman. Laube excelle à retracer les joies et les douleurs physiques ; il porte à la perfection dans les *Krieger* cet art réaliste révélé déjà par les *Reise-novellen* (3).

C'est dans les quelques semaines passées à la prison municipale que Laube avait commencé les *Krieger* (4). Il fut, le 12 septembre, transféré dans la prison des condamnés politiques, et Dambach, la terreur des détenus politiques, fut chargé de l'instruction. Laube continua à se disculper d'une façon maladroite et peu digne : il déclarait toujours n'avoir pas voulu blâmer les institutions de la Prusse et se défendait d'avoir admiré Börne. Geiger traite de « lâche reculade (5) » une pareille attitude, mais il blâme plus encore la « monstruosité (6) » d'une instruction judiciaire qui allait jusqu'à faire interroger l'ancien élève de Laube à Jäschkowitz, un enfant de onze ans.

Laube a conté « ses prisons » ; il l'a fait dans les *Erinnerungen* (7) et plus longuement dans la troisième partie du

(1) L. W., VI, 258.
(2) L. W., VII, 78 et suiv.
(3) Il ne convient pourtant pas de dire avec Prœlss (449) que les *Krieger* sont le premier roman réaliste allemand à tendance sociale-politique, car la tendance sociale-politique y est peu nette. Lassalle aussi se trompe quand il dit dans son *Tagebuch*, 1841 (jugement cité par Prœlss, 451) que Laube réunit dans ce livre les qualités de Heine et de Börne.
(4) L. W., I, 249-251.
(5) « Feiges Zurückweichen », Geiger, 120.
(6) « Ausgeburt », id.
(7) I, 264.

Junge Europa, die Bürger. « J'étais encore en prison quand je l'écrivis, nous dit-il ; j'y étais depuis six mois, et la plume qu'enfin j'obtins put retracer toutes fraîches sur le papier toutes mes impressions pénibles. » Le Journal de Valerius (1), prisonnier, est donc celui de Laube ; il dit sa lassitude physique et morale, sa lutte contre la folie, ses vaines tentatives d'évasion, son désespoir quand on le met dans une cellule plus étroite (2). Ces impressions sont tragiquement rendues, avec tant d'art même, que l'on est tout de suite porté à se demander quelle est ici la part de poésie et quelle est la part de vérité. Si triste que pût être une situation de ce genre pour une nature comme celle de Laube, joyeuse de vivre et par suite prompte à l'affliction, on a peine à ne pas croire qu'il y a du dramatique voulu dans son roman et dans ses *Souvenirs* (3).

Mais, quelle qu'ait été la rigueur avec laquelle Laube fut traité, l'effet moral produit par cette séquestration est visible dans les *Bürger;* cette troisième partie du *Junge Europa* est plus pessimiste encore que les *Krieger.* Tous les personnages des *Poeten* reparaissent ici, et il n'en est pas un qui n'ait perdu ses illusions, ou qui ne souffre, s'il les a gardées. Constantin, qui était autrefois partisan des idées de Börne, est devenu juge d'instruction (c'est le propre portrait de Dambach); il s'est rangé, il a épousé Julia sans l'aimer; au service de la police, il ne mène plus qu'une vie machinale. Hippolyte écrit de Paris et de Londres son désenchantement (4); il fuit vers l'Amérique comme vers une terre plus

---

(1) *Die Bürger*, L. W., VII, 157.

(2) L. W., VII, 209-210.

(3) Les recherches justifient cette défiance. Le rapport officiel cité par Geiger (115) dit que ni l'air ni la lumière ne manquaient au prisonnier. Il est vrai que c'est là un rapport de police.

(4) Il pille dans ces lettres les *Englische Fragmente* et les *Französische Zustände* de Heine.

libre, et meurt là-bas misérablement en défendant un nègre
que la foule veut lyncher. Valerius, enfin devenu libre, est
triste et résigné ; le rude vent de la guerre, l'air épais de la prison ont engourdi son cœur ; des larmes coulent depuis longtemps sur le papier où il écrit ; c'est Laube qui le dit : « Il
pleure sur le génie qui s'est émietté à ce monde ennemi(1)».

Laube était fatigué de lutter (2) pour une cause au succès
de laquelle il ne croyait plus. L'auteur des *Poeten* avouait
dans les *Krieger* et dans les *Bürger* qu'il ne désirait plus
faire œuvre de polémiste. Sans doute il le répéta plus
d'une fois à l'interrogatoire ; pourtant il ne fut relâché
qu'après huit mois de détention, le 20 mars 1835, et il dut
promettre par serment qu'il ne se déroberait pas au jugement (3).

Rochow, qui était devenu ministre de la police, voulut le
contraindre à résider à Sprottau, où il était né. Laube se
refusa à revenir chez les siens en prisonnier, et obtint de
pouvoir demeurer à Naumburg-sur-la-Saale, à la frontière
prussienne (4).

(1) L. W., VII, 296.
(2) Voir les lettres de Laube à Schlesier de mars 1835, publiées par
Houben dans la *Vossische Zeitung* (n° 229), 17 Mai 1913.
(3) L. W., I, 277.
(4) L. W., I, 291.

CHAPITRE IV

UNE ANNÉE DE POLÉMIQUE DANS LA VIE DE GUTZKOW : 1835.

I. Francfort. — Le *Phœnix*. — Heine : *Zur Geschichte der Religion und Philosophie* (2ᵉ volume des *Salons*, janvier 1835). — Börne : article au *Réformateur* sur l'*Allemagne* de Heine. — Heine et Börne comparés. — Gutzkow est à cette époque préoccupé de questions morales et sociales autant que de politique.
II. *Schleiermachers vertraute Briefe über die Lucinde*, mit einer Vorrede von Karl Gutzkow. — Le problème de l'amour dans ses rapports avec les conditions sociales.
III. Georges Büchner. — Un socialiste révolutionnaire. — Ses rapports avec Gutzkow. — *Danton's Tod.*
IV. *Nero.* — Ce drame représente les idées de l'année 1834; il n'est ni symbolique ni réaliste. — Gutzkow ne se dégage que peu à peu du romantisme.

I

Tandis que Laube passait huit mois en prison et reniait les principes politiques de sa jeunesse, Gutzkow apportait toute son activité à répandre des idées pour lesquelles il avait déjà souffert et qui devenaient en lui des convictions toujours plus fermes (1). Un libraire de Francfort-sur-le-Main,

(1) Sur l'intérêt que Gutzkow prenait au sort de Laube, voir une lettre à Schlesier du 4 Octobre 1834 publiée par Houben (*Vossische Zeitung*, 1903, 281-283). « Das Schicksal Laubes aber bekümmert mich. Lässt sich für ihn denn gar nichts thun ! es wäre schrecklich, würde er noch den Winter über festgehalten ».V. aussi une lettre de Gutzkow à Schlesier du 28 Mars 1835 (*Vossische Zeitung*, 20 Août 1903) : « Das wichtigste ist Laubes Freilassung ».

Sauerländer, lui avait offert, à la fin de l'année 1834, de collaborer à un journal qu'il publiait, le *Phœnix* ; Gutzkow demanda qu'on lui réservât chaque semaine un numéro (*Literaturblatt*), où il parlerait des ouvrages littéraires nouvellement parus. La proposition fut acceptée et, après les jours de Noël, Gutzkow se rendit à Francfort (1).

En devenant collaborateur du *Phœnix*, Gutzkow, pour la première fois, pouvait dire en toute liberté ce qu'il pensait d'une œuvre et poser ses propres principes esthétiques (2). Il le fit sans ménagements, appuyant ses théories littéraires sur des idées politiques. De même que Wienbarg dans les *Æsthetische Feldzüge*, c'est d'après un principe national et social qu'il juge les auteurs et les livres : Tieck (3), par exemple, a le tort d'être en faveur auprès des princes comme le romantisme qu'il représente (4) ; Uhland a pris une attitude décente et religieuse qui semble cacher la pauvreté de ses sentiments poétiques (5) ; Gans (6), avec une très grande ouverture d'esprit, reste un dilettante, un pur

(1) V. Lettre de Gutzkow à Schlesier, du 27 novembre 1834 (*Vossische Zeitung*, 1903, 281-283) et *Rückb.*, 121-124. — Il habitait Eschenheimergasse, dans le voisinage de la diète. Il fit, en arrivant à Francfort, une conférence publique sur les mœurs de la bourgeoisie, improvisation humoristique dans la manière de J. Janin : *Naturgeschichte der deutschen Kameele*. Cette conférence a paru au *Phœnix* (n° 49) et dans les *Soireen*, recueil d'articles et de nouvelles publié chez Sauerländer en 1835.

(2) *Rückbl.*, 129.

(3) Ces articles du *Phœnix* n'ont pas été publiés dans les Œuvres complètes de Gutzkow ; beaucoup ont paru dans les *Beiträge zur Geschichte der neuesten Literatur*, en 1836.

(4) *Der Hofrath Tieck*. V. *Literaturblatt*, n° 3, p. 69 et *Beiträge*, I, 48.

(5) *Gœthe, Uhland, Prometheus* (V. *Literaturblatt*, n° 5, *Beiträge*, I, 57 et *Ruckblicke*, 129).

(6) *Gans und die Doktrinäre* (V. *Literaturblatt*, n° 6, p. 141, *Beiträge*, I, 66).

doctrinaire ; dilettante aussi est Mundt, l'auteur des *Lebens-wirren* (1). Gutzkow ne veut pas que l'on fasse des idées de liberté un simple jeu d'esprit, un genre à la mode : « Honte à celui, dit-il, qui, de même que le vautour se nourrit de la douleur de Prométhée, tire du grand désarroi de notre époque son profit personnel, trouvant là seulement une occasion d'écrire sur son siècle des livres sans enchaînement et sans art. Il est absolument faux que notre temps soit négatif ; il est aussi positif qu'aucun autre (2). » Classant les écrivains suivant leurs tendances politiques, Gutzkow dit quelle est la place de l'École nouvelle et ce qu'elle revendique (3) : « Voici quelle est la situation des partis en Allemagne. A

(1) *Th. Mundt, W. Alexis und die Pommersche Dichterschule. Lite-raturblatt.*, nᵉ 13.V. aussi, sur Mundt, une lettre de Gutzkow à Schlesier, publiée par Houben (*Vossische Zeitung*, 20 août 1903).

(2) *Literaturblatt*, p. 311. Cité par Prœlss, p. 544.

(3) *Phœnix. Literaturblatt*, nᵒ 17, p. 406 (30 avril 1835) : « Die Par-theilage in Deutschland ist folgende : Rechts die Doctrinärs mit ihren theils servilen, theils liberalen, mit ihren professorischen, genialen, leichten, schwerfälligen, besoldeten und uneigennützigen Bestand-theilen. Zur Linken der Tiersparti mit seiner konstitutionellen Einsei-tigkeit, seinen Protestationen, seiner parlementarischen Förmlichkeit, der Tiersparti mit seinen Advokaten und Nationalvorurtheilen, der Tiersparti mit seiner Verachtung Gœthes, seinen ungerechten Maass-stäben und bürgerlicher Selbstgenügsamkeit. Die dritte Parthei ist die welche noch immer nicht Sitz und Stimme hat, die von beiden desa-vouirt wird, die das Freieste in der Verfassung, und das Genialste in der Kunst will, die ihre Zeitgenossen aus der fürchterlichen Zufrieden-heit mit sich selbst aufrütteln und die Sitten wenn nicht revolutio-niren, doch emanzipiren möchte, die Parthei welche aus der Zukunft einen Cultus macht, die Parthei der tabula rasa, die blasse finstere Parthei des National, das sogenannte junge Deutschland. Bei den Ersten· stehen, um die besten zu nennen, Steffens, Görres, Jarcke, Varnhagen von Ense, u. s. w., bei den Zweiten Rotteck und Menzel ; die Dritten stehen nicht, sie sitzen, was übrigens ganz in der Ordnung ist ; denn wer die bestehenden Gesetze übertritt, soll nicht murren, wenn er auch nach ihnen bestraft wird. »

droite, les doctrinaires, serviles ou libéraux, pédants ou géniaux, pesants ou légers, salariés ou désintéressés. A gauche, le Tiers parti, avec ses vues constitutionnelles étroites, ses protestations, ses formalités parlementaires, le Tiers parti avec ses avocats, ses préjugés nationalistes, le Tiers parti avec son mépris de Gœthe, ses jugements systématiques et injustes, et sa fatuité bourgeoise. Il est un troisième parti, c'est celui qui n'a encore ni sièges ni voix, qui est désavoué par les deux autres, qui réclame dans la constitution politique ce qu'il y a de plus libre et dans l'art ce qu'il y a de plus génial, qui voudrait réveiller les contemporains de ce contentement effroyable où ils sont d'eux-mêmes et, sinon révolutionner les mœurs, du moins les émanciper, le parti pour qui l'avenir est un culte, le parti de la table rase, le parti pâle et sinistre du *National*, celui que l'on appelle la Jeune Allemagne. Parmi les hommes de la droite apparaissent Steffens, Görres, Jarcke, Varnhagen von Ense, pour ne nommer que les meilleurs ; au Tiers parti appartiennent Rotteck et Menzel ; les membres du troisième parti n'ont pas leur place à l'assemblée, ils sont en prison, ce qui d'ailleurs est parfaitement dans l'ordre ; car celui qui transgresse les lois existantes ne doit point murmurer, même s'il est puni d'après elles. »

Deux articles (1) du *Literaturblatt* sur Heine et sur Börne prouvent avec quelle attention Gutzkow observe le mouvement de son temps. Ces deux écrivains, dont les noms avaient été joints comme ceux de Schiller et de Gœthe (2), se haïssaient maintenant, et leurs ouvrages marquaient chaque jour plus profondément la divergence de leurs pensées.

---

(1) *Phœnix, Literaturblatt* : n° 10 (11 mars) *Der Salon von Heine*, 2ter Theil, n° 25 (27 juin). *Börne gegen Heine.* — V. aussi *Beiträge*, I, 79.

(2) V. Mundt. *Freihafen*, 1840, *Heine, Börne und das Junge Deutschland* (viertes Heft).

Börne ne faisait en politique aucune concession, mais, espérant moins dans le présent, il inclinait vers le néocatholicisme (1); il trouvait dans les *Paroles d'un Croyant* tout ce que la vie publique ne lui donnait plus, liberté, religion et poésie (2) ; il blâmait Heine d'attaquer le catholicisme, et, dans un article du *Réformateur*, avait violemment critiqué les idées de son livre sur l'Allemagne (3). Heine, au contraire de Börne, s'écartait toujours davantage de la politique; il publiait en 1834, dans la *Revue des Deux-Mondes* (4), des fragments sur la Religion et la Philosophie allemande où, reprenant les principes de son dernier ouvrage, il exprimait ses croyances sociales et ses espérances, disait sa foi dans le progrès, son désir de voir réalisée sur cette terre une félicité que les âmes chrétiennes attendent jusqu'au jour du jugement (5).

Longtemps Gutzkow avait préféré Börne ; mais les derniers livres de Heine marquaient un essai de construction ; ils exerçaient une influence qu'il tenait pour bonne. Les fragments philosophiques de la *Revue des Deux-Mondes* ayant paru au deuxième volume des *Salons*, en Janvier 1835 (*Zur Geschichte der Religion und Philosophie*), Gutzkow s'empressa (6) d'attirer l'attention sur cette œuvre nouvelle. Il

---

(1) Au *Réformateur* (29 avril 1835), à propos du livre de Wachsmuth, *Der deutsche Bauernkrieg*, il attaquait le protestantisme. « La réforme n'a profité qu'aux princes et aux savants. Le peuple n'y a rien gagné en son bien-être matériel, et y a beaucoup perdu en son bien-être moral ». V. B. W., VII, 223, 228 et Lud. Börne, *Gesammelte Schriften* (édition Alf. Klaar), tome VIII, p. 181 (*Rettung*, pensées écrites par Börne en 1834).

(2) V. Gutzkow, *Börnes Leben*. G. W., XII, 380 et suiv.

(3) *Réformateur*, 30 mai 1835, « L'*Allemagne de Heine* ». V. B. W., VII, 248, 263, 264, 270.

(4) V. *Vorrede zur ersten Auflage*, décembre 1834 (H. W., VII, 3).

(5) *Zur Geschichte der Religion und Philosophie in Deutschland* (H. W., VII, 13).

(6) *Der Salon von H. Heine*, 2ter Theil. *Literaturblatt*, n° 10 (11 mars).

rendait justice à Heine, le plaçait très haut, sans toutefois l'admirer autant que le faisaient Laube et Wienbarg.
Heine, suivant lui, ne pouvait être considéré comme le
chef de la littérature nouvelle en Allemagne, car il avait
écrit ses derniers ouvrages pour les Français ; mais il avait
heureusement gardé toutes ses qualités allemandes, il ne
s'était point renié. Il avait écrit en français, et toute la critique de la *Revue des Deux-Mondes*, Sainte-Beuve, Chasles,
Gustave Planche, Lœve-Weimars, ne comprenait point son
sourire, « ce mélange de scandale, de sentimentalité et d'histoire universelle (1) ». Gutzkow regrettait l'indifférence
de Heine en matière politique, mais il le défendait contre
Börne (2) : « il nous faut refouler Börne dans son parti,
disait-il, et rétablir entre lui et Heine l'équilibre (3) » ;
« peu importe si le procédé a l'air d'une justification de
Heine ». Et voici la comparaison qu'il établissait entre les
deux écrivains : Börne s'en tient à Dieu et abandonne
l'homme ; Heine s'attache aux hommes et se sépare de
Dieu (4). Börne attend d'autres conditions politiques pour
changer la conception morale et religieuse de ce monde ;
Heine, sans attendre, rejette toutes les conditions d'existence
données, c'est dire que, pour Börne, la réforme doit porter
d'abord sur la vie politique, pour Heine, sur la vie morale
et sociale. Börne croit que la seule question du temps est
celle des rois ; Heine la tient pour négligeable, et Börne
peut-être a raison, quand il accuse Heine de frivolité ; « mais

(1) « Mischung von Scandal, Sentimentalität und Weltgeschichte ».
Ces pages du *Phœnix* sont citées en partie par Prœlss, 544.

· (2) *Börne gegen Heine.* (*Literaturblatt*, 25-27 juin 35).

(3) V. *Beiträge*, I, 90. « Wir müssen Börne' n innerhalb seiner Partei
zurückdrängen und das Gleichgewicht zwischen beiden wieder her-
stellen. Sollte dies Verfahren wie eine Rechtfertigung Heine's aussehen,
so kann ich Nichts dafür. »

, (4) V. *Beiträge*, 90.

c'est une grande légèreté aussi que de réduire le siècle à la question constitutionnelle (1) ». Börne détruit les germes d'une éducation artistique, et c'est être despote que de faire de soi la mesure de son époque.

Heine semble l'emporter à ce moment sur Börne dans la pensée de Gutzkow. La préoccupation morale s'unit en lui à la préoccupation politique, et la dépasse : « Je rêvais souvent alors, écrit-il dans ses *Rückblicke*, d'une idée et d'un mot que Heine, de France, avait lancés dans la littérature allemande, ceux de l'Émancipation de la Chair (2) ». Et c'est en effet sous cette impression qu'il écrivait, en janvier 1835, la préface aux Lettres de Schleiermacher sur la *Lucinde* de Schlegel (*Schleiermachers Vertraute Briefe über die Lucinde*, mit einer Vorrede von Karl Gutzkow).

II

Les Lettres de Schleiermacher sur la *Lucinde* de Schlegel (3) renferment des pensées qui pouvaient paraître aux piétistes singulièrement audacieuses. Schlegel, dit Schleiermacher (4), a composé une très belle œuvre, parce que l'amour y est tout et non pas un simple ornement, parce que les éléments intellectuels et sensuels de la nature humaine y apparaissent étroitement liés (5) ; mais il a eu tort de placer son héros Julius en dehors de toutes les conditions exis-

---

(1) V. *Beiträge*, 93. « Es ist ein grosser Leichtsinn, das Jahrhundert nur auf die constitutionnelle Frage zu reduziren ».

(2) *Rückblicke*, 135.

(3) La *Lucinde* de Schlegel parut en 1799.

(4) L'édition de Gutzkow étant aujourd'hui très rare, je renvoie à l'édition des Œuvres complètes de Schleiermacher, 1846. Berlin, Reimer ; 3ᵉ partie (Philosophie), 1ᵉʳ volume.

(5) Schleiermacher, 431.

tantes ; son livre est un admirable conte romantique : il n'a
pas de valeur ·sociale. Et Schleiermacher, considérant
de près les rapports de l'amour et du monde, s'attache à
prouver que le bonheur aussi bien que la vertu est dans leur
harmonieuse union. L'étroite passerelle entre le monde et
l'amour, ce qui les sépare comme ce qui les unit, c'est le
sentiment de la pudeur (1). Ce sentiment est relatif et variable ; il a sa beauté dans une âme jeune, mais il est odieux
quand il est l'anxiété cachant la corruption ; toute pensée
sur l'amour évoque chez le débauché ou chez le moine une
image honteuse, et la nature, étant la plus forte, exerce sur
eux son empire sous forme de brutalité. A cette fausse
pudeur mettent un terme la corruption complète ou la culture achevée (2). Comment atteindre à cette culture ? Par
la franchise et le naturel d'abord, mais aussi par l'influence
de la femme et de l'art. La femme nous relèvera ; elle a horreur de ce qui est grossier et connaît la vraie pudeur, elle
rendra sacré ce qu'un sentiment médiocre semble condamner. L'art (3) prouvera que toute représentation vivante
n'est pas excitation au désir, qu'une œuvre belle sait sans
blesser la délicatesse exprimer la passion ; il est de ces
œuvres dans la sculpture et la peinture, il en est dans la
poésie, parmi lesquelles il faut compter *Lucinde*. L'amour
bien compris, sorte de rythme et d'harmonie dans la société,
est la plus haute sagesse et la plus profonde religion ; il
est la loi d'après laquelle nous devons conduire notre vie ;
par lui l'homme gagne en caractère, la femme en conscience
et en valeur intellectuelle ; par lui l'identité de l'âme et
du corps est dévoilée, la véritable « Vénus céleste » est
découverte, et la nature reconnue sacrée (4).

(1) Schleiermacher, 462. *Versuch über die Schamhaftigheit.*
(2) *Ibid.*, 464.
(3) *Ibid.*, 465.
(4) *Ibid.*, 495.

Ces lettres de Schleiermacher n'avaient pas encore été publiées dans l'édition de ses Œuvres entreprise en 1835 (1). Gutzkow, supposant chez les éditeurs le désir de les oublier, se hâta de les donner au public (2). La préface qu'il y joignit est inspirée par la pensée qui lui avait dicté un an auparavant le *Schleiermachers Nekrolog* (3) : le véritable Schleiermacher est celui du commencement du siècle, l'auteur des *Lettres*, des *Monologues* et des *Discours sur la Religion*, qui sut, dans une époque de tiédeur et d'indifférence, parler en religion des droits du cœur (4). Mais Gutzkow tire occasion de cette préface pour rompre une fois de plus avec le piétisme qui fut cause de ses souffrances de sentiment et pour exprimer sa propre pensée sur l'amour. L'amour, écrit-il, ne m'a pas donné le bonheur, et reste pourtant « l'ancre de ma vie » (5). Si l'amour souvent est source d'affliction, la faute en est à la société, et les bienfaits de l'amour apparaîtront avec les réformes sociales. Présentement, on ne sait plus aimer ; l'amour, comme tout le reste, est devenu médiocre ; la jeune fille est contrainte d'ignorer sa passion ; la femme, située infiniment au-dessous de l'homme, est réduite à de petits intérêts et à de petits soucis. Traitant de la condition de la femme, Gutzkow dit les enseignements que l'on peut tirer de la *Lucinde* de Schlegel et précise le jugement de Schleiermacher (6) : Schlegel a bien senti

---

(1) V. Geiger, 57.

(2) *Schleiermacher's Vertraute Briefe über die Lucinde*, mit einer Vorrede von K. Gutzkow. Hamburg, bei Hoffmann und Campe, 1835. — La préface est de janvier 1835.

(3) 24 février 1834. Article paru à l'*Allgemeine Zeitung*. V. G. W., IX, 208.

(4) V. aussi *Beiträge zur neuesten Literatur*, II, 236.

(5) « Die Liebe! noch hat sie mich nicht glücklich gemacht ; und doch ist sie der Anker meines Lebens. Wir lieben schlecht. » (Vorrede, XVI).

(6) Vorrede, p. XXII et suiv.

que l'éducation de la femme forme le principal obstacle aux
joies de l'amour ; toutefois, il n'a pas su poser le problème : il
reste romantique, séparant la poésie de la réalité. Son livre
est beau par les détails, mais il est moins un roman que le
programme d'un roman, on ne peut en attendre aucun
résultat social. Schleiermacher, en admirant Schlegel, est
allé plus loin que lui ; il a songé dans ses Lettres à une
révolution sociale, et c'est pourquoi chacun doit le lire. La
véritable révolution, c'est, à vrai dire, de rendre à la nature
ses droits et de ramener Dieu sur la terre. Et Gutzkow
termine sur ces mots : « Qui est Dieu? » « Ah ! si le monde
n'avait rien su de Dieu, il aurait été plus heureux ! » (1)

Le problème social à peine entrevu par Schlegel, puis posé
par Schleiermacher, prend dans ce manifeste de Gutzkow
une place nouvelle : il descend des hauteurs du romantisme
et de la théologie, il se rapproche du grand public. Le gouvernement prussien vit la menace contenue dans un ouvrage
de ce genre ; la censure, par mégarde, n'ayant pas signalé
cette préface, le ministre Altenstein attira l'attention sur elle,
la désapprouva hautement et la fit interdire (2). Gutzkow
avait désormais contre lui la cour et le clergé de Berlin ; il
était sur la liste des écrivains dangereux qu'il convenait de
surveiller (3).

Avant d'agir contre lui, le gouvernement, sans doute,
tenta de le gagner. Gutzkow était une force dont on pouvait

(1) Vorrede, XXXVIII. « Wer ist Gott? Ach! hätte auch die Welt
nie von Gott gewusst, sie würde glücklicher sein! »
(2) 24 avril 1835. V. Geiger, 59.
(3) Voir à ce sujet une lettre de Gutzkow à Büchner du 12 mars 1835,
publiée par Ch. Andler dans l'*Euphorion* (Drittes Ergänzungsheft 1897).
« Durch eine Vorrede zu Schleiermachers Briefen über Schlegels
Lucinde hab' ich die Geistlichkeit und den Hof gegen mich empört :
ich fürchte ein Autodafé, und halte mich am Rheingeländer, das bald
übersprungen ist. »

tirer parti, et la Prusse plus d'une fois avait su convertir des écrivains de l'opposition. Un ancien ami de Gutzkow à Berlin, Joël Jakoby (1), un juif qui devait bientôt se faire baptiser et jouait déjà le rôle d'émissaire prussien, vint le voir à Francfort (2) ; il le pressa de faire la paix avec les autorités berlinoises, lui laissant entrevoir de hautes protections. Or, le même jour, un fugitif (3), un ancien étudiant de Giessen, Georges Büchner, envoyait à Gutzkow un manuscrit, la *Mort de Danton*, et lui demandait son appui. Entre Büchner et Jakoby, Gutzkow n'hésita pas ; il répondit à Büchner, et publia son drame révolutionnaire.

III

Parmi les hommes avec lesquels Gutzkow fut en relation à cette époque, Georges Büchner est le seul qui ait appartenu à une société secrète et qui ait fait œuvre de propagande révolutionnaire (4).

(1) V. Sur Joël Jakoby, voir Gutzkow, *Lebensbilder*, II, 115 et suiv. et Houben, *Gutzkow-Funde*, 210 et suiv.

(2) *Rückblicke*, 142. — Voir aussi une lettre de Gutzkow à Schlesier du 5 mars 1835, publiée par Houben dans la *Vossische Zeitung*, 20 août 1903.

(3) V. *Rückblicke*, 143, et une lettre de Büchner à Gutzkow du 24 fév. 1835 (*Euphorion*, 1897).

(4) Gutzkow, en 1837, eut l'intention de publier une vie de Büchner. Il y renonça, n'ayant pas les matériaux nécessaires, et n'écrivit qu'un article qui a paru dans *Götter, Helden, Don Quizote*, 1838, p. 19. Cet article est reproduit aux *Öffentliche Charaktere*, G. W., IX, 267. Büchner a eu depuis son biographe, Karl Emil Franzos, Voir *G. Büchner's sämmtliche Werke* herausgegeben von Karl Emil Franzos (Sauerländer, Frankfurt-am-Main, 1879). — Sur les rapports de Büchner avec Gutzkow, voir leur correspondance pendant l'année 1835 publiée par Ch. Andler (*Euphorion*, Drittes Ergänzungsheft 1897).

Büchner était plus jeune que Gutzkow. Il était né le 17 octobre 1813, à Goddelau, près de Darmstadt, où son père était médecin de district (1). Il avait fait ses premières études universitaires (2) à Strasbourg, en 1831 et 1832, dans l'effervescence qui suivit la Révolution de Juillet. Rappelé à Giessen, où il devait, suivant la règle, terminer ses études, il y passa l'hiver de persécutions 1833-1834. Les chambres de la Hesse étaient alors dissoutes (3), les soulèvements réprimés, mais les conjurations qui s'étaient manifestées par l'attentat de Francfort n'avaient pas cessé (4). Büchner fut bientôt l'ami de Weidig, pasteur à Butzbach, près de Giessen, le plus actif des agitateurs de la Hesse (5). Entre Büchner et Weidig il y avait des différences de vues : Weidig, comme les Allemands de 1813, était ennemi de la France et rêvait d'un grand empire allemand héréditaire ; Büchner était républicain et Saint-Simonien ; mais tous deux avaient même ardeur pour former des sociétés secrètes et répandre des brochures révolutionnaires. Les écrits de Weidig s'adressaient aux ouvriers et aux paysans (6) plus qu'à la bourgeoisie. Une révolution, suivant lui, ne pouvait être accomplie par des gentilshommes, quel que fût leur libéralisme ; l'armée de la liberté ne devait être recrutée que parmi les paysans, à qui importaient peu la constitution, la convocation des chambres et les lois sur la presse. Büchner, dans ce sens, allait plus loin encore, et son pamphlet célè-

(1) Il était l'aîné de six enfants, dont l'un, Louis Büchner, fut l'auteur du livre matérialiste *Kraft und Stoff*.

(2) Il étudiait l'anatomie et la zoologie.

(3) Depuis le 3 novembre 1833.

(4) Giessen avait toujours été la ville des sociétés secrètes. C'est de l'une d'elles qu'était sorti l'étudiant Sand. V. Seignobos, *Histoire contemporaine*, p. 364.

(5) V. Franzos, page C.

(6) *Leuchter und Beleuchter für Hessen*, 1833-1834.

bre, *der Hessische Landbote*, effraya Weidig, qui ne le laissa paraître qu'après l'avoir revu.

« Paix aux chaumières ! guerre aux palais ! » s'écriait Büchner, dans cet appel au peuple (1). « La vie des riches est un long Dimanche, et le peuple est devant eux comme l'engrais sur le champ (2).... La vie du paysan est un long jour de travail ; des étrangers devant ses yeux consomment le produit de ses champs, son corps est une callosité, sa sueur est le sel sur la table des riches ». Dénonçant l'hypocrisie des princes (3), dont la puissance est née de la trahison et du parjure, et qui ne peuvent se soutenir que par le mensonge, il prouve que les constitutions accordées ne sont que de la « paille vide (4) », les assemblées de « lourds véhicules » incommodes, les lois électorales une violation de tous les droits de l'homme. Il précise, et montre avec détails comment le pays est gouverné, quels impôts il paye, quelle dîme de sang. Il place avant tout l'intérêt matériel de la masse, réclame une révolution sociale plus importante qu'une réforme politique : la question de l'époque pour lui n'est pas la liberté de la pensée, le droit de parler, d'écrire, de voter, de s'assembler, c'est « la grande question de l'estomac (5) » ; « la faim seule est, dit-il, la déesse de la liberté. » La parole de Büchner est éloquente, impérieuse. Elle a les qualités du style de Börne ; elle est plus proche du peuple par les images : sa pensée est franchement démocratique. Börne parlait à la bourgeoisie, Büchner parle au peuple. Son pamphlet est la première feuille socialiste révolutionnaire parue en Allemagne (6). Les exemplaires du *Hessische*

(1) *Werke*, p. 265.
(2) *Ibid.*, p. 266.
(3) *Ibid.*, p. 273.
(4) *Ibid.*, p. 276.
(5) « Die grosse Magenfrage. » Franzos, CXIX.
(6) *Werke*, CXXIII.

Landbote furent confisqués ; on ignorait encore l'auteur, mais Büchner et Weidig furent surveillés.

A la fin du mois d'août 1834, Büchner était revenu à Darmstadt. Il y continua secrètement sa propagande révolutionnaire. La Société des droits de l'homme, qu'il avait fondée, se réunissait sous sa présidence ; elle comptait près de quarante membres, qui soutenaient tous les efforts démocratiques et réunissaient des armes pour délivrer les prisonniers de Friedberg (1). Büchner travaillait aussi, pendant l'hiver de l'année 1834, à son drame sur *Danton* ; il en avait écrit quelques scènes lorsque, dans la deuxième semaine du mois de janvier 1835, il fut assigné devant le tribunal de juridiction criminelle. Il n'était cité que comme témoin, mais, le 2 février, quelques-uns de ses amis furent arrêtés ; lui-même était signalé comme un homme « d'un esprit supérieur et d'une éloquence entraînante (2) », capable, par suite, d'exercer une dangereuse influence.

Il écrivait le *Danton* dans la fièvre, se sachant surveillé ; sitôt qu'il l'eut terminé, le 24 février, il le fit envoyer à Gutzkow. Il ne connaissait le rédacteur du *Literaturblatt* que par sa réputation, mais il avait pleine confiance en lui (3) ; il demandait, en toute hâte, un éditeur et des honoraires, car la police était à sa porte et l'argent lui manquait pour prendre la fuite.

Dès le lendemain, Gutzkow répondit : il trouvait admirable ce drame révolutionnaire et le recommandait à Sauerländer, mais il ne pouvait promettre que les honoraires seraient élevés. Le 28, il écrivait à Büchner une nouvelle

(1) Franzos, CXLIV et suiv.

(2) « Ein Mann von überwiegendem Geiste und einer hinreissenden Beredsamheit. » V. D' L. F. Ilse, *Geschichte der politischen Untersuchungen*, 1860, p. 427.

(3) Lettre du 24 février, V. G. W., IX, 269,

lettre l'engageant à collaborer au *Phœnix* (1). Mais déjà
Büchner avait quitté Darmstadt. Ayant été invité à se présenter devant le juge d'instruction de la maison d'arrêt, et
sachant ce que pareille citation signifiait, il avait fui sans
attendre l'argent du *Danton* et franchi la frontière. Deux
lettres qui lui furent adressées par Gutzkow, à Darmstadt,
ne lui parvinrent que plus tard : Gutzkow lui annonçait que
Sauerländer donnait cent florins pour le *Danton*, à condition
qu'il en pourrait publier une partie au *Phœnix* et changer
certains passages. Il voulait aller le trouver à Darmstadt,
lui porter de l'argent. Il lui conseillait de travailler pour
la littérature allemande ; son *Danton*, disait-il, promettait
beaucoup ; « des génies cachés comme vous feraient tout à
fait mon affaire ; car je voudrais que ma prophétie pour
l'avenir ne restât pas sans preuves, et vous avez tout ce
qu'il faut pour les fournir. » Toute la sympathie de Gutzkow
allait vers cette nature jeune et enthousiaste ; à Strasbourg,
où Büchner a cherché un refuge, il lui écrit de nouveau (2) :
il le félicite de ne pas s'être éloigné de la frontière, il l'engage à travailler pour la liberté allemande par ses ouvrages
le meilleur métier de l'existence restant malgré tout celui
d'écrivain. « Vous avez, lui dit-il, une prédestination littéraire », « je me berce de la pensée de vous avoir découvert (3) ».

Büchner avait reçu de Sauerländer les cent florins qui
lui étaient promis pour le *Danton* ; il désirait qu'on l'impri-
mât sans retard. Le manuscrit fut remis à Ed. Duller, le
rédacteur responsable du *Phœnix*, qui fit paraître quelques
scènes dans ce journal (4) ; le drame entier fut publié en juil-

(1) V. *Euphorion*, 1897.
(2) 12 mars 1835.
(3) 7 avril 1835.
(4) 28 mai, n° 73.

let, mais à tel point transformé que ce n'était plus (1) « qu'un reste misérable, la ruine d'une dévastation (2) ». La forme primitive, heureusement, a été retrouvée par Franzos (3), qui l'a publiée dans les Œuvres complètes de Büchner (4).

Danton's Tod est bien, comme le disait Gutzkow, une œuvre géniale. On ne peut peindre avec plus de passion et de vie la foule révolutionnaire, loqueteuse, vicieuse, hurlante, prompte, à la joie et au désespoir. De ce monde d'ouvriers, de soldats et de grisettes, entre Desmoulins, Lucie et Julie, se détache la figure de Danton, telle qu'elle apparaît dans l'histoire, gigantesque et cynique. Ardent, épris de beauté, heureux de vivre, Danton veut arrêter la révolution, et la révolution l'emporte. Robespierre, à la fin du premier acte, a décidé sa mort ; l'acte II est son jugement ; l'acte III son exécution ; le peuple, en qui il croyait, ne le sauve point, et sa femme Julie, qui l'adore, se tue pour ne pas lui survivre. Gutzkow, qui avait lu le *Danton* sous sa première forme, écrivit, dans un article du *Phœnix* (5), toute son admiration. La critique est embarrassée, disait-il, quand elle veut s'exercer sur l'œuvre du génie. Le *Danton* révèle une connaissance profonde de la Révolution française, un art merveilleux à retracer les idées et les caractères. Ce n'est qu'une esquisse, mais elle est si nette qu'elle évoque tout un monde à l'imagination. Il y a dans ce drame plus de vie que d'action, l'action même est terminée lorsque le rideau se lève, et l'on a moins une tragédie qu'un dernier

(1) V. Franzos, CLXVI et G. W., IX, 272.

(2) Büchner s'en plaint amèrement dans une lettre du 28 juillet. Franzos, 353.

(3) V. Franzos, 100.

(4) Franzos, 5.

(5) 11 juillet 1835. Article reproduit aux *Beiträge zur Geschichte der neuesten Literatur*, I, 181. V. aussi ce que Gutzkow dit dans les *Rückblicke*, p. 142, et Franzos, 446.

tressaillement, mais chaque scène présente une telle plénitude de vie que l'on ne remarque pas ce manque d'action. « Je suis fier, terminait Gutzkow, d'avoir été le premier qui, dans le monde littéraire, ait lancé le nom de Büchner (1) ».

Il est intéressant d'entendre Gutzkow parler du *Danton* de Büchner avec tant de justesse et marquer si bien ses véritables qualités, alors.que lui-même dans le genre dramatique suivait une voie toute différente. Rapprocher le *Néron* du *Danton*, c'est peut-être mettre en regard les deux formes les plus opposées du drame historique.

IV

Le *Jupiter Vindex* que Gutzkow avait esquissé à Stuttgart en 1833, qu'il avait remis depuis maintes fois sur le métier, fut achevé au commencement de mars 1835 (2). Sous sa nouvelle forme, *Nero* (3), il devait, dit Gutzkow dans la préface (4), retracer l'année 1834, où les idées politiques se transformaient en idées sociales. Le lieu du drame est Rome, mais l'époque est le présent (5).

Le sujet était plein d'intérêt et l'entreprise hardie, mais, pour que la pièce fût réussie, il fallait que le poète sût, avec infiniment d'art, allier le passé au présent, les réminiscences

---

(1) Bartels. dans sa *Littérature allemande du XIX⁰ siècle*, rapproche le nom de Büchner de celui de Hauptmann. La *Freie Volksbühne*, à Berlin, en 1903, a joué avec grand succès l'œuvre de Büchner. — Le *Danton* vient de paraître dans la collection Reclam.

(2) Lettre à Cotta du 27 février (Prœlss, 556). — Lettre à Büchner du 5 mars 1835 (*Euphorion*, 1897). — Lettre à Schlesier du 5 mars 1835. (*Vossische Zeitung*, 20 août 1903).

(3) *Nero*. Tragödie. Cotta, 1835.

(4) Gutzkow, *Dramatische Werke*, IV.

(5) « Ort der Handlung : Rom. Zeit : jede. »

aux allusions ; cet art, malheureusement, fait ici défaut à
Gutzkow. Il y a dans son œuvre des tableaux superbes, la
Fête de Nuit, par exemple, et la Mort de Poppée ; il y a des
portraits merveilleusement tracés, parmi lesquels ceux de
Vindex, de Néron et de Sénèque ; il y a des scènes d'une
fine ironie, conversations académiques, discussions bour-
geoises, conjurations, où le comique se mêle au tragique ;
la langue est souple, variée, brillante ou familière ; le vers
succède à la prose chaque fois que le ton s'élève, la métrique
sévère de Platen s'unit au rythme libre de Gœthe ; chaque
détail enfin révèle de la pénétration ou de l'imagination, de
l'habileté ou de la force ; — mais l'ensemble reste sans harmonie, la pensée générale est obscure, la forme inachevée.
Le *Néron* n'est ni un drame symbolique comme le second
Faust, ni un drame réaliste comme le *Danton* de Büchner ;
c'est une pièce bâtarde qui n'est pas faite pour la scène et
qui paraît au lecteur plus riche de détails intéressants que
de pensées philosophiques. Mundt juge bien le *Néron* quand
il écrit au lendemain de sa publication (1) : cette œuvre
révèle un esprit d'analyse qui lutte contre lui-même pour
créer et pour s'arrêter à une forme d'art, elle reste malgré
tout plus spéculative qu'artistique ; et la spéculation n'y est
pas profonde comme chez Gœthe, elle ne se traduit que par
une juxtaposition de pensées isolées, par des allusions audacieuses et des situations hardies ; malgré la beauté de certaines scènes, le *Néron* n'est donc pas l'œuvre maîtresse de
la période de transition qu'il reflète ; « la négation seule y
est représentée, et l'idéal n'y a point de place ».

Ces défauts se retrouvent plus accusés encore dans un
autre drame, *Hamlet in Wittemberg* (2), que Gutzkow

(1) Article reproduit aux *Charaktere und Situationen*, 1837, p. 324-
325.

(2 V. G. W., I, 369. Gutzkow se trompe quand il donne comme date
de ce drame l'année 1832. V. Prœlss, 562.

entreprit aussitôt après avoir terminé *Néron*, et qui parut à la fin de l'année dans la *Revue théâtrale* de Lewald. Sous l'influence encore du second *Faust*, Gutzkow voulait peindre une sorte d'union intellectuelle entre Hamlet et Ophélie. La marche de la pensée reste insaisissable, l'œuvre n'est qu'une ébauche et mérite sans doute d'être restée telle.

Gutzkow, ennemi du romantisme en politique, lui demeurait attaché dans ses goûts artistiques, bien que le *Sadducäer von Amsterdam* eût prouvé qu'il était capable d'atteindre à plus de vérité et plus de réalisme. A l'exception de Laube, les jeunes écrivains (1) n'avaient pas encore trouvé un art approprié au mouvement littéraire qu'ils tentaient de créer : ils voulaient rapprocher la littérature de la vie, et se servaient encore des procédés les plus usés du romantisme, ils cherchaient à rivaliser avec Gœthe, et restaient, qu'ils le voulussent ou non, des disciples de Tieck. Trois romans parus à peu de mois d'intervalle vont nous montrer quel vain effort ils faisaient pour introduire les idées de l'époque dans la littérature : ce sont *Eine Quarantäne im Irrenhause* de Kühne, la *Madonna* de Mundt, et la *Wally* de Gutzkow.

. (1) Je ne compte pas ici parmi ces jeunes écrivains Büchner, génie tout spontané, qui rencontre une forme d'art sans la chercher.

CHAPITRE V

TROIS ROMANS

I. — Gustav Kühne. *Eine Quarantäne im Irrenhause* (mars 1835). — Roman hegelien.

II. — Theodor Mundt. *Madonna. Unterhaltung mit einer Heiligen.* Essai de conciliation dans la religion et dans l'art.

III. — Gutzkow. *Wally die Zweiflerin.* — Influence de la *Vie de Jésus* de Strauss, et des *Fragments* de Reimarus. — Analyse du roman. — *Lélia* et *Wally.* — *Wally* est moins un livre d'émancipation féminine que d'émancipation humaine.

I

Eine Quarantäne im Irrenhause parut au commencement de mars 1835 (1). L'auteur, Gustav Kühne, était de quelques années plus âgé que Gutzkow et que Mundt (2). Il avait, comme eux, étudié à Berlin et, très jeune, débuté dans le journalisme (3). Dès l'Université il s'était lié avec Mundt et

(1) *Eine Quarantäne im Irrenhause*. Novelle aus den Papieren eines Mondsteiners, herausgegeben von Dr E. G. Kühne. Leipzig, Brockhaus, 1835. La préface est du 1er mars 1835.

(2) Il était né le 27 déc. à Magdebourg. Voir sur Kühne le livre de Ed. Pierson : *Gustav Kühne, sein Lebensbild und Briefwechsel mit Zeitgenossen*, 1889.

(3) Il devait, en juin 1835, prendre la direction de l'*Elegante Zeitung*, qui depuis l'arrestation de Laube avait pour rédacteur A. v. Binzler. V. Houben, *Gutzkow-Funde*, 49.

resta son meilleur ami ; tous deux avaient en littérature
les mêmes goûts, en politique les mêmes principes, mais il y
avait chez Kühne plus de sérieux et de profondeur.

Il avait commencé par écrire des nouvelles (1) dans la
manière de Tieck, et pensait, dit-il (2), « s'en aller en poète à
travers le monde », lorsque la foi idyllique qui faisait son
bonheur lui fut ravie par la philosophie et la politique. Lui-
même conte dans la *Quarantäne im Irrenhause* (3) comment
la parole de Hegel et le mouvement de 1830 accomplirent
en lui « une révolution aux forces de laquelle il ne lui fut
pas possible de résister ». Christianisme et poésie, tous
les appuis de sa vie s'écroulèrent ; en même temps disparut
de son âme le respect pour la tradition historique, la famille
et l'État ; de tout ce monde auquel il avait cru, il ne resta
plus rien, ni le ciel, ni la terre. « Une déchirure immense
courut à travers tout son être ». Börne lui apparut « diabo-
lique », debout sur les ruines de l'État, et près de lui se dressait « Heine (4), d'une pâleur maladive, à l'œil étincelant et
plein de ruse, sur le fût de colonne du christianisme renversé ».

Mais de ces ruines il était possible peut-être de reconstruire un édifice neuf. Hegel l'avait montré (5) : « le monde

(1) La meilleure, *Die beiden Magdalenen*, a paru en 1833 ; elle est
analysée par Prœlss, 528.

(2) Dans une lettre citée par Pierson, *Kühne*, 20.

(3) *Eine Quarantäne*, p. 143. « Ich war nicht mehr blutjung, aber
doch noch ein jugendfrischer Mensch, als ich in Berlin vor Hegel's
Katheder zog, wo ich meine Revolution erleben sollte, vor deren
Mächten kein Entrinnen möglich war. »

(4) *Quarantäne*, 131. « Der diabolische Börne auf den Ruinen des
Staates, der blasskranke Heine mit dem leuchtenden Auge voll Pfiffig-
keit auf dem Säulenschaft des umgestürzten Christenthums. »

(5) *Quarantäne*, 144. « Die Welt musste erst radical an Allem ver-
zweifeln, um an den neuen Gott zu glauben, und dieser neue Gott
des Lebens war die absolute Vernunft. »

devait d'abord désespérer de tout radicalement pour croire au nouveau Dieu, et ce nouveau Dieu de la vie était la raison absolue ». Kühne tenta donc de réédifier, et cet effort est marqué par son livre *Eine Quarantäne im Irrenhause*.

. Le procédé qu'il emploie pour faire entrer ses idées dans un roman est étrange, et d'ailleurs est imité des *Reisenden* de Tieck. Un jeune homme à l'imagination folle, interné pendant quarante jours (depuis le 1er août 1834) dans un asile d'aliénés, écrit ses pensées, dont voici les plus importantes. Börne et tous ceux qui ont détruit n'ont touché qu'à la surface et n'ont pas atteint jusqu'à la véritable nature allemande (1) ; celle-ci doit être cherchée dans le *Faust* qui, toujours le même, prend à chaque époque une forme nouvelle. C'est en hegelien que le *Mondsteiner* (2) interprète le *Faust*, dont Heine déjà et Wienbarg avaient fait le symbole de la vie allemande. Le docteur Faust, « le vieux penseur allemand aux pâleurs lunaires » (3), l'a considéré pendant la nuit ; sa forme n'était point profanée par le clinquant moderne de son costume ; il est celui qui unit et concilie les contradictoires, qui joint au présent le passé ; il est celui qui pécha le premier parce qu'il pensa le premier ; il est l'éternelle raison éternellement victorieuse qui, dans l'erreur même, n'a qu'un côté d'elle-même, la vérité qui n'est pas ici ou là, mais qui toujours est en mouvement. « Tout Méphistophélès est dans Faust, et Faust est partout, dans toute âme humaine (4) ». Faust est Börne en qui il est devenu Satan, et aujourd'hui, instruit par la doctrine de Hegel et les prin-

(1) *Quarantäne*, 42.

(2) Habitant de l'asile à Mondstein.

(3) *Quarantäne*, 46. « Aus dem flimmernden Trugschein, der an den Wänden wie eine Geisterhand hingriff, blickte mich der Doctor Faust ins Angesicht, der alte mondgebleichte deutsche Denker. »

(4) *Quarantäne*, 50. « Der ganze Mephisto ist im Faust, und Faust ist überall in jeder Menschenseele. »

cipes Saint-Simoniens, il pourrait (1), « écolier errant, jouer
le rôle d'apôtre de la liberté, prêcher la communauté des
biens et des femmes, proclamer les droits de la nature
simple, pure et sans-culotte, contre les règles de la coutume
historique ». Le Faust est hegelien, car il est impossible
actuellement de penser en dehors de l'hegelianisme (2) : « A
l'heure présente Hegel n'est pas encore philosophiquement
réfuté, pas même encore expliqué. L'or dans ses mines gît
encore enterré, non purifié des scories, bien loin d'être
monnayé. Sa doctrine de la révélation absolue du divin en
ce monde-ci, sa réconciliation de la réalité et de la vérité,
sa victoire sur le mysticisme et le rationalisme, sur le panthéisme et le moi créateur, sont le fondement sur lequel
l'histoire de l'esprit humain repose. » Son Dieu n'est pas le
Dieu abstrait de l'au-delà, et ce n'est pas le Dieu-matière
Saint-Simonien, c'est l'union, la vie fusionnée des deux,
l'immanence de l'esprit se répandant éternellement dans
la matière (3). « Sa dialectique est le secret le plus profond

(1) *Quarantäne*, 43. « Mit Hegelschen Paragraphen hat man ihn
einmal gefüttert. Aber mit saint-simonistischen Grundzätzen ausge-
stopft, könnte er als wandernder Scholar den Freiheitsapostel spielen,
die Gemeinschaft der Güter und Weiber predigen, und das baare
blanke sansculotte Naturrecht gegen die Satzungen des historischen
Herkommens proclamiren. »

(2) *Quarantane*, 44. « Für jetzt ist aber Hegel noch nicht philoso-
phisch widerlegt, noch nicht einmal gedeutet. Das Gold in seinen
Bergwerken liegt noch vergraben, von den Schlacken ungesäubert,
viel weniger ist es gemünzt. Seine Lehre von der absoluten Offenbarung des Göttlichen in dem Diesseits der Erdenwelt, seine Versöhnung
der Wirklichkeit und Wahrheit, sein Sieg über Mysticismus und Ratio-
nalismus, über Pantheismus und creatürliche Ichheit sind eine Basis
geworden, auf welcher die Weltgeschichte des menschlichen Geistes
fusst. »

(3) *Quarantäne*, 45. « Hegels Dialektik ist das tiefste Geheimniss und
die lauteste Offenbarung des Weltprocesses ; sie ist so verzehrend, so
skeptisch und so wahr wie die Weltgeschichte, die sich auch nur

et la révélation la plus éclatante de la marche du monde, elle est aussi dévorante, aussi sceptique et aussi vraie que l'histoire du monde, qui ne s'affirme, elle aussi, que par des négations. et ne trouve son harmonie que dans les dissonances démêlées. Il faut avoir une énergie toute romaine pour n'être pas écrasé par la grandeur de cette conception du monde. » L'hegelianisme est admirable jusque dans sa rigidité logique d'où la vie semble absente (1) : « Si le système de Hegel a l'air d'un ossuaire de pierre où toutes les puissances de la vie reposent comme dans un cercueil, c'est assurément la faute de l'architecte ; son génie ne pouvait construire que des murailles de cathédrales grotesques et des voûtes colossales ; mais c'est encore bien plus la faute de l'époque. Personne ne l'avait aidé et ne lui avait remis les matériaux entre les mains, et maintenant personne ne peut non plus lui retirer des mains ce qu'il offre ; longtemps il demeura infiniment seul, c'est pourquoi il retint d'une

durch Negationen affirmirt, nur in aufgelösten Dissonanzen ihre Harmonie findet. Es gehört ein Römersinn dazu, um von der Grösse dieser Weltanschauung nicht erdrückt zu werden. »

(1) *Quarantäne*, 45. « Dass Hegel's System so aussieht wie ein steinernes Beinhaus, wo alle Potenzen des Lebens wie eingesargt liegen, ist freilich des Baumeisters Schuld ; sein Genius konnte nur groteske Kirchenwände, kolossale Gewölbe errichten ; aber es ist noch weit mehr die Schuld der Zeit. Es hatte ihm Niemand in die Hände gearbeitet, und nun können sie ihm auch nicht aus den Händen, was er bietet, herausarbeiten ; er stand lange Zeit unendlich einsam da, deshalb hielt er Alles, wass er gefasst, so zusammengedrückt, zusammengeballt, und die nervige Faust wurde starr und unregsam. So ist's denn wirklich ein Labyrinth geworden, was er als System hinstellte, die grossartigste Ruine des deutschen Denkens, aus der der Athem mit dem letzten Hauche des Meisters entwich. Es wird Niemand mehr so universell das Ganze beherrschen, Niemand mit einem einzigen Blicke die tausend Gänge und Schachten des gesammtem Wissens durchdringen, den Adriadnefaden wird man nicht mehr aufnehmen. Vielleicht bedarf es dessen auch nicht. »

étreinte si serrée tout ce qu'il avait saisi, et son poing nerveux devint rigide et immobile. Ce qu'il édifia pour être un
système est devenu par suite un véritable labyrinthe, la ruine
la plus grandiose de la pensée allemande, d'où la vie disparut avec le dernier souffle du maître. Personne ne dominera
plus d'un esprit si universel la totalité des choses, personne
ne pénètrera plus d'un seul regard les mille galeries et
mines de la science dans son ensemble, on ne reprendra
plus le fil d'Ariane. Et peut être n'en a-t-on plus besoin ».

La pensée de Hegel inspire les lettres du *Mondsteiner*,
mais elle n'y apparaît que fragmentairement et par brusques
retours (1) ; elle se mêle à des conversations sur Shelley (2)
et Byron, Mozart (3) et Schelling, sur l'amour (4), la musique et la philosophie (5). Il semble que Kühne renonce à
découvrir le « fil d'Ariane » et qu'il se perde dans le « labyrinthe » hegelien. Les incertitudes exprimées par Mundt
dans ses *Lebenswirren* se retrouvent dans la *Quarantäne*,
et plus profondément éprouvées. La folie du *Mondsteiner*
n'est pas, comme dans les *Briefe eines Narren* de Gutzkow,
un simple jeu d'esprit, une mesure de précaution contre la
censure ; elle fait le sujet même du roman, elle y est une partie de la raison, comme l'erreur, dans le système hegelien, est
une partie de la vérité. Tous les personnages mis en scène,
la chanteuse polonaise Miaska, le pasteur Flegenheimer, le
maître de musique ou le médecin, font plus ou moins l'éloge
de la folie, et l'asile où ils passent est l'image de la vie.
Kühne reste dans cette œuvre douloureusement troublé ; ni
l'hegelianisme qu'il admire, ni les tendances nouvelles qui
l'attirent, ne peuvent le satisfaire. Il se raille d'une École

(1) Sur Hegel, v. *Quarantäne*, 136, 137 à 146.
(2) *Quarantäne*, 65, 66, 71.
(3) 233, 238, 239.
(4) 128, 289.
(5) 73, 86, 91, 107, 179, 180.

pleine de confiance (1) qui veut tout renouveler, et se nomme elle-même Jeune Allemagne : sa vie lui paraît une rapide phtisie, sa fièvre de nouveauté une gallomanie ; il lui oppose par un dernier argument hegelien la raison souveraine, « *Phœnix* » éternellement vieux et jeune de la pensée allemande.

Le mot « *Phœnix* » était une allusion directe à la Revue de Francfort. Gutzkow ne fut point blessé de cette attaque, et répondit par un article (2) qui prouve combien il avait pénétré la pensée de Kühne. *Eine Quarantäne im Irrenhause* est, suivant lui, l'œuvre d'un poète et d'un philosophe, bien qu'elle manque d'art et de raisonnement logique ; c'est « le dernier tressaillement d'un Hegelien qui, sans doute, vient d'abandonner la doctrine hegelienne, mais qui, en même temps, a le malheur de penser toujours et par habitude d'après les catégories hegeliennes (3) » ; de là, l'émotion qui anime ce roman et qui fait son charme ; Kühne aime la philosophie hegelienne comme une maîtresse que l'on ne peut épouser, mais à qui l'on reste fidèle (4).

(1) *Quarantäne*, 232. « Junges Deutschland ! Du von dir selber ausdrücklich also benamsetes « junges Deutschland », Dein Leben scheint mir ektisch, eine rapide Schwindsucht ! Du bist engathmig, Du keuchst. Tanze und rase Dich nicht zunichte und zu nichts ; Deine Galopade ist weiter nichts als eine Gallomanie. Nimm Dich in Acht, dass Du nicht zu früh alt, in Deiner Jugend schon alt wirst, und dann nichts mehr jung bleibt als die alte Vernunft, der ewig alte und ewig junge Phönix deutschen Denkens und deutschen Dichtens. »

(2) *Phœnix. Literaturblatt*, p. 765. — Article reproduit aux *Beiträge zur Geschichte der neuesten Literatur*, I, 353. — Dans ses *Rückblicke* (137) Gutzkow appelle le livre de Kühne « ein wüstes Buch ».

(3) *Beiträge*, I, 356. « Sein Buch ist das letzte Zucken eines Hegelianers, der wahrscheinlich die Hegel'sche Lehre aufgegeben hat, zugleich aber so unglücklich ist, aus Gewöhnung noch immer mit Hegelschen Categorieen denken zu müssen. »

(4) « Es ist die Resignation auf eine Geliebte, welche man zwar nicht ehelichen kann, der man aber ewig treu zu sein gelobt. »

Gutzkow indiquait avec clarté les défauts et les qualités de la *Quarantäne im Irrenhause ;* une intéressante personnalité se révèle dans cette œuvre, mais l'art en est absent, Kühne n'est pas arrivé par la dialectique hegelienne à construire un bel édifice (1).

A la même époque, son ami Mundt, par d'autres moyens, et avec moins de succès encore, essayait de prêter une forme harmonieuse aux idées de son temps.

II

Mundt explique dans quelques pages du *Freihafen* (2) par quelles circonstances et sous quelle inspiration il fut amené à composer la *Madonna.* Il avait fait dans l'été de 1834 un voyage de Berlin à Vienne, en passant par Iéna, Weimar, Dresde et Prague. La vue des paysages de Saxe et de Bohême, de quelques chefs-d'œuvres de Raphaël et du Titien, les conversations théologiques qu'il eut avec Günther à Vienne et Göschel à Berlin lui donnèrent l'idée d'un livre de voyage, d'art et de philosophie. Günther avait, dans un récent ouvrage, *Die letzte Symbolik*, essayé de rapprocher le catholicisme du protestantisme ; Göschel faisait, du point de vue protestant, une tentative identique de rapprochement, et prouvait contre son maître Hegel l'immortalité individuelle de l'âme (3). Mundt aimait, on le sait par ses précédents ouvrages, cet esprit de conciliation. Une revue mensuelle

---

(1) Mundt dit dans une lettre à Kühne que la *Quarantäne im Irrenhause* marque « le passage de l'Allemagne métaphysique à l'individualité active » (Pierson, *Kühne*, p. 20). C'est une erreur, il n'y a rien d'actif dans le livre de Kühne. Mundt développe la même idée dans *Charaktere und Situationen*, 1837, p. 3o4.

(2) *Freihafen*, 1846. 4tes Heft.

(3) *Beweise für die Unsterblichkeit der Seele* (1835).

qu'il fondait à Berlin en 1835, *Der literarische Zodiakus* (1), était destinée à rétablir l'unité entre les esprits, à réconcilier les forces vives du présent avec les traditions du passé, à relier le devenir *(das Werdende)* et l'existant *(das Bestehende)*. Ce qu'il y avait de négatif dans les tendances du passé immédiat que représentaient les noms de Börne et de Heine, Mundt voulait l'anéantir, mais ce qu'il y avait de positif et de productif, il prétendait le garder et le divulguer (2). Il était persuadé qu'une œuvre belle née de l'école nouvelle comblerait l'abîme entre la vieille et la jeune littérature, continuerait le développement harmonieux de la vie nationale, ferait entrer dans l'âme du peuple les pensées de l'époque (3). La *Madonna* devait être le programme de cette nouvelle conception du monde *(Weltanschauung)* ; dès les premiers jours de mars, le *Zodiaque* publia quelques chapitres du roman, et le volume parut au printemps de l'année 1835 (4).

Les premières pages de la *Madonna* sont quelque peu ridicules, et malheureusement indiquent assez bien la tonalité de l'œuvre entière. Gutzkow s'en est moqué (5) et n'a pas eu tort : « Pris soudain d'une pensée géniale des plus sérieuses, Mundt, dit-il, acheta une trompette d'enfant, et écrivit la *Madonna*, dont les premiers mots sont : trara, trara, trara ! »

---

(1) Ce nom de Zodiaque était celui du génie satanique dans les *Lebenswirren;* il devait désigner dans la Revue nouvellement fondée, en même temps que la marche de l'année, les tendances de l'époque.

(2) *Ueber Bewegungsparteien in der Literatur. Heine. Börne.* Voir *Der literarische Zodiakus,* 1835, p. 10 et suiv.

(3) *Das neue Deutschland, Der literarische Zodiakus,* 1835, p. 15.

(4) *Madonna. Unterhaltungen mit einer Heiligen,* von Th. Mundt. Leipzig, 1836.

(5) V. *Jahrbuch der Literatur,* 1839. « Und plötzlich vom ernsten genialen Gedanken ergriffen, kaufte er sich eine Kindertrompete und schrieb die Madonna, deren erste Worte lauten : Trara, trara, trara ! »

La symphonie de cors de postillons, sur laquelle s'ouvre le roman, chante la joie de vivre et la liberté vagabonde ; l'auteur annonce à grand bruit qu'il veut passer à travers villes, villages et chaumières, s'approcher du paysan, voir quels livres, quels journaux il lit, comment il prépare une révolution.

En traversant la Bohême (1), pays de la musique, des saints, des mendiants et des femmes aux beaux yeux, Mundt assiste aux fêtes de la Madone et, dans une procession, aperçoit une jeune fille à l'air triste (2) qui lui apparaît comme la Madone descendue sur la terre. Elle s'appelle Maria, elle est la fille d'un maître d'école vieux et infirme, à qui elle donne tous ses soins. Mundt s'entretient avec elle, et cette jeune fille qui se dit sans culture, instruite seulement par la dure expérience de la vie, est capable de parler savamment et philosophiquement de Casanova ou de la Vierge, de Raphaël ou du Christ. Voici le sujet de leur causerie. Casanova, « ce débauché qui mourut vieux », est l'homme le plus affiné de l'époque moderne : il est Don Juan et Faust réunis ; il a su élever la sensualité à la hauteur d'une philosophie (3). La Vierge, c'est l'idée la plus haute du christianisme, car elle est fécondité et souffrance ; d'elle est né l'art chrétien, celui de Raphaël surtout, qui du mythe a su dégager l'idéal tel qu'il apparaît dans la Madone Sixtine à Dresde et la Madonna del Giardino à Vienne (4). La Vierge, c'est le passé esthétique, le mythe (5) ; de ce mythe l'idée se dégage, laquelle va toujours progressant, et cette idée, c'est le Christ : « le Christ marche comme l'idée du développe-

(1) *Madonna*, 38.
(2) *Mad.*, 59.
(3) *Mad.*, 77.
(4) *Mad.*, 126.
(5) *Mad.*, 139.

ment progressif à travers l'histoire (1) » ; par lui « la religion entre dans le monde sous forme d'esprit et de vérité ». De cette religion de vérité doit être écarté le culte de la souffrance : la religion n'est pas une aspiration douloureuse, elle est l'idée qui se réalise, le monde qui se crée lui-même dans la joie.

Et voici maintenant la conséquence de cette conversation philosophique. Une jeune fille ne peut être une sainte véritable, une Madone, que si elle prend part aux joies de ce monde fait de vérité et d'harmonie : Mundt choisit Maria pour sa Madone « sainte », et lui prouve sa vénération en l'embrassant (2). Des promesses sont échangées au moment où ils vont se quitter : Mundt écrira à Maria toutes ses observations sur les pays qu'il va parcourir, Maria lui enverra sa biographie (3).

On a ensuite un de ces romans par lettres, où le bavardage littéraire, politique et religieux est si facilement amené. Prague (4), que traverse Mundt, n'a pour lui d'autre charme que d'être la cité de Libussa : depuis la mort de cette reine, les femmes ont perdu leurs droits ; mais le Saint-Simonisme les leur rendra, et bientôt siégera, rue Taitbout, la femme émancipée à côté du Père Enfantin (5). A Vienne, où Mundt trouve, ainsi que Laube, que la joie de vivre est infinie (6), il écrit quelle est sa philosophie de la religion : elle est telle que son entretien avec Maria pouvait la faire

(1) *Madonna*, 141. « Christus schreitet als der Geist der Fortentwickelung durch die Geschichte. » « Die Religion bildet sich im Geist und in der Wahrheit in die Welt hinein. »

(2) « Ich grüsse dich als meine Heilige, eine Weltheilige, ich küsse dich. » *Mad.*, 143.

(3) *Mad.*, 146.

(4) *Mad.*, 273-301.

(5) *Mad.*, 319-321.

(6) *Mad.*, 380 et suiv.

supposer, conciliatrice du Saint-Simonisme et de l'Hegelia-nisme. Le Saint-Simonisme a eu tort de déclarer que le christianisme a vécu ; en écartant le Christ du monde, il a édifié un panthéisme païen où tout est matière et industrie ; mais le Saint-Simonisme a bien dit, quand il a montré que le monde vit en Dieu, et Dieu dans le monde (1). L'Hegelia-nisme (2) rend également à ce monde son contenu, quand il enseigne que la divinité est un éternel devenir ; il est dan-gereux toutefois, parce qu'il rend incertaine l'immortalité de l'âme et que cette incertitude fait d'autant plus douloureuse l'aspiration vers l'au-delà. Ce qu'il faut à l'homme, c'est une vie active et harmonieuse, accompagnée d'une croyance à l'immortalité de l'âme ; la terre ne doit pas exclure le ciel, ni le ciel la terre.

A ces lettres répondent celles où Maria raconte sa vie (3). Ni l'affection familiale, ni l'amour, ni la religion catholique où elle fut élevée, ne lui ont donné de joie ; elle fut incomprise, et se compare volontiers à Rahel ; après la mort de son père elle a cherché un refuge à Munich ; elle espère trouver dans une vie et une religion nouvelles un peu de joie et de bonheur.

Telle est la *Madonna* de Mundt, l'œuvre d'art qui devait unir le passé au présent, annoncer l'avenir, apporter à la vie nationale un principe d'activité. Elle apparaît comme une imitation médiocre de tous les procédés maintes fois employés : descriptions de voyages, digressions sur tous sujets, lettres, confessions, effusions. Elle rappelle Heine, Laube, Wienbarg, Schleiermacher, Günther, Göschel, Rahel, George Sand, et il lui manque la poésie de Heine, le réalisme voluptueux de Laube, le sentiment religieux de Schleierma-

(1) *Mad.*, 397.
(2) *Mad.*, 400-413.
(3) *Bekenntnisse einer weltlichen Seele. Mad.*, 191-260 et 418.

cher, la sincérité de Rahel et de George Sand, l'émotion philosophique de Kühne. Elle veut concilier le Saint-Simonisme, le Néochristianisme, l'Hegelianisme, et elle les juxtapose sans profondeur. L'auteur reste ce qu'il avait été dans les *Lebenswirren*, livresque et abstrait (1).

L'ouvrage était si misérable qu'il n'aurait pas dû paraître dangereux; il causa pourtant du scandale, et fit perdre à Mundt le poste de Privat-Docent qu'il venait d'obtenir à l'Université de Berlin. Dès le 4 mars 1834 (2), la commission de la censure déclara au ministre Altenstein que la *Posthorn-Symphonie*, parue dans le *Zodiaque*, contenait sur la politique des passages répréhensibles; Steffens, recteur de l'Université, fit aussitôt défendre à Mundt d'ouvrir son cours. Le 30 avril paraissait l'interdit contre la *Madonna :* elle était, suivant le rapport de la censure, à mettre au nombre des livres condamnés récemment; elle révélait une grande sensualité qui n'était pas seulement matérielle comme dans les romans français, mais à laquelle se mêlaient un enseignement et un sentiment religieux. Parmi les auteurs déjà condamnés, on citait Heine, Heinrich Laube et Wienbrack (3), on disait que leur tendance était l'émancipation de la chair, et l'on appelait cette école nouvelle *das junge Deutschland* (4).

C'est ainsi que Mundt, sans le vouloir, fut officiellement tenu pour un adepte de la *Jeune Allemagne*.

---

(1) Gutzkow, dans le *Phœnix*, en 1835, ne jugea pas la *Madonna* avec trop de rigueur (v. *Literaturblatt*, 7 mai, n° 18, p. 429 et aussi *Beiträge zur Geschichte der neuesten Literatur*, I, 351); mais en 1839 (*Jahrbuch der Literatur*, p. 62) il dit franchement ce qu'il pensait de ce roman médiocre. — Voir aussi les lettres de Gutzkow à Schlesier publiées par Houben, *Vossische Zeitung*, 20 août 1903.

(2) V. Geiger, 68-75 et Mundt, *Freihafen*, 1840.

(3) *Sic*, pour Wienbarg.

(4) *Sic*, dès avril 1835. V. Geiger, 75.

Laube, dans ses *Erinnerungen* (1), s'est raillé de cette œuvre maladroite qui plaçait Mundt en si fâcheuse position. Théodor Mundt, dit-il, n'avait rien de cette tendance jeune-allemande dont on lui fit un crime ; « c'était un écrivain académique, et rien chez lui ne trahissait un dangereux esprit de création ». Mais il s'avisa, « comme une vieille fille », de faire l'éloge de la sensualité, et écrivit la *Madonna*. Tout était artificiel dans ce roman né de l'abstraction et de la théorie ; par suite, le sensualisme même y prenait une allure systématique. « Mundt était Privat-Docent à l'Université de Berlin. Si la science, à son tour, prêchait le culte de la chair, l'État-police devait faire son devoir et mettre le holà ».

III

Avant que l'année 1835 lui amenât de tristes aventures, Gutzkow eut un printemps et un été qui comptent parmi les plus heureux de sa vie (2). Il était célèbre, entouré ; il connaissait les joies de la gloire et de l'amitié, nouvelles pour lui ; les éditeurs réclamaient sa collaboration de Stuttgart, de Hambourg et de Mannheim ; il rencontrait dans ses voyages Lewald, Löwenthal, Nicolas Lenau, revenu du Nouveau Monde, Auerbach (3), qui déjà travaillait à son *Spinoza*. L'acteur Seydelmann, Heinrich König, l'auteur du roman *Die hohe Braut*, venaient le voir ; le journaliste alsacien Alexandre Weill devenait son ami (4), Büchner, Wienbarg, Laube lui

---

(1) L. W., I, 179.

(2) *Rückbl.*, 132-134.

(3) V. une lettre de Auerbach du 10 janvier 1835, citée par Prœlss, 587.

(4) V. Alex. Weill, *Briefe hervorragender verstorbener Männer Deutschlands.* Zurich, 1889.

écrivaient. Francfort lui plaisait ; la vieille cité cosmopolite lui paraissait aimable et digne (1). L'amitié de Sauerländer et celle de Löwenthal lui avaient ouvert le monde juif ; à voir de près cette société israélite en train de conquérir ses droits civiques, il éprouvait un désir plus impérieux d'agir.

Les problèmes religieux ne cessaient à cette époque d'inquiéter les esprits. « En Allemagne on est théologien de naissance », dira Gutzkow (2). On était pour ou contre l'émancipation des Juifs, on attaquait ou défendait l'*Union*, on prenait parti dans les polémiques soulevées par la théologie de Schleiermacher et la philosophie de Hegel ; même des amis comme Kühne et Mundt étaient sur ces questions en désaccord. Les disciples fidèles de Hegel, Hinrichs, Göschel, Gabler continuaient l'exposé et l'interprétation de sa doctrine dans les *Jahrbücher für wissenschaftliche Kritik* (3) ; Hengstenberg soutenait sans relâche l'*Union* dans l'*Evangelische Kirchenzeitung* (4), luttait contre le rationalisme, attaquait tout ce qui venait de Hegel, de Schleiermacher et de la Jeune Allemagne (5). Quand tout à coup, dans cette agitation théologique, parut le premier volume de la *Vie de Jésus* de Strauss (6), tout le monde pensant de l'Allemagne fut bouleversé (7).

Strauss avait été disciple de Hegel, et c'est en hegelien

---

(1) *Rückbl.*. 124.

(2) G. W., IX, 176.

(3) Fondés en 1827. V. L. Herr, Article *Hegel* dans la *Grande Encyclopédie*.

(4) Fondée en 1827. V. Ziegler, *Die geistigen und socialen Strömungen des neunzenhten Jahrhunderts*, p. 195 et suiv.

(5) Il avait écrit un article violent contre la *Madonna* de Mundt. — V. Mundt. *Freihafen*, 1840, 4. Heft.

(6) *Das Leben Jesu*, kritisch bearbeitet von David Fred. Strauss. Tübingen, 1er vol. 1835 (La préface est du 24 mai).

(7) *Rückblicke*, 140.

qu'il expliquait la vie de Jésus. Le dogme et la science, enseignait Hegel dans sa *Philosophie de la Religion* (1), ne doivent pas être conçus comme séparés. La religion est elle-même savoir, connaissance de l'esprit absolu, elle n'est autre que la conscience que l'homme a de Dieu. Cette conscience n'est pas quelque chose de fini, elle se fait par une marche ascendante vers la divinité, par le passage du sentiment (*Gefühl*) à la représentation (*Vorstellung*), et de la représentation à la réflexion (*Gedanke*) ; la « représentation » est un degré entre le sentiment et la réflexion, un lien entre la foi et le savoir ; la « réflexion » unit le monde de la Réalité (*Wirklichkeit*) à celui de la Vérité (*Wahrheit*).

D'après cet enseignement, le christianisme était la religion véritable, absolue, où Dieu se manifeste, et la « forme de représentation » devenait la formule magique par laquelle l'opposition de la foi et du savoir allait disparaître. Or cette dialectique, au contraire, fit de la science une arme contre la foi, et « ceci arriva en l'an de Révolution 1835 » : « mettons Mythe à la place de Forme de représentation, dit avec raison Ziegler, et nous avons Strauss et la Vie de Jésus (2) ».

Le point de vue de Strauss est mythique. « Cela ne veut pas dire, déclare-t-il (3), que toute l'histoire de Jésus doit être donnée pour mythique, mais que tout dans cette vie doit être soumis à une étude critique, afin que l'on voie quelle place y est occupée par le Mythe ». Il faut donc chercher d'abord si nous reposons, dans les Évangiles, sur

(1) Vera, *Introduction à la Philosophie de la Religion*, 1876. Quatre fois, dans l'espace de dix ans, Hegel avait pris pour sujet de ses leçons *la Philosophie de la Religion*, en 1821, 1824, 1827 et 1831. Il n'avait rien publié de ces cours. C'est Marheinecke qui de ses notes fit une première édition en 1832. La deuxième édition est de 1840.

(2) Ziegler, *Die geistigen und sozialen Strömungen des neunzehnten Jahrhunderts*, 1899, 202.

(3) Préface de Strauss à la 1re édition. 1er vol., p. IV.

un fondement et un sol historiques, et dans quelle mesure. Pour une telle étude, il est nécessaire que « le cœur et la pensée se délivrent de certaines suppositions religieuses et dogmatiques ». Ce qui n'est pas historique sera expliqué mythiquement ; car on n'a pas le droit de laisser de côté les miracles (comme le fait l'école rationaliste) : la naissance surnaturelle du Christ, sa résurrection et son ascension restent une Vérité (*Wahrheit*) éternelle, quelques doutes que l'on puisse porter sur leur Réalité (*Wirklichkeit*) en tant que faits historiques.

La tentative de Strauss était adroite autant que hardie. Fort de cette distinction hegelienne entre *Wahrheit* et *Wirklichkeit*, il soumet à la critique historique toute la vie de Jésus ; et bientôt elle est réduite tout entière, ou peu s'en faut, à l'état de Mythe. Elle n'appartient plus à la Réalité (*Wirklichkeit*), elle ne repose plus sur des faits historiques, elle est du domaine de la Vérité (*Wahrheit*); le dogme est une construction de l'esprit, une œuvre de réflexion (*reflectirte Geschichte*). Strauss semblait sauver par là le dogme chrétien ; il avait au contraire fait crouler tout ce qui servait à l'étayer, l'Ancien et le Nouveau Testament. Il promettra à la fin du second volume (1), qui paraîtra l'année suivante, d'exposer le Mythe de la croyance chrétienne, de reconstruire après avoir détruit, mais il se gardera bien de tenir sa promesse ; au contraire, portant sa doctrine jusqu'aux dernières conséquences, il rejettera plus tard tout dogme mythique. Et, dans cette voie de négation qu'il avait ouverte, bien d'autres s'engagèrent, qui allèrent plus loin que lui.

Ce livre de Strauss fit sur Gutzkow une des impressions les plus profondes qu'il ait éprouvées (2). Il mesura tout de

(1) 1re édition, 2e volume, p. 688.
(2) V. le jugement de Gutzkow sur Strauss. *Rückbl.*, 140 et G. W., IX, 372; X, 153.

suite la portée d'une telle interprétation de la religion chrétienne. « Représenter le Mythe du Christ d'après des créations orientales similaires et d'après les prophéties messianiques des Juifs, c'était rendre mythiques une foule d'autres choses dans l'État et l'Église, la science et la vie. Le Christ mythique se perdait dans le néant, dans un lointain nébuleux : que seulement quelques passages eussent manqué chez Tacite et Josèphe, et le crucifiement même du Christ serait devenu, selon Strauss, une création mythique d'après des légendes orientales (1) ». Mais, ajoute Gutzkow, « cela ne contentait pas » ; cela surtout ne le contentait pas lui-même, qui restait hostile à toute construction hegelienne, et pour qui l'opposition de Vérité et de Réalité n'était que simple jeu d'esprit (2). Il aurait voulu sur le Christ un autre ouvrage, une étude (3), comme celle que Reimarus avait entreprise au XVIIIᵉ siècle. « On avait besoin d'un Christ historique, d'un être noble, pur de mœurs et enthousiaste, d'un martyr qui, même aux esprits nouveaux, parût intéressant et respectable (4) ». Gutzkow désirait voir représenter le Christ sous une forme humaine et historique ; Strauss lui faisait regretter Reimarus.

Les Fragments théologiques de Reimarus (*Fragmente eines Unbekannten*) publiés par Lessing n'étaient pas accessibles au grand public. Gutzkow voulut les divulguer (5), de même qu'il avait sauvé de l'oubli les Lettres de Schleiermacher sur la *Lucinde*. « Mais l'éditeur si courageux, Campe, eut peur cette fois : — il eut peur des pasteurs de Hambourg. Metternich, l'empereur Nicolas, n'étaient pas capables de le

---

(1) *Rückbl.*, 140.
(2) V. *Wahrheit und Wirklichkeit*. G. W., IV, 359.
(3) Une *Vie de Jésus* comme celle que Renan devait bientôt écrire.
(4) *Rückbl.*, 140.
(5) V. Lettre de Gutzkow à Schlesier, du 18 mai 35, publiée par Houben, *Vossische Zeitung*, 20 août 1903.

forcer à la prudence, Börne et Heine pouvaient lui donner ce qu'ils voulaient, mais il n'osait provoquer les successeurs de Johann-Melchior Gœze (1) ». Campe refusa d'imprimer les fragments de Reimarus. A ce moment, Löwenthal, qui fondait à Mannheim une librairie, pressait son ami de lui envoyer une œuvre qu'il pût rapidement éditer (2). Gutzkow, sans retard, se mit à l'ouvrage, reprit la matière des *Fragmente eines Unbekannten*, et l'introduisit dans un roman. En trois semaines, dans les heures matinales de l'été (3), il écrivit *Wally*; qui parut chez Löwenthal à la fin d'août (4).

La rapidité avec laquelle ce roman fut écrit, les éléments que Gutzkow y fit entrer, prouvent qu'il faut le considérer moins comme une œuvre d'art que comme une œuvre de polémique. Ce n'est pas un essai de construction artistique ainsi que la *Madonna*, de Mundt, c'est un livre d'affranchissement (5).

A Schwalbach, une ville d'eaux près du Taunus (6), Wally rencontre César. Ils s'aiment, mais Wally a promis d'épouser un ambassadeur italien, Luigi. César, avant de se séparer d'elle, lui demande un gage d'amour, celui que Sigune a donné à Tschionatulander dans le *Titurel* (7) : elle lui apparaîtra

---

(1) *Rückbl.*, 141.

(2) V. *Rückbl.*, 142.

(3) V. *Rückbl.*, 142 et Lettre de Gutzkow à Büchner du 23 juillet 1835 (*Euphorion*, 1897). « Zuletzt hab' ich in der Hast von 3 Wochen einen Roman geschrieben : *Wally die Zweiflerin.* »

(4) Par une large et belle impression l'éditeur avait pu arriver à l'ensemble de 20 feuilles qui faisait échapper l'ouvrage à la censure. La 1ʳᵉ édition de 700 exemplaires fut aussitôt épuisée. V. Houben, *Nachklänge aus dem Jahre 1835* (*Allgemeine Zeitung*, 1901. *Beilage*, 205-206) et Houben, *Gutzkow-Funde*, 529.

(5) V. la préface à la deuxième édition, en 1851. G. W., IV, 240.

(6) G. W., IV. 247.

(7) Lachmann avait, en 1833, publié les Œuvres complètes de Wolfram von Eschenbach.

nuc ; il n'aura d'elle que la vision de sa beauté, mais cette vision sera le symbole de leur union intellectuelle. Wally refuse, puis, bientôt, rougit du sentiment qui l'arrête (1); ayant lu le *Titurel*, elle consent à jouer le rôle de Sigune. Luigi, qu'elle épouse et qu'elle accompagne à Paris, ne tarde pas à lui sembler un maître despotique, avare et méprisable ; elle fuit avec César, et trouve auprès de lui de nouvelles souffrances. César l'abandonne pour épouser Delphine (2), une Juive. Wally, qui n'a plus foi ni dans l'amour ni dans la religion, se donne la mort ; on la trouve, comme Charlotte Stieglitz, étendue sur son lit, le cœur percé d'un poignard.

Que représentent ces deux personnages, Wally et César ? Leur psychologie est courte, à peine indiquée, mais voici ce qui se dégage de leurs actes et de leurs entretiens. Wally a été élevée dans les préjugés sociaux et religieux ; elle cherche à s'en affranchir, n'y parvient pas et souffre dans cette lutte. Elle a lu tous les livres d'émancipation, ceux de Rahel et de Bettina, ceux aussi de la *Jeune Allemagne* (3), c'est-à-dire de Wienbarg, de Laube et de Mundt ; aucun ne la satisfait : Rahel réfléchit (4) et ne donne rien de positif, Bettina n'est point spéculative, elle enveloppe de formes nouvelles des pensées anciennes, Wienbarg est trop démocrate, Laube, c'est l'impertinence, et Mundt, l'obscurité. César plaît à Wally parce qu'il est un être volontaire et libre, mais elle est loin de lui ressembler ; la première expérience qu'elle fait de la liberté en amour et de la liberté en religion

(1) Elle dit (1ʳᵉ édition) : « Ich schäme mich vor Ihnen dass ich Schaam hatte. »
(2) Nom d'une Juive que Gutzkow avait rencontrée chez Löwenthal. Dans les éditions suivantes, Gutzkow a écrit *Adolphine* au lieu de *Delphine*. V. Houben. *Gutzkow-Funde*, 188.
(3) G. W., IV, p. 251. « Einige Schriften vom jungen Deutschland lagen zur Hand, von Wienbarg, Laube, Mundt. »
(4) G. W., IV, p. 334.

lui paraît si rude qu'elle succombe au désespoir et au doute.

La sentimentalité n'agit pas sur César comme sur Wally. Il s'est délivré peu à peu des croyances qui pesaient sur sa pensée. Il n'éprouve aucun scrupule à ravir Wally à son mari, aucun à la délaisser lorsqu'il a rencontré Delphine, dont le caractère répond mieux au sien. Il ne recule en religion devant aucune des conséquences des enseignements de Reimarus et de Strauss ; la preuve en est dans les Confessions qu'il laisse à Wally (1). Le christianisme, dit-il, a un fondement historique, mais de cette histoire on a fait un poème épique avec miracles et fabuleuses machineries. Jésus était un homme (*Mann*), non pas le plus grand des hommes, mais peut-être la créature (*Mensch*) la plus noble dont l'histoire ait conservé le nom. Au récit de sa vie, les apôtres ont mêlé les légendes du paganisme, avec maladresse d'ailleurs et avec ignorance : il est vraiment d'un symbolisme frappant de voir un bœuf et un âne auprès de la crèche de Jésus. Ces tristes disciples du Christ ont donc écrit, et de leurs fables, de textes mal copiés et contradictoires on a tiré une religion de la révélation, « falsification de la nature et de l'histoire (2) ». Luther, après quinze siècles, a voulu porter dans cette religion un peu de lumière, mais il n'a pu nous donner qu'un christianisme biblique, c'est-à-dire fondé sur une fausse exégèse. Bien d'autres après lui ont tenté de restaurer l'édifice lézardé et n'ont pas réussi : Kant, par ses catégories ; Schleiermacher, qui défend le dogme quand il s'harmonise agréablement avec la vie ; Schelling et Hegel, qui, l'un du côté protestant, l'autre du côté catholique, firent le dernier essai pour mettre la philosophie d'accord avec la révélation. Le système hegelien a l'avantage d'être un point de vue historique : il explique

(1) G. W., IV, 343.
(2) G. W., IV, 340.

la valeur du christianisme dans l'histoire, et ne l'explique sans doute si bien que parce que le développement du christianisme est complètement terminé (1). Ce qui ne veut pas dire que notre siècle soit impie ; il n'est pas irréligieux, mais il se délivre du christianisme tout au moins politiquement ; le Saint-Simonisme et les *Paroles d'un Croyant* sont le symptôme de ce mouvement.

On peut suivre dans la marche du roman les influences subies par Gutzkow lorsqu'il le composa. C'est, nous dit-il, après la mort de Charlotte Stieglitz (2), qu'il eut l'idée de *Wally*. Entraîné par le mouvement féministe, par les conseils de Schlesier, par la lecture de Schlegel, de Schleiermacher et de George Sand, il songeait à un livre sur « l'émancipation de la chair (3) » ; une femme en devait être l'héroïne. Wally, dira-t-il dans une préface, « est la sorcière française Lélia en costume allemand (4) ». Mais, lorsqu'il se mit à écrire, il s'écarta bien vite du modèle français. Lélia restait une allégorie (5), un idéal, Wally devint une « cendrillon de la réalité ». Cette jeune fille qui, dans les premières pages du roman, s'avançait avec l'assurance et la fierté d'une femme émancipée, est bientôt le jouet des circonstances ; elle apparaît passive, désespérée, incapable de lutter contre le monde mauvais. Gutzkow se plaît à la représenter au milieu des

(1) G. W., IV, 353.

(2) V. *Phœnix*, 25 fév., p. 188 et G. W., IX, 215-220. — Lettre à Cotta, citée par Prœlss, 551. — *Die Gegenwart*, 1879, p 395. « Durch das Studium G. Sands und die That der Stieglitz kam ich auf die grössere Wahrheit der Erregung und bekam mehr Blutwärme ». — Houben, *Gutzkow-Funde*, 181. — Lettre de Gutzkow à Schlesier du 7 janvier 1835, publiée par Houben (*Vossische Zeitung*, 20 août 1903).

(3) *Rückbl.*, 135.

(4) G. W., IV, 242.

(5) V. article de Gutzkow sur *Lelia*. *Phœnix* (*Literaturblatt*), 25 juillet 1835, p. 696 et G. W., IV, 242.

événements les plus tragiques, à lui prêter toutes les incertitudes et les faiblesses de sentiment ; on dirait qu'il se venge ici de tout ce qu'il a souffert par la religion et l'amour, de ses illusions perdues et de ses affections froissées : « il fallait que son cœur eût la paix » (1). Le Journal de Wally est là pour dévoiler les angoisses d'une âme piétiste, effrayée par la vérité, incapable de la supporter. Les Confessions de César, au contraire, tout en révélant une nature égoïste et dure, servent à prouver quel repos et quelle confiance les enseignements de Reimarus et de Strauss peuvent donner à qui sait les comprendre.

Ainsi le roman paraît avoir dévié de la pensée première qui l'avait fait naître. Il n'est point comparable au livre de George Sand. *Lélia*, écrit par une femme, est bien une œuvre d'émancipation féminine (2) : « elle a le caractère du rêve ». *Wally* n'est pas une œuvre d'émancipation féminine, mais d'émancipation humaine. Gutzkow n'a pour la femme aucune admiration ; il ne lui accorde qu'un peu de pitié et de sympathie. S'il parle d'elle, c'est par rapport à l'homme et pour l'homme ; lui-même en a plus d'une fois fait l'aveu, et le meilleur commentaire de *Wally* est dans ces lignes qu'il écrivit en 1838 : « Nous cherchons l'homme libre, non la femme libre, — nous cherchons à rendre à l'esprit ses droits et non pas à la chair, — nous cherchons Dieu, non parce que nous l'avons perdu, mais parce que celui-là seul est heureux en Dieu qui l'a trouvé lui-même (3) ».

Les idées qui se dégagent de ce roman sont intéressantes, mais la façon dont elles sont exposées est bien défectueuse.

---

(1) « Mein Gemüth musste Frieden haben ». *Gedanken im Kerker*. V. *Jahrbuch der Literatur*, 1839, p. 82.

(2) G. Sand, *Histoire de ma vie*, IV, 174.

(3) G. W., IX, 327. — Laube (*Literatur*, IV, 200-201) écrit que Gutzkow est innocent des revendications de la Jeune Allemagne sur les droits de la chair.

'y a point d'analyse psychologique, le problème moral social n'est pas nettement posé, le détail est souvent adroit et ridicule. Gutzkow, disait Laube (1) avec rai-, n'a ni la sensualité, ni l'art nécessaires pour retracer la ne imitée du *Titurel*. Parfois seulement, quelques épiso-, comme l'histoire du tambour de Wiesbaden (2), prêtent ertaines pages le charme d'une sentimentalité attristée. est certes regrettable, pour la renommée de Gutzkow, e ce livre si médiocre ait pris dans son œuvre une place grande. *Wally* est une date comme *la Vie de Jésus* de rauss, mais ne doit sa réputation qu'aux événements qui uivirent son apparition (3).

(1) Laube. *Literatur*, IV, 200.

(2) G. W., IV, 267.

(3) L'édition de *Wally* parue chez Costenoble au 4ᵉ volume des Œuvres complètes de Gutzkow est un peu différente de la première. Les modifications portent surtout sur la scène imitée du *Titurel* et sur les Confessions de César ; Gutzkow a supprimé quelques détails, adouci certaines expressions, mais la pensée est restée la même. Voici un exemple de ces changements :

1ʳᵉ édition. — In Judäa, einem sehr barokken Land, trat ein junger Mann Namens Jesus auf, *der durch eine bedenkliche Verwirrung seiner Ideen* auf den Glauben kam.....

Ce passage est devenu. (G. W., IV, 342) : In Judäa, einem in vielem Betracht einzigen aber auch barokkem Lande, trat ein junger Mann, Namens Jesus, auf, der auf den Glauben kam.....

CHAPITRE VI

La jeune allemagne

Fondation de la *Deutsche Revue*. — Difficulté du groupement. — Laube : *Liebesbriefe ; Moderne Charakteristiken*. — Mundt : *Der literarische Zodiakus*. — Gutzkow et Börne. — Gutzkow et Varnhagen. — Attaques de Menzel. — Intervention du gouvernement prussien. — Décret du 10 décembre 1835.

Quelques jours après l'apparition de *Wally*, le 28 août 1835, Gutzkow écrivait à Büchner (1) qu'il allait rompre avec Sauerländer, abandonner le *Phœnix*, et créer avec son ami Wienbarg un nouveau journal.

Wienbarg, qui, après le succès retentissant des *Æsthetische Feldzüge*, n'avait pu se faire agréer comme professeur à l'Université de Bonn (2), était venu, au commencement de l'été, rejoindre Gutzkow à Francfort. Il avait récemment fait paraître chez Löwenthal un petit livre de littérature (3), composé d'articles sur Gœthe, Heine et Gutzkow groupés

(1) *Euphorion*, 1897. Drittes Ergänzungsheft.

(2) *Rückbl.*, 144.

(3) *Zur neuesten Literatur*, von Ludolf Wienbarg, Verfasser der « *Æsthetischen Feldzüge* », Mannheim, Löwenthal, 1835. La préface est de juin 1835. Il appelait Gutzkow (p. 158) « der geniale Verfasser des Maha Guru, des Nero und der Öffentlichen Charaktere ;.... der kühnste Soldat der Freiheit und der anmuthigste Priester der Liebe ». Gutzkow répondit par un article très élogieux sur cet ouvrage de Wienbarg (*Phœnix, Literaturblatt*, 8 août, n° 31, p. 741).

dans un même éloge. Il réunissait des articles parus au *Norddeutscher Merkur* pour les publier sous le nom de *Wanderungen durch den Thierkreis* (1), ouvrage où, avec plus d'audace encore que dans les *Æsthetische Feldzüge*, il dénonçait la misère et l'inégalité sociales, la vanité et la cruauté de la richesse, l'asservissement de la femme en face de l'homme (2).

L'entente entre Gutzkow et Wienbarg avait dû vite s'établir. Très sincères, très ardents tous deux, ennemis de tout charlatanisme, ils avaient mêmes désirs, mêmes espérances ; leurs idées sociales, leurs principes littéraires et politiques étaient semblables : seulement, Wienbarg apportait à les défendre une gravité qui imposait le respect, Gutzkow un ton de polémique qui le faisait craindre même de ses amis.

Wienbarg et Gutzkow avaient songé tout d'abord à fonder leur journal à Stuttgart (3). Devant les hésitations de Cotta, ils abandonnèrent leur projet, et le 11 septembre l'*Allgemeine Zeitung* annonça que Löwenthal, à Mannheim, publiait une revue nouvelle, *Die deutsche Revue*. L'éditeur avait été trouvé sans peine, mais des collaborateurs dans l'Allemagne entière étaient nécessaires ; toutes les forces jeunes devaient s'unir. Il est intéressant de suivre Gutzkow dans ses efforts pour les grouper. Rien ne prouve mieux combien la Jeune Allemagne existait peu comme école. Le non de « *Junges Deutschland* » courait du Nord au Sud sans que l'on sût encore à qui il convenait ; il était donné à l'*Elegante Zeitung*, au *Zodiakus* non moins qu'au *Phœnix*,

---

(1) Les *Wanderungen durch den Thierkreis* ont paru à Hambourg chez Hoffmann et Campe, 1835.

(2) V. surtout, dans les *Wanderungen : Das goldene Kalb. Wollust und Grausamkeit. In Sachen der deutschen Weiber gegen die deutschen Männer.*

(3) V. Prœlss, 593.

et les rédacteurs de ces journaux ou revues ¨se le ren-
voyaient à tour de rôle comme terme d'éloge ou de mépris.

Une alliance tout de suite acquise fut celle de **Büchner** (1)
qui, à Strasbourg, achevait ses études de médecine ; mais
ce fut la seule peut-être que Gutzkow obtint sans de longs
pourparlers. Il fut plus difficile déjà pour lui de s'assurer la
collaboration de Laube.

Laube était à Naumbourg (2) en exil depuis le mois de
mars, forcé d'y attendre le résultat des poursuites dirigées
contre lui ; il travaillait de sa plume pour vivre, et les
ouvrages qu'il écrivait prouvent combien ses tendances
s'écartaient de celles de Gutzkow. Un roman dédié au
prince Pückler Muskau, *Die Liebesbriefe* (3), était bien un
livre d'émancipation féminine, où l'influence de Rahel est
visible ; mais Laube parlait avec modération, au nom de
l'art et de la beauté, sans faire aucune allusion à la situation
sociale ou politique. Dans ses *Moderne Charakteristiken* (4),
Laube montrait la même prudence : on ne dirait pas qu'il
a recueilli sous ce titre une partie des articles de l'*Elegante Zeitung* (5), tant le ton est différent ; il a beaucoup
élagué, beaucoup ajouté aussi, mais en évitant toute polémique ; il voulait seulement « orienter (6) et rapprocher ».
Cet ouvrage est un coup d'œil rapide sur le mouvement

---

(1) V. Lettre de Gutzkow à Büchner du 20 septembre 1835 (*Euphorion*, 3. Ergänzungsheft, 1897).

(2) V. L. W., I, 291-295. Geiger, 125-126 ; Houben, *Gutzkow-Funde*, 48.

  · (3) *Liebesbriefe*. Leipzig, O. Wigand, 1835. Gutzkow parle de ce
roman au n° 25 du *Literaturblatt* du *Phœnix*, 27 juillet ; il appelle Laube
« unendlich liebenswürdig und abscheulich kokett ». Les *Liebesbriefe*
n'ont pas paru dans les Œuvres complètes de Laube.

(4) *Moderne Charakteristiken*, von H. Laube. 2. Bd. Mannheim,
Löwenthal, 1835. Cet ouvrage n'a pas été recueilli dans les Œuvres
complètes de Laube.

(5) V. L. W., I, 295. *Charakteristiken*, I, Einleitung, p. IX.

(6) *Charakteristiken*, I, Einleitung.

littéraire contemporain. Quelques aperçus sont nouveaux pour l'époque : Laube a le mérite très grand d'être avec Wienbarg un des premiers qui aient rendu justice à Gœthe sans l'admirer par esprit de coterie, et qui aient su remettre en valeur le *Wilhelm Meister* (1), si décrié depuis les critiques de Novalis et de Menzel ; il écrit sur Varnhagen (2) et Bettina (3) de jolies pages ; il fait au romantisme français, à Victor Hugo et à Eugène Sue, une large place (4), une plus large encore à Bulwer (5), l'auteur d'*Eugène Aram* et de l'*Angleterre et les Anglais*, « esprit politique, pratique et pénétrant », qu'il trouve digne de balancer en Allemagne l'influence des romanciers français. Ce qui marque chez Laube un véritable besoin d'apaisement, c'est le jugement qu'il porte sur les trois grands journalistes du temps : Menzel, Gutzkow et Mundt. Menzel (6) est, dit-il, une importante figure : il a chassé le bavardage de la littérature, apporté de la sincérité et de la vie dans la critique, détruit plus d'une idole ; mais lui-même est resté enfermé dans des catégories ; c'est moins un esthéticien qu'un patriote, toute spéculation nouvelle lui est devenue odieuse, et son journal le *Morgenblatt* a, par suite, perdu de son prestige. C'est Gutzkow qui prend la place du critique de Stuttgart ; mais il attire l'attention du public surtout par la rudesse de ses attaques ; « il chevauche (7) sur le champ de bataille ténébreux et aban-

---

(1) *Ouvrage cité*, II, 405 et suiv.
(2) *Ouvrage cité*, II, 23, 288.
(3) *Ibid.*, II, 170 et suiv.
(4) *Ibid.*, II, 188 et suiv.
(5) *Ibid.*, p. 355 et suiv.
(6) *Charakteristiken*, II, 18 et 238-253.
(7) « Nur Gutzkow reitet noch auf dem finstern und verlassenen Schlachtfelde herum, lässt einige Todte begraben, verhöhnt die Blessirten welche Wunden auf dem Rücken tragen, schlägt hie und da ein Gelächter auf, was in der dunklen Einsamkeit schauerlich genug klingt » (*Charakteristiken*, II, 6).

donné, fait enterrer quelques morts, se raille des blessés qui portent une blessure dans le dos, pousse çà et là un éclat de rire, qui, dans la solitude sombre, retentit assez sinistrement ». Mundt, dans le *Zodiaque* (1), fait preuve d'une grande activité intellectuelle, mais il a le tort de ne pas reconnaître les mérites de Heine ; il juge, lui aussi, d'après des sympathies et des inimitiés ; il reste, malgré ses essais de conciliation, un combattant. Le tact, à l'heure présente, serait une vertu ; il est regrettable pour les écrivains modernes qu'ils soient en conflit avec la politique dominante. Ce qui manque, dit Laube en terminant cette chronique littéraire des dernières années, c'est une revue importante qui s'empare du public, réponde à toutes les tendances et à tous les besoins (2).

Gutzkow venait lui apporter cette revue. Il était resté lié avec Laube, à qui il procurait éditeurs et honoraires ; il pouvait espérer sa collaboration. Laube, pourtant, fit attendre son adhésion ; les audaces du *Phœnix* l'effrayaient. « Gutzkow a trop de suffisance, » disait-il dans une lettre à Varnhagen (3).

Mundt, ainsi que Laube, fut invité par Wienbarg et Gutzkow à les seconder dans leur entreprise. Une lettre qu'il adresse à Kühne en fournit la preuve (4) : « la Jeune Allemagne se rassemble maintenant à Francfort-sur-le-Main, dit-il, Wienbarg et Gutzkow désirent très vivement une alliance solide ». Il ajoute qu'il veut s'entendre oralement avec eux, mais que l'épouvantable manque de tact (5) de

(1) *Ouvrage cité*, II, 29.

(2) *Charakteristiken*, II, 33.

(3) V. Lettres à Varnhagen des 11 juillet, 7 août, 1ᵉʳ octobre 1835. (Houben, *Gutzkow-Funde*. p. 48 et 53)

(4) V. Pierson, *Kühne*, p. 35. Les lettres dans le livre de Pierson ne sont pas datées.

(5) « Entsetzliche Taktlosigkeit ».

Gutzkow empêche une union bien étroite de se former. Ce
manque de tact l'arrêta. Mundt s'était déjà plaint à Varnhagen (1) des articles que Gutzkow écrivait sur lui au *Phœnix*.
Il trouvait « malpropre (2) » la préface aux Lettres de
Schleiermacher ; l'apparition de *Wally* l'irrita et l'effraya :
parmi les auteurs de la Jeune Allemagne, il était nommé
à côté de Wienbarg et de Laube ! (3) Si l'on ne voulait pas
se compromettre sans retour,il était grand temps de rompre
ouvertement avec Gutzkow. « Avez-vous lu la *Wally* de
Gutzkow, nouvellement parue ? écrit-il à Varnhagen, le 12
septembre (4) ; c'est une sortie brutale contre le Christianisme et de plus une simple imitation de Heine ». « Je me
suis enfin décidé à faire imprimer sur Gutzkow ma pensée
tout entière, car il ne peut rien sortir d'une alliance entre
moi et cette coterie. » En octobre, il publia au *Zodiaque* (5)
une critique violente de *Wally* ; il attaquait en même temps
Wienbarg et blâmait l'entreprise de la *Deutsche Revue*.
Telle était la première réponse de la Jeune Allemagne de
Berlin à la Jeune Allemagne de Francfort.

Parmi les écrivains en renom, il y en avait deux surtout
que Gutzkow aurait voulu pour collaborateurs, Börne et
Varnhagen. Leurs opinions étaient très différentes, mais
leur influence était grande et pouvait contribuer beaucoup
au succès de la Revue. Dès le 14 décembre 1835, Gutzkow
écrivit à Börne (6) : il lui disait toute l'admiration qu'il
éprouvait pour son caractère et son talent, combien aussi il

(1) 23 avril 1835 ; voir Houben, *Gutzkow-Funde*.
(2) « Schmutzig ».
(3) G. W., IV, 251.
(4) V. Houben, *Gutzkow-Funde*, p. 51.
(5) V. *Zodiaque*, p. 281 et 283. Mundt cite ces articles dans le *Freihafen*, 1840, 4. Heft., p. 261. V. aussi Houben, *Gutzkow-Funde*, 46.
(6) V. deux lettres de Gutzkow à Börne publiées par Houben
(*Frankfurter Zeitung*, n° 252, 11 sept. 1901).

désirait son appui. La réponse (1) que Gutzkow reçut ne devait pas être pleine de promesses, car dans une seconde lettre du 2 octobre 1835, il insiste à nouveau pour obtenir une collaboration régulière. Börne, sans doute, ne lui répondit plus. Il approuvait l'idée de fonder une revue, mais il ne voulait pas s'unir à cette École nouvelle qu'il connaissait très peu (2); ce qu'il entendait répéter de l'immoralité et de l'impiété des jeunes auteurs le froissait dans ses convictions. Il le déclare dans une lettre à Menzel avec lequel il était encore (3) en correspondance : « Je partage tout à fait votre aversion pour les écrits immoraux et irréligieux, mais je crois que si Gutzkow et Wienbarg veulent servir aux Allemands des excréments de Voltaire, ils n'auront pas beaucoup de convives (4) ».

Pour gagner Varnhagen (5) à sa cause, Gutzkow comptait sur l'intervention de Laube. Celui-ci ne recommanda pas très chaudement la *Deutsche Revue*, et mit Varnhagen en garde contre les imprudences de Gutzkow (6). On n'a pas

---

(1) On n'a pas la réponse de Börne, mais il répondit, comme le prouve la deuxième lettre que Gutzkow lui envoie.

(2) V. Gutzkow, *Börne's Leben*. G.W., XII, 383-384.

(3) Il était en correspondance avec Menzel depuis 1827 ; v. G. W., XII, 335.

(4) 12 novembre 1835. Lettre citée par Menzel dans ses *D nkwürdigkeiten*, 1877 (2ᵉ Liv., Chap. IV, p. 504) et par Holzmann, *L. Börne*, 330. « Ich theile ganz Ihren Abscheu vor den sittenlosen und glaubenschänderischen Schriften, glaube aber, wenn Gutzkow und Wienbarg den Deutschen Voltaires Excrements auftischen wollen, werden sie nicht viel Gäste bekommen ». — V. aussi L. Börne, *Gesammelte Schriften* (édition Klaar), VIII, 219. *La Jeune Allemagne.* « Quand on a la conscience de sa jeunesse, on est déjà très vieux — ils croient être au port et déchirent les voiles qui ont poussé leur esprit. » (Pensée écrite en français).

(5) V. Houben, *Gutzkow-Funde*, p. 51 et suiv.

(6) Lettre du 1ᵉʳ oct. 35. Houben, *Gutzkow-Funde*, p. 53.

la réponse de Varnhagen, mais on peut juger de ce qu'elle fut par une lettre que Gutzkow lui adressa le 7 octobre 1835 (1). Sans doute, Varnhagen s'était permis de lui donner des conseils de modération et de tact ; Gutzkow fut blessé et le fit sentir. Il y a de la hauteur et de l'ironie dans sa lettre ; loin de s'incliner comme la plupart des écrivains devant l'autorité de Varnhagen, il parle d'égal à égal : « Tous les jeunes auteurs qui, par suite de leurs relations avec vous, ont une prudence précoce, me reprochent sans cesse mon manque de ménagements envers amis et ennemis ». « On dit que je suis pénétré d'un tel instinct inné de sincérité que j'exprime tout ce qui du cerveau me glisse sur la langue. Je me réjouis de cette manière de me caractériser, elle exprime bien toute ma nature, et fait ma fierté. » Il appelle ces auteurs « le parti du *Zodiaque* ». Il demande à Varnhagen ce qu'il admire chez Mundt, Kühne et Laube — « pour parler des siens. » Il avoue n'avoir trouvé chez eux jusqu'ici qu'impuissance totale et que grimace. Malgré les avertissements et les conseils, il ne se corrigera donc point ; les Allemands s'habitueront à sa franchise ; « la persévérance, le sérieux, une volonté sainte leur en imposent », et Gutzkow sait qu'il possède ces qualités. « Je vous ai, Monsieur, dit-il en terminant, laissé jeter un coup d'œil dans mes pensées les plus intimes ; ... je ne suis pas vain ; je sais que je n'ai rien fait, mais je vois mon avenir... »

De tous les jeunes écrivains, aucun n'était capable de cet accent de sincérité et de fierté, aucun n'ayant une si ardente conviction. Mundt, qui, au mois d'octobre, vint voir Gutzkow (2) à Francfort, admirait tant de sérieux et de profon-

---

(1) Houben, *Gutzkow-Funde*, 55.

(2) V. Houben, *Gutzkow-Funde*, p. 59, 60-61. — Depuis cette visite, Mundt a parlé de Gutzkow dans le *Zodiaque* avec plus [de bienveillance. V. *Zodiaque*, p. 359 (novembre), p. 451 (décembre).

deur, mais s'étonnait d'une audace qui se plaisait à braver les hommes et la divinité.

Gutzkow était alors engagé dans une lutte qui redoublait son énergie. Le 11 septembre, le jour même où la *Deutsche Revue* était annoncée dans l'*Allgemeine Zeitung*, paraissait au *Morgenblatt* un article de Menzel contre Gutzkow et la Jeune Allemagne. Menzel avait été blessé au vif de quelques critiques du *Phœnix* reproduites et aggravées par Laube dans ses *Charakteristiken*. Il sentait son influence diminuer ; la fondation d'une revue littéraire en face de la sienne mit le comble à son irritation. Il profita du scandale que déjà provoquait *Wally* pour dénoncer l'immoralité du roman et les tendances qu'il semblait représenter (1). C'était le premier épisode d'une longue querelle autour de *Wally*, misérable par les procédés mis en œuvre et les injures prodiguées, mais importante dans ses principes et dans ses conséquences. La lutte de Menzel contre Gutzkow montre, à l'état aigu, le conflit entre le spiritualisme de 1813 et le matérialisme de 1830, entre le nationalisme et le cosmopolitisme, entre l'idéologie teutonique et le mouvement social d'une époque nouvelle. Menzel, qui avait applaudi aux premiers écrits de Heine, s'était séparé de lui quand il avait senti dans son œuvre une tendance morale d'origine française (2) ; il venait d'écrire sur *L'esprit de l'histoire* un livre qui marquait l'inquiétude que lui causaient les doctrines saint-simoniennes (3) : il lui semblait déjà voir l'humanité s'effondrant dans la boue et le sang.

Dans le flot d'injures (4) que Menzel, au *Morgenblatt*, déversa contre Gutzkow et la Jeune Allemagne, génération

(1) V. *Literaturblatt* du *Morgenblatt*, 11 sept. 1835.

(2) V. *Literaturblatt* du *Morgenblatt*, 11 juillet 1834. *Der Salon*, v. H. Heine.

(3) V. Menzel, *Geist der Geschichte*, 1835, p. 97, et *Rückblicke*, de Gutzkow, p. 147.

(4) *Literaturblatt* du *Morgenblatt*, 11, 14, 28 sept., 19 oct. 1835.

d'athées, d'énervés et de débauchés qui prétendait au moyen d'une grande Revue diriger l'opinion, il y a deux accusations qui sont importantes à relever, parce qu'elles ont fait condamner la jeune École et que depuis elles ont servi de thème à tous ses détracteurs : la Jeune Allemagne fait de l'immoralité une religion, — la Jeune Allemagne est française et juive par ses origines (1).

C'est contre ces deux griefs que Gutzkow défendit son roman, *Wally die Zweiflerin* (2). Il n'avait pas, disait-il, pris dans ce livre plus de libertés que Tieck, Byron, Shelley, George Sand dans leurs écrits. Des théologiens, Paulus et Wegscheider avaient en religion plus d'audace que lui. Il n'avait pas voulu ruiner le christianisme, mais le mettre en harmonie avec les dispositions et les besoins du présent.

Parler ainsi, c'était fournir contre son œuvre de nouvelles armes. Gutzkow aurait agi avec plus de prudence en ne répondant pas à Menzel, mais il ne pouvait se taire quand on attaquait en même temps que son roman la Revue qu'il voulait fonder : « Il est temps, écrivait-il à Büchner (3), de réviser enfin la position de Menzel et de contrôler les Annales politiques qu'il a écrites depuis bientôt dix ans..... Dans quelques jours paraîtront des brochures de moi et de Wienbarg. »

L'un de ces opuscules (4) est à la fois une réponse à

(1) V. Houben, *Gutzkow-Funde*, p. 195.

(2) Voir : a)*Vertheidigung gegen Menzel*. Cette défense a paru dans l'*Allgemeine Zeitung*, 1835, n° 262 ; b) *Appellation an den gesunden Menschenverstand*, von K. Gutzkow. Frankfurt-am-Main, 1835. Cet opuscule a été recueilli dans les Œuvres complètes de Gutzkow. — V. G. W., IV, 364.

(3) 28 septembre. V. *Euphorion*, 1897.

(4) L'une de ces brochures est *Die Vertheidigung gegen Menzel*, mentionnée plus haut ; l'autre s'appelle *Menzel und die junge Literatur*. Cette dernière a été écrite par Gutzkow et Wienbarg. → V. *Rückblicke*, p. 144-145.

Menzel et le programme de l'École nouvelle. C'est en opposant au *Morgenblatt* la *Deutsche Revue* que Gutzkow et Wienbarg indiquent la voie qu'ils vont suivre ; le titre déjà l'indique : *Menzel und die junge Literatur ; Programm zur Deutschen Revue.* Toute la haine de Menzel contre *Wally*, disait ce « Programme », vient de ce qu'il voit grandir une influence qui va lui dérober la direction des esprits (1), certes, elle est plus forte que lui l'École littéraire qui porte le nom plein d'espérance de Jeune Allemagne ; elle a des attaches à Berlin, à Leipzig, à Francfort, à Hambourg, des sympathies dans toute la nation (2) ; elle a aussi, et ne s'en cache pas, des relations avec la littérature moderne des Français et des Anglais. Sa Revue unira les pensées du peuple et les recherches des savants (3); elle sera pour l'Allemagne ce que la *Revue de Paris* et la *Revue des Deux-Mondes* (4) sont pour la France, à la fois un livre et un journal.

Après l'apparition de ce manifeste (5), la lutte redoubla entre Stuttgart et Francfort. Le *Morgenblatt* est, en octobre, rempli du nom de la Jeune Allemagne ; une troisième attaque directe contre Gutzkow est bientôt suivie d'une critique acerbe des *Æsthetische Feldzüge ;* le 26 encore, Menzel, dans un article, établit l'influence pernicieuse de Wienbarg sur Gutzkow. Par contre, à Francfort, Gutzkow se hâte d'organiser la *Deutsche Revue* (6). Il a pour lui König, Lewald, Büchner ; il a gagné les sympathies de quelques hommes de science, professeurs des Universités ; il est en de meilleurs termes avec Mundt ; il renouvelle ses démarches auprès de

(1) *Menzel und die junge Literatur,* p. 19.
(2) *Ibid.,* p. 21.
(3) *Ibid.,* p. 22.
(4) *Ibid.,* 25.
(5) 6 octobre.
(6) V. *Rückblicke,* p. 144-145.

Varnhagen (1). Dès qu'il croit pouvoir compter sur les adhésions des écrivains libéraux, il publie à l'*Allgemeine Zeitung* (2), le 29 octobre, la liste (3) de ses collaborateurs. Cette liste s'ouvrait sur les noms de Heine et de Börne ; elle comprenait des publicistes, parmi lesquels Laube et Mundt, des hommes de lettres, tels que Varnhagen, Lewald, Veit et Spazier, des romanciers et des dramaturges comme König, Grabbe et Büchner, des professeurs d'Universités, entre autres Gans, Hotho, Ulrici, Rosenkranz, Trendelenburg. Certains, parmi ces collaborateurs, par exemple Heine et Börne, n'avaient rien promis, d'autres, comme Varnhagen, hésitaient encore, mais, dans la lutte engagée contre Menzel, Gutzkow avait besoin d'aller vite et de frapper un grand coup ; il crut de bonne guerre de payer d'audace.

Or, il ne fit que précipiter par là le dénouement que cherchait son adversaire. Menzel s'efforçait depuis longtemps de faire intervenir dans cette querelle les pouvoirs politiques. Il savait quelle était sa force lorsque, répétant incessamment le nom de *Junges Deutschland*, il dénonçait le cosmopolitisme et le judaïsme de cette ligue nouvelle. Les gouvernements n'étaient que trop disposés à prendre ombrage d'une association d'esprits libéraux dans le Sud de l'Allemagne, alors qu'en Suisse s'organisait une *Giovine Europa* et que des réfugiés allemands se réunissaient à Berne sous le nom de *Jung Deutschland* (4). La Prusse sur-

---

(1) V. Lettres à Varnhagen du 7 octobre et du 28 octobre (Houben, *Gutzkow-Funde*, 56-68). — « Wir haben Zusagen von Fakultätsmännern » écrit Gutzkow à Varnhagen. Houben, *Gutzkow-Funde*, p. 59.

(2) *Allgemeine Zeitung. Ausserordentliche Beilage*, n° 430.

(3) V. Geiger, 129-130.

(4) V. Proelss, p. 640, 650 et suiv. Proelss a étudié de très près cette intervention des gouvernements, surtout à l'aide des lettres de Nagler, Kelchner et Rochow. — Voir : a) *Briefe Naglers an J. A. Kelchner*, herausgegelen von Dr. Ernst Kelchner und Prof Karl Men-

tout devait être inquiète en voyant se former en dehors d'elle un groupement qui menaçait de prendre la direction intellectuelle de l'Allemagne ; rien ne pouvait lui sembler plus dangereux qu'une Revue qui prétendait unir la pensée populaire et la pensée scientifique. Dès le 24 septembre (1), *Wally* avait été interdite en Prusse pour diffamation contre le christianisme ; le 2 octobre (2), les *Wanderungen durch den Thierkreis* avaient été également frappées par la censure, parce qu'elles répandaient la haine contre la société riche et le clergé (3). Dans le courant du même mois, Rochow vint à Stuttgart ; il eut une entrevue avec Menzel (4), lui proposa de devenir directeur d'un journal prussien, et l'informa qu'on allait agir contre la Jeune Allemagne. Une lettre de Menzel prouve bien son entente avec Berlin (5) : il avait espéré un instant trouver en Mundt un allié ; lorsqu'il le vit se rapprocher de Gutzkow, il lui écrivit ces paroles d'avertissement : « Bientôt, dans quelques semaines, vous regret-

delssohn-Bartholdy, (Leipzig, 1869, Brockhaus); *b*) *Briefe des königlich-preussisch Generals und Gesandten Theodor Heinrich Rochus von Rochow an einen Staatsbeamten*, herausgegeben von Dr. Ernst Kelchner und Prof. Karl Mendelssohn-Bartholdy, (Francfort, 1873, Sauerländer).

(1) Geiger, 58.

(2) Geiger, 66.

(3) Hengstenberg ne cessait d'attaquer la Jeune Allemagne dans l'*Evangelische Kirchenzeitung* (24, 25 oct. 1835). — V. Prœlss, 630, et Pierson, *Kühne*, p. 39.

(4) V. Menzel, *Denkwürdigkeiten*, 2ᵉ Liv., Chap. IV (Wachsende Corruption der schönen Literatur und mein Kampf dagegen). — V. aussi Prœlss, 666, et Houben, *Gutzkow-Funde*, p. 62.

(5) Geiger suppose que Menzel fut aussi en rapport avec Metternich ; il se fonde sur une lettre de Metternich au prince de Schöneberg, ambassadeur autrichien à Stuttgart (V. Geiger, p. 136). Cette lettre est datée du 2 décembre 1835 : on ne peut tolérer, disait Metternich, des romans qui veulent répandre dans la foule des idées que les plus libéraux eux-mêmes désapprouvent.

terez de n'avoir pas mis à profit l'occasion qui vous était offerte de gagner, par une attitude digne à l'égard des Francfortois, les sympathies les meilleures et les plus solides du monde cultivé » (1). Mundt, en effet, ne tarda pas à savoir de quel danger il était menacé : « Tzschoppe a lu toutes nos lettres, écrit-il à Kühne. Il veut anéantir toute la Jeune Allemagne (2). »

La Prusse avait en silence commencé le procès de la Jeune Allemagne ; elle le remit aux mains de Metternich et, le 29 octobre, la diète fédérale s'occupa du « scandale littéraire ». Avant même que la diète eût rien décidé, le 14 novembre (3), Rochow faisait interdire tous les ouvrages qui avaient paru ou allaient paraître chez Löwenthal ; il condamnait tous les écrits de Gutzkow, Wienbarg, Laube et Mundt. Le roi de Prusse, qui avait lu *Wally* (4), écrivit personnellement au duc de Bade et le pria d'intervenir dans ses États : le 18 novembre, la Revue était frappée d'interdit (5) ; le 24, le gouvernement lançait un décret contre la Jeune Allemagne; le 30, Gutzkow était arrêté à Mannheim.

Le 3 décembre, la diète fédérale se réunit, et le résultat de sa délibération fut le décret du 10 contre la Jeune Allemagne (6) : l'École littéraire à laquelle appartenaient

(1) La lettre est antérieure à la visite de Rochow. — V. *Freihafen*, 1840. 4. Heft, p. 269.

(2) V. Pierson, *Kühne*, p. 38.

(3) Houben ; le 11 nov., dit Geiger.

(4) V. Pierson. *Kühne*. p 39.

(5) Le premier numéro de la *Deutsche Revue* était préparé. Les épreuves se trouvent à la Bibliothèque de la ville de Francfort. Elles contiennent *Bernadotte* de K. Gutzkow, *Elbe und Nordsee* de Wienbarg et un article de Gutzkow sur le mouvement littéraire en 1835. Ainsi Gutzkow n'avait encore rien reçu des collaborateurs de la Revue. Voir notre édition de la *Deutsche Revue*, dans les *Deutsche Literaturdenkmale des 18. und 19. Jahrhunderts*, Berlin, 1904.

(6) V. ce décret dans Pierson, *G. Kuhne*, p. 32-33.

notamment H. Heine, K. Gutzkow, H. Laube, L. Wienbarg
et Th. Mundt était déclarée dangereuse au plus haut degré,
parce que, s'élevant contre le christianisme et les conditions
sociales existantes, elle exerçait son influence dans toutes
les classes de lecteurs ; chacun des États allemands était
tenu de poursuivre les auteurs, éditeurs et imprimeurs de
la Jeune Allemagne, d'appliquer rigoureusement contre eux
les lois sur l'abus de la presse ; la diète frappait d'interdit
tout ce que les cinq auteurs désignés avaient écrit, elle
condamnait d'avance tout ce qu'ils écriraient.

CHAPITRE VII

LES CONSÉQUENCES IMMÉDIATES DU DÉCRET DU 10 DÉCEMBRE

I. — Il crée la réputation de la Jeune Allemagne. — La Jeune Allemagne ne fut pas une conjuration politique. — La Jeune Allemagne jugée en France en 1835 et 1836 : par Börne, du point de vue politique ; par Heine, du point de vue social ; par Quinet, du point de vue économique.

II. — Désertion de tous les collaborateurs de la *Deutsche Revue*. — Gutzkow en prison ; son procès. — Conséquences du décret : matériellement, elles sont très grandes ; intellectuellement, elles sont nulles. — Gutzkow reste le véritable représentant de la Jeune Allemagne. — *Gedanken im Kerker*.

I

Le décret du 10 décembre 1835 devait détruire la Jeune Allemagne : on peut dire qu'il l'a créée (1). Entre les cinq écrivains qu'il frappait il n'y avait pas de solidarité avant l'arrêt ; il y en eut ensuite bien moins encore ; mais, de ce jour, l'opinion publique les groupa ; ils eurent une réputation commune qui devint européenne, une doctrine qui leur fut prêtée à tous sans distinction. « La frivolité de Laube, écrira Gutzkow (2), fut accordée à ceux qui la réprouvaient,

(1) V. Gutzkow, *Jahrbuch der Literatur*, 1839, p. 85 ; Laube, *Literatur*, IV, 97 ; et le journal *Die Gegenwart*, 1879, p. 395. « Der Bundestag machte durch sein Einschreiten eine « Schule » daraus » — écrit Gutzkow.

(2) *Jahrbuch der Literatur*, 1839, p. 68.

.et de même la théorie de Mundt sur l'émancipation des femmes parut être celle d'écrivains qui n'avaient prêté à cette tendance qu'une attention d'un instant. » Chacun d'entre eux souffrit de ce rapprochement, chacun, par prudence ou par orgueil, se défendit maintes fois d'une communauté de principes et de vues ; leurs noms, malgré tout, restèrent unis, enveloppés dans le même jugement, et entrèrent ainsi dans l'histoire.

Devant un décret si sévère, on crut d'abord dans toute l'Europe à une conjuration politique : les feuilles officielles allemandes parlaient de complot, d'alliance avec l'étranger ; le bruit s'en répandit et passa les frontières.

Cette entente politique, chacun des écrivains de la Jeune Allemagne l'a niée (1), et nous pouvons facilement les croire après avoir vu combien ils eurent de peine à se rencontrer sur le terrain littéraire. Varnhagen, questionné (2) à ce sujet par Metternich, put répondre sans crainte que la Jeune Allemagne n'avait rien de commun avec la Jeune Italie. Il n'y avait pas dans la Jeune Allemagne de clauses secrètes ; aucun des cinq n'était en relation avec l'étranger. Laube s'était depuis deux ans écarté de la politique, Mundt, toujours, l'avait dédaignée, Wienbarg était démocrate mais peu capable d'activité, Heine, à Paris, ne fréquentait pas les réunions démagogiques. Gutzkow seul, dont le *Morgenblatt* dénonçait le républicanisme (3), aurait pu être mêlé au

---

(1) V. Laube, *Erinnerungen;* Gutzkow, *Rückblicke;* Mundt, Lettres à Kühne (dans le livre de Pierson); Geiger, 225-239; Franzos, *Büchner,* p. 384.

(2) V. *Varnhagens Nachlass* (1865), p. 117, et Houben, *Gutzkow-Funde,* p. 75.

(3) V., sur le républicanisme de Gutzkow à cette époque, *Gedanken im Kerker (Jahrbuch,* 1839, p. 75). « Die Republik ist die beste Staatsform; denn in ihr ist alles gleich ; aber Gott muss sie geben, Menschen können es nicht. »

mouvement politique ; mais il semblait, depuis les fêtes de Hambach, ne vouloir agir que par ses écrits ; il ignorait, quand il connut Büchner, que celui-ci fît partie d'une société secrète, il lui conseillait de se donner tout entier à la littérature et de ne pas entrer en relations avec les Allemands réfugiés en Suisse (1).

Ce qui reste des Actes de la Commission d'instruction siégeant à Mayence (2) ne révèle aucune entente entre la Jeune Allemagne littéraire de Francfort et la Jeune Allemagne politique qui s'était formée à Berne (3). Des cinq auteurs, Laube est seul inscrit aux registres de la Commission ; c'était le seul aussi qui fût poursuivi politiquement, mais pour avoir pris part à la *Burschenschaft*. Il n'y eut pas non plus d'accord entre la *Deutsche Revue* de Gutzkow et la *Jeune Suisse*, de Weingart, journal rédigé à Bienne, l'un des organes de Mazzini : jamais la *Jeune Suisse* ne mentionna la nouvelle École littéraire allemande ; elle annonça seulement, en janvier 1836 (4), comme la plupart des journaux de l'Europe, la proscription de la Jeune Allemagne. Les gouvernements, malgré leur inquiétude, durent vite renoncer à retrouver les fils cachés d'un complot qui n'avait jamais existé ; l'opinion publique ne fut pas longtemps la dupe de ces bruits de conjuration.

En France, Börne, dans quelques articles de la *Balance* (5), fit justice de ces rumeurs. Il n'aimait pas les tendances sociales de l'École nouvelle, mais, du moment où il la vit condamnée par les pouvoirs politiques, il prit parti pour elle

(1) Lettre de Gutzkow à Büchner, 10/6, 36. V. *Euphorion*, 1897 (Drittes Ergänzungsheft.)

(2) V. Geiger, 242. Ces Archives ont été en partie brûlées en 1848.

(3) Le livre de Wilhelm Marr, *Das junge Deutschland in der Schweiz*, 1846, ne révèle également aucun rapport entre la Jeune Allemagne littéraire et la Jeune Allemagne politique.

(4) Le 20 janvier.

(5) Journal fondé par Börne, rédigé en français et en allemand.

et contre celui qui la dénonça (1). « Cette affaire de la Jeune Allemagne, écrivait-il à la *Balance* en janvier 1836, est l'un des événements les plus importants et les plus significatifs qui se sont (2) passés en Allemagne depuis vingt ans. Les journaux français s'en sont occupés, mais se sont contentés de répéter les journaux censurés de l'Allemagne, en racontant à leurs lecteurs que la Jeune Allemagne était une association secrète. Il n'en est absolument rien (3). »

Börne ramenait la question politique à ses justes proportions. « En Allemagne (4), toutes les fois que trois personnes émettent les mêmes opinions, la terreur s'empare aussitôt des trente-quatre princes et des quatre-vingt-dix ministres dont Dieu a gratifié le pays ; ils rêvent association, conspiration, révolution et subversion, et ils s'arment de tout leur pouvoir pour dissoudre la trinité dangereuse. » Or, il est arrivé qu'un jeune auteur écrivit un roman dont l'héroïne, « passablement niaise d'ailleurs », est suspecte d'athéisme ; le livre est si ennuyeux « qu'il aurait suffi pour changer Voltaire en dévôt (5) » ; mais les gouvernements, avertis par Menzel, prirent peur, et « ce fameux roman servit d'attentat Fieschi à la diète de Francfort ». Au cri de détresse poussé par Menzel, dénonciateur, antisémite et gallophobe, ce jeune auteur a été emprisonné, tous ses ouvrages ont été condamnés pour l'éternité, et, avec lui, ont été frappés cinq ou six autres écrivains. « On se demandera si la sérénissime diète a perdu la raison (6). »

(1) V. *La Balance*, janvier 1836, *Gallophobie de M*^r *Menzel*; mars 1836, *Wally*, de *Gutzkow*.

(2) *Sic.*

(3) *Gallophobie de M. Menzel*. B. W., VII, 368.

(4) *Id.*

(5) *Wally la Sceptique*. B. W., VII, 399.

(6) B. W., VII, 403. — Menzel répondit à Börne au n° 37 du *Literaturblatt*, 11 avril 1836, *Herr Börne u. der deutsche Patriotismus*. — V. Gutzkow, *Börne*. G. W., XII, 400. — Holzmann, *Börne*, 340.

Cela prouve simplement, ajoutera Börne dans son pamphlet contre Menzel *(Menzel der Franzosenfresser)*, que les gouvernements sont encore les maîtres, et qu'il n'est pas permis, pour lutter contre eux, de négliger la politique. Il rappelle que l'auteur de ce roman, Gutzkow, lui a reproché dans un article du *Phœnix* (1) de faire de la « question des rois » la plus importante de l'époque ; mais, reprend-il (2), qu'est-ce que Gutzkow a gagné à ne plus parler de politique, à ne traiter que de philosophie, de religion, de morale et autres choses qui ne concernent point les princes ? On l'a jeté en prison ; ses amis ont été dispersés, et penser même lui a été interdit.

Un tel raisonnement dans le cas présent n'était que trop juste. Börne se trompait pourtant quand il attendait d'une action politique la solution de tous les problèmes sociaux ; il ne voyait pas que la révolution politique devait être préparée par une révolution morale, et, de même qu'il était passé à côté du Saint-Simonisme sans en mesurer la portée, il ignorait le mouvement social qui s'accomplissait en Europe.

Heine, qui s'était inspiré dans son œuvre de la pensée Saint-Simonienne, pouvait mieux que Börne dire quelle était la véritable valeur de l'École nouvelle. Il l'avait vue se former, il connaissait Wienbarg (3), pour l'avoir rencontré à Hambourg en 1830, il était en correspondance avec Laube, lisait les écrits de Gutzkow. Quand son nom eut paru parmi ceux des collaborateurs de la *Deutsche Revue*, il écrivit à Laube le 23 novembre (4) qu'on le regardait à tort comme le protecteur de la Revue, mais qu'il acceptait d'être patron de la Jeune Allemagne.

(1) *Literaturblatt.*, 25-27, juin 1835.
(2) *Menzel, der Franzosenfresser.* B. W., VI, 295-296.
(3) V. Strodtmann, *Heines Leben*, I, 616. — Wienbarg, *Wanderungen durch den Thierkreis*, p. 147. — Varnhagen, *Nachlass* 1865. p. 211.
(4) V. Heine, *Correspondance.*

Il faisait alors paraître chez Hoffmann et Campe (automne 1835) (1), sous le nom de *Romantische Schule*, une édition nouvelle de son livre sur la littérature allemande. Il y avait ajouté quelques pages sur la Jeune Allemagne. Ce sont les premières qui aient été écrites dans un ouvrage littéraire sur l'École nouvelle ; elles sont aussi parmi les plus importantes ; si leur auteur s'abuse parfois sur la valeur des écrivains dont il parle, il donne du mouvement jeune allemand une exacte définition. « Les écrivains de la Jeune Allemagne, dit Heine (2), ne font pas de différence entre vivre et écrire ; ils ne séparent point la politique de la science, de l'art, de la religion ; ils sont en même temps artistes, tribuns et apôtres. » Ce sont des apôtres ; une foi nouvelle les anime d'une passion dont les écrivains de la période précédente n'avaient pas idée, et cette foi, c'est la croyance au progrès, croyance qui naquit de la science. « Nous avons mesuré les contrées, pesé les forces de la nature, calculé les ressources de l'industrie, et, voyez, nous avons trouvé que cette terre est assez grande, qu'elle offre à chacun un espace suffisant pour y bâtir la chaumière de son bonheur, que cette terre peut nous nourrir tous convenablement si tous nous travaillons et si l'un ne veut pas vivre aux dépens de l'autre... Le nombre de ces savants et de ces croyants est sans doute encore petit, mais le temps est venu où les peuples seront comptés d'après les cœurs et non d'après les têtes. »

C'est un Saint-Simonien qui parle dans ces pages, et son jugement dans l'ensemble est juste (3) ; mais Heine est entraîné trop loin par le Saint-Simonisme quand il pense que le travail intellectuel et moral suffit pour le présent et

(1) Lettre à Campe, 11 oct. 1835 (v. Heine, *Correspondance*).

(2) H. W., VII, 208.

(3) Heine préfère Laube à Gutzkow parce qu'il se reconnaît dans ses écrits. Mais les événements devaient bientôt montrer quel était dans la Jeune Allemagne le véritable apôtre.

que l'action politique n'est pas nécessaire. Il écrivait à Laube, ce même automne de 1835 (1), qu'il devait séparer nettement la question politique de la question religieuse, qu'il pouvait faire en politique toutes les concessions, que les gouvernements monarchiques ou républicains, les institutions démocratiques ou aristocratiques étaient choses indifférentes « tant que le combat pour les premiers principes de la vie, pour l'idée de la vie même n'était pas encore terminé ».

Heine croyait encore, au moment où il écrivait cette lettre, que les droits de la pensée seraient respectés dans la patrie de Luther. Le décret du 10 Décembre vint lui montrer combien il se faisait illusion. Son nom, et non pas celui de Börne, dont l'influence politique n'était plus à craindre, paraissait en tête de la liste des proscrits ; tous ses ouvrages précédents avaient été interdits par la censure prussienne à mesure qu'ils paraissaient, tous ses ouvrages à venir étaient menacés, un article du décret visait particulièrement la *Romantische Schule* (2), livre guidé par les fantaisies Saint-Simoniennes, tissu de blasphèmes et d'immoralités que Heine ne craint pas d'appeler la religion du monde (*Weltreligion*).

Heine répondit par une lettre à la Diète du 28 janvier 1836 (3). Il réclamait le droit de se défendre, qui avait été accordé même à Luther, et il repoussait le reproche d'immoralité : « Vous m'avez accusé, jugé, condamné, sans m'avoir entendu, sans que nul ait été chargé de ma défense, sans

(1) Lettre du 24 nov. (V. *Correspondance*). Comparer à cette lettre celle que Heine écrivait à Laube le 10 juillet 1833.

(2) Geiger, 32-33.

(3) Cette lettre a été publiée en français aux *Débats* le 30 janvier 1836. (V. Heine, *Correspondance*). — La lettre ne parvint pas à la Diète, dit Geiger (154) d'après Nagler et Elster. — Voir l'avis de Börne sur cette lettre : L. Börne, *Gesammelte Schriften* (édition Klaar), VIII, 217. Börne se raille de Heine « qui se mesure avec Luther ».

que j'aie été cité à comparaître... Aussitôt que vous m'aurez
permis de me défendre, il me sera aisé de démontrer pé-
remptoirement que ma plume a été guidée, non par une
pensée irréligieuse et immorale, mais par une synthèse hautement morale et religieuse, à laquelle, depuis longtemps,
ont rendu hommage, non pas seulement quelques écrivains
de telle ou telle école littéraire désignée sous le nom de
Jeune Allemagne, mais la plupart de nos plus illustres auteurs, tant poètes que philosophes. » Une année après, en
janvier 1837, Heine écrivait, contre la fausse religion et la
fausse vertu, le pamphlet *Ueber den Denuncianten* (1), qui
sert de préface à la troisième partie de ses *Salons* ; il arra-
chait à Menzel, comme il le dit au *Schwabenspiegel* (2),
morceau par morceau, les lambeaux de son patriotisme.

En France encore, au lendemain du décret, Quinet,
mieux que Börne et peut-être aussi avec plus de pénétration
que Heine, comprit ce que valait vraiment la Jeune Allemagne, quel signe des temps elle était, quel renouveau elle
annonçait, et par suite quelle était sa puissance (3). « Qui
croirait, disait-il, que les gouvernements ont traité cette
École comme une ligue de sanglants conspirateurs? Les
coups d'État les plus violents ont été un moment réunis
contre des mystiques épicuriens, qui ne font, après tout,
qu'exprimer les tendances de leur pays. Si l'idéalisme se
met sous la protection des gendarmes, il faudrait faire la
même guerre à l'industrie, aux usines, aux fabriques, à
l'enthousiasme pour les chemins de fer et pour les bateaux

(1) H. W., XII, 29.
(2) H. W., XII, 50. — Voir aussi, parmi les écrits contre Menzel,
David Fred. Strauss. *Streitschriften zur Vertheidigung meiner Schrift
über das Leben Jesu*, 1837, p. 89-247 (*Menzel als Kritiker*). — Strauss
établit une fois de plus que la critique de Menzel repose toujours sur
un principe moral et patriotique.
(3) Quinet, *Allemagne et Italie*, p. 319.

à vapeur, toutes choses qui annoncent de la même manière
la chute du vieil esprit et la domination croissante de la
matière. Mais c'est une ridicule contradiction de persécuter
le système dans les poètes et d'en pratiquer l'application
dans le peuple. »

« Ce cri de l'Allemagne surannée ressemble à la plainte
d'Arioste contre l'invention déloyale de l'arquebuse et de la
poudre à canon. Les vieilles armes sont rouillées et impro-
pres aux combats qui se préparent. Sous la hache bourgeoise
du dix-neuvième siècle, tombent également les forêts de
l'Amérique et les fantastiques ombrages de l'Allemagne.
Il faut en prendre son parti. La question des douanes a remplacé pour tous la question de l'impératif catégorique. »

II

Börne, Heine, Quinet défendant la Jeune Allemagne,
c'étaient les grandes voix qui se faisaient entendre, vouant
au mépris les gouvernements oppresseurs et le nom de
Menzel. Mais, en Allemagne, des auteurs médiocres, Röhmer,
Bacherer, d'autres encore, dont le nom reste digne de l'oubli (1), répétaient à l'envi les accusations répandues par le
Morgenblatt. Les adversaires de la *Deutsche Revue* ne
désarmaient pas, et ses partisans en Allemagne faisaient leur
soumission.

Beaucoup d'écrivains avaient été effrayés de voir, sur la
liste des collaborateurs de la revue, leurs noms rapprochés
de ceux de Heine et de Börne. « Après la confiscation de
Wally, conte Gutzkow dans ses *Rückblicke*, ce fut chez tous

---

(1) On les trouvera tous cités au *Literaturblatt* du *Morgenblatt*.
(V. Houben, *Gutzkow-Funde*, 526). Holzmann (*L. Börne*) compte plus
de 19 opuscules contre Gutzkow. V. aussi Proelss, 682-683.

ceux qui devaient travailler à la Revue un véritable sauve-
qui-peut. Ils s'empressèrent, dans l'*Allgemeine Zeitung*, de
retirer leur adhésion (1) ». Varnhagen fut irrité d'être cité
parmi les collaborateurs (2); il s'en plaignit à Gutzkow, qui
s'excusa de la liberté qu'il avait prise. « D'après votre dernière lettre, je sens, lui écrivait-il (3), que nous aurions dû
avoir égard à votre situation et ne pas vous mettre dans un
troupeau dont beaucoup, marqués d'un trait rouge, ont déjà
tout à redouter. » Varnhagen lui répondit, le 16 novembre
1835 : il disait envoyer à l'*Allgemeine Zeitung* une déclaration établissant qu'il n'avait pas eu l'intention de collaborer
à la Revue, et il priait Gutzkow de ne pas le contredire. Ce
désaveu parut le 23 novembre (4).

Varnhagen avait agi sur les instances du ministre des
Affaires étrangères et de Metternich (5). Dans le même temps
le ministre des Cultes, Altenstein, força les professeurs des
Universités à la même rétractation. Presque tous cédèrent,
Gans (6) et Hotho le 3 décembre, Ulrici le 9, Rosenkranz
le 14; celui-ci déclarait deux ans après à Gutzkow qu'il
n'avait renié sa collaboration qu'à grand regret et pour
conserver son poste à l'Université (7).

Après les professeurs, les journalistes aussi firent défec-
tion (8). Mundt était à Leipzig auprès de Kühne lorsque le
décret parut. Il n'envoya pas à l'*Allgemeine Zeitung* de

---

(1) V. *Rückblicke*, 146.

(2) V. Houben, *Gutzkow-Funde*, p. 71.

(3) Lettre à Varnhagen du 7 nov. 1835 (V. *Gutzkow-Funde*, 71).

(4) *Allgemeine Zeitung*, Ausserordentliche Beilage, n. 476. V. Houben,
Gutzkow-Funde, p. 74, et Geiger, p. 142.

(5) V. une lettre de Metternich à Varnhagen : Varnhagen, *Nachlass*,
1865, p. 117. V. aussi Houben, *Gutzkow-Funde*, p. 75, et Geiger, p. 142.

(6) V. sur Gans, Börne, *Gesammelte Schriften* (édit. Klaar), VIII, 214.

(7) Lettre à Gutzkow du 10 juillet 1837 (citée par Prœlss, 648).

(8) V. Houben, *Gutzkow-Funde*, 65.

rétractation publique, mais il se rendit à Berlin pour faire agir en sa faveur, s'il en était temps encore. « Il n'y a jamais eu accord entre moi et Gutzkow », écrivait-il de Berlin à son ami Kühne (1). Laube montra dans la circonstance encore moins de courage. Il a raconté dans ses *Erinnerungen* (2), avec cet art de dramatiser qui l'entraîne à fausser la vérité, comment il apprit le décret du 10. Il était venu, dit-il, au mois de décembre, de Naumbourg à Leipzig, lorsqu'un matin Mundt, entrant brusquement dans la mansarde qu'il habitait et brandissant un journal, lui annonça qu'une conjuration littéraire et politique avait été découverte, qu'elle répondait au nom de Jeune Allemagne, qu'ils étaient tous deux parmi les conjurés ; s'il faut en croire Laube, vingt-quatre heures après il était à Berlin, et entrait chez Tzschoppe, à qui son audace en imposa. En réalité, comme l'ont prouvé les recherches de Geiger (3), Laube agit avec prudence et soumission. Toutes ces pages de ses Souvenirs sont pure invention. S'il était allé à Berlin, c'est qu'il en avait humblement demandé l'autorisation. Tzschoppe, loin de se laisser effrayer par sa visite, lui demanda d'envoyer à l'*Allgemeine Zeitung* la même déclaration que Varnhagen et les professeurs des Universités. Et Laube, qui le premier avait groupé à l'*Elegante Welt* les forces jeunes, qui même avant Wienbarg avait répandu le nom de Jeune Allemagne, ne rougit point de désavouer publiquement la *Deutsche Revue* (4).

Cependant l'écrivain autour duquel cette tempête se déchaînait était en prison à Mannheim. Les Souvenirs de Gutzkow (*Rückblicke* et *Lebensbilder*), complétés par de

(1) V. Pierson, *Kühne*, 38.
(2) L. W., I, 302 et suiv.
(3) Geiger, 167-168.
(4) Cette déclaration parut en décembre. V. Prœlss, 728.

récentes recherches (1), nous disent dans quelles circonstances il fut arrêté ; quelques lettres révèlent l'impression
qu'il éprouva pendant ses premières journées de réclusion.

On lui avait conseillé de fuir en France comme Börne et
Heine. Il resta (2) parce qu'il venait de se fiancer. Il songeait à se marier, dit-il, au moment où il était accusé de
ruiner la société et le mariage (3). Dans une requête qu'il
adressa au Sénat de Francfort, le 13 octobre, il demandait
le droit de bourgeoisie parce qu'il voulait épouser Amalie
Klönne, la belle-fille (4) du consul suédois, von Freinsheim.
Ce droit de bourgeoisie lui fut refusé (5). C'est à ce moment
qu'il fut cité devant les tribunaux de Mannheim pour
répondre à la plainte portée contre *Wally*. Il se rendit
aussitôt à Karlsruhe, et vint voir le ministre du Grand-Duc
Léopold, « le père Winter », comme il l'appelle, le plus honnête
des hommes d'État, le seul qui eût appliqué intégralement
l'article XIII de l'acte de la Confédération. Winter le reçut
en robe de chambre et la pipe à la bouche (6) : la constitution

---

(1) *Nachklänge aus dem Jahre* 1835, aus den Akten des Grossherzogbadischen Landesarchivs zu Karlsruhe. — V. H. Houben, *Allgemeine
Zeitung* 1901. Beilage, nᵒˢ 205-206.

(2) Après l'interdiction de la *Deutsche Revue*, Gutzkow en fonda
aussitôt une autre à Francfort, seul, sans l'appui de Wienbarg qui,
déjà, avait quitté la ville. Ce furent *Die Blätter für Leben, Kunst und
Wissenschaft*. Cette revue fut interdite dès son deuxième numéro. —
Voir notre édition de la *Deutsche Revue*, dans les *Deutsche Literaturdenkmale des 18. und 19. Jahrhunderts*, Berlin, 1904.

(3) V. Lettre à Büchner du 4 décembre 35. *Euphorion* 1897. —
Lebensbilder, II, 135. — Alex. Weill, *Briefe hervorragender verstorbener
Männer Deutschlands*, 1889. — Introduction aux Lettres de Gutzkow.

(4) La mère d'Amalie Klönne, née Meidinger, avait épousé en
secondes noces le consul suédois. — V. un article de Houben. *Karl
Gutzkows Frankfurter Bürgerrecht* (*Frankfurter Zeitung*, 8 avril 1903,
n° 98).

(5) V. Geiger, 186.

(6) *Lebensbilder*, II, p. 135-138.

badoise, dit-il à Gutzkow, ne permet pas de saisir un livre sans une action judiciaire, mais vous pouvez, sans crainte d'être arrêté, attendre à Mannheim. Malheureusement pour Gutzkow, Winter n'était pas le maître, même en pays de Bade ; plus puissants que lui étaient le baron de Blittersdorf, représentant à Karlsruhe de la Diète fédérale, et M. de Ottenfels, l'envoyé prussien. A peine arrivé à Mannheim, Gutzkow fut mis sous les verrous.

Son interrogatoire, retrouvé par Prœlss (1) aux Archives de Mannheim, prouve que l'on avait retenu contre lui toutes les accusations de Menzel. Il fut tout d'abord traité durement dans sa prison (2). Il était enfermé, dit-il, dans la cellule où déjà avait souffert Jakob Venedey, arrêté après les fêtes de Hambach (3). C'est là qu'il apprit qu'il était sous le coup d'une longue réclusion, que tous ses écrits passés et à venir étaient à jamais interdits, que ses adversaires, loin de désarmer, renouvelaient leurs attaques, que ses amis désertaient sa cause, que Laube lui-même l'abandonnait. Il fut au commencement très abattu (4) ; il écrivait à Mundt sa tristesse, à Wagner (5), journaliste de Francfort, son inquiétude en pensant à la fiancée dont il n'avait point de nouvelles. Il voulait renoncer à toute littérature du jour, ne plus s'occuper que d'ouvrages de spéculation. Il essaya, pour sortir de prison, de faire agir à Berlin et à Karlsruhe ; son père, sans doute à son insu, adressa au ministre, le 31 décembre, une demande en grâce (6).

(1) V. Prœlss, 688-693. — Gutzkow, *Rückblicke*, 151. « *Die schöneren Stunden* » (Stuttgart, 1869), p. 291.

(2) « Die Behandlung war erst massiv. » (Lettre à Büchner. *Euphorion*, 1897).

(3) Venedey était parvenu à s'échapper et s'était réfugié à Paris, où il avait fondé le journal *Der Geæchtete* (1834).

(4) V. Pierson, *Kühne*, p. 42.

(5) V. Prœlss, 696.

(6) V. Geiger, 186.

Mais bientôt il reprit courage. Il était redevenu lui-même lorsqu'il parut devant ses juges, le 12 janvier. Si l'on en croit le récit de Löwenthal rapporté par Prœlss (1), il se défendit au nom de la liberté de penser, invoquant l'exemple de Lessing et de Schiller. Il parlait, sans le savoir, comme Heine dans son adresse à la Diète, mais dans d'autres conditions, et ses paroles pouvaient être pour lui grosses de conséquences (2).

On a le jugement du tribunal de Mannheim. Paulus, le théologien de Heidelberg, l'a conservé dans un opuscule où il relève tous les passages incriminés dans *Wally* (3). Pour diffamation contre la religion et peintures indécentes, Gutzkow était menacé d'une année de réclusion et d'une amende de cent florins ; son éditeur, le docteur Löwenthal, était également inculpé dans l'affaire. La défense s'appuya sur certains passages des écrits de Gutzkow dans sa polémique contre Menzel ; elle dit que l'auteur n'avait pas voulu combattre le christianisme, mais en améliorer l'application pratique, que chacun avait le droit de donner son avis sur la religion, et que d'autres l'avaient fait qui n'avaient pas été poursuivis. Le seul grief qui fut retenu, c'est que Gutzkow avait représenté avec mépris la foi des sociétés chrétiennes. En conséquence, il fut condamné seulement à quatre semaines de prison et au tiers des dépens ; Löwenthal fut acquitté.

Gutzkow n'en appela pas. Il était heureux de ce juge-

(1) Prœlss 711.

(2) Menzel essaya d'agir sur le tribunal qui devait juger Gutzkow. Houben, *Gutzkow-Funde*, 196.

(3) Paulus prend hardiment la défense de Gutzkow (*Motivirtes Urtheil* in Anklagesachen des Staatsanwaltes am Grossherzoglichen Oberhofgerichte und Hofgerichte des Unterrheins gegen Dr Carl Gutzkow aus Berlin und Dr Zacharias Löwenthal in Mannheim, wegen Pressvergehen, 1836).

ment ; n'ayant pas été poursuivi pour raisons politiques, il espérait que la Prusse n'entraverait pas sa liberté. Il écrivait à Büchner, le 6 février (1), qu'on le traitait maintenant avec douceur dans sa prison, qu'il allait en sortir le 10, partir pour Francfort, retrouver sa fiancée ; il donnait comme adresse celle du Consul-général von Freinsheim.

Mais si Gutzkow avait été pour ainsi dire absous par les juges de Mannheim, il restait sous le coup du décret de la Diète. Une loi draconnienne pesait sur lui qui, si elle était rigoureusement appliquée, l'arrêtait pour toujours dans sa carrière d'écrivain.

En Prusse la loi fut strictement observée, aggravée même quelque temps par les mesures les plus sévères (2). La censure redoubla de vigilance : défense de blâmer un souverain prussien, en quelque temps qu'il eût vécu, défense de nommer dans les revues Rahel, Charlotte Stieglitz, coupables d'avoir répandu des idées Saint-Simoniennes ; certains journaux français, le *National*, le *Temps*, le *Constitutionnel*, furent taxés comme des lettres (3), ce qui éleva le prix d'un seul journal à plusieurs centaines de thalers (4). Tous les écrivains libéraux étaient consternés. Varnhagen pensait qu'il fallait cesser d'écrire dans les revues pour montrer que toute activité littéraire était finie en Allemagne. Kühne, « honnête et fidèle (5) », souffrait pour les autres plus que pour lui-même de cet odieux abus de la censure. Il

---

(1) V. *Euphorion*, 1897.
(2) V. Pierson, *Kühne*. Lettres de Mundt de l'année 1836, p. 34, 44, 46.
(3) V. le journal *La Jeune Suisse* (Zurich), n° du 30 janvier 1836.
(4) Heine écrivait à Campe, 14 mars 1836 : « Les Prussiens ont écrit ici à la *Revue des Deux-Mondes* qu'elle serait interdite en Allemagne si elle renfermait quelque chose de moi qui ne fût pas dans leur sens ». Et le 22 mars : « Dégoûtante année, année prussienne ». V. *Correspondance* de Heine.
(5) « Ehrlich und treu ». Voir son portrait, Pierson, *G. Kühne*.

n'avait jamais aimé Gutzkow (1), il avait vivement critiqué *Wally* (2) et n'était point parmi les collaborateurs de la *Deutsche Revue*, mais, après avoir raillé la Jeune Allemagne audacieuse et libre, il voulait être de la Jeune Allemagne humiliée et persécutée (3) ; il pensait comme Börne qui lui écrivait alors : « Nous sommes tous intéressés dans cette affaire : l'Allemagne entière, toute la jeunesse allemande est, dans la personne des cinq, lésée, maltraitée, crucifiée ; aussi c'est notre devoir, notre obligation à tous, en qui est encore une goutte de sang jeune, de nous joindre à eux, afin que la ligue d'une *Jeune Allemagne* s'étende toujours plus (4) ».

Le rôle de victime devenait superbe. Sans doute le gouvernement prussien le comprit, car il ne tarda pas à adoucir les effets d'une condamnation qui ne pouvait être appliquée rigoureusement, et qui, en fait, ne le fut jamais dans les autres États de l'Allemagne (5). Dès le 16 février 1836, une note du ministère prussien interprétait le décret de la Diète (6) : il ne fallait pas empêcher toute activité chez les écrivains de la Jeune Allemagne, seuls les ouvrages non autorisés par la censure prussienne resteraient interdits. C'était revenir au régime qui avait toujours été en vigueur. Mais une censure particulière (7) était organisée pour examiner les ouvrages de la Jeune Allemagne ; celui qui la

---

(1) V. Houben, *Gutzkow-Funde*, 65 et Kühne, *Portraits u. Silhouetten*, 1843 (article sur Gutzkow).

(2) V. *Elegante Zeitung*, 5, 6 octobre 1835 (n°⁸ 186 et 187).

(3) V. Pierson, *Kühne*, p. 33.

(4) Lettre citée par Geiger, p. 241. — Voir, sur les rapports de Kühne et de Börne, Börne, *Gesammelte Werke* (édition Alf. Klaar), VIII, 199. — Kühne n'aimait guère Börne, comme le prouve sa *Quarantäne* et un article du *Zodiaque* de janvier 1835, p. 73.

(5) Geiger, 146. A l'exception de l'Autriche.

(6) V. une note de Varnhagen dans son *Tagebuch* (22 juin). Houben, *Gutzkow-Funde*, 74, et Geiger, 146.

(7) V. Pierson, *Kühne*, p. 34, et Geiger, p. 34.

présidait était le conseiller intime John (1), médiocre et pusillanime, dont le seul mérite était d'avoir été autrefois secrétaire de Gœthe. A ses mains était confié le sort de la Jeune Allemagne, et il resta à ce poste jusqu'en 1848.

Bien précaire était donc la liberté laissée aux cinq écrivains condamnés (2). En Prusse, soumis aux caprices d'une censure mesquine, ils n'étaient jamais sûrs du lendemain ; dans le reste de l'Allemagne, les gouvernements, sous l'influence prussienne, pouvaient toujours agir contre eux ; les éditeurs, le sachant, hésiteraient à imprimer un ouvrage trop audacieux. Tant que le décret de la Diète ne serait pas officiellement rapporté, il serait une gêne incessante.

Or, il ne le fut jamais. A force de démarches auprès du gouvernement prussien, Laube et Mundt (3) obtinrent en 1842 une liberté dont on les savait peu disposés à abuser ; Gutzkow, en 1843. fut délivré du joug qui lui pesait ; mais Wienbarg, qui jamais n'adressa de requête, Heine, qui renouvela ses attaques, restèrent toujours sous l'interdit ; la Diète ne le leva point, et, seule, la révolution de 1848 emporta le décret en faisant disparaître la censure. Matériellement, la Jeune Allemagne eut donc beaucoup à souffrir.

Souffrit-elle aussi intellectuellement ? Sa voix fut-elle étouffée par ce décret ? Il est permis de dire que non.

La *Deutsche Revue* disparut, il est vrai ; mais la manière dont elle s'était formée donne à supposer qu'elle n'aurait pas duré. Il n'y avait point d'entente entre les collaborateurs, point de principes communs ; les liens qui les unissaient étaient si lâches que la division bientôt serait née. Ils auraient agi isolément ; c'est ce que la Diète les força de faire un peu plus tôt. En les dispersant, cette crise révéla

(1) Geiger, 148.
(2) Houben, *Gutzkow-Funde*, p. 74.
(3) V. Pierson, *Kühne*, 33, et Geiger, 211.

leur caractère et leur pensée vraie ; mises à l'épreuve, les volontés faibles plièrent, les convictions robustes résistèrent. Laube sera, après comme avant, critique sans culture très scientifique, agréable conteur, dramaturge de talent sans une pensée profonde ; il abandonnera des principes révolutionnaires, qui semblent n'avoir été chez lui que des fantaisies d'étudiant ; ses récits contiendront moins de bavardages politiques, et n'en vaudront que mieux. Mundt, qui s'était égaré dans le roman psychologique et social, n'y reviendra plus ; il exposera avec ordre et clarté les tendances littéraires de son temps ; esprit conciliant, sans force aucune, il sera ce qu'il avait toujours été, un doctrinaire prussien. Wienbarg, peu actif, peu productif, écrivain seulement par occasion, pensera plus qu'il n'écrira. Kühne, romantique, apparaîtra toujours philosophe dans sa critique, poète dans ses romans. Heine, inconséquent et inquiétant, redeviendra poète sans désarmer contre la Prusse (1).

Mais celui dont la pensée avait depuis quinze ans suivi la marche des événements, travaillé à la transformation politique et sociale de l'Allemagne, qui toujours espérait, qui était une des forces de ce matérialisme dont parle Quinet, celui-là aussi ne pouvait être autre que ce qu'il était aupara-

(1) Börne et Büchner meurent en 1837. Tous les deux d'ailleurs ne partageaient guère les idées de la Jeune Allemagne. V. une lettre de Büchner du 5 janvier 1836 (Franzos, p. 362) : « Ubrigens gehöre ich für meine Person keineswegs zu dem sogenannten *Jungen Deutschland*, der literarischen Partei Gutzkow's und Heines. Nur ein völliges Misskennen unserer gesellschaftlichen Verhältnisse konnte die Leute glauben machen, dass durch die Tagesliteratur eine völlige Umgestaltung unserer religiösen und gesellschaftlichen Ideen möglich sei. Auch theile ich keineswegs ihre Meinung über die Ehe und das Christenthum, aber ich ärgere mich doch, wenn Leute, die in Praxis tausendfältig mehr gesündigt als diese in der Theorie, gleich moralische Gesichter ziehen und den Stein auf ein jugendliches, tüchtiges Talent werfen. »

vant ; Gutzkow montrera plus de modération, mais sa
pensée ne changera pas.

Si la *Deutsche Revue* avait duré, c'est lui qui en aurait
été l'âme. Les principes de cette revue étaient les siens :
union de la science et de la pensée populaire, action politique et sociale sur la masse et par la masse. Il rejette le
nom de Jeune Allemagne, étiquette qui le gêne, mais lui
seul représente la Jeune Allemagne dans sa force et sa
grandeur. « Des écoles de ce genre, disait-il, ne sont utiles
qu'à la médiocrité de ceux qui veulent s'appuyer sur les
autres. — Je suis seul. — A quoi bon des compagnons ?
Ce ne sont pas mes amis, ce sont des rivaux. — Ils me
disaient sans tact et ne savaient ce qu'ils devaient faire de
moi » (1).

Nul ne comprendra mieux ses contemporains et nul n'en
sera plus isolé par le caractère. Poussé à l'action plus encore
par le sentiment que par une doctrine, Gutzkow n'aura pas
de système philosophique ; il n'appartiendra pas à la gauche
hegelienne ; il n'aura que des rapports très rares avec le
socialisme ; mais il sera l'historien le plus pénétrant des
choses de l'Allemagne entre 1835 et 1848, en même temps
homme de science et vulgarisateur, mettant tout en œuvre,
le journal, le drame, la nouvelle, le roman, pour fonder une
sorte de positivisme pratique, amener le peuple allemand
à penser et agir. Il avait avec plus de science la foi d'un
Saint-Simonien. Il avait renoncé, pour la cause qu'il défendait, aux affections de son enfance et de sa jeunesse, à la
vie facile que la société lui aurait offerte ; le bonheur pour
lui n'existait plus que dans le succès de son œuvre. Pour

(1) *Gedanken im Kerker, Jarbuch der Literatur* 1839, p. 74. — « Bei
sogenannten Schulen will sich nur die Mittelmässigkeit der Einen auf
die Anderen stützen ».— « Ich stehe allein ».— « Wozu die Genossen ?
Es sind meine Freunde nicht, es sind Rivale ». — « Sie nannten mich
taktlos, und wussten nicht, was sie aus mir machen sollen. »

l'empêcher d'écrire il aurait fallu l'empêcher de vivre.

Dans sa prison même (1), au lendemain de l'arrêt, il commençait un livre sur la Philosophie de l'histoire, un roman *(Seraphine)*, un ouvrage sur Gœthe. Il disait aussi pour lui-même, au jour le jour, tout ce qu'il y avait en lui de convictions douloureusement froissées et d'énergies qui voulaient se dépenser. Quelques passages de ce journal (2) éclairent merveilleusement sa pensée et son caractère.

« Que mon passé soit effacé, je suis prêt à le supporter, mais il est douloureux que l'on veuille me prendre l'avenir ! L'étincelle qui brûle en moi, je n'ai pas le droit de la laisser s'éteindre. Celui qui, comme moi, est à ce point sorti des règles sociales, ne peut plus retourner en arrière, et l'avance qu'il a prise est ce qu'il faut pour être utile à sa nation. Être utile à sa nation, c'est se sacrifier. Et celui-là seul se sacrifie qui n'a plus rien à perdre (3) ! »

« Je pouvais élever fièrement ma tête, tout me réussissait ; partout où j'entrai, à l'école, à l'Université, dans la chaire du Temple, partout je l'emportai. Je pouvais atteindre les postes les plus élevés et je les sacrifiai ; je repoussai de moi les espérances les plus brillantes, craignant d'étouffer dans les conditions sociales que je trouvai au lieu où j'étais né.

(1) V. Lettre à Wagner citée par Prœlss, p. 696.

(2) Ce journal n'est pas dans les Œuvres complètes de Gutzkow. Il a paru seulement au *Jahrbuch der Literatur* (1839) sous le nom de *Gedanken im Kerker.*

(3) *Gedanken im Kerker.Jahrbuch der Literatur*,1839,p. 73. — « Dass meine Vergangenheit ausgelöscht wird, ertrag' ich wohl; aber dass man mir die Zukunft nehmen will ist schmerzlich ! Den Funken, der in mir brennt, darf ich nicht verglimmen lassen. Wer so weit, wie ich, aus den Fugen der Gesellschaft gerissen ist, kann nicht mehr zurück, und der Vorsprung, den er hat, das ist der rechte um seiner Nation zu nützen. Einer Nation nützen, heisst sich aufopfern. Aufopfern wird sich nur der, der nichts mehr zu verlieren hat !... »

Je les ai fuies (1) »... « Je n'ai jamais fraternisé ; toujours j'ai voulu être seul, même dans la politique. Ma foi politique est avant tout, de sentiment. Je me sentis blessé et je vis que tout autour de moi reflète l'affliction et la douleur. Les hommes pourraient être plus heureux, jamais je ne deviendrai optimiste (2)... » « J'avais tout en moi pour devenir prêtre, éducateur du peuple, de la jeunesse, peut-être plus grand encore ; rien pour être un poète. Je n'ai jamais pensé à être poète, jamais je ne fus égoïste, je ne créai que pour agir.... De tendance je n'en connais point, quoique j'aie la plus belle qui soit, ma conviction ; mais ce n'est pas une tendance qui me fit écrire *Wally*. Il fallait que mon cœur eût la paix.... Saint-Simonisme, émancipation de la chair, Jeune Allemagne, de tout cela je ne connais rien, je ne connais que mon cœur, ma vie, mes morts (3)... »

« Il est criminel peut-être de mettre publiquement en

---

(1) *Jahrbuch*, p. 80. — « Ich konnte stolz mein Haupt erheben, denn Alles gelang mir; überall wo ich auftrat, in der Schule, auf der Akademie, auf der Kanzel, überall gab ich die Entscheidung. Ich konnte das Höchste erreichen, und opferte es, die glänzendsten Aussichten stiess ich von mir, da ich in den heimischen Verhältnissen zu ersticken fürchtete. Ich floh vor ihnen... »

(2) *Jahrbuch*, p. 81. — « Ich habe nie fraternisirt; immer wollt' ich allein sein; auch in der Politik. Mein politischer Glaube ist zunächst Sache des Gefühls. Ich fand mich gekränkt und sah, dass alles um mich her den Kummer und den Gram wiederspiegelt. Die Menschen könnten glücklicher sein; nie werd 'ich Optimist werden ! »

(3) *Jahrbuch der Literatur*, p 81-82. « Ich hatte Alles um Priester, Volkslehrer, Jugendlehrer, vielleicht noch grösseres zu werden ; · nichts um ein Dichter. Ich hatte nie daran gedacht, ich war nie Egoist, sondern schuf nur, um zu wirken... Tendenz kenn' ich nicht, ob ich gleich die schönste habe die es gibt, meine Ueberzeugung ; aber Tendenz ist es nicht, die mich *Wally* schreiben liefs. Mein Gemüth sollte Frieden haben.... Saint-Simonismus, Wiederherstellung des Fleisches, Junges Deutschland : kenne von dem Allen nichts, kenne mein Herz nur, mein Leben, meine Todten... »

scène les bouleversements de son âme ; que l'on me punisse ! Mais mon avenir, que personne ne me le rende impossible ! J'aurai toujours quelque chose de particulier, mais seulement pour n'être point confondu avec d'autres. Le « statu quo », je ne l'enseignerai pas ; je sentirai avec moins de rudesse et d'épines ; mais je penserai et je chercherai après comme avant (1) ».

S'il s'est fait illusion sur lui-même et sur le rôle qu'il avait à remplir, son œuvre, jusqu'en 1852, plus importante maintenant que sa vie, nous le dira. C'est par cette œuvre plus que par celle de Laube ou de Mundt qu'il nous faut maintenant juger la valeur de la Jeune Allemagne.

(1) *Jahrbuch*, p. 83. — « Strafbar ist es vielleicht, seine Gemüthsumwälzungen öffentlich in Scene zu setzen ; strafe man mich ! Aber meine Zukunft mache mir Niemand unmöglich ! Ich werde immer etwas Eigenes haben ; aber nur, um nicht mit Andern verwechselt zu werden. Das « Bestehende » werd' ich nicht lehren ; fühlen werd' ich minder hart, minder dornig. Denken aber und Forschen, nach wie vor. »

TROISIÈME PARTIE

LES RÉSULTATS

CHAPITRE PREMIER

.

Francfort (1835-1837)

Œuvres de critique et de spéculation

I. — Gutzkow à Francfort.— Difficultés matérielles.— *Die Frankfurter Börsenzeitung. Der Telegraph.*

II. — *Seraphine.* — Roman vécu; œuvre psychologique et réaliste, mêlée de romantisme.

III. — *Zur Philosophie des Geschichte*, ouvrage appelé plus tard *Philosophie der That und des Ereignisses.* — Philosophie de la volonté individuelle et du hasard. — Gutzkow combat l'Hegelianisme, surtout dans sa théorie sur l'État.

IV. — *Ueber Gœthe im Wendepunkt zweier Jahrhunderte* (Berlin, 1836). — Livre destiné à désarmer la censure. Essai de critique purement littéraire et esthétique.

V. — *Beiträge zur Geschichte der neuesten Literatur* (Berlin, 1836). — Les *Beiträge* forment le Code littéraire de la Jeune Allemagne. — La littérature doit avoir un rôle social. — Le drame et le roman.

VI. — *Die Zeitgenossen.* — Cet ouvrage, inspiré par le Saint-Simonisme, renferme la pensée politique et sociale de la Jeune Allemagne. — Il a été publié, à·partir de 1846, sous le nom de *Säkularbilder.*

I

Les trois années qui suivirent la crise de 1835 furent pour Gutzkow un dur moment (1). Voulant, malgré le décret de la Diète, vivre de son talent d'écrivain, il ne donne au

(1) « Schwere Zeit » (*Rückbl.*, 57).

public que des ouvrages de spéculation ; mais c'est en vain qu'il cherche à calmer les défiances éveillées contre lui, chaque manifestation de sa pensée amène un arrêt de la censure prussienne. Il avait terminé trois livres auxquels il travaillait dans sa prison : *Seraphine, Zur Geschichte der Philosophie, Gœthe im Wendepunkt zweier Jahrhunderte* ; il avait groupé quelques nouvelles et causeries *(Soireen)*, réuni des articles littéraires en deux volumes *(Beiträge zur Geschichte der neuesten Literatur)* : tous ces ouvrages, sauf le *Gœthe* et *Seraphine* (1), furent frappés par la censure (2). Gutzkow connut de nouveau la gêne matérielle : marié depuis le mois de Juillet 1836 (3), il en était réduit, pour se procurer un peu d'argent, à écrire dans diverses revues sans signer ses articles, dans l'*Historisches Taschenbuch* de Cotta (4), dans l'*Europa* de Lewald. Des amis et la famille de sa femme lui donnèrent le moyen de fonder à Francfort un journal qui parut le 1er juillet 1836 : c'était la *Frankfurter Börsenzeitung*, dont le supplément littéraire s'appelait le *Telegraph für Deutschland* (5). La feuille principale de la *Börsenzeitung* disparut dès le commencement de 1837. Le *Telegraph* subsista (6), mais sous la direction de W. Speyer et de Beurmann, le nom de Gutzkow ne devant pas être imprimé (7). La tâche était lourde et ne

(1) V. Geiger, 186, 195, 196, 202.

(2) Mais Cotta refusa d'imprimer *Seraphine* qui ne parut qu'en 837 chez Campe

(3) Il eut un enfant en avril 1837.

(4) Il donne à l'*Historisches Taschenbuch* : *Das westliche Europa im Jahre* 1834. V. Prœlss. 713 et Alex. Jung, *Vorlesungen über die moderne Literatur der Deutschen*, 198.

(5) V. Prœlss, 717 et un article de Houben du 15 décembre 1903 (*Frankfurter Zeitung*, 347).

(6) *Rückblicke*, 157.

(7) Très rares étaient les écrivains qui osaient parler de Gutzkow avec éloge. Paulus, le théologien de Heidelberg, prit la défense de

rapportait ni gloire ni argent. Un ouvrage considérable auquel Gutzkow travailla deux ans et qu'il publia sous le nom de l'écrivain anglais Bulwer *(Bulwers Zeitgenossen)* passa presque inaperçu. Cependant toutes ces œuvres sont dignes de plus d'attention que les contemporains ne leur en ont accordé ; elles fixent les véritables principes de la Jeune Allemagne, c'est-à-dire ceux de Gutzkow, exposent sa philosophie, ses idées littéraires, politiques et sociales.

II

Seraphine (1) est, comme le *Sadducäer von Amsterdam*, un roman vécu (2). C'est un roman psychologique et réaliste, comparable par certains côtés à ceux de George Sand, bien supérieur à *Wally*, intéressant en ce qu'il indique quelques-uns des problèmes que Gutzkow traitera dans ses drames et nouvelles. L'auteur conte ses premières expériences de sentiment, alors qu'il se laissait, à vingt ans, fiancer à Léopoldine Spohn, fille d'un maître d'école, et que, dans

Gutzkow dans le *Motivirtes Urtheil in Anklagesachen gegen Dr Carl Gutzkow*, 1836. Cet exemple fut suivi par J. Weill *(Das Junge Deutschland und die Juden)*, 1836. V. Houben, *Gutzkow-Funde*, 196, 202, 531. — Alex. Jung, dans un livre sur la littérature contemporaine, consacra quelques fragments à celui qu'il ne faut pas nommer *(Fragmente über den Ungenannten)*, 1836. *Briefe über die deutsche Literatur.* V. Gutzkow, *Rückbl.*, 157. — K. Hase, l'historien de l'Église, osa prononcer un discours sur la Jeune Allemagne. *Das junge Deutschland, ein theologisches Votum*, 1837. V. Prœlss, 740.

(1) *Seraphine*, Roman. Hamburg, Hoffmann und Campe, 1837. G.W., II, 329.

(2) G. W., II, 474. « Es ist eitel Wahrheit, Wahrheit die du erlebtest (arme Seraphine) und Schmerz, den ich selbst, soll ich nun Edmund oder Arthur sein, mitgelebt, mitgeschaffen habe. Doch fragt nicht wer Seraphine war, wo sie begraben liegt. »

le même temps, il aimait Rosalie Scheidemantel ; il dit le trouble de son âme, la douleur qu'il éprouva et celle qu'il causa (1). Il ne fait point de lui-même un portrait flatteur. Arthur, le héros de ce roman, partagé dans son affection entre deux sœurs, aimé de Séraphine, plus attiré vers Augusta, est égoïste et dur. Il désire céder Séraphine à son ami Hermann, à qui elle plaît (2), et, quand il la voit se résigner, il trouve qu'elle se plie trop facilement à sa volonté (3). Un cœur qui aime, s'il faut l'en croire, ne saurait renoncer : Séraphine devait se cramponner à lui, même s'il la traînait par les cheveux ; « c'est ainsi que je pensai, dit-il, et je la rejetai (4) ». Arthur, il est vrai, n'est pas le seul personnage du roman en qui Gutzkow ait voulu se dépeindre ; il faut le retrouver aussi dans cet Edmond, plus doux (5), à la nature réceptive et sentimentale, presque féminine, qui s'est pris d'affection pour Séraphine.

Le caractère de l'héroïne du livre présente beaucoup de nuances (6). Ame souffrante, aspirant à la liberté, même à celle que donne la mort, idéaliste, sentimentale, pessimiste, Séraphine est capable pourtant de paraître optimiste, d'accepter sans murmurer tout ce qui est mesquin et terre-à-terre ; elle a aimé Edmond pour sa douceur, Arthur pour son énergie ; elle épouse Philippe, très prosaïque, qu'elle n'aime pas, et avec qui elle est malheureuse. Séraphine, en qui s'unissent la passion et la résignation, est

(1) Il a longtemps pensé à cette aventure de jeunesse. En 1868, il écrira encore : « Jüngling, hast du ein Mädchenherz gefunden, das du liebst, so lass es nicht unter die Räder deiner Entwickelung kommen » *Vom Baum der Erkenntniss*, 154.

(2) G. W., II, 354.

(3) Même idée dans *Jacques*, de G. Sand (caractère d'Oscar).

(4) G. W., II, 356.

(5) G. W., II, 370-378. Kühne fut surpris de ce « côté féminin » du caractère de Gutzkow. V. *Portraits un l Silhouetten*, 1843.

(6) G. W., II, 323, 374 et suiv., 383, 385, 386.

une des formes féminines qui reparaîtront souvent dans l'œuvre de Gutzkow.

Cette aventure d'amour, traitée avec sobriété, pouvait donner une belle nouvelle ; mêlée au fantastique et au romanesque, interrompue par des conversations littéraires, philosophiques et politiques (1), elle prend les dimensions d'un roman, dont l'intérêt souvent se disperse ou se ralentit. Gutzkow ne sait pas encore habilement présenter une étude psychologique ; il tend vers le réalisme et subit l'influence des romantiques, de Hoffmann surtout et de Tieck. Comme le disait avec justesse un article des *Hallische Jahrbücher*, *Seraphine* n'est pas une œuvre d'art, mais un livre plein de pensées ; l'auteur est le précurseur d'une nouvelle époque, qui saura donner une forme poétique aux idées qu'il fait naître (2).

(1) Gutzkow met en scène dans ce roman son ancien condisciple, Joël Jakoby, devenu le serviteur de la police prussienne. Jakoby, chez le ministre, déclare renoncer à ses errements : il avoue appartenir à l'école de Heine ; il sait écrire de jolies phrases, des choses sentimentales ; mais, au lieu de combattre contre le gouvernement, il le défendra comme Gentz et Ad. Müller ; il montrera que la nouvelle école libérale vient du chaos des théories sociales françaises de Saint-Simon, de Fourier et d'Enfantin. G. W., II, 423 et suiv.

(2) Voici la conclusion de l'article : « Nach alle dem glauben wir nun freilich, das der Verfasser mehr Edmund als Arthur, mehr eine weibliche, als eine männliche Natur ist. Sein Roman ist eine geistreiche Schrift und kein Gedicht : aber wir betrachten den Verfasser als geistvollen Vorläufer einer neuen Epoche, welche die von ihm angeregten Ideen auch wahrhaft poetisch zu gestalten wissen wird. » *Hallische Jahrbücher*, 1838 (*Intelligenzblatt*, p. 5-19 : *Die neueste Belletristik und der Roman Seraphine, von Karl Gutzkow*).

III

L'ouvrage qui, dans les Œuvres complètes de Gutzkow (1), est nommé *Philosophie der That und des Ereignisses,* avait pour titre *Zur Philosophie der Geschichte* (2), lorsqu'il parut. en mars 1836, chez Campe. Une préface, non reproduite en 1875 (3), rappelait dans quelles circonstances ces pages avaient été écrites (4) : l'auteur n'avait d'autres sources de renseignements que les devises et les malédictions gravées sur les murs de sa prison ; il lui manquait cette tranquillité d'esprit qui permet d'ordonner et d'enchaîner sa pensée. Il ne faut point regretter (5) que Gutzkow n'ait pas apporté plus de rigueur logique en retouchant ces fragments ; leur intérêt véritable est dans le sentiment qui les a dictés, et qui : dans ce désordre, apparaît avec toute sa spontanéité. Si, d'ailleurs, cette philosophie fut construite à la hâte, dans l'agitation et

(1) G. W., XII, 89.

(2) Déjà dans l'édition de 1845 (T. IV) on trouve ce titre : *Philosophie der That und des Ereignisses.*

(3) Gutzkow a supprimé aussi dans les éditions postérieures tout ce qui dans cet ouvrage était une allusion directe à la crise de 1835.

(4) « Diese Schrift wurde unter Umständen verfasst, wo ich keine andern Quellen dazu benutzen konnte, als höchstens einige an die Wand gekritzelte Verwünschungen der Langenweile oder einige in die Fensterscheiben geschnittene Wahlsprüche zahlloser unbekannter Namensinschriften. Dies war eine Bibliothek, die in jeder Beziehung etwas zu wünschen übrig liess. »

(5) Lui-même le regrette, *Vorwort* de 1835, IV, V. « Das Fatale meiner Schreibart ist ihre Unruhe… Bei meiner Revision dieses Buches empfand ich recht lebhaft die Betrübniss, dass sich in ihm wieder so viel Verhaue, Verhackte und Gedanken — Anacoluthe finden, und dass ich mich von der Vorstellung nicht losmachen konnte, als wären Bücher, die man schreibt, nur Beschäftigungen mit uns selbst. »

le trouble, elle avait été longuement réfléchie (1), elle s'harmonise, en tous ses détails, avec ce que nous connaissons déjà de l'œuvre de Gutzkow.

L'idée qui domine tout le livre, c'est que l'homme ne doit pas être considéré abstraitement dans l'histoire, mais en tant qu'individualité concrète (2) ; la croyance qui communique à ces quelques chapitres mal enchaînés de la vie et du mouvement, c'est que, dans les événements, il y a une part de hasard, et que l'homme est capable d'un acte libre. On a pris, dit Gutzkow dans l'introduction (3), l'habitude de construire la philosophie de l'histoire d'après un concept théologique ou d'après une notion de l'État ; Lessing (4) et Rousseau (5) représentent ces deux tendances, qui se combinent dans l'Hegelianisme (6) ; on perd de vue la réalité, parce que l'on veut trop de logique ; on oublie la volonté individuelle, nos vertus ou nos vices, notre courage ou notre faiblesse. « L'histoire ne commence pas avec le premier homme, mais avec le premier caractère ; son signal est le premier acte » (7). Ce n'est pas l'homme passif qui doit être l'objet de notre étude, mais l'homme dans « l'autonomie de sa liberté », « dans ses rapports avec l'action et l'événement » (8). La philosophie de l'histoire n'a d'autre but que de nous éclairer, de faire

(1) Certaines pages prouvent des lectures précises. Les *Blätter für Leben, Kunst und Wissenschaft*, revue entreprise par Gutzkow dans le courant de novembre (v. plus haut), avaient annoncé *Zur Philosophie der Geschichte* (1ᵉʳ numéro, p. 7).

(2) G. W., XII, chapitre III. *Der abstracte und concrete Mensch.*, p. 136.

(3) *Einleitung*, p. 90.

(4) P. 94, 101.

(5) P. 98.

(6) P. 108.

(7) P. 114.

(8) P. 114-115. « In seiner Beziehung zur That und zum Ereigniss. »

comparer ce qui est semblable et de nous instruire par le
passé. Le hasard doit dans cette philosophie remplacer
l'idée logique (1). « Il n'y a pas de nécessité providentielle,
mais des conflits de circonstances » (2). « Les événements
contiennent toujours en eux-mêmes quelque chose qui leur
aurait permis de devenir quelque chose d'autre que ce qu'ils
furent » (3). Et de même, « dans un seul et même homme
peut sommeiller le contraire de ce qu'il manifeste » (4).

On oppose à cette théorie de la liberté les lois naturelles, l'influence du climat, du milieu, des habitudes
nationales (5); l'homme est, dit-on, le produit du sol. Il
est certain qu'il y a des conditions extérieures qui ont
contribué à former le caractère d'une nation. On peut
donner de vagues définitions ethnographiques : la France,
par exemple, est dans l'histoire le pays de l'initiative, celui
qui par sa Révolution a ramené le monde à la pure humanité (6); l'Angleterre est sérieuse et réfléchie, l'Allemagne
docile à la loi. Mais ces traits généraux du caractère d'un
peuple n'entravent pas la liberté individuelle ; on a vu des
nations agir contrairement à ce qui semblait le plus conforme à leur nature : il suffisait pour cela d'un hasard ou
d'un aventurier (7).

Les lois naturelles ne nécessitent pas absolument nos
actes. Les lois morales ont encore bien moins de puissance ;
elles sont en effet subordonnées aux lois naturelles (8). Une
loi morale semblait solidement établie, elle prenait racine

(1) P. 116.
(2) P. 123.
(3) P. 116.
(4) Chap. I. *Ueber die todten Kräfte der Geschichte*, p. 123.
(5) Chap. II. *Die natürlichen Voraussetzungen der Geschichte,*|p. 129
(6) P. 131.
(7) P. 133-135.
(8) P. 129.

dans la nuit du passé ; et la voilà renversée par une découverte scientifique. La nature peut chaque jour nous révéler des principes nouveaux ; les sciences chimiques, à elles seules, ont depuis trois siècles remué le monde.

Gutzkow reproche aussi aux philosophies de l'histoire construites à priori de présenter de singulières lacunes. De quel droit, dit-il, considérer l'homme indépendamment de la femme (1)? Pourquoi celle-ci n'a-t-elle point de place dans nos conceptions philosophiques? S'il y a dans les destinées un plan bien arrêté, pourquoi les femmes n'y sont-elles pas admises? Si l'homme absolu est le problème de l'histoire, pourquoi laisser de côté la deuxième personne de l'homme absolu? Pourquoi seuls les hommes firent-ils l'histoire? « Femme, je n'ai pas affaire à toi, » disait Jésus, et tous les philosophes abstraits semblent avoir répété ces paroles après lui.

Si, quittant le domaine de l'abstraction, on porte son attention sur le seul facteur important de l'histoire, sur l'acte libre, on touche à la réalité vivante, on l'aperçoit dans sa variété infinie. L'histoire n'a qu'un but, la vie (2), et la vie est faite de nos vertus et de nos vices ; il n'y a pas de révélation plus haute que celle qui parle à notre cœur et qui nous fait établir une différence entre le bien et le mal. Le but de ce monde n'est pas métaphysique ; il ne faut pas le chercher dans l'homme en général, mais dans l'individu, lequel résout à sa manière l'énigme de la vie. La femme (3), à côté de l'homme, joue un rôle sur cette terre ; elle représente le cœur, la vertu pacifique, la famille ; la fin de l'histoire sera celle des passions inquiètes et la victoire du principe féminin. Gutzkow s'oppose au Saint-

(1) Chap. IV. *Mann und Weib*, p. 143.
(2) P. 145.
(3) P. 146.

Simonisme (1). L'émancipation de la femme telle qu'elle est conçue par les disciples de Saint-Simon est à son avis une folie. Il ne faut point mêler la femme au mécanisme de l'État, c'est elle au contraire qui doit nous en délivrer et nous ramener à la véritable humanité (2).

Tout ce qui est abstrait et doctrinaire dans les conceptions historiques et sociales, Gutzkow le combat au nom de l'individualité humaine. Il se plaint que l'idée d'humanité ait disparu en même temps que Herder, « qui en fut le grand prêtre dans le temple de la nature (3). » Quelques jeunes écrivains, dit-il (4), pour avoir voulu la faire renaître, ont été récemment condamnés et dispersés ; contre les gouvernements, les nations ne peuvent plus en appeler à un principe supérieur (5).

Entre toutes les abstractions, il n'en est pas qui cause plus de mal que l'idée de l'État telle qu'elle fut enseignée par Hegel. Gutzkow s'arrête à la conception hegelienne pour la discuter longuement, pour en montrer les illusions et les dangers. Par État (6) l'on entend quelque chose de stable, une harmonie prédestinée entre le peuple et son gouvernement. Or, l'État, comme tout le reste, n'est que l'œuvre du hasard ; il est né de la force, de la ruse ou de l'usurpation ; il se transforme ; il est régénéré par les révo-

---

(1) P. 147.

(2) Il y avait dans la première édition, p. 151 : « Die Liebe wird immer mächtiger sein als der Hass. »

(3) G. W , XII, 103.

(4) Première édition, page 177. « Man hat in jüngster Zeit einen Geisterbund zersprengt, dessen zufälliges Zusammentreffen nur die gemeinschaftliche Absicht war, aus der Literatur einen Selbstzweck zu machen. » Ce passage n'a pas été reproduit dans les éditions ultérieures.

(5) Chap. V. *Die Leidenschaft*, p. 155.

(6) Chap. VI. *Der Staat*, 157.

lutions. Ne croyons pas à une intime union entre les besoins d'un peuple et le rôle historique d'un État ; c'est chose très rare et momentanée. La France est peut-être la seule nation où cette harmonie existe (1). Les États allemands portent tous en eux le germe de mort (2) ; car le principe de l'État germanique n'est pas un principe de droit, mais un principe de police. La Prusse, si forte qu'elle puisse paraître, n'est pas destinée à fonder l'unité de l'Allemagne ; si cette unité se réalise, ce sera sans la Prusse. Confondre l'État et l'humanité, voir dans l'État le point culminant de la civilisation, c'est la pire des erreurs. Que fera l'État en lequel l'art, la science et la religion trouvent toute leur vérité ? Il condamnera Socrate à mort pour blasphème.

A la conception de l'État est liée celle de la guerre et des révolutions (3). Il ne faut pas faire de la guerre un principe nécessaire et absolu : Kant l'a bien dit, dans le *Traité de la Paix éternelle* qu'il offrait à l'humanité alors que le canon de Napoléon semblait railler la sagesse courte du philosophe. Il existe un droit humain et un droit des gens ; l'un et l'autre trouveront leur réalisation dans une république formée de toutes les nations ; et, de même que le but de l'homme est l'harmonie de ses passions, de même le but de l'histoire ne peut être que l'harmonie des peuples et la fondation de la paix éternelle. Pas plus que les guerres, les révolutions (4) ne sont l'œuvre d'une destinée. Leur cause unique est toujours une situation qui n'était pas supportable : dans la Révolution française, il n'y eut pas d'autre nécessité que celle de l'instant ; c'est cette nécessité et non l'esprit du monde qui excuse ses excès.

(1) 162.
(2) 163, 164, 165.
(3) Chap. VII. *Krieg und Friede*, p. 168.
(4) Chap. IX. *Die Revolutionen*, p. 184.

Confondre (1) aussi, comme on l'a fait, dans un même principe métaphysique, la religion avec l'État, c'est détourner le christianisme de sa voie véritable. La religion chrétienne est historiquement, de l'avis de Gutzkow, la croyance la plus parfaite, parce qu'elle est celle qui limite le moins la liberté (2). Bien comprise, elle fortifie en nous le sentiment du libre arbitre, elle nous incite à la vertu, elle réveille la personnalité de son inconscient sommeil ; à l'heure présente, elle est plus puissante que la religion naturelle, et le restera sans doute des siècles encore. Ce qui ne veut pas dire qu'il faut mêler Dieu à l'histoire. Nous sommes infimes vis-à-vis de Dieu, mais, la grandeur de l'histoire du monde, c'est l'homme qui la fait ; l'histoire n'est pas quelque chose de fermé, elle est la matière sur laquelle l'homme travaille pour exprimer toute sa destinée. Appelons cela, si l'on veut, retour à Dieu (3), à la condition de ne considérer Dieu qu'en nous-mêmes ; en ce sens, nous vivons pour réaliser ce Dieu qui réside en nous, et le levier qui doit dégager cette image obscure de la divinité est l'acte (4).

Zur Philosophie der Geschichte prouve à quel point Gutzkow, malgré les menaces des gouvernements, reste d'accord avec lui-même. Il reprend dans la conclusion l'idée de la création divine continue qu'il avait eue déjà dans sa vingtième année, alors qu'il étudiait à Berlin (5). Il ose défendre le libéralisme et le cosmopolitisme de 1830. Il s'inspire du Saint-Simonisme tout en le blâmant par endroits. Il admire la France de 89 et la Révolution de Juillet, et condamne le système prussien. Il expose à nouveau les théories des

(1) Chap. X. *Gott in der Geschichte.*
(2) P. 196.
(3) P. 202.
(4) P. 203.
(5) V. plus haut et *Lebensbilder,* II, 101. « Gott wird einst sichtbar werden aus uns selbst und aus der Welt heraus ».

Briefe eines Narren sur le hasard et sur l'action des petites circonstances. Il développe cette pensée antihegelienne, précédemment contenue dans le roman de *Wally* : « je ne crois pas qu'il ne puisse arriver que ce qui arrive ; infini est le royaume de la possibilité (1) ». La lecture des *Æsthetische Feldzüge* et des *Wanderungen durch den Thierkreis* a précisé certains de ses principes. Il s'est, en écrivant, souvenu des pages où Wienbarg établit la supériorité de la loi naturelle sur la loi morale (2), et déclare que « ce n'est pas l'homme seul, mais l'homme et la femme qui font une individualité sociale (3) ». Il ne parle plus du christianisme avec le même dédain que dans *Wally*, mais ce n'est pas la crainte des théologiens de Berlin qui l'arrête ; hostile au dogme chrétien, il estime les vertus chrétiennes, et reste par certains côtés disciple de Schleiermacher.

Le livre de Gutzkow rappelle donc son passé. Il annonce de plus ses créations littéraires. La théorie qu'il renferme de la volonté humaine libre, capable de varier, en qui sommeillent tous les contraires, c'est la conception schillérienne du drame bourgeois, et c'est aussi celle que Gutzkow portera sur la scène. Cette philosophie est intéressante (4) par le jour qu'elle jette sur toute son œuvre. Elle est digne aussi d'occuper une place assez importante dans la transformation philosophique de l'époque, car elle est la protestation la plus

---

(1) G. W., 359.

(2) *Æsthetische Feldzüge*, 12. Vorlesung, surtout pages 182-184.

(3) *Wanderungen durch den Thierkreis*, p. 200. Wienbarg écrivait en parlant du Saint-Simonisme : « Nicht der Mann allein, Mann und Weib sind das gesellschaftliche Individuum, — der Satz ist eine der herrlichsten Grundsäulen ihres Systems, die sie, wie alle übrigen, oben auf dem Knopfe mit ihrer Schellenkappe behängt haben. »

(4) Elle a plus d'intérêt que ne lui en accorde Fester, qui ne paraît pas connaître beaucoup l'œuvre de Gutzkow. V. Rich. Fester, *Eine vergessene Geschichtsphilosophie*. (Sammlung wissenschaftlicher Vorträge. Neue Folge. V. Serie.) Hambourg, 1891.

éloquente qui se soit élevée contre l'hegelianisme avant les livres de Feuerbach et de Karl Marx (1). Sans doute elle apporte peu de preuves solidement établies ; en la serrant de près on y trouverait des arguments parfois contradictoires ; mais elle renferme quelques idées dont la portée est grande : écrire en 1836 que les découvertes scientifiques créent en quelque sorte une nouvelle atmosphère morale, c'était mettre en lumière un principe Saint-Simonien dont le xixe siècle devait prouver la vérité.

IV

Lorsque Gutzkow écrivit *Gœthe im Wendepunkt zweier Jahrhunderte* (2), il n'existait pas encore d'ouvrage d'ensemble sur Gœthe. Le poète de Weimar avait eu des admirateurs fervents et des adversaires sans merci : Varnhagen, Rahel et Bettina l'avaient idolâtré ; Heine, Laube et Wienbarg avaient pris son parti contre Börne et Menzel (3) ; mais aucun auteur n'avait tenté de dégager sa personnalité de sa vie et de son œuvre (4).

Gutzkow nous avertit en 1836 par un avant-propos (5),

(1) V. surtout Feuerbach, *Wesen des Christenthums*, 1841, et Marx, *Zur Kritik der Hegelschen Rechtsphilosophie*, 1844. — Une note, écrite par Gutzkow en 1845 (G. W., XII, 111), fait remarquer combien certaines idées de son livre sont analogues à celles de Feuerbach.

(2) G. W., XII, p. 1.

(3) V. sur les ennemis de Gœthe. *Aus dem Lager der Gœthe-Gegner* von Dr Michael Holzmann. (*Deutsche Literaturdenkmale des 18. und 19. Jahrhunderts*. Dritte Folge, n° 9). Berlin, 1904.

(4) Le livre de Gutzkow était terminé lorsque parut la monographie de Gervinus, fondée sur la correspondance de Gœthe. (*Ueber den Gœtheschen Briefwecksel.*) Voir Gutzkow, *Gœthe im Wendepunkt zweier Jahrhunderte*, 1re édition Préface de 1836, p. VII.

(5) Cet avant-propos n'a pas été réimprimé. La première moitié de l'ouvrage de Gutzkow parut dans l'*Allgemeine Zeitung* (*Auss. Beilage*, n°s 27-29-32-34, janvier 1836). V. Prœlss, 705.

qu'il écrivit ces pages dans une double intention : pour défendre Gœthe et pour fixer ses propres principes esthétiques. Il veut faire œuvre de conciliation et prouver que l'école dans laquelle on le range vise moins à détruire qu'à construire. G. Kühne put dire (1) avec raison que, par cet ouvrage, qui fut soumis à la censure prussienne et publié à Berlin (2), Gutzkow voulait unir l'ancienne et la nouvelle Allemagne, comme aussi réconcilier les gouvernements avec la jeunesse littéraire.

Le titre même du livre : « Gœthe au tournant de deux siècles », indique l'esprit qui l'a dicté. Gutzkow, en analysant l'œuvre du poète, en étudiant sa personnalité et sa conception de la vie, a le souci constant de montrer qu'il est à la fois ancien et moderne. Il y a quelque chose de traditionnel dans Gœthe : il juge d'après des principes bourgeois ou avec l'autorité d'un ministre (3) ; il n'a pas saisi toute l'importance de la Révolution française, et les œuvres que cet événement lui a inspirées sont médiocres (4) ; il n'a rien dit contre les décrets de Karlsbad (5). Et pourtant, Gœthe est moderne ; ce qui le prouve par dessus tout, c'est son admiration pour le poète qui représente le mieux l'époque nouvelle, Byron (6). Gœthe était une intelligence qui pouvait tout embrasser, mais l'orgueil le condamna à l'impassibilité. Il donnait en tout des règles et n'est pas à suivre en tout (7).

Ce jugement sur la vie et l'œuvre de Gœthe marque

---

(1) En 1837. V. G. Kühne. *Portraits und Silhouetten,* Hannover, 1843.

(2) Verlag der Plahn'schen Buchhandlung. Les éditions suivantes ne diffèrent pas de la première.

(3) G. W., XII, p. 21.

(4) G. W., XII, p. 70.

(5) G. W., XII, p. 9.

(6) P. 82.

(7) P. 85 et suiv.

une impartialité à laquelle en 1836 il était difficile d'atteindre. L'étude est juste, mais l'esthétique de l'école nouvelle ne s'en dégage pas clairement : quelques pages sur la conception du général et du particulier chez Gœthe (1) ne suffisent pas à l'établir. Gutzkow ne pouvait, abstraitement, littérairement, en dehors de toutes considérations politiques et sociales, poser des principes esthétiques ; pour faire de Gœthe un précurseur de la Jeune Allemagne, il lui aurait fallu parler comme Heine ou Wienbarg (2), et le moment ne le permettait pas. Il y a de la contrainte dans ce livre, destiné à désarmer Rochow et la censure ; on la sent jusque dans le style, qui manque parfois de naturel. Ce n'est pas là qu'il faut chercher l'esthétique de la Jeune Allemagne en 1836, mais dans les *Beiträge zur Geschichte der neuesten Literatur*, publiés à la même époque (3).

V

De même que Laube à Naumburg avait, l'année précédente, réuni les articles dispersés dans l'*Elegante Welt* pour les publier en un volume (*Moderne Charakteristiken*), de même Gutzkow reprend ici, non seulement des articles du *Phœnix* et de la *Deutsche Revue* (4), mais aussi des pages du *Litera-*

(1) P. 42-43.

(2) L'influence de Wienbarg, surtout, est visible dans le livre de Gutzkow. V. *Æsthetische Feldzüge*, 21-22. *Vorlesungen*, surtout pages 272-273, où Wienbarg établit avant Gutzkow que Gœthe est à la fois ancien et moderne.

(3) Ce n'est pas non plus dans les *Soireen* que l'on trouvera des principes esthétiques. Ce recueil ne renferme que des œuvres de la période précédente : *Sommerreise durch Œsterreich. — Der Sadducäer von Amsterdam. — Kanarienvogels Liebe und Leid. — Naturgeschichte der deutschen Kameele. — Julius Max Schottsky.*

(4) V. *Beiträge*, 2ᵉ édition II, 166-174. — Des pages sur le rôle de l'écrivain en face de la masse sont empruntées à la *Deutsche Revue*.

turblatt (1), écrites alors qu'il était collaborateur de Menzel. Il ne procède pas dans son choix avec l'excessive prudence de Laube. Si parfois il a élagué et émondé, comme il le dit dans sa préface, il n'a renoncé à aucun de ses principes ; les *Beiträge zur Geschichte der neuesten Literatur* (2) peuvent être considérés comme le code littéraire de la Jeune Allemagne, ils remplacent la *Deutsche Revue*.

Le livre, par son introduction (3), continue la polémique de 1835. Menzel venait de faire paraître une nouvelle édition de sa *Deutsche Literatur*, augmentée d'articles empruntés au *Literaturblatt* ; ce fut pour Gutzkow l'occasion de dire ce qu'il pensait d'un homme qui lui avait fait tant de mal. Il rappelle l'impression que la *Literatur* de Menzel avait produite sur lui et sur les contemporains en 1828, s'étonne d'une admiration explicable seulement par la misère intellectuelle de l'époque. L'intérêt de l'ouvrage s'est usé depuis que les idées qu'il contient sur l'alliance de la littérature et de la vie ont été répétées à satiété ; il n'apparaît plus maintenant que comme un chef-d'œuvre de partialité et d'ignorance (4).

Gutzkow a tenu à mettre cette préface en tête des *Beiträge*, pour bien montrer qu'ils sont la contre-partie de la *Litera-*

(1) Par exemple : *a*. Jugement sur les rapports de la France et de l'Allemagne. *Literaturblatt, Germanisirende Franzosen* ; *b*. Schleiermacher, *Literaturblatt*, n° 54, 1832, p. 213.

(2) 2 volumes, Stuttgart, G. Balz, 1836. — Nouvelle édition en 1839. Cet ouvrage n'a pas été recueilli dans les Œuvres complètes de Gutzkow.

(3) *Vorrede*, I, LXXXII. 2° édition.

(4) La même année (1836), Heine, dans son livre sur Menzel (*Ueber den Denuncianten*), disait regretter l'éloge qu'il avait fait de la *Deutsche Literatur* en 1828 : « Ich war damals ein kleiner Junge, und mein grösster Spass bestand darin, dass ich Flöhe unter ein Mikroskop setzte und die Grösse derselben den Leuten demonstrierte. » H. W., XII, 38.

tur de Menzel, qu'ils traitent, d'un esprit libre et avec une science sûre, tous les problèmes que Menzel avait abordés. A la critique nationale et religieuse de Menzel s'oppose une critique qui s'inspire des principes d'humanité exposés dans la *Philosophie der Geschichte.* On sait les efforts de Gutzkow, en l'année 1835, pour débarrasser la littérature d'un romantisme aristocratique (Tieck), d'un dilettantisme superficiel (Puckler Muskau), d'un doctrinarisme incapable d'agir sur la masse (Gans), d'un lyrisme classique et de pure forme (l'École souabe). Tous ces articles du *Phœnix* reparaissent (1), mais ce qui est important ici, et ce qui sera fécond, c'est la façon dont Gutzkow entend l'œuvre de l'avenir, au théâtre surtout et dans le roman. On se trompe, dit-il, si l'on croit que l'époque actuelle n'est pas bonne pour le théâtre (2) ; mais on n'a pas encore compris quelle est la formule dramatique : on vise à l'effet, à la façon de Victor Hugo dans *Marie Tudor*, ou d'Alexandre Dumas dans *Richard Darlington*, et c'est de la vie qu'il faudrait. Le roman (3) non plus n'a pas trouvé sa voie : ou bien il se perd dans le récit épique, copie maladroite du *Gœtz von Berlichingen* et des *Brigands*, ou bien il n'est que dissertation philosophique et didactique à l'imitation du *Wilhelm Meister.* Il faut dans le roman une idée, mais aussi de la passion et de l'art (4) ; c'est ce que l'on ne trouve ni chez Willibald Alexis, ni chez Leopold Schefer, ni chez Duller, ni même chez Laube, qui ne possède que l'art des détails (5). Le meilleur roman allemand de l'époque est *Scipio Cicala* (6)

(1) *Beiträge*, I; 48, 57, 66.
(2) *Beiträge*, I, 156.
(3) *Beiträge*, I, 220.
(4) I, 348.
(5) I, 350. « Laube's Vorzüge sind nur immer noch schöne Details ».
(6) I, 280.

de Rehfues ; c'est mieux que du Walter Scott : point de description inutile, ou qui ne soit pas amenée par les sentiments des personnages, partout de la vérité et de la vie, une psychologie profonde. *Die Hohe Braut* (1) de König est aussi un beau livre, un tableau saisissant de l'époque de 1789.

Le roman auquel songe Gutzkow et qu'il voudrait introduire en Allemagne, c'est celui d'Eugène Sue, de Balzac et de George Sand. Eugène Sue, dit-il (2), a donné dans *Altar Gull* une œuvre excellente et d'une haute moralité. Balzac (3), après avoir subi l'influence d'Hoffmann et avoir écrit *la Peau de Chagrin*, livre insipide, s'est élevé jusqu'au *Père Goriot;* il est l'observateur le plus pénétrant de la France ; il a vu que le principe révolutionnaire de notre époque était l'argent, et c'est pourquoi il a représenté surtout la vie parisienne, où l'on gagne pour dépenser ; connaître Paris avec Balzac, le poète de l'argent, c'est connaître le monde et le cœur humain. George Sand, comme Balzac, est passée du romantisme au réalisme : « *Lélia* était une allégorie, ce que le roman ne doit pas être; *André* est une œuvre d'art plus grande et plus reposante » (4).

Ce même principe moral et social qui guide les études littéraires de Gutzkow apparaît aussi dans ses chapitres sur l'histoire et la théologie. L'histoire (5) doit comprendre tout ce qui est la vie, et non pas seulement les actes des gouvernants. Il faut montrer les destinées des peuples et le développement des caractères ; écrire l'histoire, c'est avoir le

(1) I, 287.
(2) II, 39.
(3) II, 33.
(4) « *Lelia* war eine Allegorie, was der Roman nicht sein soll. *André* ist ein grösseres und beruhigenderes Kunstwerk als *Lelia* ». *Beiträge*, II, 174.
(5) II, 137.

devoir sacré de défendre en face de toutes les menaces le
droit et la justice (1). Dans le domaine religieux, Schleiermacher a eu le grand mérite, en un siècle de tiédeur et
d'indifférence, de révéler à nouveau les secrets du cœur (2);
mais son enseignement a prouvé aussi que, dans le christianisme, la conscience ne s'accorde pas avec certains dogmes
de l'Église : de là est venue la critique historique du Nouveau
Testament, science dans laquelle les Allemands ont donné de
merveilleux résultats (3).

Gutzkow termine ses *Beiträge* par quelques pages sur
« l'économie politique (4) ». Il suit, dans les ouvrages de
Quesnay, d'Adam Smith et de Say, les progrès de cette
science nouvelle, qu'il appelle la « science par excellence »;
comme les disciples de Saint-Simon, il attend d'une étude
des intérêts bien entendus la paix universelle. Dès que les
nations connaîtront leurs véritables intérêts, elles cesseront
de se jalouser et de se combattre (5). « Il a fallu des siècles,
écrivait-il à la même époque, pour que l'on se rendît compte
que le bien-être d'un État conditionne celui d'un autre (6) ».

(1) « Die Geschichtschreibung ist die heilige Beauftragung, allen
Drohungen gegenüber Recht und Gerechtigkeit in Völkerschicksalen
und Charakterentwickelungen zu üben. » *Beiträge*, II, 155.

(2) « Schleiermacher hat das grosse Verdienst, in einer Zeit allgemeiner Lauheit und Gleichgültigkeit für religiöse Empfindungen,
zuerst wieder das Geheimniss des Herzens gepredigt zu haben ».
Beiträge, II, 236.

(3) « So ist aus Schleiermacher's eigenthümlicher Glaubens-Ansicht
die historische Kritik des neuen Testaments hervorgegangen, in
welchem Fache deutscher Scharfsinn erstaunenswerthes geleistet
hat. » *Beiträge*, II, 238.

(4) *Beiträge*, II, 291. *Staatswirthschaftslehre.*

(5) « Die Nationem werden aufhören, sich mit Eifersucht zu ver-
folgen, oder gar die Waffen zu ergreifen, wo es nur die Anerkennung
ihres wahren Interesses bedarf. » *Beiträge*, II, 305.

(6) « Der einfache Satz dass die Wohlfahrt des einen Staates die
des andern bedinge, hat Jahrhunderte bedurft, um sich geltend zu

VI

Si les *Beiträge* forment le code littéraire de la Jeune Allemagne, les *Bulwers Zeitgenossen* en renferment la pensée politique et sociale. Gutzkow reconnaît (1) y avoir mis tous ses sentiments et toutes ses idées ; c'est l'ouvrage de jeunesse qu'il relisait plus tard avec le plus de plaisir. Et cette œuvre si importante à ses propres yeux, à laquelle il travailla deux années, il fut réduit, pour la publier, à la faire passer (2) pour une traduction de l'écrivain anglais Lytton Bulwer.

Le livre parut en 1835, par livraisons, à Stuttgart (Verlag der Klassiker) sous le titre suivant (3) :

Die Zeitgenossen,
ihre Schicksale, ihre Tendenzen,
ihre grossen Charaktere,
aus dem englischen
des
E. L. Bulwer.

Le plan de l'ouvrage, analogue à celui de Bulwer, *England and the English* (1833), la dédicace, l'introduction signée E. L. B., les noms propres, les allusions aux événements, tout était destiné à rappeler l'Angleterre, dans la première édition aujourd'hui presque introuvable (4). On eut vite deviné.

machen. » — V. *Zur Wissenschaft vom Staate,* recueil d'articles écrits de 1833 à 1836 qui rappellent *Zur Philosophie der Geschichte* et annoncent *die Säkularbilder.* — Voir *Zur Geschichte unserer Zeit,* G.W., X, p. 10.

(1) *Rückbl.,* 165.
(2) V. Préface de l'édition de 1875. G. W., VIII, p. VII.
(3) Houben, *Gutzkow-Funde,* 224-533.
(4) Nous n'avons pu nous procurer la 1re édition ; c'est la 2e, celle de 1842, que nous avons eue entre les mains, mais Gutzkow la dit identique à la première.

malgré ce trompe-l'œil, quel était le véritable auteur ; pourtant la deuxième édition, en 1842, resta semblable à la première (1). En 1846 seulement, lorsque le livre fut édité dans la collection des Œuvres de Gutzkow, on osa lui enlever ce costume anglais, ce qui ne fut pas chose facile (2). Publié sous le nom de *Säkularbilder*, il a conservé ce titre dans l'édition de 1875. Il avait été réduit de près d'un tiers; beaucoup de passages avaient été résumés, quelques-uns supprimés, soit que Gutzkow les jugeât inutiles, soit qu'il voulût en adoucir le ton ; quelques pensées aussi avaient été ajoutées. En renvoyant à la dernière édition plus accessible, plus commode aussi parce qu'elle est débarrassée du cadre anglais, nous serons donc obligés parfois de rappeler ce qui se trouvait dans les éditions antérieures à 1846 ; nous indiquerons aussi les passages nouveaux.

Lytton Bulwer avait depuis quelques années, en Allemagne, une réputation qui balançait presque celle de Balzac et de George Sand. Ses romans, *Eugène Aram, Clifford, Devereux, Pelham,* l'avaient fait passer pour un profond observateur des contemporains; *England and the English,* paru en 1833, avait mis le comble à sa renommée (3). Laube admirait beaucoup Bulwer et lui avait consacré un long article reproduit aux *Charakteristiken* (4). Gutzkow l'aimait moins ; il l'aurait volontiers classé parmi les libéraux dilettantes (5) ; il se couvrit du nom de l'écrivain anglais, mais il n'emprunta rien à son œuvre.

Gutzkow songeait depuis longtemps à composer ces *Zeit-*

---

(1) *Die Zeitgenossen.* Aus dem Englischen des E. L. Bulwer. Zweite unveränderte Ausgabe. 2 Bde. Pforzheim.Verlag von Dennig Finck, 1842.

(2) V. Préface de 1875. G. W., VIII, p. VII.

(3) Cette œuvre d'étude politique et sociale avait été aussitôt traduite en français (1833).

(4) V. Laube, *Charakteristiken*, II, 355 et suiv.

(5) V. *Rückbl.*, 157-158, et *Reiseeindrücke*, G. W., XI, 339.

genossen (1). Malgré la Diète et la censure, il tenait à exprimer toute sa pensée sur le mouvement politique et social ; rester dans la philosophie théorique ou la critique purement littéraire lui était impossible. Il se juge bien quand il dit que l'idéalisme éveillait en lui un besoin ardent du réel (2), qu'il ne voudrait pas être homme d'État, mais que toujours il lui fallait revenir à la politique. S'il cherche à enfermer en ce livre ce que l'esprit du xixe siècle contient, ce n'est pas abstraitement ; ainsi que sa philosophie de l'histoire le faisait pressentir, c'est à l'homme individuel (3) qu'il pense en parlant des idées de l'époque. Lui-même se prend comme sujet d'observation ; les premières pages des *Zeitgenossen* sont des « Confessions d'un Enfant du siècle », écrites par un homme qui sentait peut-être moins vivement que Musset, mais aussi profondément, et qui sut mieux juger. Lorsqu'il approche de l'année 1836 et qu'il en étudie les tendances, ce qu'il lui importe de préciser, c'est l'effet qu'elles peuvent avoir et les résultats qu'elles donneront. Par là peut-être pourra-t-il indiquer certains dangers et montrer quelques directions à suivre. Il le fait moitié avec sérieux et passion (4), moitié avec enjouement, en une série de chapitres qui semblent écrits comme des feuilletons, suivant l'impression du moment, mais dont on peut tenter de saisir le lien.

(1) G. W., VIII, vi.

(2) V. *Bulwers Zeitgenossen. Zuschrift an einen Staatsmann*, 2ᵉ édition, I, vi. « Glauben Sie mir, dass immer das ewige Idealisiren einen rechten Heisshunger nach der Wirklichkeit erweckt. Ich möchte kein Staatsmann sein, aber immer auf die Politik zurückkommen. » — Cette dernière phrase devient dans l'édition de 1846 : « ich möchte kein Staatsmann sein, aber oft und gern auf die Politik zurückkommen ». — Et finalement la phrase est supprimée dans l'édition de 1875.

(3) G. W. viii, 10.

(4) V. Préface de 1875. G. W., VIII, viii.

L'enfant qui entre dans le XIXe siècle (1) y arrive avec la sentimentalité du XVIIIe siècle. C'est à la nature qu'il doit ses plus belles joies ; il lit avec admiration Richardson, Rousseau et Jean-Paul ; l'ironie lui déplaît, les premiers ouvrages de Heine le froissent. Son esprit n'a pas de parenté encore avec le siècle qui s'annonce et qui sera moins idéaliste que le précédent. Mais, peu à peu, il comprendra le siècle des chemins de fer et des machines à vapeur, où la suprême philosophie est de faire du sucre de betterave, où l'on travaille avec acharnement plus pour le luxe que pour l'existence ; l'union se fera dans sa pensée entre l'idéalisme du XVIIIe siècle et le matérialisme du XIXe, et sa sentimentalité créera de cette union une religion nouvelle. Telle a été la transformation qui s'est accomplie chez Gutzkow, et telle il la décrit au premier chapitre des *Zeitgenossen* ; « entre le monde ancien et le monde nouveau luttant l'un contre l'autre (2) », il voudrait un compromis ; à l'esprit latin se joindrait l'esprit de machine *(Maschinengeist)*, de manière à ne plus créer des savants ou des commerçants seulement, mais pour former l'homme moderne.

Où commence le siècle nouveau ? (3) Ce n'est pas à la Révolution de 89, car celle-ci est un produit de l'idéalisme, si beau qu'il n'en faut plus attendre d'aussi parfait. Mais ce bouleversement a eu des conséquences qui donnent au siècle sa marque ; la Révolution et Napoléon ont mis la masse en mouvement (4), et c'est la masse qui est aujourd'hui souveraine. Le « constitutionalisme » vient d'elle, car il est né de la prise en considération des intérêts communs ; l'industrie,

---

(1) G. W., VIII, chap. I, p. 12. — *Der Mensch des neunzehnten Jahrhunderts.*

(2) G. W., VIII, 22.

(3) G. W., VIII, chap. II, p. 47. *Das Jahrhundert.*

(4) P. 54-55.

le commerce, la science, ont besoin de la masse ; l'individu lui est subordonné, et, s'il la dépasse, comme il arrive parfois, il n'a pas le droit de la dédaigner.

A une époque où la masse tient tant de place, les conditions d'existence (1) ne sont plus les mêmes que dans les siècles passés. La population a augmenté depuis que la liberté individuelle et la liberté industrielle font des progrès. Le développement de l'industrie, du luxe et de la science a fait croître le nombre des ouvriers ; la masse devient chaque jour plus puissante par son travail et par le nombre de ses enfants (2). Mais aussi, lorsqu'une industrie périclite. là où dix souffraient autrefois, il en souffre mille aujourd'hui. L'existence de l'ouvrier est dure ; ceux qui travaillent dans les mines meurent avant l'âge ; « leur regard est éteint, leur démarche tremblante ; ils ne connaissent qu'une joie, l'assouvissement de leur instinct animal, se nourrir et satisfaire leur sens génésique (3) ».

On a, pour parer à tout événement, fondé des associations : les ouvriers, afin de lutter contre « la tyrannie du capitalisme (4) » ; les capitalistes, pour éviter les fluctuations de l'industrie, par esprit de spéculation et parfois aussi par philanthropie. Gutzkow, qui songe ici aux théories d'Owen, et à l'union des industriels en France et en Belgique (5), pense que cette organisation devrait s'étendre, devenir générale. Il voudrait que l'intérêt du particulier devînt celui de la communauté, que la petite industrie fût remplacée par de grandes entreprises d'actionnaires. Ce serait le seul moyen, suivant lui, de donner un nouvel élan à l'activité commerciale et industrielle, mais surtout d'arriver à une juste répartition

(1) 5ᵉ chapitre, p. 115. *Die Existenz.*
(2) P. 125.
(3) P. 129.
(4) P. 135. Ce passage n'est pas dans les deux premières éditions.
(5) P. 136.

de la richesse. Il n'est pas nécessaire que ce soient les gouvernements qui régularisent cette union générale ; il suffit
qu'ils n'y mettent pas d'obstacle. Si l'on supposait l'Europe
sans États et sans aristocratie, par suite sans frontières, sans
armées et sans guerres, elle pourrait nourrir bien plus d'habitants qu'elle n'en contient (1).

Le meilleur de ces principes, dit Gutzkow, vient du
Saint-Simonisme et du communisme. Au risque de passer
pour révolutionnaire, il déclare attacher une grande importance à la doctrine des Saint-Simoniens (2) ; il rejette sur
Enfantin tout ce qu'il appelle « ridicule et éhonté » (3), le
costume, le dogme de la femme libre et de l'émancipation
de la chair ; mais il admire la tendance politique et industrielle. Ce qu'il y a de juste et de solide dans ces théories,
affirme-t-il, aura de l'influence alors même que l'on paraîtra
oublier ou rejeter le Saint-Simonisme. Les disciples de
Saint-Simon, en niant la religion, y reviennent ; ils ne s'écartent du christianisme qu'en ce qu'ils rendent à la terre ses
droits. « Le firent-ils au début d'une façon frivole ? » Non
certes. « Les Saint-Simoniens voulaient une harmonie des
intérêts intellectuels et corporels (4) » ; on peut douter
qu'ils aient réussi à l'établir, mais « cet accord entre les
droits du physique et du moral fait partie des grands
problèmes de notre temps (5) ». Ce que le Saint-Simonisme
a bien prouvé, c'est « qu'aux classes travailleuses appartient une place plus intellectuelle et plus morale (6) » ; il a

(1) P. 141. Gutzkow s'appuie sur un article de Saint-Marc Girardin,
qu'il nomme dans la 2ᵉ édition (I, 206).

(2) P. 142.

(3) P. 142. « Das Lächerliche und Unverschämte am Saint-Simonismus kommt zum grossen Theil auf Rechnung Enfantin's. »

(4) P. 143.

(5) *Ibid.*

(6) P. 143.

même indiqué le moyen qui peut seul conduire à cette fin, en demandant que « l'on délivrât les classes inférieures du souci de l'existence (1) ».

Le premier principe de cette nouvelle religion industrielle est la liberté individuelle. L'homme doit être considéré comme une personne, non comme une chose. L'esclavage, le servage, le travail salarié sont les trois degrés que la civilisation a gravis peu à peu ; ils ont conduit à une exploitation de l'homme par l'homme (2), qui, pour être moins rude dans la forme, n'en est pas moins un esclavage. Le Saint-Simonisme ne veut pas supprimer le salaire, encore moins le travail qui est digne du salaire, mais la méthode du paiement : ce ne sera plus l'individu qui paiera l'individu, mais la communauté qui sera engagée envers l'individu ; mon travail ne sera plus pour toi, mais pour moi-même, pour l'homme et sa situation sociale ; « chacun reçoit d'après sa capacité et chaque capacité d'après son œuvre (3) ». Cette phrase est le fondement du Saint-Simonisme, et en même temps le germe révolutionnaire de la doctrine, celui, ajoute Gutzkow dans l'édition de 1875, qui a donné naissance au communisme. Cette phrase, en effet, détruit la conception de la propriété particulière. Personne n'a plus le droit de dire : Je possède ! Ce fut la possession qui créa la tyrannie, l'exploitation de l'homme et l'inégalité des moyens d'existence. A l'avenir, plus de propriété, plus d'héritage ; chacun aura ce dont il a besoin, et peut-être plus encore, quand une fois seront dispersés et répartis les trésors immenses amassés çà et là ; ce qui restera du dividende pourra servir à développer les arts nécessaires aux hommes.

Jusqu'ici, dit Gutzkow, la théorie des Saint-Simoniens,

(1) P. 143.
(2) « Menschennutzung. »
(3) P. 145.

pour être idéaliste, n'eñ reste pas moins en contact avec la réalité. Elle eut tort lorsqu'elle voulut fonder des classes sociales, établir la caste dirigeante des prêtres ; le Saint-Simonisme alors succomba, pour faire place au Fouriérisme et au communisme (1).

Les phalanstères de Fourier (2) n'ont pas réussi, mais l'idée qui les fit construire doit être un avertissement pour les hommes d'État. L'État a le devoir, non seulement,· comme cela se passe en Angleterre, de nourrir la pauvreté, mais bien plutôt de l'occuper.. On devrait, dans tous les États, proposer la création d'une Commission nationale économique ; elle serait l'opposé du ministère des finances qui n'est qu'un ministère d'exploitation ; formée de savants et d'hommes d'affaires, elle veillerait à l'existence matérielle du peuple, mettrait en harmonie l'esprit du passé et l'époque nouvelle (3).

Le principal intérêt du communisme (4), c'est de nous forcer à songer à la misère. Quand on compare le luxe d'un palais à la misère d'un ouvrier de Birmingham ou d'un tisserand de Silésie, on ne peut s'empêcher d'éprouver un frisson (5). Faut-il en conclure, avec les communistes, que tout est vermoulu dans la société ? Gutzkow, dans quelques pages ajoutées en 1875, combat cette opinion. Il tient le communisme pour une théorie aussi abstraite que le *Contrat Social* de J.-J. Rousseau ; il voudrait que le communisme guidât les conseils des gouvernements, mais qu'il ne fût pas prêché aux ouvriers, qu'il irrite sans pouvoir les satisfaire (6).

(1) P. 145.
(2) P. 148.
(3) P. 151.
(4) Ce passage n'était pas dans les premières éditions.
(5) P. 152 et suiv.
(6) P. 155.

Du Saint-Simonisme et du communisme, Gutzkow retient donc surtout l'intérêt pour les masses et la tendance politique industrielle. Un long chapitre de son livre est appelé *Der Stein der Weisen* (1). La pierre philosophale est, selon lui, la simplification et l'exploitation de la nature. Les alchimistes de l'époque nouvelle sont les Watt, les Fulton et les Lavoisier, le réactif minéral est la vapeur. De là, des conséquences morales immenses : la place importante occupée par l'ouvrier dans la société moderne, le rapprochement entre les peuples, effet de l'industrie et des chemins de fer (2). Les découvertes scientifiques brisent les vieilles superstitions ; elles nous font pénétrer dans une nature plus proche de la divinité ; bien comprises, elles doivent nous rendre plus humains. L'idée avait été exprimée par Gutzkow dans sa *Philosophie der Geschichte* ; tout son livre sur les *Zeitgenossen* en est le commentaire ; elle apparaît à chaque page, qu'il parle de l'État, de l'éducation, des mœurs, de la religion ou de la littérature.

· Quelle est notre vie dans l'État (3) à l'heure présente ? Nous nous intéressons plus à la politique qu'à la métaphysique. Il ne s'agit plus aujourd'hui de Whigs et de Torys, de réactionnaires ou de libéraux. L'idée de liberté et de vérité est dans toutes les poitrines ; des hommes comme Polignac et Wellington ne peuvent rien contre elle (4). Sans doute, l'État depuis 1815 a mécontenté tous les esprits, mais l'État lui-même tend à faire disparaître les haines nationales. Les hommes politiques les plus réactionnaires sont obligés de comprendre leur temps ; Metternich, toujours en défiance contre ce qui vient du peuple,

(1) VI* Chapitre, p. 157 et suiv.
(2) P. 179 et suiv.
(3) Chap. VII, p 182. *Das Leben im Staate.*
(4) P. 187.

sait faire à la Révolution sa part (1). Des concessions si minimes ne suffisent pas d'ailleurs, et, si l'on « conspire contre l'État (2) », c'est qu'il y a dans les esprits des idées élevées que l'on ne croit pas pouvoir réaliser par les formes actuelles de gouvernements.

L'éducation (3) aussi ne répond pas aux besoins de l'époque, et chacun le sent. L'État doit en chaque citoyen réaliser l'homme ; il ne doit pas protéger quelques classes sociales au détriment des autres, mais donner à la vie organique de chaque citoyen son plein développement. « Former des hommes (4) », tel est le mot de ralliement, comme au XVIIIe siècle ; et aujourd'hui le problème est plus difficile, car il faut en chercher la solution dans la tourmente et la lutte.

Une des questions les plus controversées de la civilisation moderne est celle du mariage ; George Sand l'a mise à la mode, et l'on s'est empressé en Allemagne de traduire ou d'imiter ses romans (5). Gutzkow reste ici hostile au Saint-Simonisme et à George Sand. Le mariage est suivant lui un des fondements de la civilisation (6) ; sa raison d'être est si simple et si logique qu'il est impossible de l'ébranler ; prétendre découvrir dans le mariage des contradictions logiques et métaphysiques, c'est un aveuglement que

---

(1) P. 224. — Dans la 2ᵉ édition, Gutzkow analyse avec modération le système de Metternich et conclut : (I, 334) « Das Maass von Freiheit, welches die Œsterreicher geniessen, ist gerade so gross wie das Maass ihrer Bildung ».

(2) G. W., VIII, 231.

(3) Chap. VIII, p. 233. *Die Erziehung*.

(4) P. 234.

(5) Fanny Tarnow et Louise Mühlbach sont nommées dans l'édition de 1875, p. 295.

(6) P. 326

Gutzkow s'étonne de rencontrer chez l'auteur de *Lélia* (1).
Tous les crimes que l'on pense trouver dans le mariage
viennent en partie des personnes qui l'ont conclu, en partie
des circonstances extérieures, et le soin des législateurs
devrait être de faciliter les circonstances dans lesquelles
le mariage peut avoir lieu (2).

Un des chapitres (3) les plus importants des *Zeitgenossen*
est celui qui traite de la religion. Gutzkow la considère
sous trois points de vue (4) : 1º dans le domaine de l'Église
en tant que science ; 2º dans ses rapports avec la société
et comme tendance de l'esprit ; 3º dans le domaine de
l'État.

Au point de vue scientifique, il prend parti contre le
rationalisme et reste disciple de Schleiermacher. Il ne suffit
pas, selon lui, de montrer que tel ou tel passage est apocryphe
dans les Testaments ; il faut expliquer l'élément mythique du
christianisme, ce qui passe pour révélation (5). La religion
n'est pas seulement une création de la raison ; ni le rationalisme, ni le supra-naturalisme mystique n'ont le droit de
s'exclure l'un l'autre ; qu'il y ait des erreurs dans le Nouveau
Testament, que le christianisme ait fait des emprunts à
l'Orient, cela ne diminue en rien la religion chrétienne ;
elle est composée de préceptes et d'enseignements d'une
valeur idéale. Sans doute, le rôle historique du christianisme
est terminé : il n'est plus ferment de civilisation ni source de
bonheur, il n'aura plus que des influences de détail, et il
importe peu aujourd'hui que le Christ soit considéré comme

(1) Gutzkow ajoute dans l'édition de 1875 que G. Sand a plus tard
déclaré ne pas attaquer le mariage, mais seulement les personnes
mariées.
(2) P. 327.
(3) Chap. X, *Religion und Christenthum*, p. 368.
(4) P. 382.
(5) P. 384 et suiv.

un dieu ou comme un homme (1) ; mais on n'a plus à l'égard
du christianisme l'attitude railleuse qui était de mode au
xviiie siècle. On a débarrassé la religion de la lettre, et le
cœur a pu y entrer. On la considère avec sérieux : l'esprit du
temps, qui semble la combattre, la respecte à vrai dire. On
paraît ne songer maintenant qu'à la vie, mais, dans ce combat pour l'existence, il y a des rêves et des déceptions, ce
qui donne à la religion un rôle important, même dans des
systèmes industriels comme le Saint-Simonisme (2). La
religion a pris place dans nos préoccupations politiques et
sociales. La preuve en est fournie par toutes les discussions
religieuses qui remplissent l'Allemagne depuis dix ans, et
par la question des Juifs (3), toujours revenue, non encore
résolue. Gutzkow demande que les Juifs soient émancipés
en Allemagne comme ils le sont en France et en Belgique ;
il veut la disparition de toutes les barrières, rites ou préjugés
qui entravent la liberté de la pensée ; il réclame aussi dans
le même but la séparation de l'Église et de l'État (4).

Nous connaissons les idées de Gutzkow sur la littérature
moderne (5) ; elles reparaissent ici, révélant encore une
préoccupation constante de rapprocher les écrivains de la
masse qu'ils doivent instruire et diriger. Les poètes les plus
modernes, Byron, Shelley (6), sont restés loin d'elle ; Victor
Hugo (7) seul a su mêler à ses œuvres le mouvement social

---

(1) « Christus kann nach jeder eigenthümlichen Weise gepredigt
werden ; er kann dem Einen Gott, dem Andern Mensch sein : da findet
keine Ausschliessung mehr statt », 2ᵉ édition, II, 147. Ce passage est
supprimé dans l'édition de 1875.

(2) P. 400.

(3) P. 404 et suiv.

(4) P. 394.

(5) Chap. XI, *Kunst und Literatur*.

(6) 2ᵉ édition, II, 239.

(7) G. W., VIII, 434.

du siècle. Le roman (1) est appelé à prendre la première
place dans l'histoire littéraire : il doit être épopée, drame et
poésie ; le temps présent en fera l'objet ; l'amour en sera
l'élément lyrique ; la destinée, ou une passion puissante, telle
que l'ambition, en fournira l'élément dramatique. La presse
est aussi un moyen puissant d'agir sur la masse ; elle est
devenue une force énorme, capable de grands maux, mais,
finalement, et pour la communauté des hommes, toujours un
bien (2).

Tels sont tous les ferments que contient le siècle commen-
çant. Ils sont loin encore d'avoir donné des résultats. Le
peuple qui vit le plus politiquement, la France, « pays du
symptôme », poursuit sa voie monotone et pacifique : les
doctrinaires qui le gouvernent représentent la faiblesse et la
vertu unies ; « la création des chemins de fer, les expositions
des Beaux-Arts, les traités algériens, la comédie des conseils
de guerre, l'indocilité des généraux, les condamnations à
perpétuité et les amnisties qui les suivent (3) » font tout le
mouvement d'une nation en train d'organiser le régime
constitutionnel.

Il y avait dans les premières éditions des *Zeitgenossen*

(1) P. 436, 437.
(2) G. W., VIII, p. 445. « Sie ist für jeden Einzelnen zuweilen ein
grosses Unglück, und doch für die Gesammtheit ein grosses Glück. » —
Gutzkow disait le contraire dans la 2ᵉ édition, II, 311-312. « Es ist eigen
mit der Pressfreiheit; sie ist für jeden Einzelnen immer ein grosses
Glück und für die Gesammtheit nicht selten ein grosses Unglück. »
(3) Passage de la 2ᵉ édition supprimé plus tard, II, 372. — « Und
Frankreich, mit dem Spielzeug seiner neuen Eisenbahnen, mit seinen
Gemäldeausstellungen und algierischen Traktaten, mit den kriegs-
gerichtlichen Komödien seiner eigensinnigen Generäle, mit den Verur-
theilungen auf Lebenszeit und den darauf erfolgenden Amnestieakten,
wohin strebt es anders, als so, wie es nach Sturm und Ungewitter
einst in Napoleons Person sich mit romantischer Hingebung beruhigte, so sich auch in der Familie Orleans zu beruhigen. »

un supplément qui ne fut pas reproduit, et qui résume bien la situation politique et morale de l'Europe en 1836.

La Révolution de Juillet n'a pas eu les conséquences que l'on pouvait espérer (1). La première année qui la suivit, la Pologne fut écrasée ; la deuxième, la fermentation de l'Allemagne cessa ; la troisième, les institutions républicaines qui entouraient la monarchie française disparurent ; la quatrième, le ministère de réforme tomba, et la cinquième année vit partout le triomphe de l'absolutisme. L'homme qui a été le centre et la cause de cette décadence est Louis-Philippe (2). Il a songé moins à la France qu'à sa dynastie (3) ; il n'a pas tenu compte de 1830 ; il s'est attaché une partie du pays en protégeant ses intérêts, et l'autre, il l'a plongée dans l'apathie (4). Le peuple français croit encore porter la destinée du monde, et ne s'aperçoit pas qu'il oublie les révolutions qu'il a faites.

Il y aura encore des crises, mais n'attendons pas de trop grands événements. « La Révolution, conçue comme quelque chose de radical et de général, est dans son principe vaincue pour toujours (5). » « L'ordre (6) et la loi et, sous leur protection, le développement du bien-être moral et matériel,

(1) 2ᵉ édition 1842, II, 385.

(2) *Ibid.*, 389. « Man behauptet nicht zu viel, wenn man in Louis-Philipp den Wendepunkt aller Ereignisse sieht, welche das allmälige Schicksal der Julirevolution entschieden haben. »

(3) P. 394. « Er sieht das Wohl Frankreichs in der neuen Dynastie und sucht eines durch das andere zu befestigen. »

(4) P. 407. « Die Politik L.-Philipps wird ihr Ziel nicht verfehlen. Sie wird durch eine fast leidenschaftliche Beförderung der materiellen Interessen den einen Theil Frankreichs sich verpflichten, und den andern in die Apathie werfen. »

(5) P. 427. « Die Revolution als eine radikale und allgemeine ist in ihrem Prinzipe auf immer besiegt. »

(6) « Ordnung und Gesetz und unter ihrem Schutze die Entwickelung moralischer und materieller Wohlfahrt : das sind die Grundzüge auf welchen unser Jahrhundert sein Gebäude aufführen will. »

tels sont les principes sur lesquels notre siècle veut élever son édifice ». « Les princes resteront sur leurs trônes (1) ». L'équilibre dans la société, la confiance entre les gouvernants et les gouvernés, le désir chez les peuples de fonder une paix durable, cimentée par un idéal poursuivi en commun et non par des intérêts matériels, tout cela se fera longtemps attendre (2). Il semble qu'il se soit écoulé des siècles entre 1789 et 1837 ; « on est devenu, sous le rapport moral et intellectuel (3), infiniment plus pauvre et plus misérable ». On pressent une situation nouvelle ; on ne sait pas encore sur quelles assises on peut construire ce que l'on rêve (4).

Cette conclusion est triste ; elle n'est pas pessimiste. Gutzkow, qui ne compte plus sur les révolutions politiques, espère toujours des transformations sociales ; il a confiance dans la masse ; elle est pour lui la force véritable, qu'il faut seulement éclairer, et laisser libre d'agir. Dès qu'il aura lui-même retrouvé un peu de liberté, il reprendra cette tâche interrompue.

(1) P. 427. « Die Fürsten werden auf ihren Thronen bleiben. » « Ich bin überzeugt, dass die Julirevolution eine Bestimmung hatte und dass sie dieselbe zum Theil verfehlte. »

(2) P. 427.

(3) P. 431. — « Unendlich ärmer und hilfsbedürftiger sind wir in moralischer und geistiger Rücksicht geworden ».

(4) P. 439.

CHAPITRE II

HAMBOURG (1838). — ANNÉE DE POLÉMIQUE.

GUTZKOW REPREND DANS LE MONDE LITTÉRAIRE
LA POSITION QU'IL OCCUPAIT EN 1835.

I. Hambourg. — Le *Telegraph*. — Les collaborateurs de Gutzkow.
II. Polémique religieuse. — Gutzkow et les Juifs. — L'Affaire de
Cologne. — *Die rothe Mütze und die Kapuze*. — Gutzkow prend
position avec la gauche hegelienne contre le catholicisme ultra-
montain de Görres et le protestantisme réactionnaire de Leo. —
Gutzkow et les *Hallische Jahrbücher*.
III. Polémique littéraire. — La Jeune Allemagne : Laube, Wienbarg,
Kühne, Mundt. — Mundt et George Sand. — Gutzkow publie *Die
literarischen Elfen* et *Götter, Helden, Don-Quixote*.
IV. *Blasedow und seine Söhne*. Roman satirique.

I

La plupart des ouvrages que nous venons d'étudier,
Gutzkow les avait écrits à Francfort, mais vivre dans cette
ville lui paraissait intolérable depuis qu'il s'y sentait surveillé (1). Les espions pénétraient jusque dans les familles.
Un oncle de sa femme, Johann Valentin Meidinger (2), fut
enlevé de nuit et conduit à Darmstadt : il passait, étant

(1) *Rückblicke*, 167.
(2) Le père de la seconde femme de Gutzkow.

libraire, pour répandre des brochures défendues..A Giessen et à Darmstadt, l'inquisition siégeait en permanence. Le juge d'instruction Georgi réduisit le pasteur Weidig, celui qui avait été en rapports avec G. Büchner, à se donner la mort. Un instant, Gutzkow songea à retourner à Berlin (1) ; il espérait. pouvoir y transporter son journal, mais des démarches qu'il fit en novembre 1837 lui prouvèrent qu'il ne devait pas compter sur l'indulgence de Rochow. Il eut alors recours à Campe, et, celui-ci ayant accepté d'éditer le *Tele*₀*raph*, Hambourg devint la nouvelle résidence : de Gutzkow (2).

Il habita d'abord pauvrement dans une des rues les plus sombres (A B C Strasse) (3), où il devait faire de la lumière en plein jour. Au printemps de 1838 (4), il fit venir sa femme et son fils Valentin-Hermann, âgé d'un an. Il avait des soucis matériels, des difficultés avec les coteries littéraires de Hambourg qu'il ne ménageait guère, avec le libraire Campe, « chez qui c'était tantôt le soleil et tantôt la pluie (5) ; » mais il retrouvait la liberté et l'activité qui lui manquaient à Francfort. Il rencontrait parmi ses collaborateurs au *Tele*₀*raph* quelques amis dévoués (6): H. König, l'auteur du roman *die Hohe Braut*, Alex. Jung, de Königsberg, l'un des premiers défenseurs de la Jeune Allemagne, Franz Dingelstedt le poète,

(1) V. Houben, *Karl Gutzkow in Hambourg*, feuilleton du *Hamburgischer Correspondent*, nᵒˢ 29-31 (18 et 20 janvier 1903). *Ein Frankfurter Literaturkapitel* dans la *Frankfurter Zeitung*, nᵒ 347 (15 déc. 1903).

(2) V. *Rückblicke*, 167, et Lettre à Weill du 13 novembre 1837 (*Briefe hervorragender verstorbener Männer Deutschlands*, Zurich 1889). — Gutzkow devait rester à Hambourg jusqu'en 1844.

(3) V. *Rückblicke*, 173. — Dans une lettre à Weill du 31 mai 1838, Gutzkow donne comme nouvelle adresse : Pferdemarkt, 65.

(4) *Rückblicke*, 175.

(5) *Rückblicke*, 177.

(6) V. *Rückblicke*, 167-175, et Houben, *article cité*, dans le *Hamburgischer Correspondent* (janvier 1903).

Karl Gödeke, le futur bibliographe, Levin Schücking, bientôt célèbre comme romancier (1). Le *Telegraph* ne tarda pas à réussir (2). Gutzkow n'avait rien perdu de l'ardeur qui dès la sortie du gymnase l'avait créé journaliste, et l'année 1838 est dans sa vie une période de polémique qui rappelle l'année 1835.

Malgré les efforts de la réaction, les sujets de discussion ne manquaient pas. L'agitation politique était calmée : l'affaire de Göttingen (1837), qui venait de faire destituer sept professeurs, parmi lesquels les frères Grimm, Gervinus et Dahlmann, est un événement unique (3) entre 1833 et 1848. Mais les tempêtes religieuses, philosophiques et littéraires étaient fréquentes. On se passionnait pour l'émancipation des Juifs, on prenait parti dans l'*Affaire de Cologne*, on lisait les *Hallische Jahrbücher*, on recommençait à parler de la Jeune Allemagne pour la combattre ou pour la défendre. Dans toutes ces questions Gutzkow intervint.

II

L'*Ahasver* de Julius Mosen (1), qui venait de paraître (1838), avait attiré de nouveau l'attention sur le Judaïsme.

(1) G. W., X, 116; Levin Schüking, *Lebenserinnerungen*. (Breslau, 1886, I, 111,) et Houben, *Hamburgischer Correspondent. (Article cité.)* — Gutzkow connut aussi à cette époque, à Hambourg, la sœur de Varnhagen, qui était mariée à un médecin, Assing, et dont la fille, Ludmilla, a laissé des Mémoires. (V. Gutzkow, *Gesammelte Werke*, 1845, VI, 303.)

(2) Prœlss (p. 722) dit que le *Telegraph* put pénétrer en Prusse après avoir passé par la censure.

(3) V. Seignobos, *Histoire politique de l'Europe contemporaine*, p. 367

(4) V. Gutzkow, *Vermischte Schriften* 1842, 2. Bd . (*Vermittelungen, Kritiken und Charakteristiken*, p. 154 : *Julius Mosens Ahasver*.)

Gutzkow au *Telegraph* reprend les idées qu'il avait exposées dans ses *Zeitgenossen* (1) : il rend l'histoire responsable des défauts que l'on prête aux Juifs ; pour les émanciper, dit-il, il ne faut pas attendre d'eux des qualités que l'émancipation seule peut leur donner (2). Cette même indépendance d'esprit, rare à cette époque en Allemagne, il l'apporte dans l'*Affaire de Cologne*.

Le gouvernement prussien avait su, après 1815, par son habileté et ses tendances piétistes, se concilier les esprits dans les provinces catholiques du Rhin (3) ; une sorte d'accord s'était établi entre le protestantisme et le catholicisme, notamment au sujet des mariages mixtes. Mais, depuis que le chef des ultramontains, Droste Vischering, avait été nommé archevêque de Cologne (4), un parti d'opposition, dirigé par les Jésuites, gagnait en influence (5) : le ministère de Berlin, fatigué de l'hostilité qu'il rencontrait chez le nouveau prélat, le fit arrêter en novembre 1837 et conduire hors du diocèse (6). Toute l'Allemagne fut émue par cet événement. Görres, qui avait fondé à Munich la revue catholique, *Die historisch-politischen Blätter* (7), défendit l'archevêque de Cologne, et dénonça la conduite brutale de la Prusse (8). Il déclarait que Droste Vischering s'était toujours renfermé dans les limites de ses droits, que la population catholique ne devait pas être livrée à la discrétion d'une puissance protes-

(1) G. W., VIII, 404.

(2) V. aussi Houben, *Gutzkow-Funde*, p 144. *Karl Gutzkow und das Judenthum.*

(3) Voir Kaufmann, *Politische Geschichte Deutschlands im neunzehnten Jahrhundert*, p. 261.

(4) En 1835.

(5) V. Denis, *L'Allemagne*, II, 204.

(6) V. Laube, *Erinnerungen*. L. W., I, 354 et Denis, *L'Allemagne*.

(7) En 1836.

(8) V. le recueil intitulé *Affaire de l'Archevêque de Cologne*, qui contient l'*Athanasius* et d'autres pamphlets de Görres.

tante (1) ; il faisait, dans un pamphlet qui est resté célèbre,
l'*Athanasius*, le procès du protestantisme condamné à d'éter-
nelles variations, partagé entre le rationalisme et le piétisme (2) ; il comparait à la Révolution de 89 la Réforme du
XVIe siècle, disant que l'une et l'autre avaient été source
de division (3), que le catholicisme seul était un principe de
stabilité en qui devaient s'unir l'Église et l'État ; il engageait
finalement les pays catholiques du Rhin à former une alliance
étroite contre l'étranger (4), désignant par ce mot la puissance
prussienne.

Les démagogues défendirent l'attitude du gouvernement.
Gutzkow répondit à Görres. Le hasard voulait que cette fois
il prît fait et cause pour le ministère prussien, mais il profi-
tait de l'occasion pour aborder plus d'une question que l'on
aimait mieux à Berlin passer sous silence (5). Les brochures
qu'il fit alors paraître mettent en lumière la position des
différents partis religieux en Allemagne, depuis les ultramontains jusqu'à la gauche hegelienne ; elles sont réunies au
dixième volume de l'édition Costenoble : *Die Absetzung
des Erzbischofs von Köln und die Hermes'sche Lehre.* —

.

(1) Écrit fin janvier 1838 ; voir Préface à l'*Athanasius*, p. 20, 38.
(2) *Athanasius*. V. *Affaire de l'archevêque de Cologne*, p. 93 94.
(3) *Ibid.*, 95.
(4) *Ibid.*, 155. « Ihr aber, ihr Münsterländer und Andere in den katho-
lischen Gegenden da herum, haltet mit euern Brüdern am Rheine im
gleichem Streben euch enge verbunden Ihr habt ein unlöschbares
Widerstreben gegen alles Fremde. » Kaufmann (*Politische Geschichte*,
262) dit que les mots « alles Fremde » visent le gouvernement
prussien.
(5) Voir une lettre à Meidinger du 5 mars 1838, publiée par Houben
(*Hamburgischer Correspondent*, 18-20 janvier 1903). « Ich habe mich
auf das Entschiedenste gegen den *Athanasius* von Görres ausgesprochen... Es ist rein zufallig, dass meine Opposition gegen den Erzbi-
schof und gegen Görres mit den Interessen Preussens zusammentrifft ;
aber Preussen wird in meiner Brochüre auch vieles finden, was es
nicht gewünscht hätte in einem Streite berührt zu sehen. »

Die rothe Mütze und die Kapuze (1838). — *Streifzüge in der Kölner Sache* (1838) (1). — *Leo und die Hegelingen* (1838).

Hermes (2), professeur à Münster, puis à Bonn, avait dans sa *Christkatholische Dogmatik* posé des principes purement chrétiens, en dehors de tout élément mystique; sans rien accorder aux protestants, il avait eu des audaces qui dépassent le protestantisme. Droste Vischering s'était élevé contre ce livre. Rehfues, l'auteur de *Scipio Cicala*, administrateur prussien dans les provinces rhénanes, l'avait défendu dans un écrit, *Die Wahrheit in der Hermes'schen Sache*, qui avait provoqué l'intervention du gouvernement prussien contre l'archevêque (3). Gutzkow loue fort Rehfues, et approuve l'énergie prussienne. Peut-être, dit-il, la Prusse verra-t-elle où sont ses véritables ennemis et continuera-t-elle les traditions de libre esprit que lui a léguées Frédéric II (4); Görres, qui soutient Droste Vischering, est, par son catholicisme ultramontain, aussi dangereux qu'il l'était autrefois par son jacobinisme mystique; il a beau enfoncer son capuchon, le bonnet rouge apparaît encore (5).

Gutzkow combat (6) les doctrines ultramontaines au nom des principes que nous lui connaissons. Unir abstraitement, comme le fait Görres, l'Église et l'État, c'est sacrifier la personnalité de l'homme. La religion doit être dans notre

(1) Ces *Streifzüge* ont suivi la publication de *die rothe Mütze und die Kapuze*. V. G. W., X, 67.

(2) V. G. W., X, p. 40 et suiv. *Die Absetzung des Erzbischofs von Köln und die Hermes' sche Lehre*.

(3) Au sujet de l'archevêque de Cologne, Gutzkow renvoie à son roman *Der Zauberer von Rom* (Liv. III, Chap VII).

(4) V. G. W., X, p. 57.

(5) D'où le nom du pamphlet de Gutzkow : *Die rothe Mütze und die Kapuze*. — V. *Rückblicke*, 176.

(6) V. *Die rothe Mütze und die Kapuze. Zum Verständniss des Görres' schen Athanasius*. Publié pour la première fois à Hambourg, chez Hoffmann et Campe. G W., X, 73,

cœur, l'État dans les citoyens qu'il représente. La Réforme a détruit l'Église conçue comme une abstraction ; la Révolution, fille de la Réforme, a renouvelé l'idée de l'État (1) ; la religion et l'État ne doivent pas se présenter comme quelque chose de fermé, d'arrêté, qui descend d'en haut, mais comme quelque chose d'indéterminé, capable de s'adapter à tout ce qui est en bas (2).

Cette Affaire de Cologne a l'avantage, selon lui, de démasquer et de délimiter les partis (3). Elle est importante, moins par elle-même que par la façon dont elle a été acceptée et jugée (4). Elle est un épisode de la lutte menée par le catholicisme contre le libéralisme protestant ; et les ultramontains, pour arrêter la Prusse dans son action contre l'archevêque, sont allés jusqu'à prétendre qu'elle devenait alliée de la Jeune Allemagne (5).

Gutzkow était si loin d'être en communauté d'idées avec le piétisme prussien, que, dans le moment où il combattait Görres et son mysticisme, il prenait parti contre Leo et son protestantisme réactionnaire (6).

Leo, professeur d'histoire à Halle, était dans le protestantisme le pendant de Görres (7). Il appartenait au parti théologique qui avait pour organe l'*Evangelische Zeitung* et

(1) G. W., X, 101, 102, 103.
(2) Görres répondit à Gutzkow dans la 4ᵉ édition de l'*Athanasius*, mars 1838
(3) *Die Rothe Mütze.* G. W., p 75.
(4) G. W., X, p. 64. *Streifzüge in der Kölner Sache.*
(5) G. W., X, 67 « Ebenso hat man neuerdings Preussen dadurch zu erschrecken gesucht, dass es in Gefahr gerathen könne, sich zum Bundesgenossen des « jungen Deutschlands » zu machen. Einige Aufsätze im Telegraphen, meine Schrift gegen Görres, die Hallischen Jahrbücher gaben die Veranlassung zu diesem Stratagem, das von mehreren Seiten gegen die preussische Regierung benutzt wurde. »
(6) G. W., X, 143 *Leo und die Hegelingen*, 1838.
(7) Laube, *Deutsche Literatur*, IV, 48-49.

pour journaliste Hengstenberg (1) ; un opuscule (*das Send-schreiben*) (2), où il répondait à l'*Athanasius*, prouve qu'il restait dans la tradition luthérienne la plus étroite, contraire à tout progrès. En même temps que Leo écrivait contre Görres, il attaquait la gauche hegelienne, qui, cette même année, se groupait autour de Ruge (3) et fondait les *Hallische Jahrbücher* ; il l'accusait de mettre en danger le droit et la religion. Ruge lui répondit, et sa défense fut si forte et si adroite (4) qu'il ne resta plus à Leo qu'un moyen, celui qu'avait employé Menzel contre la Jeune Allemagne (5) : dans une brochure (*Die Hegelingen*) il dénonça la jeune école hegelienne à la police prussienne (6). C'est à ce moment que Gutzkow tourna ses armes contre Leo ; il écrivit *Leo und die Hegelingen* (7), 1838.

Il conserve, en face de l'Hegelianisme, la position qu'il avait prise : il le rejette en tant que système abstrait et de pure dialectique, mais il admire la gauche hegelienne, surtout dans la personne de Strauss. Il n'est pas besoin, suivant lui, d'être hegelien (8) pour combattre Leo ; il suffit de suivre les progrès intellectuels accomplis depuis la Réforme. Ce n'est certes pas chez Hegel qu'il convient de chercher des argu-

(1) Lui-même écrivait au *Berliner politisches Wochenblatt*, qui, avec l'*Evangelische Kirchenzeitung*, conduisait l'attaque contre Hegel.

(2) V. G. W., X, p. 133. *Leo's Sendschreiben an Görres.*

(3) Echtermeyer, Strauss, Marbach, Feuerbach et, bientôt, Bruno Bauer.

(4) V. Ruge, *Sämmtliche Werke*, Mannheim, 1847, tome II, p. 118 : *Gegen Henrich Leo bei Gelegenheit seines Sendschreibens an Joseph Görres*, 1838. *Gegen Leo's Hegelingen und die evangelische Kirchenzeitung*, 1838.

(5) V. Laube, *Deutsche Literatur*, IV, 48 49.

(6) Le ministre Eichorn retira à Bruno Bauer, professeur à Bonn, la « venia legendi ». V. Gottschall, *Deutsche Nationalliteratur*, II, 82

(7) G. W., X, 143.

(8) G. W , X, 143.

ments en faveur de la liberté d'esprit en matière de religion ;
mais ses disciples, en appliquant sa dialectique aux choses
contemporaines, en ont tiré des conséquences que peut-être
il ne prévoyait pas (1) ; ils sont allés suivant leurs sentiments
dans des sens différents, et sont arrivés à former dans
l'hegelianisme, comme le dit Strauss, une gauche, une droite
et un centre. La gauche et le centre gauche, c'est ce que Leo
appelle le parti des « *Hegelingen* » ; il lui reproche ce que
l'archevêque de Cologne reproche au ministère prussien et
à la doctrine de Hermès, le légitimiste au constitutionnel, le
piétiste au philosophe : l'Église est sapée dans ses fondements,
s'il faut l'en croire, la foi est renversée, le Sauveur sacrifié à
la pensée logique, Dieu n'existe plus en tant que personnalité,
l'immortalité de l'âme disparaît, tout l'évangile devient mythique (2). Gutzkow s'élève contre ces accusations, et défend
la gauche hegelienne, école qui est certainement appelée
à former en Allemagne l'opinion scientifique (3). Il parle surtout de son représentant le plus célèbre et le plus attaqué,
Strauss (4). L'auteur de la *Vie de Jésus*, affirme-t-il, unit à la
liberté du xviii° siècle la profondeur du xix°, à la critique
du christianisme l'intelligence la plus parfaite du dogme
chrétien. De même que Schleiermacher, il a dépassé le rationalisme qui expliquait ridiculement les miracles du Nou-
v. au Testament ; il a considéré les miracles comme des éléments nécessaires, existant dans l'histoire, ayant une valeur
épique, et ainsi il nous a donné quelque chose d'humain.
Son livre, par suite, exerce une grande influence : on est
aujourd'hui pour ou contre Strauss. Leo peut bien appeler la
colère des gouvernements contre cette « faction » ; ni l'État
ni Leo n'y pourront rien, car elle est la vérité qui marche.

(1) G. W., X, 148.
(2) G. W., X, 150-151.
(3) P. 150.
(4) P. 153.

« Nous approchons des époques de grandes révolutions ; et qui oserait en fermer les portes ? La clef, même si on la jetait à la mer, ne serait pas perdue (1). »

Gutzkow reprenait confiance, maintenant qu'il se sentait plus libre. Dans la lutte, toute son ardeur passée lui revenait ; il parlait de Strauss comme au temps où, pour la première fois, il lisait la *Vie de Jésus* et écrivait *Wally*.

Strauss est d'ailleurs le seul Hegelien qu'il ait ainsi loué sans réserve, même dans le centre gauche. Ruge, Echtermeyer, Bruno Bauer, Feuerbach bientôt lui parurent trop doctrinaires ; il n'aimait pas, en politique, leur admiration pour la belle ordonnance de l'État prussien (2), en religion, la sécheresse de leurs analyses ; par contre, les rédacteurs des *Hallische Jahrbücher* lui reprochèrent de rester un Épigone du romantisme (3).

III

Pour étudier la polémique littéraire de Gutzkow en 1838, il importe de savoir ce qu'étaient devenus les auteurs du groupe Jeune Allemagne, Laube, Wienbarg, Kühne, Mundt surtout, avec lequel Gutzkow eut à rompre plus d'une lance.

Laube avait, en 1836, tenté de diriger à Brunswick *das Mitternachtsblatt für gebildete Stände ;* bien qu'il se fût montré à l'égard du gouvernement prussien d'une extrême servilité (4), l'autorisation de mettre son nom sur le journal lui

(1) G. W., X, 155.

(2) Cette admiration des *Hallische Jahrbücher* pour la Prusse dura jusqu'en 1841, date à laquelle Ruge, expulsé de Halle, dut fonder à Dresde les *Deutsche Jahrbücher*.

(3) V. *Rückblicke.* 272. Emil Kuh, *Hebbel*, I, 475-476. Gottschall, *Deutsche Nationalliteratur*, II, 78-79.

(4) V. Geiger, 157-158. Sur cette période de sa vie, triste à tous égards, Laube se tait dans ses *Erinnerungen.*

fut refusée; bientôt même il dut complètement renoncer à cette entreprise. Il avait fait paraître une nouvelle écrite à Naumburg, *die Schauspielerin* (1), et les deux derniers volumes de ses *Reisenovellen* (2). En novembre 1836 (3), il se maria à Lutzen avec une veuve riche (4) et vint habiter Berlin. Ayant fait la paix avec Rochow (5), il croyait n'avoir plus rien à redouter, lorsqu'il apprit tout à coup le résultat des poursuites depuis longtemps dirigées contre lui : il était, pour avoir autrefois fait partie de la *Burschenschaft*, condamné à dix-huit mois de forteresse (6). Grâce à l'influence de la princesse Pückler Muskau, fille de Hardenberg, il obtint de passer ces dix-huit mois dans la propriété de Muskau. C'est là qu'il vivait, depuis le 17 juillet 1837, dans une demi-liberté qu'il employait à écrire une histoire de la littérature allemande (7) et un ouvrage sur la chasse (8). Voici le résultat final du « *Junge Europa* », disait Gutzkow en se raillant : « Laube parcourt fièrement les allées du parc de Muskau, fier d'être poète, rêvant d'être de la noblesse (9) ».

Wienbarg semblait avoir perdu toute ardeur belliqueuse. Le *Tagebuch aus Helgoland* (10) fut son dernier livre de

(1) Avril 1836.

(2) V. *Erinnerungen*. L. W., I, 324 et suiv. Ces *Reisenovellen* sont aux 8e et 9e volumes des Œuvres complètes de Laube.

(3) Le 10 novembre 1836.

(4) Iduna Hänel. Elle avait un fils de trois ans, Albert, qui fut plus tard député. — V. Prœlss, p. 637

(5) Rochow même, s'il faut l'en croire (*Erinnerungen*, L. W., I, 326), l'aurait envoyé à Strasbourg, voir si le bonapartisme faisait des progrès en France.

(6) L. W., 336-337.

(7) *Geschichte der deutschen Literatur*, publiée chez Hallberg, à Stuttgart; le 1er vol. en 1839, le 2me en 1840.

(8) *Jagdbrevier*. Laube écrivit aussi contre Görres (*Görres und Athanasius*).V.*Erinnerungen*.L.W., I, 354.

(9) G. W., I, 317.

(10) Paru chez Hoffmann et Campe, 1838.

polémique ; encore y disait-il surtout sa tristesse et son désespoir (1). Il ne luttait plus, et voulait vivre à l'écart d'un état
social qu'il méprisait ; tantôt à Altona, tantôt à Hambourg (2),
il ne donnait plus au public que des ouvrages de critique
littéraire (3) : « Laissons Wienbarg de côté, écrivait Gutzkow
à Schücking ; son incapacité de produire, que l'on vante
comme un silence fier, mérite d'être blâmée.... Il est jaloux
de ma vigueur. De Wienbarg il n'y a plus rien à attendre,
tout au plus quelques articles de critique (4) ».

Kühne laissait à l'*Elegante Welt*, qu'il dirigeait à Leipzig (5), la tendance que Laube lui avait donnée. Des articles
qu'il a réunis sous le nom de *Weibliche und männliche
Charaktere* (6) prouvent qu'il ne cessait de s'intéresser
aux idées nouvelles (7). Il y avait dans sa critique de la
droiture et de la justesse, mais, parmi les jeunes auteurs,
Mundt était celui qu'il préférait ; Gutzkow, au contraire, lui
inspirait une antipathie qu'il ne dissimulait point (8). Il

(1) V. surtout p. vi et viii.

(2) Il rencontra Heine en 1844 à Hambourg. V. Strodtmann, *Heine*,
II, 3o9.

(3) *Vorträge über altdeutsche Sprache und Literatur* (Ende 1839). —
Die Dramatiker der Jetztzeit (Altona, 1839). — *Vermischte Schriften*.
I. Band, *Quadriga*, 1840. — V. Schweizer, *L. Wienbarg* (1898), p. 57.

(4) Lettre de Gutzkow à Schücking du 25 avril 1839, publiée par
Houben dans le *Hamburgischer Correspondent* (24 janvier 1903). —
« Wienbarg, bitt' ich, lassen Sie aus dem Spiele. Seine Productions-
unfähigkeit, die man als « stolzes Schweigen » rühmt, verdient allerdings gerügt zu werden, nur nicht im Jahrbuch. Er ist neidisch au
meine Rüstigkeit. Von Wienbarg steht nichts mehr, höchstens Kritiken, zu erwarten ».

(5) Il garda la direction de ce journal jusqu'en 1842. V. Prœlss,
p. 743. Il prit en 1846 la direction de l'*Europa* à la place de Lewald.

(6) Leipzig, Engelmann, 1838. — Ce recueil contient aussi quelques
nouvelles.

(7) V. surtout ses articles sur Bettina, Rahel, Ch. Stieglitz, Mundt.

(8) Prœlss (p. 743) dit qu'il y avait en Kühne du « Schulmeister ».—
V. Kühne, *Portraits und Silhouetten*, 1843, K. *Gutzkow*.

faisait imprimer en 1838 ses *Klosternovellen* (1), son chef-d'œuvre peut-être, roman historique d'une fine psychologie et d'un profond sentiment religieux, où revit avec beaucoup de netteté l'époque de Henri IV.

Mundt, à Berlin, avait enfin obtenu de pouvoir publier une revue, *die Dioskuren* (2). Il s'efforçait de redevenir Privat-docent à l'Université, cherchait à désarmer Rochow. Tout en gardant les principes esthétiques de ses ouvrages précédents, il avait soin de marquer (3) combien il était loin de la Jeune Allemagne. Deux livres de critique, qui parurent en 1835 et 1837, indiquent la position qu'il occupait dans le mouvement littéraire. Le premier était une étude sur la Prose allemande (4). Mundt faisait de la prose le caractère de la langue nouvelle (5) ; il louait l'influence française sur les écrivains allemands (6), mais il ajoutait que Heine, Wienbarg, Gutzkow et Laube portaient trop loin l'imitation du français, qu'ils menaçaient de détruire ainsi l'organisme de la phrase (7). L'autre livre de Mundt, *Charaktere und Situationen* (8), prouvait que l'auteur de la *Madonna* restait dans la critique le représentant du mouvement féministe. Mundt défend la femme moderne contre Tieck (9), qui s'était moqué « de l'émancipation de la chair »

(1) V. Pierson, *G. Kühne*, p. 51.
(2) V. Pierson, *G. Kühne*, p. 41, et Geiger, 177, 186.
(3) V. Gutzkow, *Rückblicke*, 179.
(4) *Die Kunst der deutschen Prosa*, 1837.
(5) P. 42, 48.
(6) P. 77, 107. Cela était une idée de la Jeune École. Wienbarg surtout l'avait exprimée dans ses *Æsthetische Feldzüge*.
(7) *Die Kunst der deutschen Prosa*, p. 114-115.
(8) Publié seulement avec les initiales de Mundt, Th. M., Leipzig, 1837. Ce livre contient d'intéressants articles sur *Die Quarantäne im Irrenhause* de Kühne, *Nero* de Gutzkow, sur G. Sand, Rahel, Ed. Gans.
(9) V. *Charaktere und Situationen*, p. 252 et suiv.

dans quelques nouvelles (1); il ne cache pas son admiration pour Rahel et surtout pour George Sand (2). Madame Dudevant (3) est, à son avis, l'auteur qui représente le mieux la lutte de l'individualité contre l'ordre social; nul poète, encore n'a su établir entre son œuvre et la réalité un rapport aussi direct. Byron se perdait dans les régions philosophiques ; George Sand ne sort pas du monde où nous vivons. Quand elle parle du mariage, thème capital de ses romans, ce n'est pas avec la sentimentalité du xviii° siècle, mais en cherchant comment la société peut satisfaire au besoin d'aimer constant chez la femme. *Lélia* donne, bien plus que la *Lucinde* de Schlegel, l'impression de la vérité ; *Jacques* est le roman du mariage, une œuvre trop peu connue, à laquelle rien n'est comparable dans la littérature moderne ; *Indiana* peint la réalité dans ce qu'elle a de cruel et de douloureux ; *Leone Leoni, André, Rose et Blanche* retracent bien la faiblesse du caractère de l'homme ; *Valentine, Simon,* le *Secrétaire intime* révèlent une pénétrante psychologie. Il n'est pas un roman de George Sand que Mundt n'ait lu, pas une tendance nouvelle qu'il n'ait aperçue. Il est le critique le mieux orienté dans la littérature contemporaine. Des notes qu'il avait rapportées d'un voyage rapide en France et en Angleterre, et qu'il publiait sous le nom de *Spaziergänge und Weltfahrten* (4), prouvent quelle

(1) Surtout dans *Eigensinn und Laune*, 1838. — V. notre édition de la *Deutsche Revue*, dans les *Deutsche Literaturdenkmale des 18. und 19. Jahrhunderts*, Berlin, 1904. — Tieck devait renouveler ses attaques en 1840 dans *Vittoria Accorombona*.

(2) Le chapitre sur Rahel est plein d'intérêt. L'article où Mundt parle de G. Sand était l'étude la plus importante qui eût encore paru en Allemagne sur l'écrivain français.

(3) V. *Charaktere und Situationen*, p. 200-228.

(4) Le 1er volume parut en 1838. V. sur cet ouvrage, G. Kühne, *Weibliche und männliche Charaktere*, 1838 (chap. XIV), et *Portraits und Silhouetten*, 1843.

était la variété de ses connaissances et combien il savait les ordonner ; mais dans tous ses ouvrages de critique on pouvait regretter un manque de profondeur. Il était devenu l'adversaire acharné de Gutzkow, et ne cessait de l'attaquer dans une revue qu'il avait fondée à Hambourg, *der Freihafen* (1) : le directeur du *Telegraph* était, suivant lui, « lourd et nauséabond (2) », d'une audace perfide, persuadé qu'il faut « souffleter le public pour lui imposer les tendances plus nobles de l'époque (3) ». C'est ainsi peut-être que Mundt espérait plaire au ministère prussien. Il garda un an la direction du *Freihafen* (4). Il devait, en 1839, épouser la fille d'un bourgmestre de Mecklembourg, Klara Müller, l'admiratrice et l'émule de George Sand, connue bientôt dans le monde littéraire sous le nom de Louise Mühlbach.

Aux attaques de Mundt incessamment renouvelées, à cette littérature d'émancipation féminine qui faisait tort au nom de George Sand à force de le répéter, Gutzkow répondit (5) par un conte satirique que le *Telegraph* publia de février à avril 1838, *Die literarischen Elfen*. Il a paru au *Skizzenbuch* (6) en 1839 et dans les *Rückblicke* (page 180).

Un des esprits les plus puissants de la montagne du Harz avait trois enfants, un fils et deux filles, qui s'occupaient de philosophie et de littérature. La plus jeune, Pimpernella, était une belle créature blonde, aux yeux de myosotis. Son frère Speculativus était blond, long et mince. Speculantia, l'aînée, avait quelque chose de fier, un peu comme Sainte

---

(1) Cette Revue paraissait tous les trois mois. V. surtout les 2ᵉ et 3ᵉ livraisons du *Freihafen*, qui contiennent des articles de Mundt sur Görres, G. Sand, Wienbarg, Kühne et Gutzkow.

(2) « Plump, ekelhaft ».

(3) « Dass man das Publikum ohrfeigen müsse, um ihm die höheren Zeittendenzen beizubringen. »

(4) Le *Freihafen* dura de 1838 à 1844.

(5) V. *Rückblicke*, p. 179.

(6) *Skizzenbuch*, Cassel u. Leipzig, Th. Fischer, 1839.

Cécile lorsqu'elle inventa l'orgue ; des aspirations. vagues la troublaient, sa voix avait des sons qui semblaient venir d'un autre monde. Elle était versée dans la littérature du temps, lisait avec prédilection Rahel et Charlotte Stieglitz ; elle prit parti pour la Jeune Allemagne, et pleura sur le décret de la Diète de 1835 (1).

Un jour, ces trois enfants partirent en voyage. Speculativus se rendit à Berlin (2), écouta Gabler, le successeur de Hegel, et écrivit des articles de critique. Pimpernella fit route vers la Souabe, cueillant toutes les fleurs le long de son chemin, jouant, d'un air candide, les plus vilains tours aux poètes Souabes (3). Speculantia alla tout droit vers Paris. Elle n'avait qu'un désir, c'était de voir George Sand ; elle connaissait tous ses écrits, les considérait comme ce qu'il y avait de plus génial dans la littérature nouvelle, trouvait en eux consolation, instruction et paix. George Sand refusa de la recevoir, et Speculantia, pour la rencontrer, dut, sous un costume d'homme, aller la chercher à la Bourse. Tandis qu'elle s'efforçait de l'aborder, elle aperçut un jeune homme un peu penché, au visage étonné, satisfait et réfléchi ; il avait l'accent allemand et portait en médaillon le portrait de Charlotte Stieglitz : c'était l'auteur de la *Madonna* et des *Weltfahrten ;* il était venu étudier l'œuvre de George Sand, avec l'intention de fonder en Allemagne une école destinée à écrire des romans sociaux. Speculantia aimait ses ouvrages de critique, mais était forcée d'avouer qu'il ignorait les désirs et les besoins du monde moderne, et qu'il n'avait rien de George Sand (4).

Enfin Speculantia obtint le rendez-vous désiré. Je ne puis, lui écrivait l'auteur de *Lélia,* vous faire de théorie sur la

(1) *Rückblicke,* p. 183.
(2) P. 186.
(3) P. 196.
(4) P. 221.

littérature moderne, mais je vous parlerai du cœur d'une femme ; soyez à dix heures à la balustrade de l'église Notre-Dame (1). Speculantia ne manqua point de se trouver à l'endroit fixé, et écouta religieusement George Sand, qui lui dit : Toutes les intentions politiques que l'on joint à mon nom me laissent froide ; l'État, la société, la science, occupent les hommes ; les femmes sont faites pour l'amour seul. La mission de la femme, c'est de se joindre à l'homme, de l'empêcher d'être complètement esclave de son égoïsme et de son métier. « Connaître, excuser, comprendre bien, c'est pour chaque femme un devoir irrémissible (2) ».

Speculantia a vu et entendu George Sand (3) ; rien ne la retient plus à Paris. Elle se retrouve dans le palais souterrain de son père et de son frère ; elle épouse l'*Alpenkönig* qui la fait régner sur toutes les fleurs et sur tous les arbres des Alpes.

Le conte est d'une jolie fantaisie romantique ; la critique qu'il enveloppe est fine et sans violence (4). Jamais Gutzkow, même lorsqu'il écrivait *Wally*, n'avait partagé les idées de Mundt et de Laube sur l'émancipation de la chair ; cette interprétation du Saint-Simonisme, on l'a vu, lui semblait ridicule, qu'elle apparût dans les théories d'Enfantin ou dans la *Madonna*. Il était, plus que Mundt, capable de saisir la pensée de George Sand ; il trouvait qu'elle avait merveilleusement retracé certains sentiments (5), attiré l'attention sur

(1) *Rückblicke*, 225.
(2) Même idée dans l'ouvrage de Gutzkow, *Philosophie der That und des Ereignisses* (*Mann und Weib*). G. W., XII, p. 143.
(3) Speculantia a vu George Sand, mais en réalité Mundt n'a pas fait visite à l'auteur de *Lélia*. V. Mundt, *Spaziergänge und Weltfahrten*, 1838.
(4) Un seul passage violent : « Théodore se réveilla sur un tas de fumier ».
(5) Il dira bientôt que George Sand est le plus grand des écrivains français contemporains G. W., VII, p. 118-122.

d'importants problèmes, mais il jugeait qu'elle n'avait pas
plus que Prosper Enfantin inventé le féminisme : Gœthe,
disait-il, avant le Saint-Simonisme, avait écrit les *Wahl-
verwandtschaften*, et les hommes le comprirent (1).

Ce pamphlet, *Literarische Elfen*, n'était qu'une boutade,
intéressante surtout si l'on veut étudier l'influence de George
Sand en Allemagne ; plus important est un autre ouvrage de
polémique littéraire, que Gutzkow publiait, en 1838, chez
Hoffmann et Campe, sous ce titre satirique, *Götter, Helden,
Don Quizote* (2). Le livre était composé d'articles qu'il avait
récemment fait paraître (3), et qui tous, suivant lui, prou-
vaient le désaccord existant entre la littérature et les choses
publiques (4). Les uns, parmi les écrivains, avaient plané
trop haut pour agir sur leur temps : c'étaient les dieux ; les
autres, sous des apparences indépendantes, s'étaient soumis à
l'ordre social : c'étaient les faux héros ou les Don Quichottes.

Il faut entendre de quel ton Gutzkow parle des dieux,
Shelley, Büchner, Grabbe, et comme, en les admirant, il
plaide sa propre cause. Shelley (5), l'athée repoussé par les
siens, privé de ses enfants, poursuivi par la méfiance et
l'ignorance de la foule, est le plus génial des poètes modernes ;
plus qu'aucun autre il porte la malédiction de l'époque et fut
incompris. Pouvait-il crier : je suis exactement le contraire
de ce que vous pensez, je vois Dieu en tout ce qui est vivant,
je désire amour et dévouement, je sacrifie tout ce que j'ai à

(1) *Rückblicke*, 223.
(2) Cet ouvrage n'a pas paru dans les Œuvres complètes de Gutzkow.
Quelques articles seulement ont pris place dans les *Öffentliche Charaktere* G. W., XI. Les pages sur Grabbe, Leo, Heine, Mundt, Laube,
Schlesier, Minckwitz, J. Jakoby, Löffler, n'ont pas été reproduites.
(3) Ces articles avaient été publiés par Gutzkow au *Telegraph*
alors qu'il était à Francfort, en 1837. V. Houben, *Ein frankfurter Literaturkapitel. Frankfurter Zeitung*, n° 347, 15 déc. 1903.
(4) Préface de 1838.
(5) V. G. W., IX, 203.

ceux qui souffrent, je n'écris pas par un besoin de gloire mais
pour satisfaire à mon idéal ? S'il s'était exprimé ainsi, nul ne
l'aurait écouté. Mais sa vie et sa mort parlent pour lui. Il
ne s'est pas vengé, comme Byron, de ses adversaires ; il n'a
pas mêlé sa poésie aux événements ; il a dit ses pensées et
ses sentiments, et ses pensées tremblaient comme la flamme
de la lumière tremble ; tout ce qu'il chantait venait d'une
idée haute, et la forme dont il la revêtait, il l'empruntait à la
nature. Il y a dans cette plainte de Gutzkow sur Shelley
comme une plainte sur lui-même, et c'est du même accent
qu'il parle du jeune auteur que la mort venait d'emporter, ·
Georg Büchner (1). Il rappelle avec joie l'amitié qui les
unissait au moment où *le Danton* paraissait à Francfort,
l'idéal qu'ils poursuivaient en commun et l'enthousiasme qui
les animait ; il rend hommage à ce jeune Titan disparu au
moment où il s'armait pour la cause du siècle (2). Grabbe (3),
le troisième dieu, lui paraît moins admirable : pourtant il
s'élevait si haut qu'il ne put jamais trouver un accord entre
son esprit poétique et la vie bourgeoise, incapacité qui a
créé les plus grands, mais aussi les plus malheureux poètes.

   Après les dieux, les héros ! Leur troupe est bien mêlée de
Don Quichottes. Les uns, comme Schadow (4), sont empri-
sonnés dans les tendances catholiques, ou, comme Raumer (5),

---

   (1) V. G. W., IX, 267.
   (2) Il cite quelques-unes de ses lettres, annonce une de ses œuvres
posthumes, une comédie, *Leonce und Lena*, qu'il avait reçue des mains
de sa fiancée et qu'il fit paraître au *Telegraph*. Il voulait écrire une
biographie de Büchner, mais dut y renoncer, tant la famille mit peu
d'empressement à lui donner son consentement. — V. Lettres de
Gutzkow à Mlle Jæglé du 30 août 1837, du 14 septembre 1837 et du
26 juin 1838, publiées par Ch. Andler (*Euphorion*, Drittes Ergänzungsheft 1897)
   (3) *Götter, Helden, don Quizote*, p. 51.
   (4) G. W., IX, 242.
   (5) G. W., IX, 255.

écrivent l'histoire en excellents fonctionnaires routiniers;
d'autres, comme Rehfues (1) et Varnhagen (2), en qui la
jeunesse mit des espérances et qui eurent leurs heures de
libéralisme, restent fidèles soutiens du parti conservateur.
L'un des meilleurs parmi les esprits qui comprennent
l'époque, Immermann (3), est sans action, car il a tourné son
ironie contre lui-même ; la raison et l'imagination combattent
dans sa pensée, mais son regard est clair, son âme fière et
libre; ses *Epigonen* sont un beau livre, une œuvre vivante
et vraie. Heine (4) n'a pas donné tout ce qu'on attendait de
lui ; sa sentimentalité romantique, sa situation matérielle
aussi l'en ont empêché ; il ne mérite pas toutefois les attaques
dont il est l'objet; peut-être est-il faible, il n'est pas sans
caractère (5). Mundt (6) attend de la prose nouvelle une
renaissance littéraire; il oublie qu'un poème de Lenau exerce
plus d'action que tous les romans de Kühne, de Laube et de
Mundt; il a le tort de blâmer la prose de Heine, merveilleux
mélange de naïveté et de réflexion ; lui-même écrit avec trop
de régularité et de froideur. Laube (7) a dans le style plus
d'agrément que de beauté ; il imite beaucoup Heine, quoiqu'il
s'en défende (8). Il a cherché dans ses dernières nouvelles à
se rapprocher de la vérité humaine, mais il reste abstrait
malgré ses efforts (9). Il se plaît à représenter le caractère

(1) G W., IX, 353.
(2) G. W., IX, 300. A propos de l'ouvrage de Varnhagen, *Galerie von Bildnissen aus Rahels Umgang.*
(3) G. W., IX, 282.
(4) *Götter, Helden*, p. 201.
(5) « Dass Heine schwach ist glaub' ich wohl, allein charakterlos ist er nicht. »
(6) *Götter, Helden*, p. 215.
(7) *Götter, Helden*, p. 235.
(8) Préface de Laube aux 5e et 6e volumes des *Reisenovellen*.
(9) A propos de la nouvelle *Das Glück*, et des derniers volumes des *Reisenovellen*.

féminin dans ce qu'il peut avoir d'actif et d'énergique, mais
ces femmes qui montent à cheval et font des armes nous
fatiguent par leur uniformité. Il touche à la politique avec
prudence, simple spectateur de la haute société, incapable
d'approfondir un principe de gouvernement ou les sentiments d'un homme d'État. Steffens (1) est le type du Don
Quichotte. Il a de Norvège (2) apporté un mélange de philosophie et de poésie, croit, ainsi que Tieck, qu'il a tout prouvé
parce qu'il mêle le conte à la politique, et, après avoir
comme Görres appartenu à l'opposition, combat dans son
dernier roman (3) tout esprit d'indépendance. Gutzkow
défend la Jeune Allemagne que Steffens venait récemment
d'attaquer encore une fois ; il nie tout accord avec une société
secrète, toute alliance avec les fugitifs de la Suisse, mais il
reconnaît l'origine politique de la jeune littérature. L'année
1830 avait, dit-il, agi sur tout le monde ; la Jeune Allemagne
continua cette impulsion jusqu'au jour où, ne pouvant exercer
d'influence sur le terrain politique, elle l'abandonna ; en
théologie, la Jeune Allemagne s'est mêlée à la discussion,
comme tous les partis ; elle est restée d'ailleurs dans la lutte
plus chrétienne que Steffens. Gutzkow rejetait, et avec raison,
l'accusation de frivolité lancée contre l'École nouvelle et
répétée à l'envi : la Jeune Allemagne, ce n'était pas Mundt, ce
n'était pas Laube, ce n'était pas même Heine qui la représentait ; elle demandait l'émancipation de la pensée, non celle
de la chair ; elle voulait l'homme libre, non la femme
libre (4). Cette École, en littérature, avait été peu productive,
il est vrai, mais elle avait préparé le chemin.

(1) G. W., IX, 306.
(2) Steffens, d'origine norvégienne, était professeur de géologie à
l'Université de Berlin.
(3) *Die Revolution.*
(4) Gutzkow renvoie ici à son ouvrage, *Zur Philosophie der
Geschichte*, G. W., XII, 147.

Gutzkow bientôt devait prouver qu'elle était capable de donner des œuvres ; avant dix ans il passera pour le plus grand écrivain de l'Allemagne, et déjà, en 1838, malgré les travaux que la rédaction du *Telegraph* lui imposait, il achevait un grand roman, *Blasedow und seine Söhne.*

IV

Le sujet de *Blasedow und seine Söhne* (1) rappelle les dissensions religieuses auxquelles Gutzkow venait de se mêler. Un pasteur qui avait perdu sa place lui servit de type, dit-il dans une préface écrite en 1874 (2). Ce pasteur était en désaccord avec les conditions de sa fonction, avec le milieu où il vivait et peut-être avec lui-même ; ni rationaliste, ni piétiste (3), par suite, hérétique aux yeux de tous, il ne voulait d'autre guide que sa propre pensée et d'autre religion que celle de l'humanité. Blasedow, en arrivant à son presbytère, à Kleinbethleem, avait épousé Gertrude, la femme de son devancier. C'était une brave et rude femme, qu'il tenait pour incapable de s'élever à la hauteur de ses idées : si je mourais, disait-il, elle épouserait mon successeur ; elle tient le presbytère pour une hôtellerie et ses maris pour des voyageurs qui y sont descendus (4). Elle lui avait donné quatre enfants : Oscar, Amandus, Theobald et Alboin.

(1) *Blasedow und seine Söhne,* Satyrischer Roman in 3 Büchern von Karl Gutzkow. — Ce roman parut dans la seconde moitié de l'année 1838. Il se trouve dans les Œuvres complètes de Gutzkow. G. W., V et VI. — Gutzkow disait, dans une lettre à Levin Schücking (25 avril 1839), que *Blasedow* était le résultat d'un travail de deux années. Voir cette lettre publiée par Houben dans le *Hamburgischer Correspondent,* 18-23 janvier 1903.

(2) G. W, V, p. VI.

(3) Caselmann, *Karl Gutzkow's Stellung zu den religiös-ethischen Problemen seiner Zeit* (1900) p. 74.

(4) Chap. III.

Un soir, en revenant chez lui, il trouve une lettre du Consistoire : on lui recommande de se régler, dans l'éducation des enfants, sur l'écrit du Dr Mörder, *Thomasius oder die Religion innerhalb der Grenzen des natürlichen Menschenverstandes* (1). Blasedow a des idées opposées à celles du Consistoire. Il trouve qu'on élève les enfants pour Rome et la Grèce, non pour l'époque où ils entreront. Son principe est celui de la « spécialisation » : « l'enfant (2), écrit-il dans sa réponse au Consistoire, doit tout savoir, mais ne pouvoir qu'une chose ; il doit comprendre chaque personne, mais non chaque chose, il doit savoir estimer toute faculté, mais n'en savoir exercer qu'une ». Blasedow applique à ses quatre fils sa théorie sur l'éducation. En ce siècle d'industrialisme, ils doivent être de bons instruments ; l'un, Oscar, sera peintre, mais peintre de batailles seulement ; Amandus sera sculpteur ; Theobald deviendra poète populaire, et Alboin écrivain satirique (3). Chacun d'eux est formé en vue de la profession à laquelle il est destiné, car il y a autant de méthodes d'éducation qu'il y a d'enfants. La plus intéressante est celle que Blasedow met en pratique pour élever son fils Alboin (4); comme il veut lui donner un esprit d'expérience et de négation, il l'expose à la raillerie : il l'habille de vieux journaux, lui met une boule dans le dos afin de le faire paraître bossu ; chacun rit en voyant Alboin, et son père lui fait remarquer que les rieurs ont tous des défauts pires que les siens.

La deuxième et la troisième partie du roman montrent les résultats de la pédagogie de Blasedow. Ses fils s'en vont à travers le monde, munis de conseils pratiques plus que d'argent. Considérez le christianisme, leur a dit Blasedow (5),

(1) G. W., V, 18.
(2) « Vereinzelung », G. W. V, 24.
(3) G. W., V, Chap XI, p 117.
(4) G. W., V, Chap. XIII, p. 146, 147.
(5) G. W., V, 231.

comme un beau reste, comme une cathédrale qui tombe en
ruines avant d'être achevée ; parlez du Christ avec respect et
placez-le plus haut que Socrate ; en Luther, honorez l'Allemand plus que le théologien. Dans vos relations avec les
femmes, soyez fiers : c'est le seul moyen d'éviter les tourbil-
lons et les écueils ; avec les officiers, ayez de la réserve ; écar-
tez-vous des fonctionnaires, ils ont l'esprit de caste.

De tous ces conseils, les quatre fils font peu de cas ; et leur
promenade à travers le monde prouve que Blasedow s'est
singulièrement trompé sur leur destinée. Ils finissent en
Égypte comme certains disciples de Saint-Simon dont Gutzkow ici semble se moquer : le peintre de bataille devient
professeur au Caire ; le sculpteur, qui n'était propre qu'à faire
un boulanger, dirige les magasins de grains du vice-roi ; le
poète populaire remplit les fonctions d'interprète de la Cour ;
l'écrivain satirique loue le gouvernement de Mehemet-Ali et
la *Gazette d'Augsbourg* (1). Quant à Blasedow, il a été des-
titué par le Consistoire et cherche à déchiffrer les hiérogly-
phes des Pyramides.

Il y a dans ce roman une ironie pleine d'amertume, plus
de satire que d'humour (2). Gutzkow est dur pour les
femmes (3), dur pour Blasedow, dur aussi pour lui-même,

(1) Le véritable commentaire des principes pédagogiques de Blasedow est dans cette pensée de Gutzkow, extraite d'un Journal inédit
dont on trouvera quelques passages à la fin de ce volume : « Nicht
zur religiösen oder politischen Aufklärung sollen wir erziehen, sondern nur zur Fähigkeit, sich selbst zur religiösen und politischen
Aufklärung auszubilden. Eltern, Erzieher, die nur die Resultate Karl
Moors, Schopenhauers, Strauss' ihren Kindern, Zöglingen beibringen
wollten, würden nur Fluch davon ernten. »

(2) Frenzel le dit avec raison (*Büsten und Bilder*, 1864, p. 176) :
« Gutzkow's Witz ist zu bitter für eine komische Weltbetrachtung ;
Jean-Paul's Gestalten tanzen beständig zwischen Wirklichkeit und
Traum, die Gutzkow's streifen immer an die Satyre. ».

(3) Gutzkow l'avoue dans les *Rückblicke*, p. 20, et dans une préface
qu'il écrivit en 1874. G. W., V, p. VII.

puisqu'il prête au pasteur quelques traits de son caractère et quelques-unes de ses idées (1). Il n'a point de Jean-Paul l'indulgence souriante, il ne mêle pas le rêve à la réalité (2). Si parfois il semble éprouver une impression de bonheur, c'est qu'il a retrouvé la nature, son refuge ; il décrit avec plaisir la campagne aux alentours de Kleinbethleem, il la sent vivre à toute heure de la journée (3) : elle lui paraît attirante et joyeuse le matin dans sa fraîcheur, endormie vers midi et toute végétative, le soir mélancolique et réfléchie. Mais cette note idyllique est rare ; c'est la raillerie qui domine, s'exerçant sur tous sujets. L'œuvre dans son ensemble est disparate, diffuse, encombrée de dissertations et de détails inutiles ; Gutzkow, comme il l'avoue lui-même (4), néglige trop d'en soutenir l'intérêt ; des trois livres qui la composent, le premier seul est quelque chose d'achevé (5).

(1) Il lui prête même un de ses prêches (chap. VIII).
(2) Gutzkow est dans ce roman plus près d'Immermann (*Epigonen*) que de Jean-Paul.
(3) V. surtout, p. 42.
(4) V. la préface de 1874.
(5) Les contemporains ne ménagèrent pas les critiques. V. Kühne, *Portraits und Silhouetten*, 1843, et Ruge, *Sämmtliche Werke*, III, 128, *Die moderne Belletristik und der satirische Roman* (1839).

CHAPITRE III

Fin du rôle historique de la Jeune Allemagne

Admiration de quelques écrivains pour Gutzkow (Herwegh, Frei-
ligrath, Immermann, Heine). — Brouille entre Heine et Gutzkow.
— *Das Jahrbuch der Literatur : Vergangenheit und Gegenwart, Der
Schwabenspiegel.* — Heine, *Ueber Ludwig Börne.* Gutzkow, *Börne's
Leben.* — Börne jugé par Mundt (*Freihafen*) et par Gervinus
(*Gesammelte kleine historische Schriften*, 1838). — Le mouvement
national libéral, dont Gervinus est un représentant, l'emporte en
1840, grâce aux événements politiques, sur le mouvement de la
Jeune Allemagne.

Gutzkow, par la rédaction du *Telegraph* (1), avait repris
la place qu'il occupait dans le monde littéraire en 1835. Il
était redevenu l'écrivain qui s'impose à l'attention, celui
qu'on est forcé de combattre ou d'admirer. S'il avait des
adversaires, Mundt, Steffens, Hof, l'éditeur de Mannheim (2),
les Souabes et déjà les rédacteurs des *Hallische Jahrbücher*,
il avait aussi des partisans nombreux. Herwegh lui écrit de

(1) Wehl (*Zeit und Menschen*, I, 259) dit que le *Telegraph* était
parmi les journaux les plus répandus de l'Allemagne.

(2) Hof écrivait contre Gutzkow le pamphlet : *Gutzkow und die
Gutzkowgraphie.* V. article de Houben, *Hamburgischer Correspondent*,
20 janvier 1903.

Suisse (1) : « Je suis fier d'être le seul Souabe qui vous rende sincèrement et complètement hommage ». Freiligrath déclare admirer son activité et sa pensée gigantesque (2). Rosenkranz projette un livre sur sa vie et son œuvre (3). Immermann, qui s'était raillé de *Wally* dans le *Münchhausen* (4), écrit à Gutzkow (5) pour s'excuser, et vient le voir à Hambourg (6). Heine dit dans une lettre à Campe : « Gutzkow est le plus grand talent qui se soit manifesté depuis la Révolution de Juillet ; il a toutes les vertus que le moment exige ; il est en quelque sorte créé tout entier pour le présent (7) » ; et Heine écrit encore à Campe, le 7 juillet 1838 (8) : « Si Gutzkow venait ici (à Paris), ce serait le plus grand bonheur de ma vie ».

La Jeune Allemagne semblait devoir renaître, plus forte après la tourmente. On recommençait à prononcer son nom ; Hermann Margraff (9) exposait son histoire ; à sa tête se retrouvaient Heine et Gutzkow, plus unis qu'en 1835. Mais ce n'était là qu'un dernier éclat du mouvement jeune allemand, et non pas un renouveau. L'année 1839 allait séparer

(1) « Ich bin stolz darauf der einzige Schwabe zu sein, der Ihnen aufrichtig und ganz huldigt. » — Fragment d'une lettre du *Nachlass* de Gutzkow, aux mains de madame Gutzkow. La lettre a été publiée en entier par Houben, *Hamburgischer Correspondent*, 23 janvier 1903.

(2) Lettre du 22 mars 1839, citée par Prœlss, p. 748.

(3) V. Prœlss, p. 727. Le livre n'a pas été écrit.

(4) Première édition, Dusseldorf, 1838, I, 85 et suiv. Édition Reclam, p. 47-48 ; 116-117.

(5) En septembre 1838. Lettre citée par Prœlss, p. 43.

(6) V. l'article de Gutzkow dans les *Öffentliche Charaktere : Karl Immermann in Hamburg*. G. W., IX, 288 et *Rückblicke*, 179.

(7) Lettre du 19 décembre 1837. V. Heine, *Correspondance*. La lettre est citée par Strodtmann (*Heine*, II, 184).

(8) V. Heine, *Correspondance*.

(9) H. Margraff, *Deutschlands jüngste Literatur und Culturepoche* (1839). Il y a un tableau assez net du mouvement jeune allemand aux VIIIᵉ, IXᵉ et Xᵉ chapitres de cet ouvrage.

pour toujours Heine de Gutzkow; l'année 1840 allait marquer
la fin du rôle historique de la Jeune Allemagne.

La cause première de la brouille entre Gutzkow et
Heine fut la publication du *Jahrbuch der Literatur*,
revue entreprise par Campe. Elle parut à la fin de l'année
1838 (1) ; son premier et unique volume contenait, parmi
d'autres articles de grande valeur (2), *Vergangenheit
und Gegenwart* de K. Gutzkow et *Der Schwabenspiegel* de
Heine.

Vergangenheit und Gegenwart (3) renferme, outre les
pensées que Gutzkow avait écrites à Mannheim dans sa
prison (4), une étude très lucide du mouvement des idées de
1830 à 1838. L'effet produit par la littérature de Menzel, par
les œuvres de Heine et de Börne, la Révolution de Juillet, le
soulèvement de la Pologne, l'apparition du Saint-Simonisme,
la mort de Charlotte Stieglitz, la publication des lettres de
Rahel et de Bettina, des écrits de Lamennais, — tous les
événements littéraires, politiques, sociaux et religieux sont
exposés ici avec cette précision historique que nous avons

(1) *Jahrbuch der Literatur. Erster Jahrgang*, 1839. *Mit H. Heines
Bildniss*, Hamburg, Hoffmann et Campe. — Une lettre de Gutzkow du
1ᵉʳ octobre 1838 citée par Houben (*Hamburgischer Correspondent*,
18-24 janvier 1903) annonce que le *Jahrbuch der Literatur* va paraître
à la fin du mois.

(2) 1° *Vergangenheit u. Gegenwart*, 1830-1838, von K. Gutzkow ;
2° *Friedrich Daumer u. Ludw. Feuerbach*, zwei Skizzen von K. Riedel ;
3° *Ueber die Zurechnungsfähigkeit der neuesten Literatur*, von Ludwig
Wihl ; 4° *Börne in Paris*, von E. Kolloff ; 5' *Rückblicke auf die schöne
Literatur seit* 1838, von Levin Schücking ; 6° *Ferdinand Freiligrath,
Ein Literaturbild*, von Dʳ F. Dingelstedt ; 7° *Ueber die sogenannten
Bulwer'schen Zeitgenossen*, von Dʳ Albert Oppermann in Göttingen ;
8° *Die theologischen Wirren*, Dramatische Scene, von Fr. Kyan ; 7° *Der
Schwabenspiegel*, von H. Heine.

(3) Cet article n'a pas été recueilli dans les Œuvres complètes de
Gutzkow.

(4) *Gedanken im Kerker.*

plus d'une fois remarquée chez Gutzkow (1). Il termine par quelques mots sur le présent. La littérature allemande lui paraît morte, ou peu s'en faut. On imite partout : on imite Walter Scott, George Sand, Balzac ; seuls, lmmermann et Auerbach (2) ont fait preuve d'originalité. Dans le drame (3), on n'a pas retrouvé ce qui est puissant, grand et libre, ce que Grabbe avait cherché sans le réaliser. La mesure de la critique est encore « la patrie, la nation, la police », plutôt que le génie d'un peuple (4). Quelques jeunes seulement savent apporter un peu de science et de philosophie, Rosenkranz, Strauss, A. Jung, Ruge, Echtermeyer.

Le *Schwabenspiegel* de Heine devait paraître d'abord comme préface aux *Neue Gedichte* (5) ; mais Gutzkow, ayant lu les poésies de Heine, lui conseilla d'écarter quelques pages dont l'immoralité était, suivant lui, indigne d'un grand poète. Heine, tout en souriant un peu des craintes de Gutzkow (6), suivit son avis, et différa jusqu'en 1844 la publication de ce nouveau recueil de poésies. Resté aux mains de Campe et de Gutzkow, le *Schwabenspiegel* (7) parut au *Jahrbuch der Literatur*, mais tronqué et mutilé par la cen-

(1) Cet article nous a beaucoup servi dans nos études sur Gutzkow et la Jeune Allemagne.

(2) Il veut parler du *Spinoza* d'Auerbach.

(3) *Jahrbuch*, p. 99. « Es fehlt das Mächtige, Gewaltige, Grosse, Herrliche, Freie. »

(4) « Man appellirt an das Vaterland, die Nation, die Polizei. »

(5) V. l'article de Houben, *Hamburgischer Correspondent*, 18 et 24 janvier 1903.

(6) Lettres à Campe des 18 et 23 août 1830. V. Heine, *Correspondance*.

(7) C'était Gutzkow qui avait proposé à Heine ce titre *Schwabenspiegel*. Voir la lettre de Heine à Campe du 5 août 1839.

sure (1). L'irritation de Heine fut extrême (2). Il préten-
dit que Wihl, collaborateur de Campe, et, ce qui est plus
extraordinaire, Gutzkow lui-même, avaient voulu épargner
l'École Souabe en ne publiant pas le *Schwabenspiegel* tout
entier.

Le désaccord commença entre Heine et Gutzkow. Or, ils
terminaient à ce moment (3), chacun de leur côté, une
biographie de Börne, mort depuis deux ans (4), et envoyaient
à Campe leur manuscrit en même temps, au commencement
de l'année 1840 (5). L'un était un pamphlet haineux, l'autre
une superbe apologie. Pour ne pas nuire au succès du livre
de Heine (6), Campe le publia avant celui de Gutzkow.

Heine, à cette époque, n'avait plus pour lui la jeunesse littéraire en Allemagne (7). Elle répétait les accusations lancées
par Börne dans ses *Pariser Briefe* et dans le *Réformateur:*
Jung, Auerbach, Wihl (8) le déclaraient immoral, sans
caractère et sans principes politiques (9). Heine avait à cœur
de se venger ; il eut le tort de le faire en parlant de Börne.

(1) C'est malheureusement sous cette forme que le *Schwabenspiegel*
nous est parvenu.

(2) Heine refusait de se reconnaître pour l'auteur du *Schwabenspiegel*. V. Lettre à Campe du 19 décembre 1838 et Lettres à Kühne
des 21 et 30 janvier 1839. (Heine, *Correspondance*).

(3) « Ich schreibe erst das *Leben Börnes*, und dann ein neues
Stück. » Lettre de Gutzkow à Emil Devrient du 25 sept. 1839. V. Houben, *Emil Devrient*, 1903, p. 175.

(4) 12 février 1837

(5) V. Gutzkow, Préface de *Börnes Leben* (G. W., XII, p. 207 et suiv.),
Rückblicke, p. 266, 268, 269. Heine, *Correspondance* (lettres à Campe du
18 février et du 18 avril 1840).

(6) Heine : *Ueber Börne*, 1840.

(7) V. Strodtmann, *Heines Leben*, II, 203, 204, 209, etc.

(8) V. *Telegraph*, 1838.

(9) Gutzkow aussi s'était raillé de Heine dans son pamphlet, *Die
literarischen Elfen* (V. *Rückblicke*, 180), mais sans âpreté. Il l'avait
d'ailleurs défendu dans son livre récent, *Götter, Helden, Don Quixote*,
p. 201.

Parce qu'on lui opposait Börne, il blâme tout en Börne (1) :
son déisme, son jacobinisme (2), son spiritualisme judaïque (3), qui l'empêche de comprendre la sérénité hellénique d'un Gœthe, son patriotisme (4), son admiration pour
Lamennais (5), et jusqu'à cette aisance enfin dans laquelle il
vivait (6). On s'explique chacune de ces critiques, pourtant
on ne saurait les excuser. Laube lui-même, l'admirateur de
Heine, trouvait ce livre « vide et dicté par le pur dépit (7) » ;
il aurait voulu que Heine ne le fît point paraître (8).

Gutzkow lut avec un serrement de cœur ces pages écrites
contre un mort, et vit avec tristesse l'opposition qu'elles
marquaient entre deux auteurs qui personnifiaient en Allemagne le mouvement de 1830. On dira en les lisant : « Voyez,
voici les deux ennemis de l'Allemagne qui se heurtent l'un
l'autre, le mort contre celui qui se putréfie, le jacobin contre
le fou, la révolution contre ses propres excréments (9) ». Ces
lignes sont dans une préface (10) que Gutzkow joignit à son
ouvrage sur Börne. C'est à regret qu'il écrit contre Heine,

---

(1) H. W., XI, 131.

(2) H. W , XI, 175.

(3) H. W., XI, 138.

(4) H. W , XI, 144-212.

(5) H. W., XI, 213.

(6) H. W., XI, 145.

(7) « Leer und bloss ärgerlich ». L. W., I, 399. — Laube était à
Paris en décembre 1839. V. *Correspondance de Heine* (déc. 1839). V.
aussi *H. Laube uber Heine*. Ein ungedruckter Aufsatz Laubes. Mitge-
theilt von G. Karpeles. *Deutsche Rundschau*, septembre 1887, p. 458.

(8) Heine, au contraire, était très fier de son œuvre : « Je crois,
écrivait-il à Campe, que le *Börne* sera le meilleur de mes écrits.......
Mon nouvel ouvrage, outre l'attrait humoristique d'un livre amusant,
possède une valeur historique durable. » Lettre à Campe du 18 février
1840. V. Heine, *Correspondance*.

(9) *Vorrede zur ersten Ausgabe* G. W., XII, 211.

(10) Préface du 10 août 1840 que Gutzkow écrivit pour répondre au
livre de Heine. G. W., XII, 220.

mais il tient pour un devoir de le réfuter. Il est contraint de faire remarquer que son *Börne* est un livre d'ignorance et d'orgueil : Heine ignore que ce n'est plus à l'aide des *Reisebilder* que l'on traite en Allemagne les questions de l'Église et de l'État, du protestantisme et de la réaction jésuitique, de l'avenir de la Prusse et de la Russie (1) ; il y a dix ans que Heine est à Paris, et pendant ces dix années l'Allemagne a changé ; aujourd'hui elle n'attend plus sa prose pour penser et juger. Quand Heine se raille de la valeur politique et morale de Börne, d'un caractère si ferme et si noble, c'est à lui-même qu'il fait tort. Chacun sait que tous les mouvements politiques depuis 1833, à Paris ou dans le Sud allemand, se sont accomplis sans lui, qu'il a conclu la paix avec les princes qui le pensionnent ; chacun méprise ses palinodies.

Gutzkow donne alors sur Börne des pages très émues, toutes pénétrées de sympathie pour l'homme qu'il avait toujours admiré et qu'il veut faire comprendre. Il raconte (2) ses premières années, sa jeunesse sans joie dans un milieu juif (3), sa vie à Berlin où il aime Henriette Herz (4), ses essais dans le journalisme. Il explique, sans la défendre, l'hostilité de Börne à l'égard de Gœthe (5). Il étudie son humour et son style (6) ; il expose ses principes politiques (7) ;

(1) G. W., XII, 212.

(2) Mme Wohl-Strauss avait donné à Gutzkow beaucoup de renseignements pour cette biographie. V. à ce sujet Gutzkow : *Dionysius Longinus*, 1878 p. 75.

(3) G. W., XII, 238. Cette tristesse des premières années de Börne est contestée par Alf. Klaar. V. L. Börne, *Gesammelte Schriften*, vollständige Ausgabe in 6 Bänden. Tome I, Introduction biographique.

(4) G. W., 258.

(5) G. W., XII, p. 287 et suiv.

(6) G. W., XII, p. 317 et suiv. Gutzkow fait entre J.-Paul et Börne une intéressante comparaison.

(7) G. W , XII, p. 353 et suiv.

il analyse avec pénétration ses *Briefe aus Paris* (1), où l'enthousiasme peu à peu fait place au découragement. Il marque quels étaient ses sentiments religieux dans les dernières années de sa vie (2), quelle attitude il avait gardée en face de l'Allemagne nouvelle. Börne s'était, selon Gutzkow, réfugié dans le catholicisme de Lamennais (3) lorsque la politique lui avait paru impuissante ; il avait cru trouver dans les *Paroles d'un Croyant* une doctrine plus proche du peuple que le protestantisme des princes allemands (4). Socialement et religieusement, le mouvement des esprits dans son pays d'origine l'inquiétait. Il s'intéressait à la Jeune Allemagne (5), sans bien la connaître, s'imaginant sous ce nom les meilleures et les pires tendances ; il aurait voulu d'un juge impartial un rapport fidèle sur cette école, quelque chose d'historiquement vrai (6). Il désirait voir l'Allemagne et la France unies. Il haïssait tout ce qui, dans l'un ou l'autre pays, était rêve de conquête ; *Menzel der Franzosenfresser* (7) était le plus pur produit d'un patriotisme éclairé. *Le Réformateur* (8), *la Balance* (9) révélaient son effort incessant pour faire triompher les idées d'humanité ; et sur sa tombe, le 15 février 1837, Raspail avait pu

(1) G. W., XII, p. 358 et suiv., p. 383.

(2) G. W., XII, p. 380.

(3) G. W., XII, 384.

(4) Gutzkow renvoie au livre de Beurmann, *L. Börne als Charakter und in der Literatur*. Frankfurt-am-Main, 1837.

(5) G. W., XII, 383.

(6) Gutzkow dit (page 383) avoir eu avec Börne peu de rapports directs : il ne cite qu'une lettre (page 397). Nous avons vu plus haut que Gutzkow avait en 1835 écrit deux fois à Börne (Voir ces lettres publiées par Houben, *Frankfurter Zeitung*, n° 252, 11 sept. 1901).

(7) G. W., XII, 400.

(8) Journal de Raspail, bientôt interdit par le gouvernement français.

(9) *La Balance*, fondée par Börne, n'atteignit pas son quatrième numéro. V. G. W., XII, 387, 391, 406.

dire : « La guerre des peuples entre eux paraissait à Börne un crime commis uniquement au profit de quelques hommes, la nationalité était pour lui une pensée misérable (1). »

Gutzkow, par cet ouvrage, défendait encore les tendances humanitaires de 1830 ; mais sa pensée haute et courageuse était à peu près isolée, sa voix trouvait peu d'écho. Lui-même l'avait prévu : Heine, disait-il, a, dans son livre sur Börne, « dicté l'arrêt de mort contre la cause qu'il a servie avec Börne (2) ». On ne parlait plus de ces deux écrivains, dont les noms autrefois étaient inséparables, sans faire remarquer combien leurs idées étaient différentes ; on les combattait l'un par l'autre ; on reprenait contre eux les arguments de leurs pires ennemis. Mundt, dans un article du *Freihafen*, rabaissait à dessein Heine et Börne en les opposant, condamnait en même temps qu'eux toute la Jeune Allemagne, et se dégageait une fois de plus d'une École dont à présent il raillait les principes et reniait les maîtres (3). Heine et Börne, écrivait-il, constellation de haine, ont fini dans la haine (4) ; la Révolution de Juillet, dont ils sont sortis, a fait également naufrage ; elle s'est comme eux perdue dans les débats du journalisme ; l'époque littéraire qu'ils ont amenée, la Jeune Allemagne, est bien terminée (5). Mundt avait encore quelques paroles

(1) G. W., 413.

(2) G. W., 211.

(3) *Heine, Börne und das sogenannte junge Deutschland.* Bruchstück von Th. Mundt. *Freihafen*, 1840. 4. Heft. — Dans ces fragments, Mundt donne sur sa vie des détails très intéressants; ce chapitre, si fâcheux pour son caractère, est très important pour sa biographie.

(4) « Das Doppelgestirn, Heinrich Heine und Ludwig Börne, eine Constellation des Hasses, hat jetzt auch im Hass sein Ende gefun den. »

(5) « Die ungünstige Epoche der Literatur, welche die so verderblich gewordene Kategorie des « jungen Deutschlands » hervorrief, ist abgelaufen und beendigt. » Berlin, 12 octobre 1840. *Freihafen*, 1840, p. 274.

de respect pour Börne (1); mais d'autres, même parmi les libéraux, ne lui faisaient grâce d'aucun reproche, le rendant responsable du trouble dont souffrait l'Allemagne depuis 1830. Parmi ces adversaires, le plus redoutable est sans contredit l'historien Gervinus : il nous faut savoir pourquoi et par quels arguments il s'opposait à Börne, car le parti qu'il représente faisait des progrès à mesure que la Jeune Allemagne reculait.

Gervinus était le représentant du nationalisme libéral de 1813. Élève de Schlosser (2), auprès duquel il avait étudié à Heidelberg, épris de l'idéal antique, il voulait que l'enfant fût formé pour l'État ; protestant, il voyait dans la Réforme la source de toute pensée libre ; il s'opposait aux gouvernements, mais aussi aux tendances cosmopolites de 1830 (3).

Il avait publié en 1835, aux *Deutsche Jahrbücher*, un long article contre Börne. Les *Briefe aus Paris* (4) souillaient, suivant lui, tout ce qui est noble et sacré dans la nation germanique (5). Börne, pour engager les Allemands à secouer la tyrannie, ne savait d'autre moyen que de traîner sa patrie dans la boue et de faire du mot « allemand » un titre de honte (6). Entraîné par la sentimentalité de Chateaubriand et de Lamennais, il préférait un catholicisme mystique au protestantisme libéral. L'égalité qu'il demandait serait le triomphe du matérialisme, que déjà le développement des manufac-

---

(1) Mundt trouvait Börne « keusch und rein ». *Freihafen*, 1840, p. 240.

(2) Voir surtout dans ses *Gesammelte historische Schriften* (1838), *Schlossers Weltgeschichte. Ueber französisches Unterrichtswesen*, 1833.

(3) Consulter l'article de L. Lévy-Bruhl sur *Gervinus et Dahlmann*, *Revue des Deux-Mondes*, 1er juillet 1888.

(4) V. Gervinus, *Gesammelte historische Schriften*. Karlsruhe, 1838, p. 383.

(5) *Ouvrage cité*, p. 387 et suiv.

(6) *Ouvrage cité*, p. 401.

tures et des chemins de fer semblait annoncer (1). Il n'était
même pas Allemand par son style : dans toutes les *Lettres
de Paris*, il n'y avait pas une seule période ! Et voilà quel
était, avec Byron, le guide de l'époque nouvelle. Gervinus
alliait ces deux noms dans une même condamnation ; au
reste, il frappait du même anathème tous les auteurs contemporains : « Depuis Lord Byron jusqu'à Hauff, depuis Grabbe
jusqu'à Victor Hugo, depuis les Carbonari italiens jusqu'aux
romantiques français, depuis les Lettres de Paris jusqu'à
celles d'un défunt et celles d'un fou, depuis l'Angleterre
de Bulwer jusqu'aux Promenades du poète viennois, d'une
extrémité du monde à l'autre, on n'a qu'une masse sans
nombre d'hommes jeunes et vieux, différents dans leurs
aptitudes et leurs caractères, de toutes conditions et professions, sachant tout, versés dans la poésie, l'histoire, la politique, la critique du théâtre, mais tous souffrant également
d'une sorte de maladie intellectuelle dont il serait particulièrement curieux d'étudier la nature (2) ». Comparant la
jeunesse présente à celle d'autrefois, Gervinus trouvait chez
l'une toutes les qualités du cœur, la religion et l'esprit
national, chez l'autre l'impudence unie à la frivolité.

D'ailleurs, il rejetait sur les gouvernements (3) la cause de
ce mal profond. Ils ont étouffé l'enthousiasme de la jeunesse,
et n'ont plus laissé place qu'au désenchantement et à la
froide raison. Réprimer l'ardeur de 1813, c'était créer le
danger de 1830 ; les anciens démagogues ne pensaient qu'à la
nation, les nouveaux pensent à l'humanité. On répète
aujourd'hui avec Börne qu'entre l'absolutisme et la république il n'est pas de milieu ; ce sont deux formes, au contraire,
contre lesquelles l'Europe lutte depuis des siècles, et qu'il ne
faut cesser de combattre.

(1) Gervinus, *ouvrage cité*, p. 403.
(2) *Ouvrage cité*, p. 396.
(3) P. 389 et suiv.

Cet écrit, le plus violent qui ait été lancé contre Börne, repris par Gervinus en 1838 dans les *Gesammelte historische Schriften* (1), avait fourni des arguments aux détracteurs de Börne et avait pris d'autant plus de valeur que son auteur gagnait en influence. Gervinus, vers 1840, était une puissance : « l'Affaire des sept » avait ajouté à sa réputation ; banni du Hanovre, retiré à Darmstadt, il continuait à écrire son *Histoire de la Littérature allemande* (2), dont les volumes, depuis 1835, se suivaient avec une lente et imposante régularité ; il élevait par cette œuvre, au passé qu'il admirait, un monument qui aggravait encore la condamnation dont il avait frappé le présent.

La jeune École avait protesté. Heine n'avait pu voir sans inquiétude apparaître une Littérature qui menaçait de faire oublier la *Romantische Schule*. « Le problème, dit-il, était le suivant : ce que Heine (3) avait donné dans un petit livre plein de pensée, il s'agissait de le donner dans un gros livre sans pensée ; et le problème est bien résolu. » Laube (4) ne trouvait dans les ouvrages de Gervinus que lourdeur, manque d'art, partialité systématique, ignorance du présent. Il avait opposé son *Histoire de la Littérature allemande* (5) à celle de Gervinus, faisant ressortir surtout les mérites de la période contemporaine (6). Mais son talent d'écrivain, son dilettantisme agréable, ne pouvaient lutter contre une œuvre de travail opiniâtre et d'inflexible conviction ; la Littérature de

---

(1) Karlsruhe, 1838. — Ce recueil renferme beaucoup d'études sur Schlosser, Dahlmann, l'histoire et la littérature.

(2) *Geschichte der deutschen Dichtung* 1835, 1842. La préface est de 1834, la 1re partie de 1835

(3) *Gedanken und Einfälle*. G. W , XII, 194.

(4) *Erinnerungen*, L. W., I, 353.

(5) *Geschichte der deutschen Literatur*, 4 vol. Stuttgart, 1839-1840.

(6) V. le 4me vol.

Gervinus écrasait la sienne, Kühne lui-même était obligé de le reconnaître (1). Gutzkow, avec plus d'autorité, s'était élevé contre Gervinus. Déjà dans le *Jahrbuch der Literatur* (2) il disait de Gervinus qu'il comprenait les livres, non les hommes, que jamais ses regards ne se tournaient vers l'avenir ; il ajoutait dans sa *Vie de Börne* (3) : Gervinus, qui croit représenter la patrie et la raison contre Börne, est aussi abstrait que Schlosser, son maître ; il rapproche au hasard Börne de Byron, juge des œuvres sans tenir compte du tempérament de l'écrivain et des circonstances, et n'a par suite rien compris aux *Pariser Briefe*.

Mais le jugement de Gervinus prévalut (4), les événements aidant. Il s'appuyait sur le principe de nationalité, et celui-ci l'emportait en 1840. La Prusse, la Russie, l'Autriche et l'Angleterre ayant signé le 15 juillet contre Méhémet-Ali, protégé de la France, le traité de Londres, le ministère Thiers commençait sa politique de provocation. Ce qui n'était en France qu'un « accident passager » marque une époque dans l'histoire de l'Allemagne (5). Une fureur chauvine exaltait les esprits ; plus de soixante compositeurs mettaient en musique *le Rhin allemand* de Becker, et Schneckenburger écrivait la *Wacht am Rhein*. « Le sentiment national

(1) Kühne, *Portraits und Silhouetten*, 1843. *Zwei deutsche Literarhistoriker, Laube und Gervinus*.

(2) P. 110.

(3) G. W., XII, 362-364.

(4) Voir la préface que Gutzkow joignit à une nouvelle édition de sa *Vie de Börne*, en 1875. G. W., XII, p. 222. On lut les ouvrages de Gervinus et de Heine sur Börne, on oublia le livre de Gutzkow. Aujourd'hui encore, R.-M. Meyer, dans sa *Literatur des neunzehnten Jahrhunderts*, mentionne (p. 929) le *Börne* de Heine et omet celui de Gutzkow.

(5) V. Saint-René Taillandier, *Revue des Deux-Mondes*, 1ᵉʳ avril 1862. Thureau-Dangin, *Histoire de la Monarchie de Juillet*, III, 321. Denis, *L'Allemagne de 1810 à 1852*. Gaston Rafaël, *Le Rhin allemand*, 1903.

était monté, dit Metternich, comme en 1813 et 1814 (1) ».

L'action politique de la Jeune Allemagne avait cessé en
1833 ; et voici qu'en 1840 son rôle historique aussi s'effaçait.
« On oublie (2) le principe constitutionnel républicain pour
ne plus penser qu'au principe national », écrivait Gutzkow
en 1841 (3). Des bruits de guerre avaient fait évanouir le
cosmopolitisme et toutes les sympathies pour la France. Le
mouvement libéral allait se grouper autour de Gervinus, la
« Petite Allemagne » remplacer la Jeune Allemagne. Les
doctrinaires, contre lesquels Gutzkow avait toujours lutté,
devaient triompher jusqu'en 1848, et répandre leurs idées
par la propagande historique. Et depuis deux ans déjà des
doctrinaires encore, les rédacteurs des *Hallische Jahrbücher*,
Ruge, Echtermeyer, Feuerbach, Bruno Bauer, enlevaient à
la Jeune Allemagne la direction du mouvement philosophique
et religieux.

Mais il restait l'influence morale et sociale, l'influence
véritable, à l'avis de Gutzkow, obscure et lente peut-être

(1) Karl Hillebrand a bien marqué cette transformation des esprits
en 1840, du point de vue national libéral, il est vrai. « Das waren die
Tage der Empfängniss für Deutschland : der Einheitsgedanke, mit dem
es seit dreissig Jahren geliebelt, wohl auch geschmollt, fasste erst
Wurzel, als sich die französischen Völkerbefreier und Völkerbeglücker
so unvorsichtig als ländergierige Eroberer verriethen : aus war's für
den Kern der Nation mit den französischen Idealen — Heine'schem
Imperialismus, Börne'schem Jakobinerthum, Rotteck — Welcker'schem
Constitutionalismus — : die bis jetzt vielfach gehemmte Strömung der
nationalen, historischen Freiheitsliebe gewann in jenen Stunden der
Aufregung für immer die Oberhand über die französisch-rationalis
tische Strömung des Revolutionsgeistes, wenn diese auch noch lange
Jahre, ja bis auf den heutigen Tag, in ihrem Seitenbette fortwühlte. »
Geschichte Frankreichs, 1879, II, 437.

(2) *Deutschlands Gegenwart*, 1841. G. W., X, 183-185.

(3) J. Hillebrand écrit dans sa *Deutsche Nationalliteratur*, p. 285 :
« Der allgemeine Charakter der ersten Hälfte dieses Zeitraums ist vor-
zugsweise durch die liberalen Tendenzen, der zweiten durch die nationalen Bestrebungen im deutschen Volke gekennzeichnet »

dans ses effets, mais durable et sûre, puisqu'elle est aidée par
les conditions d'existence d'un peuple; celle-là, il tentait de
l'exercer par la littérature avec une activité qui pendant
quinze années ne devait pas se ralentir. Une lettre qu'il adressait à Schücking indique nettement ce qu'il entreprenait (1).
Au moment où il se voyait entouré d'ennemis, attaqué particulièrement par les *Hallische Jahrbücher*, il voulait rester
isolé, sortir de toutes les « misères littéraires » en essayant
du théâtre. « Me suive là qui veut, disait-il, Mundt, Kühne,
Laube, Heine, Ruge ! » Il voulait prendre comme juge ce
public qu'il avait à cœur d'instruire, et non plus un parti
de doctrinaires, une coterie hegelienne; il annonçait deux
drames : l'un, *König Saul*, qu'il faisait imprimer ; l'autre,
Richard Savage, que l'on allait jouer à Francfort. « C'est
un moyen violent, écrivait-il en terminant, de sortir du
gâchis actuel de la littérature. Si cela ne me réussit pas, il
me restera toujours le roman (2). »

(1) Hambourg, 25 avril 1839. Lettre publiée par Houben, *Hamburgischer Correspondent*, 24 janvier 1903.

(2) Voici les passages les plus importants de la lettre de Gutzkow :
« Es ist entsetzlich, was ich unter der Furcht, die man vor meiner
kritischen Wirksamkeit hat, für meine eigne Produktion leiden und
entgelten muss. Sehen Sie, wie bitter und doktrinär *die Hallischen
Jahrbücher* jetzt an mich kommen !...... Ich habe jetzt einen Salto
mortale aus der ganzen Erbärmlichkeit unseres literarischen Treibens
herausgemacht, den Sprung auf's Theater. Komme mir da nach, wer
will, — Mundt, Kühne, Laube, Heine, Ruge, wer will ! Ich will mich
lieber der Kritik der Lokalblätter überantworten, als dem hämischen
Treiben jener Leute, die meine Feinde sind ; glücken meine Dramen, so
ist das Parterre mein Richter, nicht das Compendium der Hegelingen
oder die persönliche Rache derer, die noch schlimmer sind als diese
Doktrinäre. *König Saul* lass ich wahrscheinlich im Druck erscheinen; *Richard Savage* wird bereits in Stuttgart und Frankfurt ausge
schrieben (die Rollen). Es ist ein Gewaltmittel, um mich von dem jetzigen Unfuge in der Literatur zu befreien. Gelingt es nicht, so bleibt
mir immer noch der Roman übrig. »

CHAPITRE IV

Drames et Nouvelles.

Influence morale et sociale de la Jeune Allemagne par la littérature.

I. — *Richard Savage* (1839). — Gutzkow retrouve la tradition de Lessing et de Schiller.

II. — Trois drames en prose (1840-1841). — Un drame psychologique, *Werner*. — Un drame historique, *Patkul*. — Un drame social, *Die Schule der Reichen*. — Le talent de Gutzkow se révèle surtout dans le drame psychologique.

III. - Gutzkow et Thérèse von Bacheracht. — *Ein weisses Blatt* (1842), drame psychologique — Le hasard tend à prendre une trop large place dans l'intrigue.

IV. - Deux comédies historiques : *Zopf und Schwert* (1843); *Das Urbild des Tartüffe* (1844). — La première est amusante, mais trop anecdotique; la deuxième est médiocre. — Le comique de Gutzkow tourne facilement à la charge.

V. — Deux tragédies fatalistes : *Pugatscheff* (1844); *Der dreizehnte November* (1845). — Gutzkow, dans le drame comme dans la comédie, veut agir fortement sur le spectateur; son tragique, parfois, touche à l'horrible.

VI. — Le drame philosophique. — *Uriel Acosta* (1846). — Le chef-d'œuvre de Gutzkow. - Influence de la tragédie classique française.

VII. — Le drame historique. - *Wullenweber* (1847). — Conception shakespearienne et schillerienne.— Il y a dans ce drame trop d'histoire et de complexité.

VIII. — Le drame dans ses rapports avec la nouvelle. — Le domaine véritable de Gutzkow est, dans la nouvelle comme dans le drame, l'étude psychologique et sociale. —Réalisme et romantisme. - Les nouvelles de Gutzkow valent mieux que ses drames à partir de 1848. — Gutzkow est, par sa nature, le poète du tragique quotidien. — Gutzkow et Laube.

I

König Saul était encore un drame romantique (1) comme le *Nero*. Écrit en iambes de cinq pieds, construit avec tout l'appareil des pièces de Platen et de Tieck, enveloppant de vêtements anciens une satire du présent, il était, malgré de belles scènes, à peu près injouable, et ne fut pas joué (2). Gutzkow, bien qu'il le défendît dans une lettre à Gödeke (3), le condamnait (4) en écrivant dans *Richard Savage* : « Les hommes sont fatigués de vos tragédies, de vos rois insensés, de vos jeunes filles qui se tordent les mains, de votre évocation des esprits contraire à la nature ! Des comédies, Savage, de fines études des rapports sociaux, des tableaux satiriques de la vie des hautes classes, des ironies contre les avocats, les médecins, les prêtres... voilà le champ ouvert, Savage (5) ». C'était en effet celui où Gutzkow, à ce moment, se hasardait.

Samuel Johnson, dans ses *Vies des Poètes Anglais* (6), a conté l'histoire de Richard Savage. Né le 17 janvier 1697, élevé à Holborn par des cordonniers, il avait atteint l'âge d'homme lorsqu'il apprit qu'il était fils naturel de la comtesse de Macclesfield. Il essaya par tous les moyens de se rapprocher de sa mère ; il lui adressait lettres sur lettres, il restait des heures devant sa porte : jamais elle ne daigna répondre ni le recevoir ; un jour qu'il avait pénétré dans sa

(1) V. *Rückblicke*, 28.

(2) *König Saul*. Trauerspiel in fünf Aufzügen, von K. Gutzkow, Hamburg, Hoffmann und Campe, 1839.—Ce drame n'a pas été recueilli dans les Œuvres complètes de Gutzkow.

(3) Lettre du 15 octobre 1839, publiée par Houben, *Hamburgischer Correspondent*, 21 janvier 1903.

(4) Le plus grand mérite du *Saul* de Gutzkow est d'avoir donné à Hebbel l'idée d'écrire *Judith*.

(5) *Dram. Werke*, III, p. 53.

(6) *Lives of the English Poets*, 2ᵉ vol. éd. Tauchnitz.

demeure, elle le fit jeter dehors. Quelques pièces de théâtre lui avaient acquis une certaine célébrité ; il était lié avec Richard Steele, Forster et Thomson ; il avait de riches protecteurs, lord Tyrconnel entre autres, mais la vie de bohême qu'il menait le réduisait à la misère. A la suite d'une querelle chez un cabaretier, il est arrêté, mis en prison, accusé de meurtre ; à grand'peine, on obtient sa grâce de la reine. Remis en liberté, il compose un pamphlet, *The Author to be Let*, et un poème moral, *The Wanderer*, l'œuvre qui fait sa réputation. Il se brouille avec son protecteur, lord Tyrconnel, écrit *The Triomph of Health and Mirth*, puis un poème sur lui-même, *The Bastard*, qu'il dédie à sa mère. Chacun l'admire et le plaint ; la reine lui envoie une gratification. Pourtant il finit dans le dénûment ; il était en prison pour dettes lorsqu'il mourut, en 1743.

Gutzkow se servit de ce récit dans son drame (1), et le suivit de très près (2). — Le premier acte s'ouvre sur une scène où Savage, en présence d'une actrice, Miss Ellen, et de Steele, le journaliste, annonce qu'il vient d'apprendre le secret de sa naissance. Il se rend chez Lady Macclesfield, et lui rappelle qu'il est son fils, mais n'arrive pas à l'émouvoir. — Au deuxième acte, Savage assiège la porte de sa mère ; il l'aime avec passion, soudoie ses laquais, jette à pleines mains l'argent pour paraître riche et digne d'elle. On joue une de ses pièces, et Lady Macclesfield se trouve au théâtre ; Savage entre dans sa loge ; insulté par Viscount, beau-frère de

---

(1) *Richard Savage, oder der Sohn einer Mutter.* Trauerspiel in fünf Aufzügen. *Dramatische Werke*, III, p. 1

(2) Ce récit de Johnson avait déjà fourni la matière de beaucoup de drames et romans. Un auteur français, Masson, avait écrit sur ce sujet *Une couronne d'épines* (1836) — Gutzkow, dans une lettre à Weill du 21 juillet 1839, se défend d'avoir eu recours à aucun ouvrage français (V. A. Weill, *Briefe hervorragender verstorbener Männer Deutschlands*).

Lady Macclesfield, Savage tire son épée et le blesse à mort.
— L'actrice Miss Ellen vient, au troisième acte, prier Lady
Macclesfield d'intercéder pour Savage qui va être condamné
à la déportation ; Lady Macclesfield refuse. Savage, dans sa
prison, aime sa mère avec la même ardeur, excuse toutes ses
duretés, déchire un article que Steele a écrit contre elle et lui
apporte. L'intervention de Miss Ellen obtient de la reine sa
grâce.—Le quatrième acte est une fête chez Lord Tyrconnel :
celui-ci veut attirer Lady Macclesfield dans un bal masqué et
la mettre en présence de son fils ; il réussit dans son projet ;
mais Savage, découvrant et blâmant le piège tendu à sa mère,
rompt avec Lord Tyrconnel et le quitte. — Au cinquième acte,
Savage s'est réfugié chez les cordonniers qui l'ont élevé.
Lady Macclesfield vient l'y rejoindre, reconnaît son fils, et
tous deux meurent dans une scène pathétique. « Temps et
mœurs, voyez vos victimes ! » s'écrie Steele, qui résume par
ces mots l'idée de la pièce. « Oh ! si les chaînes de tous les
préjugés pouvaient tomber ! (1) »

On pense, en lisant ce drame (2), à *Miss Sarah Sampson*
et à *Kabale und Liebe*; on pense aussi à *Richard Darlington* (3): c'est dire qu'il contient de belles scènes très
naturelles, et d'autres où le pathétique touche au mélodrame (4). Gutzkow tire parti avec habileté de la donnée
fournie par Johnson ; il en groupe bien tous les éléments,
mais il ne sait pas assez les choisir. Certains traits des
caractères indiqués par Johnson sont ici trop accusés : Savage

(1) *Dram. Werke*, III, 84.
(2) Écrit en prose.
(3) On pense peu à *Chatterton*. Pourtant Gutzkow dira dans une
visite à Vigny : « Ich habe Ihren *Chatterton* gegen J. Janin vertheidigt.
Ich hatte ein persönliches Interesse, da ich einen Helden in *Richard
Savage* wählte, der mit Chatterton Aehnlichkeit hat. » V. *Paris und
Frankreich*. G. W., VII, 224.
(4) Quelques endroits aussi rappellent Molière, surtout les scènes
de conversation littéraire.

éprouve pour sa mère un amour qui ne s'explique guère, Lady Macclesfield conserve avec une singulière obstination les préjugés de son rang, et ce cœur si dur se laisse bien brusquement toucher. Nous nous intéressons peu aux souffrances des personnages principaux ; des caractères secondaires, mieux nuancés, plus proches de la vie, nous attirent davantage : Miss Ellen, par exemple, aimante et dévouée, et Steele l'humoriste, à qui Gutzkow prête ses propres idées littéraires. L'action (1) dans l'ensemble est bien conduite ; il y a, surtout dans les fins d'acte (2), de beaux effets tragiques.

La pièce plut au public (3); jouée à Francfort le 15 juillet 1839, elle fut bientôt représentée sur tous les grands théâtres de l'Allemagne (4). Le nom de Gutzkow ne pouvait encore paraître sur les affiches (5); pourtant, sa réputation de dramaturge commençait à se répandre ; il semblait qu'il eût retrouvé la tradition de Lessing et de Schiller. Herwegh lui écrivait son admiration (6); Laube, trente ans après,

(1) Gutzkow distingue la scène de l' « Auftritt », une scène pouvant renfermer plusieurs « Auftritte ».

(2) Gutzkow attachait beaucoup d'importance aux fins d'actes. Il trouvait que Shakespeare les avait trop négligées. V. *Vor- und Nach-Märzliches*, 1850, p. 94.

(3) V. *Rückblicke*, 233, 234, 235, et Préface de 1875 (G. *Dram. Werke*, III). V aussi Houben, *Emil Devrient*, 1903, p. 179-184-185 : lettres de Gutzkow à Devrient du 5 et du 28 décembre 1839, du 24 janvier 1840, du 11 mars 1840.

(4) Elle fut jouée le 1er janvier 1840 à Dresde par Emil Devrient. V. Houben, *Emil Devrient*, p. 63.

(5) Gutzkow avait pris comme pseudonyme le nom de Léonard Falk. V. Prœlss, 756, et Houben, *Emil Devrient*, 63.

(6) La lettre de Herwegh est citée par Prœlss, p. 754. En voici les passages les plus importants : « Ihr « Savage » wird Ihre böswilligen Gegner zum Schweigen bringen ; — hat Mundt, hat Kühne eine Production aufzuweisen, die die Sympathie der Masse erwecken könnte ? Ihr Versuch ist der erste unserer jungen Literatur, dem Verständniss

dans son histoire du *Burgtheater* (1) (1868), reconnaît que Gutzkow, avant tous ses contemporains, avait eu l'instinct du drame moderne.

Richard Savage n'était encore qu'un essai dont les défauts furent relevés par Ruge (2), Wienbarg (3) et Kühne (4) ; mais la voie était ouverte. Gutzkow, pendant dix années, allait activement travailler à une renaissance du théâtre allemand. Encouragé par le succès, il écrivait à la fois un drame psychologique, *Werner* (1840), un drame historique, *Patkul* (1840), un drame social, *Die Schule der Reichen* (1841) (5).

II

Dans un voyage à Berlin, Gutzkow avait récemment revu le père de Rosalie Scheidemantel (6). La jeune fille qu'il avait aimée était restée fidèle à son souvenir et ne s'était pas mariée ; il avoue qu'il ne put sans émotion franchir le

der Nation sich zu nähern und ein anderes Publikum sich zu schaffen als das blosser Literaten.... Ihr Drama ist eine bittere Anklage unserer socialen Verhältnisse, ein Schmerzensruf über die unglückselige Stellung des Dichters in der modernen Gesellschaft. »

(1) Laube. *Das Burgtheater*, 2ᵉ édition (1891), p. 290.

(2) *Hallische Jahrbücher*, 1840 (n° 48-51). V. Prœlss, 720.

(3) *Hamburgische Blätter*, 23 juillet 1842. Wienbarg trouve que l'on a tort de mettre sur la scène les actes et les souffrances d'un poète. La question a été reprise par le critique viennois Ferdinand Kürnberger ; voir dans ses œuvres posthumes un article sur les *Künstlerdramen* ; il blâme surtout *Tasso* et *Richard Savage*.

(4) *Portraits und Silhouetten*, 1843.

(5) Gutzkow fit paraître aussi au *Telegraph* (avril 1840, n° 57-58) deux scènes d'un drame qu'il laissa inachevé et qui révèlent une influence d'*Emilia Galotti* (V. *Rückblicke*, 277). Le nom de ce drame devait être *Die Gräfin Esther* ; on trouve ces deux scènes dans *Vor- und Nach- Märzliches*, recueil d'articles, de nouvelles et de fragments dramatiques, publié par Gutzkow en 1850.

(6) V. *Rückblicke*, 28.

seuil de sa maison, et que de cette visite lui était restée une impression de douloureuse tristesse.

Ce fut le premier élément de son drame *Werner oder Herz und Welt* (1).— Heinrich Werner a aimé Marie Winter ; puis il l'a délaissée pour épouser Julie von Jordan, jeune fille de famille riche et noble ; il a échangé son nom roturier contre celui de sa femme. Quelques années se sont écoulées. Heinrich a deux enfants ; il paraît heureux. Marie Winter est en butte aux entreprises d'un conseiller assesseur, Wolf, qui, la voulant pour maîtresse, la fait entrer chez Jordan en qualité de gouvernante. Marie se trouve donc sans le savoir dans la maison de celui qu'elle a aimé et dont elle ignore le nom nouveau. Ils se reconnaissent, ils s'aiment encore. Marie veut partir aussitôt ; elle reste, parce que Heinrich le lui demande, et pour éviter le scandale. — Heinrich surveille Wolf ; son désir ne lui échappe point ; il lui fait des reproches avec une telle violence que Julie, présente à cette scène, devine l'amour de son mari pour la gouvernante. Heinrich ne nie pas ; il raconte tout le passé. Julie refuse de rester sous le même toit que lui, et se rend chez son père, le président von Jordan, avec ses deux enfants. — C'est Marie qui les réconcilie. Elle vient trouver Julie, dont elle sait l'affection pour Heinrich, la supplie de rejoindre son mari, promet de s'éloigner et d'épouser Fels, un ami de Heinrich qu'elle estime pour sa droiture et sa bonté. Heinrich parvient à désarmer Julie ; il l'emmène malgré l'irritation du président Jordan. Il déclare renoncer à la richesse et à la noblesse. Libre de la gêne que l'une et l'autre imposent, il ne sera ni référendaire ni conseiller ; il sera professeur, ce qui, suivant lui, est la vraie position pour qui veut vivre indépendant.

(1) G. *Dram. Werke*, I, 1. La pièce fut achevée en décembre 1839. Voir une lettre de Gutzkow à Devrient du 28 décembre 1839 (Houben, *Emil Devrient*, 181). « Mein neues Drama, *Werner*, bürgerliches Schauspiel, in fünf Aufzügen, ist seit acht Tagen fertig.

Il est facile de reconnaître ce qui dans cette œuvre appartient à la vie de Gutzkow. Certes, il n'avait épousé ni par intérêt ni par ambition, mais il n'avait pas trouvé le bonheur dans le mariage. Sa femme, douce et bonne ménagère, ne comprenait guère son caractère ni son œuvre ; Hambourg lui déplaisait : dès le mois de juillet 1839, elle était retournée à Francfort, près de ses parents (1). Depuis cette séparation, la pensée de Gutzkow s'était reportée vers la jeune fille à laquelle des conventions sociales l'avaient empêché de s'unir ; il sentit une fois de plus le conflit du cœur et du monde.

De là ce drame, où tout est vie et vérité : les sentiments, le langage, l'action née du simple développement des caractères. Werner, dont la pensée est forte et le cœur chancelant, Marie, la jeune fille capable de sacrifice, sont des formes chères à Gutzkow. Julie, blessée dans son affection et ses droits, Jordan, fonctionnaire orgueilleux, pourtant plus humain que le président de *Kabale und Liebe*, Fels, l'ami de Heinrich, sont d'intéressantes figures, qui représentent chacune un milieu social et une conception morale. Seul, le conseiller Wolf paraît être plus loin de la nature, et n'avoir place dans ce drame que pour en préparer l'intrigue.

Werner fut joué à Hambourg (2), en 1840, avec grand

(1) V. Houben, *Gutzkow-Funde*, p. 108.

(2) *Rückblicke*, 28. Voir aussi quelques lettres de Gutzkow à Devrient : Houben, *Emil Devrient*, 181, 184, 185, 188, 189, 195 ; lettres du 8 mars, 11 mars 17 septembre, 17 octobre 1840. — Pour que la pièce pût être jouée, Gutzkow dut modifier le dénouement suivant lequel Werner renonce à la noblesse. C'est ainsi que la pièce parut à Weimar, Cassel, Munich et Vienne. Le rôle de Heinrich von Jordan fut une des belles créations de Emil Devrient ; il y avait dans le caractère de cet acteur la même lutte entre l'idéal et la réalité, le cœur et le monde. V. Houben, *ouvrage cité*, p. 65. — Dans l'édition des drames de Gutzkow, en 1845, on trouve les deux dénouements de *Werner*. Dans la dernière édition, Gutzkow n'a conservé que le dénouement primitif. Voir la *Préface* de cette édition.

succès ; ce fut, dit Gutzkow, la pièce qui lui gagna la faveur
du public. Il avait pourtant dans cette ville à lutter contre
des coteries, même au théâtre. A peine avait-il conquis le
titre de dramaturge qu'il se le voyait contesté. Hebbel, arrivé
à Hambourg l'année précédente, préparait la mise en scène
de *Judith ;* déjà il se moquait des « âmes faibles » (1) créées
par Gutzkow ; il trouvait ce genre « idyllique » démodé, et
il avait ses partisans. Les *Hallische Jahrbücher* (2) furent
plus justes : alors qu'ils avaient blâmé *Savage*, ils louèrent
Werner, comparant son auteur · à Lessing et à Diderot.
Kühne aussi, quand il vit jouer le drame à Leipzig, reconnut que sur une voie nouvelle Gutzkow avait retrouvé une
belle tradition (3).

Lorsque Gutzkow empruntait à lui-même toute la matière
de son œuvre, sans aucun alliage extérieur, il semblait capable d'une harmonieuse création : *Werner* était une pièce
pleine de promesses. Dans le drame psychologique Gutzkow
avait presque touché à la perfection.

Pouvait-il dans le drame historique ou le drame social
atteindre si juste du premier coup ? N'était-il pas à craindre
qu'un talent tout de sincérité et de spontanéité, une pensée
aussi féconde ne sacrifiât pas assez aux artifices de la dramaturgie ? C'est ce que *Patkul* et *Die Schule der Reichen* vont
nous révéler.

Gutzkow avait communiqué le manuscrit de *Patkul* (4) à
Baison, acteur de Hambourg, qui fut son conseiller au théâtre
de 1838 à 1844. Baison lui déclara que la pièce était peu
propre à la scène, qu'elle contenait trop d' « aphorismes et

(1) « Molluskenseelen ».— Ce fut Christine Enghaus, la future femme
de Hebbel, qui joua dans *Werner* le rôle de Julie. V. *Rückblicke*, 28-
29. et *Dionysius Longinus* (1878), p. 25-30.

(2) 1840 (n°° 48-51). V. Prœlss, 720.

(3) V. Kühne, *Portraits und Silhouetten*, 1843.

(4) V. *Dram. Werke*, II. Préface.

d'esquisses ». Ces défauts, malgré les retouches apportées, apparaissent encore : l'action du drame reste longtemps épisodique et lente; elle ne devient intéressante qu'aux trois derniers actes (1).

Auguste, roi de Saxe, est vaincu. Ses officiers veulent, pour que la paix soit signée, livrer Patkul aux Suédois. Une telle pensée fait horreur au roi. Mais il apprend qu'Anna Einsiedel, jeune fille qu'il aime et qui le dédaigne, est fiancée à Patkul : dans un moment de dépit et de jalousie, il cède à ses conseillers ; il fait enfermer Patkul dans la forteresse de Königstein, où il doit être remis à l'ennemi. Les Suédois approchent. Le roi, pris de remords, ordonne qu'on laisse fuir Patkul. Ses ordres ne sont pas immédiatement exécutés. Les Suédois arrivent plus tôt qu'on ne les attendait : Patkul, qui leur est livré, est roué devant Königstein.

Le principal défaut de cette pièce, riche de beaux détails (2), réside dans le caractère de Patkul : très attachant par lui-même, il n'est pas dramatique. Comme presque tous les personnages importants que nous avons rencontrés jusqu'ici dans l'œuvre de Gutzkow, Patkul est un rêveur : une telle nature peut convenir au drame psychologique ou à la nouvelle; elle paraît être moins à sa place dans le drame historique. Patkul parle plus qu'il n'agit. Piétiste, penseur, amoureux, se croyant inviolable, il passe au milieu de ses ennemis sans les remarquer. Son acte le plus beau est de refuser le poignard qu'on lui offre à Königstein et de préférer la mort sur la roue. Patkul tombe victime de la faiblesse et de la lâcheté, l'une représentée par la royauté, l'autre par l'aristocratie. Tous les courtisans et tous les officiers sont, dans ce drame,

(1) *Patkul*, Ein politisches Trauerspiel in fünf Aufzügen. Terminé le 14 novembre 1840. Joué à Berlin au théâtre de la Cour en 1840 et le 21 janvier 1841 à Hambourg. G. *Dram. Werke*, II.

(2) Les fins d'acte surtout, comme le voulait Gutzkow, sont pleines d'intérêt.

parfaitement odieux. Justice est faite de quelques-uns, pour que le spectateur ne soit pas trop écœuré.

Malgré les allusions que renferme la pièce, malgré les objections de l'ambassadeur saxon, *Patkul* fut joué à Berlin au théâtre de la Cour à la fin de 1840 (1). *Richard Savage* aussi parut sur cette scène. Peu s'en fallut que Gutzkow, le banni du 10 décembre, ne partageât avec Raupach la gloire d'être poète du roi. C'était là un signe des temps (2). Depuis le 7 juin 1840, Frédéric-Guillaume IV était sur le trône de Prusse ; son premier acte avait été d'ouvrir les prisons et d'adoucir la censure ; les libéraux reprenaient espoir (3) ; ils devaient bientôt s'apercevoir que le nouveau roi était par ses idées romantiques plus dangereux que son prédécesseur (4).

Six mois à peine après la première représentation de *Patkul*, Gutzkow avait terminé *Die Schule der Reichen* (5) (l'École des Riches). — Le lieu de l'action est Londres aux quatre premiers actes, Bristol au dernier ; l'époque indiquée est le xviiᵉ siècle, après la Restauration (6). — Nous sommes dans une famille riche, celle des Thompson. Le père a gagné sa

(1) Voir *Rückblicke*, 255, G. *Dram. Werke*, II, préface, et Houben, *Emil Devrient*, p. 187 et 193 (Lettres de Gutzkow à Devrient du 29 juillet, 25 décembre 1840, 25 février 1841).

(2) Geiger, *Das Junge Deutschland*, chap VII. *Regierungsantritt Friedrich-Wilhelms IV*.

(3) En 1841 paraissent : *Unpolitische Lieder*, de Hoffmann von Fallersleben, *Gedichte eines Lebendigen*, de Herwegh. Le voyage triomphal de Herwegh à travers l'Allemagne a lieu en 1842. Dingelstedt publie ses *Lieder eines kosmopolitischen Nachtwächters*.

(4) Dès 1842, la réaction commença. Le roi avait remplacé au ministère Altenstein par Eichhorn, esprit piétiste ; il appelait à Berlin Schelling, Tieck, Rückert. V. Brandes, *Das Junge Deutschland*, p. 311, 324 et suiv. (2ᵉ édition, 1896). Prœlss, p. 766 ; Geiger, ch. VII ; Seignobos, *Histoire de l'Europe contemporaine*, p. 415.

(5) Voir les lettres de Gutzkow à Devrient de juillet et septembre 1841. Houben, *Emil Devrient*, p. 196, 201, 202.

(6) V. Gutzkow, *Dram. Werke*, IV.

fortune par le travail ; la mère a la vanité des parvenues ; le fils Harry apparaît au début du drame orgueilleux et brutal ; la fille seule, Élisa, a gardé quelque simplicité ; elle aime un jeune homme pauvre du nom de Philippe. Cette famille se croit un moment ruinée ; et l'élément dramatique de la pièce est dans l'effet produit par ce revers de fortune sur les deux personnages principaux, Thompson et Harry, le père et le fils. — Thompson a vécu dans l'opulence sans savoir faire de son argent un utile usage. Uniquement préoccupé de son commerce et des sommes qu'il lui rapporte, il n'a pas eu le temps de songer au bonheur des êtres qui l'entourent ; il a négligé l'éducation de ses enfants. Quand il s'aperçoit du vide de son existence, il est loin de deviner la cause du mal dont on souffre auprès de lui. Il croit que c'est l'argent seul qui a rendu sa femme et ses enfants mauvais. Il se plaint amèrement : être riche, c'est, suivant lui, être pauvre d'affections, de croyances et d'espérances, de tout ce que l'on ne peut acheter. — Son fils Harry a grandi dans l'oisiveté. L'énergie qui est en lui est restée sans emploi ; elle s'est perdue dans une vie de dissipation qui ne lui laisse que des dégoûts ; il paraît égoïste et dur. Ayant, dans une course à cheval, renversé un enfant, c'est à peine s'il pense au malheur qu'il a causé et qu'il croit avoir réparé avec quelques guinées. Mais on découvre peu à peu en lui plus de noblesse que chez Thompson. Sa nature est bonne, l'éducation seule l'a faussée. Lorsqu'il voit passer le convoi de l'enfant qu'il a tué, il est pris de remords ; il a honte de s'être, dans cette circonstance, montré si insouciant et si peu généreux ; il voudrait racheter sa faute, prodiguer ses dons pour adoucir l'affliction ; et c'est à ce moment qu'il apprend qu'il ne possède plus rien. — Son attitude dans l'adversité est toute différente de celle de son père. Thompson, qui n'était pas heureux dans la richesse, ne peut se résigner à la pauvreté ; il n'est pas instruit par l'infortune ; sa main, qui n'a pas su dignement employer l'or, ne sait pas non plus « porter le bâton du mendiant ». Harry, au contraire, est capable de renoncer à l'argent, de même qu'il comprend maintenant l'usage qu'on en peut faire : créer, agir, aider la pensée, donner des forces au génie, telles sont à ses yeux les joies de la richesse, qu'il regrette de ne pas avoir goûtées alors qu'il le pouvait. Il se révèle supérieur à Thompson, et, lorsqu'il est informé que sa famille échappe à la ruine, c'est lui qui dit l'enseignement qu'il faut tirer de ces événements : le travail, l'école du pauvre, est aussi celle du riche ; le travail seul peut faire naître du bonheur (1).

Cette pièce, jouée à Hambourg, fut accueillie par des sifflets (2). Gutzkow explique cet insuccès en disant, ce qui est vrai, qu'elle était écrite contre la ploutocratie hambourgeoise. La raison de l'échec est aussi dans la forme du drame. L'action est confuse, les scènes ne sont pas liées. Gutzkow veut peindre l'activité d'un milieu commerçant, et n'arrive à donner qu'une impression d'agitation. Il dut avouer lui-même dans une lettre à Devrient (3) que les personnages sont trop nombreux, que la transition entre le comique et le tragique n'est pas assez ménagée. Il ne savait à quel genre dramatique

(1) Une lettre de Gutzkow à Emil Devrient, du 18 juillet 1841, indique comment il désirait que le rôle d'Harry fût interprété : « *Die Schule der Reichen* sei dir bestens empfohlen. Hauptrollen sind : Pauli und du, Vater und Sohn. Harry ist eine interessante Aufgabe. I. Akt : Frecher Uebermuth eines vornehm erzogenen Patriziersohns. II. Akt : Diesselbe Element auf die Spitze getrieben. III Akt : Zuerst excessive Blasirtheit und dann tragischer Umschwung. Eine dämonische Nachtscene. Aktschluss. IV. Akt : Lyrische Wehmuth, innere tiefste Erschütterung und rührende Reflexion. V. Akt : Hohe sittliche Wiedergeburt, höchster Aufschwung und männliche Kraft. Der Sohn steht grösser da als sein Vater. » Houben, *Emil Devrient*, 196.

(2) Voir la préface. G. *Dram. Werke*, IV. *Rückblicke*, 258, et une lettre à Devrient du 28 octobre 1841 (Houben, *Emil Devrient*, p. 202).

(3) Du 28 octobre 1841.

rattacher *Die Schule der Reichen* (1) et, finalement, lui donna le nom de comédie, bien qu'on vît sur la scène un convoi funèbre.

Quels avaient été les guides de Gutzkow dans ce premier essai de théâtre social ? On ne saurait le dire avec précision. Le nom des personnages, le lieu de la scène semblent indiquer une source anglaise. Peut-être Gutzkow avait-il lu le drame de Bulwer (2), l'*Argent*, qui fut joué à Londres avec grand succès en 1840. Le personnage mis en scène par Bulwer, Evelyn, est ébloui par la richesse qui lui vient d'un héritage ; il n'en sait pas faire usage, il hésite à épouser une jeune fille qu'il a aimée étant pauvre ; un revers de fortune lui apprend à apprécier la valeur d'une affection véritable et le bonheur qu'on peut créer à l'aide de l'argent. Entre ce drame et l'*École des Riches* il y des analogies ; mais dans l'œuvre de Gutzkow le problème social est plus complexe, le sentiment moral plus profond. Bulwer marquait seulement quelles entraves l'antagonisme entre la richesse et la pauvreté peut apporter à la libre manifestation de nos sentiments ; ce thème apparaît aussi dans l'*École des Riches*, traduit par l'amour d'Élisa pour Philippe, mais il est au second plan. Ce que Gutzkow veut faire ressortir, c'est l'effet démoralisateur produit sur toute une famille par la richesse mal comprise et mal employée, l'égoïsme, la vanité, la désunion qu'elle amène. Le drame social qu'il imagine gagne en intensité parce qu'il est doublé d'une tragédie bourgeoise : une des questions les plus importantes qu'il contient est celle des rapports du père et du fils dans l'éducation (3). Gutzkow a pu, en étudiant l'économie politique, tourner ses regards vers

(1) V. G. *Dram. Werke*, IV. Préface.
(2) Bulwer, *Money*, 1840.
(3) On sait que la pédagogie est un des thèmes favoris de Gutzkow. Il a repris ce même problème au théâtre en 1855 dans *Lenz und Söhne oder Komödie der Besserungen*.

l'Angleterre (1), où l'opposition entre l'opulence et la misère s'est accusée plus rapidement et plus vivement que dans les autres pays ; mais le sujet qu'il traite lui appartient en propre ; il l'a vraiment créé.

Y a-t-il dans le détail des influences françaises ? Le titre de la pièce est fait pour rappeler certaines comédies de Molière ; mais le dialogue, l'allure mouvementée de l'action, où les scènes de taverne alternent avec des scènes d'intérieur, paraissent prouver que Gutzkow s'est souvenu davantage d'Alexandre Dumas et de Victor Hugo ; peut-être trouverait-on aussi dans Harry quelques traits du caractère d'Antony (2). Il serait hasardé toutefois de pousser trop loin des compa- raisons de ce genre. Dans la peinture des caractères, Gutz- kow est bien supérieur à Dumas et à Hugo (3) ; il se rap- proche d'eux parfois dans la technique, mais on ne saurait noter exactement ce qu'il leur doit, puisque les romantiques français étaient eux-mêmes imitateurs des Allemands et des Anglais.

Gutzkow affirme que, dans l'*École des Riches*, la mise en œuvre, aussi bien que le sujet, est née spontanément de son cœur (4). On peut l'en croire ; et cette spontanéité fait le défaut ainsi que le mérite de sa pièce. Il avait prêté au drame social comme au drame historique toutes les richesses de sa pensée, sans tenir compte des conditions scéniques. Des trois pièces qu'il avait données en 1840 et 1841, une seule, *Werner*,

---

(1) V. surtout les *Säkularbilder*, G. W., VIII.

(2) Alex. Dumas *Antony*, 1831.

(3) Voici ce que dit Gutzkow de *Ruy Blas* : « Gleich in diesem Mangel an individueller Charakteristik, den übrigens Victor Hugo mit dem ganzen neuern französischen Drama gemein hat, liegt einer der Hauptvorwürfe, die die deutsche Kritik dem *Ruy Blas* machen muss. » G. W., XI, 356.

(4) *Die Schule der Reichen*. Préface. G. *Dram Werke*, IV. « Die Erfindung und die Durchführung der Fabel dieses Stücks ging von Gemüth aus. »

était réussie ; l'intérêt des deux autres résidait moins dans l'action que dans le caractère des personnages principaux ou dans le problème traité. Le drame psychologique apparaissait comme devant être le véritable domaine de Gutzkow. C'est à cette forme aussi que l'échec de *Die Schule der Reichen* le ramena.

III

Gutzkow rentrait du théâtre (1) où son drame, *Die Schule der Reichen*, avait reçu un si mauvais accueil, le 25 octobre 1841, lorsqu'un domestique à livrée élégante lui remit une lettre qui demandait une réponse immédiate. Une dame de la haute société, la femme du consul russe à Hambourg, Thérèse von Bacheracht, l'invitait à venir dîner chez elle le jour suivant : elle avait assisté à la représentation ; elle comprenait le dépit de Gutzkow, et lui déclarait qu'elle le partageait. Gutzkow accepta l'invitation. De ce moment, une vie nouvelle commença pour lui : il entrait dans un milieu riche, intelligent, où sa pensée s'exprimait sans contrainte, où son cœur librement s'ouvrit (2). Thérèse von Bacheracht joignait à des qualités brillantes la simplicité et la bonté. Elle formait avec Amalie. la femme de Gutzkow, un contraste frappant, dit Feodor Wehl (3). Elle avait pour Gutzkow la plus grande admiration (4) ; elle le tenait pour le

(1) V. *Rückblicke*, p. 263.
(2) V. *Rückblicke*, 263-265.
(3) v. F. Wehl. *Zeit und Menschen*, 1889, I, 262, 264, 266. — Feodor Wehl, le futur intendant du théâtre de Stuttgart, fit la connaissance de Gutzkow à Berlin après la première de *Savage* ; il vint le voir à Hambourg et, depuis, ne cessa de rester en relation avec lui. Voir Prœlss, 768.
(4) Thérèse von Bacheracht avait déjà publié sous son prénom un récit de voyages, *Briefe aus dem Süden*, que Gutzkow avait beaucoup loué dans le *Telegraph* (n° 121 du *Telegraph*, juillet 1841 ; l'article

premier écrivain de l'Allemagne ; elle aurait rempli le monde
de son nom. Gutzkow éprouva pour Thérèse von Bacheracht
une véritable passion, il l'avoue sans détour dans ses *Rückblicke* (1). Toutefois, homme de conscience et de scrupules (2), il n'était pas de ceux qui peuvent se laisser aller
complètement et sans réflexion à une impression de bonheur.
Quelles que fussent les raisons qui le séparaient d'Amalie,
il lui restait attaché par le devoir et l'affection passée. Entre
Amalie et Thérèse, « ses sentiments oscillaient », dit Feodor
Wehl, qui ajoute : « Il a dans ses drames et ses romans
trop souvent représenté de tels hommes pour ne pas trahir
par cette peinture si fréquente qu'il était lui-même un des
leurs » (3).

Gutzkow, au moment où il connut Thérèse, songeait à tirer
de *Seraphine* un drame psychologique (4). Il se trouvait que

est reproduit dans les *Vermittelungen*, 1842, p. 270). — Thérèse devint
bientôt là collaboratrice de Gutzkow au *Telegraph*. — Elle écrivit
entre 1845 et 1850 de nombreux romans : *Weltglück* (1845), *Heinrich
Burkart* (1846), *Falkenberg* (1843), *Lydia* (1844), *Alma* (1848). Dans ces
livres à tendance sociale, elle opposait au désœuvrement de la vie
aristocratique la dignité et la noblesse du travail. Voir Gottschall,
Deutsche Nationalliteratur, II, 603.

(1) P. 265.

(2) Gutzkow s'appelle lui-même « Gewissensmensch oder Selbst-
quäler » (*Lebensbilder*, II, 57). — Voir aussi une lettre de Gutzkow à
Wehl du 30 octobre 1849 : « Wären in meiner guten verstorbenen
Frau nur einige Funken von dem gelegen gewesen, die in meiner
jetzigen liegen, der Roman Therese wäre nie gespielt worden. » Wehl,
Das Junge Deutschland, 1886, p. 203.

(3) Wehl, *Zeit und Menschen*, I, 264. — Voir aussi une lettre de
Gutzkow à Devrient après la mort de sa femme : « Grade weil mein
Herz in einem so unglücklichen Kampf zwischen zwei weiblichen
Naturen stand, die mich liebten und Ansprüche auf mich machten,
bin ich so unglücklich, dass die arme Amalie, der ich entschlossen
war, mich ganz zu erhalten, aus diesem Widerspruch der Gefühle
durch den Tod scheiden musste ! » V. Houben, *Emil Devrient*, p. 340.

(4) V. Houben, *Studien über die Dramen K. Gutzkows*. Inaugural-
Dissertation, 1898.

la dualité d'affection qu'il avait déjà dépeinte dans ce roman renaissait en 1842 ; elle lui inspira *Ein weisses Blatt* (1) (Une feuille blanche).

Un jeune naturaliste, Gustave Holm, demeure quelque temps chez les Steiner, et est aimé, sans le savoir, de leur fille Eveline. Lui-même est fiancé à une jeune fille, Beate, qu'il n'a pas revue depuis cinq ans. Il vient la retrouver pour que le mariage s'accomplisse.— Mais, dans ces cinq années, Gustave et Beate ont bien changé l'un et l'autre ; il a une âme de savant et d'artiste ; elle est devenue une maîtresse de maison intelligente, mais terre à terre. Gustave ne répond pas à l'affection de Beate ; celle-ci, remarquant son indifférence, ressent de la tristesse ; elle croit qu'il éprouve de l'amour pour sa sœur Tony. — Eveline, avant le départ de Gustave, lui a remis une page de son album sur laquelle il doit écrire quelques mots de souvenir. Elle le revoit au moment où il va se marier et lui demande cette page ; Gustave ne sait ce qu'il peut écrire ou plutôt n'ose se l'avouer : il rend blanche la feuille qu'il devait remplir. Beate a vu de quel regard il a suivi Eveline ; elle se sacrifie, et pose elle-même la couronne de mariée sur la tête de sa rivale.

Dans cette pièce n'apparaissent que les sentiments les plus simples du cœur humain. Eveline, Beate ont quelques traits de Thérèse et d'Amalie ; Gustave a les scrupules et la sentimentalité de Gutzkow ; mais à la vérité s'est ajoutée la poésie. Gutzkow disait que cette œuvre dramatique, de même que *Werner*, était « idyllique » (2), et il reconnaissait que ce

(1) Gutzkow écrit à Devrient (7 septembre 1842) : « Allmälig ist mein Theatersinn wieder erwacht Der Mismuth über meine Hamburger Schicksale hat sich verloren... Ich glaube dass ich Beruf für die Bühne habe. » V. Houben, *Emil Devrient*, p. 213, 214.

(2) V. *Rückblicke*, p. 279.—Gutzkow reprend à dessein le mot « idyllique », pour rappeler les railleries dont ce genre de drame était l'objet de la part de Hebbel. Dans le *Dionysius Longinus* (1878), p. 58, il répond encore aux critiques de Hebbel : « Man wird mir vorwerfen

genre était celui où il se sentait le plus à l'aise (1). Comme *Werner*, en effet, *Ein weisses Blatt* est digne d'être au premier rang parmi les drames de Gutzkow.

Ein weisses Blatt trahit toutefois chez Gutzkow une tendance périlleuse. Si l'on compare les différentes éditions de cette pièce (2), on est frappé de voir combien le rôle de Gustave était passif dans la forme primitive, combien aussi le hasard avait de part à l'action. Gutzkow a, plus tard (en 1862), donné au caractère de Gustave plus de fermeté (3); il a motivé la rencontre des personnages, mais il a tenu à laisser au hasard une large place. Il dit à ce propos dans ses *Rückblicke* : l'homme a une volonté, et les événements viennent apporter à cette volonté des éléments comiques ou terribles ; c'est ainsi que Balzac a conçu le roman, c'est ainsi qu'il faut concevoir le drame.

Cette théorie lui est chère ; on le sait par son livre sur la *Philosophie de l'histoire*. Elle est peut-être la meilleure pour faire du drame l'image de la vie, mais elle a ses dangers. Si le hasard prend trop de place, s'il fait disparaître la volonté, il peut nuire à la vraisemblance psychologique, obscurcir le développement de l'action. L'intérêt alors se ralentit, le spectateur s'ennuie (4). Le drame psychologique est ce qu'il

können, dass ich in meinen Schriften zu oft das Thema festgehalten habe vom Manne, der zwischen zwei Frauen steht. Es ist dies aber ein uraltes. Unbegreiflich war mir aber das ständige Hebbel'sche Thema vom Weibe, das zwischen zwei Männern steht. »

(1) V. Lettre de Gutzkow à Emil Devrient du 7 septembre 1842 : « Es ist ein Stück, das auf der Basis des *Werner* steht : ein Gemälde gemüthlicher Conflicte, in denen sich, ich gestehe es, meine Muse am wohlsten fühlt. » Houben, *Emil Devrient*, p. 212.

(2) Houben l'a fait en détail dans sa Dissertation, *Studien über die Dramen K. Gutzkows*. Düsseldorf, 1898, p. 93-109.

(3) Voir G. *Dram. Werke*, II. *Ein weisses Blatt* (Préface) et *Rückblicke*, p. 280.

(4) *Ein weisses Blatt* eut peu de succès lors de la première représentation à Francfort-sur-le-Mein. Voir *Rückblicke*, 282, et une lettre de

y a de plus difficile au théâtre ; il faut, pour qu'il plaise, qu'il
soit tout proche de la perfection, car nul élément étranger,
nul attrait tiré de l'histoire ou des événements présents ne
vient soutenir l'attention d'un public toujours plus désireux
de se distraire que de s'instruire. Gutzkow ne vit pas le défaut
de sa conception dramatique. Il pouvait, par la profondeur
de sa pensée et la puissance de son talent, créer le drame
psychologique en Allemagne, s'il unissait harmonieusement
la volonté et le hasard, si l'action naissait des caractères au
moins autant que des situations, s'il conservait la clarté à
laquelle il avait atteint dans *Werner* ; mais, soit parce qu'il
travaillait trop vite, soit parce qu'il fut entraîné par sa
théorie du hasard, il compliqua comme à plaisir l'intrigue et
le jeu des circonstances. Trois drames psychologiques (1),
qu'il écrivit successivement de 1841 à 1845, *Die Stille Familie* (2) (1841), *Die beiden Auswanderer* (3) (1844), *Anonym* (4)

Gutzkow à Devrient du 12 novembre 1842 : « Ich weiss es, das einfache
idyllische Stück kann sich gegen Feindseligkeiten nicht halten. »
(Houben, *Emil Devrient*, 223).— La pièce fut mieux accueillie à Dresde,
où elle fut jouée le 18 décembre 1842; voir une lettre de Gutzkow à
Devrient du 4 janvier 1843. (Houben, *Emil Devrient*, 224).

(1) Voir *Rückblicke*, 280, et Houben, *Gutzkow's verschollene Dramen* (*Nordd. Allg. Ztg.* 1902, 210, 222).

(2) *Die Stille Familie*, comédie en 5 actes. Voir une lettre de Gutzkow à E. Devrient du 7 sept. 1842. Houben, *Emil Devrient*, 212.

(3) *Die beiden Auswanderer*, en deux parties et cinq actes. Drame
représenté en octobre 1844 à Wiesbaden. C'était le chef-d'œuvre du
« Zufall », dit Gutzkow en se raillant de lui-même (*Rückblicke*, 280).
Voir deux lettres de Gutzkow à Emil Devrient, du 3 novembre et du
4 janvier 1845 (Houben, *Emil Devrient*, 261), une lettre de Gutzkow à
A. Stahr du 20 janvier 1845 (Geiger, *Aus Ad. Stahrs Nachlass*, 1903).

(4) *Anonym* (Schauspiel). en cinq actes. Le texte imprimé est à la
Bibliothèque du théâtre de Dresde (v. la dissertation de Houben, et
Gutzkow-Funde, p. 358). — C'est une pièce contre la calomnie. V. Lettres de Gutzkow à Emil Devrient du 4 décembre 1845, du 10 et du
29 janvier 1846 (Houben, *Emil Devrient*, p. 279, 281, 283). — Gutzkow
fut très peiné de l'échec d'*Anonym;* il essaya plus tard de faire jouer

(1845), furent autant d'échecs ; lui-même a voulu les oublier
et ne les a jamais publiés dans ses Œuvres complètes (1).

Il réussit, au contraire, à la même époque, dans un genre
où il était moins créateur, dans la comédie historique.

IV

Gutzkow, depuis 1842, avait souvent quitté la ville libre
qui lui avait donné l'hospitalité (2). Il était à Paris lorsqu'eut
lieu l'incendie de Hambourg (3). A la fin de 1843, il abandonna
la direction du *Telegraph* (4) et revint à Francfort. En 1844
il parcourut l'Italie du nord, en 1845 il passa quelques
semaines à Vienne, en 1846 il visita Paris pour la seconde
fois. C'est dans ces voyages (5) ou pendant les séjours qu'il
faisait à Francfort qu'il écrivit deux comédies en prose,
Zopf und Schwert (1843) et *Das Urbild des Tartüffe* (1844),
un drame historique, *Pugatscheff* (1845), un drame fataliste,

ce drame au *Burgtheater* lorsque Laube eut pris la direction de ce
théâtre.Voir les lettres de Gutzkow à Laube en octobre 1851, publiées
par Houben, *Sonntagsbeilage* (n° 25) *zur Vossischen Zeitung* (n° 285),
21 juin 1903. — Voir aussi une lettre de Gutzkow à Feodor Wehl du
25 novembre 1851, qui a paru dans la revue *Deutschland* (II, 3), Décembre 1903.

   (1) Vers 1842, Gutzkow avait esquissé un drame psychologique et
social, *Standesvorurtheile*, d'une intrigue également très compliquée.
Le plan de ce drame se trouve dans le « Nachlass » de Gutzkow ; il a
été publié par Houben dans le *Literarisches Echo* (15 juillet 1900) et
dans *Gutzkow-Funde*, p. 479.

   (2) Un ami, Schirges, continuait en son absence la rédaction du
Telegraph. V. *Rückblicke*. p. 272.

   (3) Au printemps de l'année 1842.

   (4) V. Lettres à A. Weill (Weill, *Briefe hervorragender verstorbener
Männer Deutschlands*, Zürich, 1889). Lettres à Wehl (Wehl, *Das Junge
Deutschland*, 1886). Lettres à Devrient (Houben, *Emil Devrient*, p. 220).

   (5) V. *Reiseeindrücke*. G. W., XI.

Der Dreizehnte November (1845), un drame philosophique, *Uriel Acosta* (1846) (1).

Zopf und Schwert (2), écrit en 1843 à Milan (3) et sur le lac de Côme, joué à Dresde le 1ᵉʳ janvier 1845, fut un succès sensationnel (4). Gutzkow avait pris la matière de cette comédie dans les mémoires de la Margrave de Bayreuth (5). Le mariage de la princesse Wilhelmine est le centre de toute l'intrigue. Le roi veut qu'elle épouse le prince de Galles ; la reine désire la marier à l'empereur d'Autriche ; Wilhelmine a choisi pour mari le prince héritier de Bayreuth, et c'est lui qu'elle obtient. Le roi cède parce que le prince de Bayreuth s'est offert à servir comme simple soldat dans ses grenadiers.

L'action, malgré l'abus des scènes anecdotiques, est habilement menée. Gutzkow, comme Brandes (6) l'a fait remarquer, s'est instruit à l'école de Scribe qui, depuis 1840 (7) surtout, semblait être le modèle à suivre dans le drame historique (8). Il y a de l'entrain et de l'humour dans l'intrigue

(1) En 1845 Gutzkow commença à publier une première collection de ses œuvres, à Francfort, chez Rütten (Literarische Anstalt). Ses Œuvres dramatiques paraissaient réunies chez Weber à Leipzig (1842-57).

(2) *Zopf und Schwert*. Lustspiel in fünf Aufzügen. G. *Dram. Werke*, I. — Entre la première forme de *Zopf und Schwert* (v. Gutzkow, *Dram. Werke*, 1842-47, 3ᵉ vol.) et les éditions suivantes il y a peu de changements. Ils portent surtout sur le 4ᵉ acte.

(3) V. *Reiseeindrücke* et Préface de *Zopf und Schwert*.

(4) V. *Rückblicke*, 277.

(5) *Memoiren der Königl. Preuss. Prinzessin Friederike Sophie Wilhelmine, Schwester Friedrichs des grossen, Markgräfin von Bayreuth; von ihr selbst geschrieben*, 2 vol., 9ᵉ édition, 1892.

(6) *Das Junge Deutschland*, p. 260 (2ᵉ édition, 1896).

(7) Scribe, *Le Verre d'eau*, 1840.

(8) Gutzkow écrit dans son autobiographie : « Erst durch die Reise nach Paris 1842 kam ein neuer Lebensschwung. Ich hatte dann grosse Erfolge : *Zopf und Schwert, Das Urbild des Tartüffe...* » *Gegenwart*, 1879, p. 394.

et dans les caractères. Porter dans un milieu royal un drame de famille, représenter un roi sans les attributs ordinaires de sa dignité, une cour ordonnée d'après les règles d'un intérieur bourgeois des plus simples, c'est faire naître des contrastes bien propres à divertir. Parfois seulement cette opposition est poussée un peu loin : le roi fait battre le tambour pour réveiller les dames ; il entre sur la scène en costume si négligé que le prince de Bayreuth le prend pour un laquais ; lorsque Wilhelmine est mise aux arrêts, elle est accompagnée de gardes qui portent l'un une grande Bible, l'autre une terrine de soupe, le troisième un bas à tricoter ; ces quelques exemples, entre bien d'autres, indiquent par quel procédé facile Gutzkow cherche à provoquer le rire. Dans la préface de *Zopf und Schwert*, il s'excuse de cette exagération : l'optique de la scène, suivant lui, la réclame. Son opinion peut être défendue ; mais il y a, surtout dans une comédie historique où les personnages sont bien connus, une mesure qu'il convient de garder. Gutzkow se laisse aller dans la comédie à forcer certains traits ; il réussit quelquefois par ce moyen à plaire au public, mais il risque de fausser la vérité et, ce qu'il y a de pire au théâtre, la vraisemblance (1).

C'est ce que *Das Urbild des Tartüffe* prouve encore plus que *Zopf und Schwert*.

Das Urbild des Tartüffe (2), c'est la comédie des cabales montées pour empêcher la représentation de *Tartuffe*. Autour de Molière s'agite tout un monde d'hypocrites : hypocrites sont les littérateurs, les académiciens, Chapelle, envieux de

(1) Gutzkow dit dans une lettre du 15 août 1849, à propos d'une autre pièce historique qu'il composera bientôt, *Der Königsleutenant* : « Es ist immer schwer aus gegebenen Thatsachen ein freies Werk zu schaffen. » V. cette lettre à la fin de ce volume.

(2) Gutzkow écrit dans la préface qu'il n'avait pas lu le Molière de Goldoni lorsqu'il composa *Das Urbild des Tartüffe*. Il n'y a en effet aucun rapport entre les deux pièces.

Molière, La Roquette, le président, prototype du Tartuffe ; hypocrite est le ministre de la police Lionne, qui promet de protéger Molière et qui, sur les instances de La Roquette, fait interdire la pièce ; hypocrite est le roi lui-même, qui suspend la représentation parce qu'il est épris d'Armande Bejart, et qui ne l'autorise que lorsqu'il espère d'Armande un rendez-vous. Tous les personnages, comme le dit La Roquette à la fin du deuxième acte, sont des Tartuffes, en robe noire ou en habit de gentilhomme, secrètement ou ouvertement, priant ou jurant, s'agenouillant devant les crucifix ou devant les femmes, ou bien encore devant leur propre égoïsme. Finalement, le plus hypocrite de tous, le président La Roquette, est démasqué et banni de la cour.

Gutzkow a tiré parti très librement (1) des éléments que lui fournissaient l'histoire et la littérature, et en a composé une pièce comique à tendances politiques (2), n'épargnant point les allusions à la censure, à la police, aux luttes qu'un poète dramatique avait à soutenir. *Das Urbild des Tartüffe* fait donc dans le genre comique pendant à *Richard Savage*.

A défaut de la vérité historique, Gutzkow a-t-il au moins conservé la vraisemblance ? A cet égard, *Das Urbild des Tartüffe* est bien inférieur à *Zopf und Schwert*. Ce que l'on sait du XVIIᵉ siècle est constamment heurté et froissé ; il n'y a pas une situation, pas un caractère qui réponde à la réalité. On va et vient chez le ministre de la police et chez le roi comme sur une place publique ; l'un et l'autre n'ont aucune dignité ; Louis XIV est ridicule ; Molière est ingénu comme un enfant. Les personnages sont des fantoches dans la main de Gutzkow ; le comique manque de tact et de mesure. Il n'est pas de scène où ces défauts n'apparaissent. La pièce

---

(1) Il avait pris tout d'abord comme type du Tartuffe le président Lamoignon. V. Préface de *Das Urbild des Tartüffe* et *Rückblicke*, 283.

(2) V. la Préface.

amuse comme une simple farce le spectateur ignorant ; elle
ne saurait plaire à qui connaît le xviie siècle. Gutzkow,
dans la préface de l'édition de 1875, fait allusion aux critiques
qui lui furent adressées à ce sujet par Éd. Fournier (1) et
par Paul Lindau ; il invoque contre elles la liberté du dramaturge. Houben (2), de nos jours, a pris la défense de *Das
Urbild des Tartüffe* ; bien à tort selon nous, car Gutzkow
est assez grand par certains côtés pour qu'on le condamne
franchement là où il est condamnable. Peu s'en faut que
Saint-René Taillandier n'ait raison lorsqu'il dit (3) : « la
pièce ne vaut rien ; elle est détestable, et, quel que soit l'esprit
de certains détails, c'est là sans doute le plus faible, le plus
faux et le plus mauvais ouvrage que Gutzkow ait écrit ».

Das Urbild des Tartüffe fut joué à Dresde le 1er janvier
1845 (4) avec plus de succès que Gutzkow lui-même ne
l'espérait. Il n'accordait pas à cette comédie une bien grande
valeur et fut surpris lorsqu'il la vit partout bien accueillie :
« ces louanges unanimes données de tous côtés au Tartuffe
qui paraît çà et là me surprennent, je l'avoue, écrivait-il à
Stahr. Ma foi dans ce travail ne peut s'affermir que par le
succès des représentations (5) ».

Quoi qu'il en soit de la valeur de *Das Urbild des Tartüffe*,
c'est bien cette pièce qui, avec *Zopf und Schwert*, fonda la
gloire dramatique de Gutzkow. Ces deux comédies furent

(1) *Revue française*, 1859, p. 101-105.
(2) Houben, *Gutzkow-Funde*, p. 121.
(3) *Revue des Deux-Mondes*, 15 octobre 1847.
(4) V. *Rückblicke*, 283, et Houben, *Emil Devrient*, p. 73, 262 et suiv.
Gutzkow donne à Emil Devrient des conseils sur la manière d'interpréter la pièce : « Gebt es so graziös, so leicht fliessend wie möglich !
Ein französischer Stoff — der nur zu deutsch ist ! — muss auch franzö-
sisch gespielt werden. » (Lettre du 4 déc. 1844.)
(5) Lettre de Gutzkow à Ad. Stahr du 13 décembre 1844. V. Geiger :
Aus A Stahrs Nachlass, 1903, p. 953. — La lettre est citée plus loin
dans ce volume, p. 362, note 3,

souvent jouées (1), non seulement parce qu'elles amusaient le spectateur, mais aussi parce qu'elles n'effrayaient pas les gouvernements. Les allusions politiques de *Das Urbild des Tartüffe*, adoucies par la censure (2), se perdaient dans le rire et dans le lointain de l'histoire. *Zopf und Schwert*, pur produit de la gaieté (3), renferme peu de passages « tendancieux » ; quelques traits de satire (4) n'empêchent pas cette comédie d'être, dans son ensemble et par sa conclusion (5) surtout, une glorification de la Prusse ; elle fut interdite à Berlin (6), il est vrai, parce qu'il était indécent de mettre sur la scène un roi de Prusse en manches de chemise (7), mais

(1) Jusqu'en 1862, il y eut quarante-huit représentations de *Zopf und Schwert* rien qu'au théâtre de Dresde, ce qui est beaucoup pour l'époque. V. Houben, *Emil Devrient*, p. 71.

(2) Gutzkow, dans une lettre à Devrient du 6 février 1845, se plaint que la censure fasse trop de coupures. V. Houben, *Emil Devrient*, p. 272.

(3) Voir Préface de *Zopf und Schwert*. Dans une lettre à Emil Devrient du 25 septembre 1843, Gutzkow appelle cette comédie : « harmlos ». V. Houben, *Emil Devrient*, 225.

(4) Les allusions satiriques se trouvent surtout dans la scène de tabagie du quatrième acte. Ex. : « Dank der Politik des Herrn von Grumbkow zur Zeit dürfen in Preussen noch keine Blätter erscheinen ».

(5) Voir cette conclusion, G. *Dram. Werke*, I, 85. « *König*. Vergebung ? Für Ihre Rede, mein Sohn ? Wenn sie einst so, wie Sie sie gehalten haben, im Buch der Geschichte steht, ist mein altes Herz zufrieden und wünscht nur noch, dass man hinzufügt : Er wollte mit seinem Schwert wohl König, aber mit seinem Zopf im Staat nur der erste Bürger sein ! ».

(6) *Zopf und Schwert*.
    Liebe erwarb mein Stück für Preussens deutsche Gesinnung ;
    Dennoch verboten Sie Dir's ! Weil — ? Tel est notre plaisir.
                    Xenie de Gutzkow. G. W., I, 333.

(7) Gutzkow dit dans les *Rückblicke* que le roi lut *Zopf und Schwert* avec plaisir : « Ueber eine Vorlesung meines *Zopf und Schwert* in Sans-Souci soll Friedrich-Wilhelm IV. gelacht haben, aber für die Königliche Bühne durfte das durchweg patriotisch gefühlte Stück nicht existiren.» *Rückblicke*, 279.

elle eut bientôt place à Vienne au répertoire du *Burgtheater*.

Gutzkow arrivait peu à peu à désarmer les gouvernements les plus sévères ; sans gagner leurs sympathies, il les forçait à le respecter. Pendant le séjour qu'il fit à Vienne au printemps de l'année 1844, il fut reçu par Metternich : le ministre et le poète parlèrent amicalement du théâtre et du jeu des acteurs ; ils s'entretinrent aussi des Universités et de la politique. Gutzkow a conté cette entrevue (1). Il ne joua pas, dit-il, le rôle de Posa, tenant cette attitude pour inutile ; le vieux prince à moitié sourd lui parut semblable aux sénateurs romains que les Gaulois maîtres du Capitole trouvèrent assis immobiles et sans force dans leur chaise curule (2). Peut-être se considérait-il, en face du ministre débile, comme un de ces Gaulois victorieux ; cette comparaison, qui trahirait chez Gutzkow une légitime fierté, ne serait pas sans justesse.

Une autre circonstance vint bientôt lui prouver combien son influence grandissait ; l'intendant du théâtre de Dresde, von Luttichau, le désigna pour occuper le poste qui avait été autrefois confié à Tieck (3) ; après quelques hésitations, le roi Frédéric-Auguste II donna son consentement et, le 23 octobre 1846, Gutzkow fut nommé « Hofdramaturg » (4).

(1) V. *Rückblicke*, 284 et *Lebensbilder*, II, 187 et suiv.

(2) V. *Lebensbilder*, II, 190.

(3) Tieck avait été appelé à Berlin en 1844. Son successeur, Eduard Devrient, le frère de l'acteur célèbre, Emil Devrient, garda peu de temps cette fonction de « Dramaturg ». V. Gutzkow, *Lebensbilder*, II, 192, *Rückblicke*, 295 et suiv., Houben, *Emil Devrient*, p. 76-77.

(4) Voir les lettres de Gutzkow et de Devrient (11 oct., 21 nov. 1846). Houben, *Emil Devrient*, 293, 301. — On a dit que Gutzkow devait cette nomination au succès d'*Uriel Acosta*. C'est une erreur : Gutzkow fut appelé à ce poste le 23 octobre, et la première représentation d'*Uriel Acosta* eut lieu le 13 décembre 1846. V. Houben, *Gutzkow-Funde*, 532.

V

Gutzkow, par des moyens scéniques un peu gros, avait réussi dans la comédie ; il tenta dans le drame d'agir avec autant de vigueur sur l'esprit du spectateur. « Le poète comique, disait-il, peut exagérer, le poète tragique doit le faire » (1). C'est dans cette pensée qu'il composa en 1844 et 1845 *Pugatscheff* et *Der Dreizehnte November*.

Pugatscheff (2), drame historique, est aussi un drame fataliste, car il présente une lutte entre des sentiments humains et la destinée. Le début est simple et grave comme celui du troisième acte dans le *Guillaume Tell* de Schiller. Pugatscheff, cosaque du Don, s'entretient avec sa femme Sophia et se plaint du régime politique qui pèse sur la Russie. Borotin et Kaluga, chefs cosaques, Persiljew, directeur du couvent de Saint-Isaac, un pope, Sergius, arrivent dans sa chaumière. On organise la révolte contre Catherine II. On tire au sort pour choisir un tsar, et les dés désignent Pugatscheff. C'est donc Pugatscheff qui devra jouer le rôle du tsar Pierre qui est mort, et que le peuple croit en exil ou en prison ; fait pour la vie familiale et calme, il sera forcé d'agir en héros, et, moins heureux que Guillaume Tell, il ne pourra supporter la tâche trop lourde dont il est chargé. Afin de passer pour le tsar Pierre, il renie sa femme Sophia ; lorsqu'elle vient dans son camp pour l'embrasser, il dit bien haut qu'elle est folle et qu'elle se trompe ; il se fait couronner et épouse Ustinja, fille d'un chef cosaque. Mais sa raison succombe à la violence faite à ses véritables sentiments ; il hait tous ceux qui l'ont contraint de dissimuler et les chasse loin de lui. Abandonné, il est pris et enfermé dans une cage, avec sa femme Sophia et ses enfants.

(1) Préface de *Zopf und Schwert*. G. *Dram. Werke*, 1.
(2) *Pugatscheff*, Trauerspiel in fünf Aufzügen. G. *Dram. Werke*, I.

Le tragique de cette pièce est poussé à l'extrême, et pourtant il ne nous intéresse pas. Gutzkow, qui veut rivaliser avec Shakespeare, est loin de son modèle (1). Il ne prepare pas le spectateur aux événements ; il ne le tient pas dans l'attente et la terreur de ce qui doit venir ; il se plaît, au contraire, à le surprendre par des moyens de mélodrame ; il le déconcerte et le lasse ; il a de puissants effets partiels, mais n'atteint pas à la grandeur tragique. L'action est obscure ; l'âme du personnage principal l'est aussi. Pugatscheff est un héros faible, comme Patkul, et n'a rien de la profondeur d'Hamlet.

Les amis de Gutzkow, Emil Devrient, Ad. Stahr, ne lui cachèrent point le peu de cas qu'ils faisaient de sa pièce. Gutzkow fut peiné de leurs critiques (2). Il y a dans ce tableau de l'unité et de l'ordre, écrivait-il à Stahr, une souffrance humaine capable de toucher, des caractères vigoureusement tracés. Il préférait *Pugatscheff* à *Das Urbild des Tartüffe*, s'indignait de voir sa comedie trouver meilleur accueil que son drame (3). On comprend son

(1) Peut-être y a-t-il dans Pugatscheff une influence de *Lestocq*, de Scribe (1834). Il y a aussi analogie avec le *Demetrius* de Schiller.

(2) Voir une lettre de Gutzkow à Devrient du 3 novembre 1844 : « Dass ihr *Pugatschew* nicht gebt ist abscheulich » (Houben, *Emil Devrient*, p. 362). — Voir aussi une lettre de Gutzkow à A. Stahr du 13 décembre 1844. « Du wirfst meine Arbeit rundweg als schlecht unter den Tisch.... Ich hab mindestens ein einheitliches Bild, eine umrahmte Entwickelung gegeben, habe, wenn nicht tragische Schuld, doch ein menschlich ruhrendes Dulden gekennzeichnet, und habe endlich meine Charaktere nicht mit Wasserfarben ausgemalt. » (V. Geiger, *Aus A. Stahrs Nachlass*, 1903, p. 95).

(3) Voir la lettre de Gutzkow du 13 décembre 1844 : « Verzeih dem Vatergefühl dass es seine Neigung dem Kinde zuwendet, das zurückgesetzt wird, gegen ein andres, dessen Lob wohl glücklich macht, aber doch in der ungleichen Vertheilung wieder schmerzt... Das einstimmige Lob, das mir von allen Seiten über den hie und da hervortretenden Tartüffe gespendet wird, gesteh' ich, überrascht

étonnement. *Pugatscheff* révèle certes plus d'originalité que *Das Urbild des Tartüffe*; mais, là encore, Gutzkow avait mal employé les forces de sa pensée.

Il comprit qu'il fatiguait l'attention du spectateur, et s'efforça, dans une pièce qu'il écrivait à la même époque, de rendre l'intrigue plus simple et plus serrée, pour faire impression sur le public : *Der Dreizehnte November* (1) fut réduit à trois actes. Voici l'analyse de cette tragédie (2). Lord Arthur Douglas s'est retiré au château de ses pères en Ecosse, après un violent chagrin d'amour. Un de ses parents, Sir Ed. Holiday, qui s'attend à le voir bientôt mourir et compte sur son héritage, vient demeurer auprès de lui. Il sait que le 13 novembre plusieurs Douglas se sont suicidés ; il rappelle à son jeune parent ce jour néfaste, et lui remet des pistolets. Arthur est sur le point de se tuer, lorsqu'il apprend que la femme qu'il aime est revenue vers lui il décharge son arme, et blesse à mort Holiday par mégarde. Ainsi le 13 novembre reste fatal aux Douglas.

Gutzkow a écarté de ce drame tout problème social ou psychologique ; les caractères, même celui de Arthur Douglas, sont à peine esquissés ; l'action tragique naît surtout de l'influence exercée par une date funeste. Sachant la

mich. Mein Glaube an diese Arbeit kann sich erst durch die Erfolge von Darstellungen befestigen. Ich bin über deine von mir immer so glüklich empfundene Anerkennung förmlich erschrocken. »(Geiger, *Aus A. Stahrs Nachlass*, 1903, p. 95).

(1) Voir une lettre à Devrient du 22 mars 1845: « Dieses Stück hab'ich neulich niedergeschrieben, dabei aber, weil die Idee das Publikum schnell packen und nicht ermüden muss, mich vor zu langer Ausdehnung gehütet. » Houben, *Emil Devrient*, p. 273.

(2) *Der Dreizehnte November*, Schauspiel in 3 Aufzügen. G. *Dram. Werke*, III. — Ce drame en prose fut terminé au mois de mai 1845. Voir une lettre à Devrient du 5 mai 1845. Houben, *Emil Devrient*, p. 276. — Le sujet est emprunté à une nouvelle de Sternberg. V. Gottschall, *Deutsche Nationallitteratur*, II, p. 457.

place que Gutzkow accordait au hasard dans les événements, le goût qu'il avait pour le fantastique, on ne peut être surpris qu'il se soit essayé dans le drame fataliste qui, si longtemps, avait plu aux Allemands (1). Le succès, toutefois, ne fut pas celui qu'il attendait, et *Der Dreizehnte November* eut vite disparu de la scène (2).

VI

Si Gutzkow avait, par des pièces d'un genre plus facile, cherché à gagner la faveur du public, ce n'est pas qu'infidèle à lui-même, il eût renoncé à la haute tragédie : l'année où il fut nommé dramaturge de Dresde, il reprenait le sujet du *Sadducäer von Amsterdam,* le portait sur la scène, et donnait *Uriel Acosta*. Nous connaissons par la nouvelle le sujet du drame, il nous faut étudier la mise en œuvre et la transformation.

Le premier acte (3) se passe dans la demeure du médecin Silva, oncle de Judith. Ben Jochai vient, après une longue absence, revoir Silva ; il se plaint d'avoir été froidement accueilli par Judith, à laquelle il est fiancé. Uriel entre à ce moment pour prendre congé de Silva, car il a l'intention de voyager pendant quelques mois. Tandis qu'ils s'entretiennent, le rabbin Santos est annoncé. Il reproche à Uriel un de ses écrits contre le judaïsme, et déjà menace de ne plus le compter parmi les fils de Jacob. Uriel, qui songeait à quitter

(1) Peut-être y a-t-il aussi une influence du mélodrame français. Gutzkow parle (G. W., VII, p. 239) avec éloge du théâtre de la Porte-Saint-Martin : « Der dramatische Apparat dieser Bühne ist aus hundert Uebersetzungen und Nachbildungen auch bei uns bekannt. » — En 1842, à Paris, Gutzkow avait vu souvent jouer Frédérick Lemaître, acteur de mélodrame. G. W., VII, 242.

(2) V. Houben, *Emil Devrient*, p. 74.

(3) *Uriel Acosta*. Trauerspiel in funf Aufzügen. G. *Dram. Werke*, I.

Amsterdam parce qu'il aime Judith, prend alors le parti de rester pour défendre sa pensée : il luttera contre la Synagogue, il luttera aussi contre Jochai.

Au deuxième acte, on est dans le jardin de Manasse, riche commerçant dont Judith est la fille. Manasse est un esprit éclairé, mais il se montre, dans ses actes, respectueux des traditions. Judith est éprise de beauté et de vérité, elle aime Uriel. Jochai s'en aperçoit, songe à se venger, et voit bientôt venir une occasion propice. Dans ce même jardin, où Judith et Uriel tout à l'heure échangeaient leurs pensées, apparaît Santos, accompagné de quatre rabbins. Il demande à Uriel s'il est chrétien ou s'il reconnaît la loi de Jehovah. Uriel, pour expliquer ses croyances, rappelle quelle fut sa vie. Ses ancêtres étaient juifs, mais l'Inquisition l'a forcé d'accepter le baptême. Il a connu, dans sa jeunesse, alors qu'il était chrétien, la religion de la peur ; plus tard, il a senti la joie d'être libre, de tout aimer et de tout comprendre. S'il est revenu au culte de ses pères et s'est converti au judaïsme, c'est qu'il a vu les fils d'Ahasverus errer sans repos, chassés sur toute la terre ; entraîné par un sentiment d'honneur, par l'esprit de race et de famille, il a souhaité d'être avec ceux qui souffrent. Il déclare qu'il est juif, et qu'il veut le rester. Ces paroles ne font que redoubler la colère de Santos ; il rejette Uriel de la Synagogue, le maudit solennellement, ordonne que chacun le chasse de son foyer sans lui tendre jamais une main secourable. Tous les assistants s'écartent d'Uriel ; Judith seule s'approche, proclame bien haut qu'elle l'aime et qu'elle partagera l'anathème dont il est frappé.

Un appartement richement orné de statuettes et de tableaux, dans la maison de Manasse, forme le cadre du troisième acte. Manasse, par une bonté qu'il traite de faiblesse, permet à sa fille d'aimer Uriel. Silva fait tous ses efforts pour calmer les esprits ; il voudrait réconcilier Uriel avec la Synagogue, lui demande de répudier ce qu'il a écrit, de le faire, sinon pour lui-même, du moins pour Manasse et pour Judith. Une lutte se livre en Uriel entre son cœur et sa pensée : sacrifier sa liberté, ses convictions, ses aspirations les plus élevées lui semble un crime ; mais sa mère Esther vient le supplier de se soumettre à la loi judaïque, ses frères lui rappellent qu'ils vont être forcés de s'exiler, Judith elle-même lui reproche de ne connaître ni la pitié ni l'amour. Il cède enfin, et prend le chemin de la synagogue. A peine a-t-il quitté la scène que Judith regrette de l'avoir poussé au renoncement : la femme, s'écrie-t-elle, sera donc « la malédiction éternelle de l'homme ! »

Quelques jours se sont écoulés entre le troisième et le quatrième acte. Uriel est resté seul durant cet intervalle, enfermé dans le temple ; il ignore les événements extérieurs ; ses frères n'ont pu l'avertir que leur mère se meurt, personne n'a pu l'informer que Jochai a causé la ruine de Manasse et ne lui rendra sa fortune que s'il obtient sa fille. La soumission d'Uriel n'est qu'apparente ; tout son être se révolte contre l'autorité des prêtres. Pourtant, il domine sa souffrance et répudie ses écrits devant le peuple assemblé, il permet qu'on l'outrage et qu'on le foule aux pieds. Mais, tandis qu'il subit ces humiliations, il apprend que sa mère est morte, que ses frères quittent Amsterdam, que Judith va épouser Jochai ; il se relève alors, semblable à Samson qui se délivre de ses liens ; il crie que tout ce qu'il écrivit était son véritable sentiment, que seule « la raison est le signe de la foi ».

Judith, au cinquième acte, afin de rendre à son père la fortune qu'il a perdue, épouse Jochai. Uriel n'éprouve point de colère : « elle a fait ce que j'ai fait (1) », dit-il, elle a renoncé par affection filiale. Il vient lui dire adieu dans le jardin de Manasse ; mais déjà elle a pris le poison qui doit la

_____

(1) « Ihr zürn' ich nicht — sie that, was ich gethan ! »

délivrer, elle meurt dans ses bras. Uriel se tue d'un coup de pistolet pour quitter avec elle ce monde de l'erreur et de la persécution.

Telle est la marche de ce drame, que l'on a comparé au *Nathan* de Lessing (1), et que l'on considère à juste titre comme le chef-d'œuvre de Gutzkow. Il renferme le meilleur de sa pensée, et il est dans la forme ce qu'il a donné de plus achevé. Pour en faire le commentaire vers par vers, il faudrait rappeler tout son passé, feuilleter chacun de ses livres (2). On y rencontre ses principes humanitaires, ses idées religieuses, sa haine de l'orthodoxie et du piétisme, cet esprit d'indépendance qui le portait à braver les hommes et la divinité, toutes les convictions qui n'avaient pas un seul jour cessé de l'animer ; mais on y retrouve aussi les problèmes psychologiques et sociaux qu'il avait déjà introduits dans le drame, les caractères qu'il avait l'habitude de créer, les souffrances qu'il avait lui-même éprouvées. La plupart de ces éléments, le *Sadducäer* les renfermait déjà, mais ils n'étaient pas réunis par une pensée philosophique aussi élevée. Il y a dans tout le drame, malgré l'émotion tragique qu'il fait naître et le sentiment élégiaque qui l'inspire, une sérénité qui n'était point dans la nouvelle. Uriel apparaît plus grand tout en restant proche de la commune humanité. Ses faiblesses sont mieux expliquées ; elles sont excusées, désirées presque par le spectateur ; il domine sa passion tout en lui cédant ; il souffre plus de l'assujettissement imposé à sa pensée que de l'insulte faite à sa personne ; s'il se tue, ce n'est point par colère et par honte, mais pour offrir sa vie en

(1) Frenzel (*Büsten und Bilder*, 1864) remarque avec raison que l'action d'*Uriel* se développe dans un cercle familial, et non, comme l'action du *Nathan*, dans un milieu historique. — Bartels, dans sa *Geschichte der deutschen Literatur*, 1902, p. 32, dit qu'il préfère *Uriel* à *Nathan*.

(2) C'est ce que fait longuement Houben. Voir *Entstehungsgeschichte des Uriel Acosta. Gutzkow Funde*, 281-375.

sacrifice à la vérité (1). Judith est digne de lui ; elle était dans la nouvelle une âme sans courage, que l'amour élève quelque temps à une hauteur où elle n'est pas capable de rester ; dans le drame, elle n'a qu'un instant de défaillance, et bientôt redevient elle-même. L'une n'était que la femme aimante, l'autre est l'élève d'Uriel. L'une ressemblait à Rosalie Scheidemantel, l'autre doit avoir quelques-uns des traits de Thérèse von Bacheracht (2). Gutzkow n'écrivait pas en 1846 sous la même impression qu'en 1834 ; ses sentiments étaient attristés et non pas douloureux ; il avait auprès de lui l'amie qu'il avait connue à Hambourg et qui lui rendait peut-être l'estime de la femme. La disposition d'esprit dans laquelle Gutzkow se trouvait lorsqu'il composa *Uriel Acosta* lui permit de retracer avec plus de nuances les caractères de tous les personnages qui avaient paru dans le *Sadducäer von Amsterdam* : Manasse, l'artiste dilettante et intelligent, faible et égoïste, Akiba, le prêtre que l'âge a rendu plus doux, Silva, le philosophe enclin à l'indulgence, paraissent plus vivants et plus près de nous que dans la nouvelle.

La pensée réfléchie est habilement unie à l'action tragique ; elle ne l'arrête pas, elle en fait intimement partie. Les personnages agissent en même temps qu'ils s'analysent et pèsent leurs actes. *Uriel Acosta* est, par ces qualités, comparable à la tragédie classique du XVIIe siècle français, à la fois si vivante et si analytique. Gutzkow résidait à Paris lorsqu'il travaillait à cette œuvre (3) ; il allait souvent à la Comédie-Française ; il reconnaît lui-même que le jeu de Rachel et de Ligier (4) n'a pas été sans influence sur le ton

(1) Le *Sadducäer* au contraire se tue par désespoir. V. Houben, *Gutzkow-Funde*, p. 293-315.

(2) V. Houben, *Gutzkow-Funde*, p. 340, 357, 367. Thérèse von Bacheracht était à Paris auprès de Gutzkow lorsqu'il écrivit son drame.

(3) Hiver de 1845-46. — Voir *Rückblicke*, p. 289, et une lettre de Gutzkow à Devrient du 8 avril 1846 (Houben, *Emil Devrient*, p. 283).

(4) Voir la préface d'*Uriel Acosta*. G. *Dram. Werke*, I.

et la tenue de son drame (1). Corneille, surtout, semble avoir été son modèle ; une représentation du *Cid* (2), en 1842, était restée présente à son souvenir ; *Polyeucte* aussi l'inspira. Uriel, comme Rodrigue, comme Polyeucte, est placé entre le devoir et la passion ; que l'on rapproche l'acte III d'Uriel et les scènes où Polyeucte résiste à tous les siens, et l'on verra même lutte, même développement dans l'action. Sans doute Uriel est loin de montrer autant de force d'âme que les personnages de Corneille, mais, lorsqu'il se relève après avoir succombé, il a des accents dignes de Rodrigue et de Polyeucte (3). Le dialogue aussi présente des répliques toutes cornéliennes, où le vers répond au vers, où le sentiment se traduit sous forme de sentence en une langue sobre et sonore (4). En maint endroit du drame le ton héroïque se

(1) L'alsacien Alex. Weill, qu'il avait retrouvé à Paris, lui donna des conseils pour la couleur locale et les habitudes judaïques. — V. : *Rückblicke*, 290.

(2) V. G. W., VII, 82.

(3) Voir par exemple le 4e acte, 6e scène.

> Stürzt, ihr Felsen,
> Von meiner Brust ! Du, Zunge, werde frei !
> Gefesselte Vernunft, erhebe dich
> Mit eines Simson's letzter Riesenstärke !
> Mit meinem Arm zerdrück' ich eure Säulen.
> . . . .
> Zum letzten Male schüttle ich mein Haar,
> Und rufe : Was ich las — es ist nicht wahr.

(4) Voir le 2e acte, 4e scène.

> SILVA
> Die Reue steht auch selbst dem Helden schön.
> URIEL
> Der Held bereut durch eine zweite That.
> SILVA
> Den Irrthum zu bekennen schändet nicht.
> URIEL
> Mir selber bin ich irrend, Priestern nicht.
> SILVA
> Der Priester nimmt die Reue nicht für sich.
> URIEL
> Ist sie für Gott, so weiss ich selbst den Weg.

mêle à la note élégiaque. Mais, alors même qu'il imite,
Gutzkow est créateur. Car cette union de la grandeur tragique
et de l'élégie était dans sa nature ; par ses actes et par ses
convictions il montrait de l'héroïsme, alors que ses sentiments révélaient de la tristesse et de la faiblesse. Uriel est,
comme il le dit (1), un produit de son cœur.

Jouée le 13 décembre à Dresde, la pièce eut grand
succès (2). Elle fut accueillie, à partir du quatrième acte, par
de tels applaudissements, que Frédéric-Auguste s'inquiéta et
menaça l'intendant du théâtre, von Lüttichau, de lui adjoindre
un censeur s'il autorisait de pareils drames. Un prince, proche parent du roi, reçut la mission de revoir le texte, et rem-
plaça partout le mot de « Priester » par celui de « Rabbiner ».
Uriel Acosta était au mois de janvier 1847 sur la scène de
Hambourg (3) et bientôt fut joué dans toute l'Allemagne. La
censure pouvait exiger des changements et faire des coupures, la pensée dominante restait. Comme le dit Gutzkow
dans la préface, *Uriel Acosta* marqua ainsi qu'un baromètre
la situation politique en Allemagne : si la réaction cléricale
l'emportait, *Uriel* était interdit ; si elle perdait de sa puissance, *Uriel* reparaissait à la scène (4). Ce qui prouve encore
l'action exercée par le drame, c'est le bruit qu'il fit dans les
journaux (5). On loua généralement le talent de l'auteur, et,
lorsque l'on voulut formuler des réserves, on s'en prit à son
caractère. Ses adversaires ne cessaient de répéter qu'il n'avait

(1) *Dionysius Longinus*, p. 71.

(2) V. Correspondance de Gutzkow et de Devrient en 1846 et 1847
(Houben, *Emil Devrient*, p. 291, 295, 312, et 313), *Rückblicke*, 308. —
Houben, *Gutzkow-Funde*, 532.

(3) V Houben, *Gutzkow-Funde*, p. 409.

(4) *Uriel* a été traduit à peu près dans toutes les langues de
l'Europe. Voir la Préface. G. *Dram. Werke*, I.

(5) V. Houben, *Gutzkow-Funde*, 375-436. *Zur Bühnengeschichte des
Uriel Acosta*.

point d'âme et point de cœur (1), que sa pièce, bien construite, était œuvre de réflexion et ne contenait ni poésie ni vérité. Ruge fut très dur dans son jugement (2); rapprochant *Uriel Acosta* de *Maria Magdalena* jouée deux ans auparavant, traçant un parallèle entre Gutzkow et Hebbel, il retirait à l'un tout ce qu'il donnait à l'autre : Gutzkow ne savait pas construire un caractère (3); il ne représentait que la faiblesse de son temps; c'était un poète trop moderne, et sans naïveté. En dépit de ces attaques, Gutzkow, après *Uriel*, passa pour le premier dramaturge de l'époque. Et, aussitôt, plein de confiance, il faisait effort pour élever le drame historique à la même hauteur que le drame philosophique. Il écrivait en 1847 *Wullenweber*.

VII

Wullenweber fut terminé le 9 décembre 1847 (4). Gutzkow a dit dans la préface (5) quelle était à ce moment, après des essais divers et des années d'expérience, sa conception dramatique. Nul écrivain, suivant lui, n'a réussi le drame historique comme Schiller, pas même Uhland ou Immermann. Schiller a donné à la tragédie une signification historique en même temps qu'un intérêt humain. Il y est arrivé par le développement ample et précis des événements, et par la vie qu'il a su prêter aux êtres qu'il met en scène. Les

(1) Il était difficile de faire à Gutzkow un reproche plus injuste. Heine, comme les autres adversaires de Gutzkow, répéta après 1840, qu'il n'avait pas de cœur. Voir sa *Correspondance*.

(2) Ruge, *Sämmtliche Werke*. Mannheim, 1848, IX, p. 315 et suiv.

(3) Gutzkow jusqu'à la fin de sa vie a dû se défendre de ce reproche. V. *Dionysius Longinus* 1878, p. 48 et 71.

(4) V. Houben, *Studien über die Dramen K. Gutzkows*. Dissertation, 1898.

(5) G. *Dram. Werke*, III.

personnages du *Wallenstein* ne sont pas, comme dans le théâtre moderne, des supports d'une intrigue ou des caractères abstraits chargés de représenter une idée : l'action n'est pas encombrée d'anecdotes ou d'épisodes, elle a l'enchaînement historique des pièces de Shakespeare.

Cette préface est la plus importante de toutes celles que Gutzkow a mises en tête de ses drames. Sans fixer des règles, il indique quels sont les guides qu'il préfère. La théorie qu'il expose condamne ses œuvres précédentes dans le genre historique : *Patkul*, *Pugatscheff*, où il y avait trop de lui-même ; *Zopf und Schwert*, trop anecdotique ; *Das Urbild des Tartüffe*, où il n'y avait que de la tendance et point d'histoire.

Le sujet de *Wullenweber* (1) est emprunté à l'époque révolutionnaire du xvie siècle. La bourgeoisie triomphe dans le Nord de l'Europe, les rois de Danemark et de Suède sont détrônés. La ville hanséatique de Lubeck, qui a prêté aux Danois son appui, réclame en retour le libre commerce de la Baltique et le passage du Sund. Wullenweber, son bourgmestre, envoyé comme ambassadeur à Copenhague, ayant essuyé un refus, déclare la guerre au Danemark.

Or, la flotte de Lubeck séjournait dans le port de Copenhague depuis un an. L'amiral Marcus Meyer, un ancien forgeron, s'était épris de Siegbritt, fille de Ridderstolpe, ambassadeur suédois. Anna Rozenkranz, princesse danoise, fait entrevoir à Marcus combien il gagnerait à passer au service du Danemark. Marcus refuse : il repousse toute idée de trahison, et se souvient qu'il est fiancé à Meta, sœur de Wullenweber.

A Lubeck on n'approuve pas cette guerre. Wullenweber, revenu dans la ville hanséatique, agit avec rudesse pour forcer les mécontents à l'obéissance. Il représente la ligue

---

(1) *Wullenweber*. Trauerspiel in fünf Aufzügen. G. *Dram. Werke*, III.

protestante et républicaine contre les têtes couronnées du
Nord et contre l'Empire. Très autoritaire, il ne craint pas de
froisser Marcus en donnant le commandement des armées
hanséatiques à Christoph, comte d'Oldenbourg. C'est Christoph qui partira avec la flotte contre Copenhague ; Marcus
et Wullenweber resteront à Lubeck.

Mais, dans le conseil même, un complot se forme contre
Wullenweber : ses adversaires veulent le livrer aux Impériaux et conclure la paix. Le plan réussit : on écarte Marcus
en l'envoyant au secours de Christoph ; on charge Wullenweber de chercher à Brême des recrues, et on le fait tomber
dans une embuscade. Wullenweber, livré au duc de Brunswick, exécuteur des ordres impériaux, est condamné à
mort. Au moment de mourir, il apprend que Marcus, pris
par l'ennemi, vient d'être décapité. Marcus lui apparaît dans
une vision.

La technique de ce drame est celle de Calderon et de Shakespeare. Quelques détails révèlent l'influence d'*Egmont* (1),
de *Götz von Berlichingen* et de *Wallenstein*. La vision finale
rappelle l'*Egmont* de Gœthe. Les amours de Marcus dans
les deux camps ennemis font penser à ceux de Weislin-
gen (2). Wullenweber est un personnage tel que Wallenstein,
historique et humain, capable de la faute qui provoque la
terreur et la pitié (3). La leçon qui doit se dégager du drame
est, d'après la préface de Gutzkow, la suivante : « Puisse

(1) Gutzkow regrettait (V. Préface de *Wullenweber*), que Gœthe
n'eût pas mis Horn en scène dans son *Egmont*. C'est pour cette raison
sans doute qu'il a tenu à placer dans son drame Marcus Meyer en
face de Wullenweber.

(2) Dans *Götz von Berlichingen*. — Il ne faut pas toutefois pousser
la comparaison trop loin. Marcus doit être avant tout placé parmi les
héros de Gutzkow partagés entre deux amours, l'un pour la jeune fille
douce et sentimentale (Meta), l'autre pour la femme active et ambitieuse (Siegbritt).

(3) Voir la Préface. de *Wullenweber*.

ce drame rendre présente au peuple la force qu'il peut manifester s'il compte plus sur lui-même que sur ses hommes
d'État et sur ses princes ».

Gutzkow a-t-il réussi par *Wullenweber* à créer le drame
historique qu'il rêvait? On trouve dans cette tragédie un
magnifique tableau du XVIᵉ siècle, de la grandeur, de la
force, cette foi que Gutzkow admirait en Schiller ; mais
l'ensemble reste inachevé. Il y a trop d'histoire, trop de
détails qui arrêtent l'intérêt. C'est un drame fait trop vite ;
et l'on ose à peine le dire, car travailler vite était évidem-
ment chez Gutzkow un besoin, une forme de son talent. Par
cette œuvre puissante qui a les dimensions du *Don Carlos*
de Schiller, où les événements et les idées se pressent, où la
prose se mêle au vers jusque dans la même scène, Gutzkow
n'est arrivé qu'à donner une impression de longueur et
d'ennui. Il n'avait pas l'habileté d'un metteur en scène ; moins
encore que dans le drame psychologique il avait évité l'écueil
dangereux pour lui, la complexité (1). Gutzkow préférait (2)

(1) Gutzkow l'avoue dans ses *Rückblicke*, 348 : « Ein mit wärmster
Hingebung an die Sache geschriebenes Trauerspiel, *Wullenweber*,
konnte vor Ueberfülle des Stoffes nicht zu nachhaltiger Wirkung
gelangen. Die Geschichte hatte hier den Rahmen zu weit gespannt.
Schweden, Kopenhagen, Lübeck, Hamburg, Braunschweig liessen
sich in der Phantasie des Zuschauers nicht vereinigen. »

(2) Voir une lettre de Gutzkow à Devrient du 6 novembre 1847, où
il compare *Wullenweber* à *Uriel* : « Hier ist ein komplizirtes Ganzes,
vertheilt an ein schrecklich grosses Personal ; hier hilft auch keine
Tagesfrage nach, kurz, das neue Stück tritt unter viel ungünstigeren
Verhältnissen an's Licht. Aber doch glaub'ich dass es bedeutender
als jenes ist, viel mehr vom Goethischen und Shakespearischen Geiste
enthält, und den Kenner mehr befriedigen muss. Schon der grosse
Umfang beweisst, wie sehr es aus dem Vollen gearbeitet ist, und der
Versuch, einmal in den Fundgruben der vaterländischen Geschichte
Bühnenstoff zu suchen, und zwar nicht in der gewöhnlichen Fürsten-
geschichte, verdient sicher Anerkennung. » Houben, *Emil Devrient*, 318.

Wullenweber à *Uriel*, la technique de Gœthe et de Shakespeare à celle de Corneille ; mais *Uriel Acosta*, par l'heureux choix du sujet, par l'harmonieuse simplicité avec laquelle il est traité, reste son chef-d'œuvre. Il s'essaiera encore dans tous les genres dramatiques qu'il avait tentés, dans le drame social et psychologique *(Ottfried*, 1848, *Lenz und Söhne*, 1855, *Ella Rose*, 1856), dans le drame historique (*Liesli*, 1849, *der Königsleutenant*, 1849, *Philipp und Perez*, 1853, *Lorbeer und Myrthe*, 1855) ; jamais il n'atteindra à la perfection, et ses défauts au contraire seront de plus en plus frappants. Très peu de ces pièces réussiront à la scène ; la seule d'entre elles qui se maintiendra au théâtre, der *Königsleutenant* (1), plaira moins par ses qualités d'art que par les souvenirs qu'elle rappelle.

Gutzkow, après dix années d'activité dans la carrière dramatique, se fatiguait du théâtre (2) ; il y renonçait peu à peu pour revenir à la nouvelle et au roman. Il avait, dans sa belle période de dramaturge, tiré des drames de ses nouvelles. En 1848 encore, il essayait de faire d'une nouvelle, *die Selbsttaufe* (1844), un drame psychologique et social (*Ottfried*), mais bientôt il allait laisser de côté un drame achevé en 1852 (3) pour le publier sous' forme de nouvelle (*Die Diakonissin*, 1855) (4). C'est donc son drame dans ses rapports avec la nouvelle qu'il nous faut maintenant étudier.

---

(1) *Der Königsleutenant* fut joué à Francfort le 27 août 1849 pour le centenaire de Gœthe.

(2) V. Lettres à Wehl. F. Wehl, *Das Junge Deutschland.*

(3) Le manuscrit est à Dresde, au Hoftheater.

(4) Gutzkow a laissé deux esquisses de drames (*Standesvorurtheile, Julian Apostata*), que Houben a retrouvées dans son *Nachlass* et publiées. V. Houben, *Gutzkow-Funde*, 479.

VIII

De 1835 à 1843, Gutzkow n'avait donné que peu de nouvelles. *Die Schauspieler vom Hamburger Berge* (1) (1839) est un tableau sans grand intérêt de la vie des acteurs ; *das Stelldichein* (2) (1839) est une imitation médiocre des procédés romantiques ; *Aus Fluch wird nimmer Segen* (3) (1842) est un récit où le hasard tient trop de place. En 1843, Gutzkow écrit *die Wellenbraut* (La Fiancée des flots), où la fiction romantique et les jeux du hasard arrivent à s'unir plus harmonieusement aux problèmes psychologiques et sociaux. Une étude de cette œuvre pourra nous indiquer comment Gutzkow concevait la nouvelle.

Idaline (4), fille d'un ministre, est fiancée au comte Waldemar. Pendant une fête donnée par un de ses oncles, elle se trouve seule dans une barque avec un jeune homme, Theobald, qui lui sert de rameur ; elle se sent dominée par lui et, pour obéir à son désir, jette dans les eaux du lac un anneau qu'elle porte au doigt, sa bague de fiançailles. Qui est ce Theobald ? Des lettres qu'il écrit à un ami nous révèlent sa condition et son caractère : il appartient aux classes moyennes ; il a étudié la théologie ; il s'est aussi intéressé à la politique, jusqu'au jour où il s'est aperçu que l'État n'était pas fait pour le peuple. — Theobald et Idaline, depuis cette aventure, ne peuvent s'oublier ; ils se rencontrent aux expositions de peinture ; nulle parole n'est échangée, mais ils se comprennent du regard. Idaline, la veille du jour où elle va

(1) G. W., IV, 58.
(2) G. W., III, 296.
(3) Cette nouvelle n'a pas été recueillie dans les Œuvres complètes. Elle se trouve dans le petit livre appelé *Mosaik*. Remarquer que c'est la même année que Gutzkow écrivait ses drames du hasard.
(4) G. W., III.

épouser Waldemar, écrit sa confession, s'avoue à elle-même
son amour pour Theobald, et laisse la lettre dans ses papiers.
— Waldemar est un mari sérieux et dévoué, mais ses attentions n'arrivent pas à rendre Idaline heureuse ; elle devient
grave et triste, sa santé s'affaiblit. Le comte, qui vient d'être
nommé ministre, la conduit dans une propriété en Silésie ; il
devine qu'elle a aimé et qu'elle aime encore ; elle ne lui cache
pas pourquoi elle a souffert et lui montre sa confession. Après
cette marque de confiance, le comte n'a pour Idaline que plus
d'affection, et, lorsque les affaires politiques le forcent à la
quitter, il repart sans trouble vers la capitale. Pendant son
absence, un jeune homme qui vient de faire une chute dans
la montagne est porté chez la comtesse. Elle soigne ce blessé,
qui n'est autre que Theobald. Tous deux savent l'affection
qu'ils ont l'un pour l'autre, mais ne s'en font point l'aveu.
Idaline est heureuse, croit qu'elle a vaincu sa passion pour
Theobald, qu'elle éprouve seulement la joie de l'avoir auprès
d'elle ; et cela dure plusieurs mois. Ils viennent de se séparer lorsque Waldemar revient. A peine est-il descendu de
voiture qu'il apprend que Theobald a séjourné longtemps
sur sa propriété. Idaline, éperdue, s'enfuit sans avoir revu
son mari, et se noie. Elle s'était fiancée aux flots ; elle revient
vers eux.

L'étude psychologique est assez pénétrante ; le problème
social marqué par la différence des conditions est bien posé.
Par le fond et par la forme, ce récit rappelle les romans que
George Sand composait alors qu'elle passait du romantisme
au naturalisme (1) ; il trahit aussi l'influence de Tieck, qui,
dans la nouvelle, apparaissait même à Gutzkow comme l'un
des meilleurs modèles à suivre. La nouvelle, dira-t-il (2) en
pensant à Tieck, est, ainsi que le roman, la peinture des des-

(1) Surtout *Indiana* et *Jacques.*
(2) *Von Baum der Erkenntniss*, 1868, 209-211. Le passage se termine
par ces mots : « Ohne Zweifel hat Tieck seine Novellen so gearbeitet. »

tinées humaines ; mais elle est au roman ce que le particulier est au général, la chronique à l'histoire, les mœurs d'un endroit à celles d'un pays, la vie d'un savant ou d'un artiste à la science et à l'art d'une époque (1). C'est le « Zufall » qui la gouverne, mais le « Zufall » ne doit pas y être une force aveugle. Il faut que le lecteur saisisse le sens et le lien de ce qui dans le détail est capricieux ; la nouvelle doit avoir de l'humour, du sérieux et de l'enjouement. A cette définition répond bien *die Wellenbraut*. Remarquons surtout que le « Zufall » n'y joue pas un rôle trop important ; il est regrettable que Gutzkow n'ait pas su mettre au hasard de si justes limites dans les drames qu'il écrivait à la même époque.

Die Wellenbraut indique aussi quels problèmes Gutzkow traitera généralement dans ses nouvelles, quels caractères il y fera paraître. Le thème de la lutte des conditions sociales reviendra souvent, séparant par suite les personnages en deux groupes distincts, celui des riches et des aristocrates, celui des pauvres et des gens de peu. Les hommes des hautes classes seront pour la plupart des êtres de volonté et de raison ; ils auront des âmes de fonctionnaires, et, par suite, se ressembleront beaucoup. Les femmes seront sensibles, nerveuses, affinées ; elles auront l'intelligence du cœur, elles seront présentées avec plus de nuances que les hommes. Parmi les gens de condition moyenne, un personnage apparaîtra, que Gutzkow a maintes fois retracé d'après lui-même ; il était Heinrich dans *Herz und Welt*, Gustav dans *Ein Weisses Blatt*, il est Theobald dans *Wellenbraut* : artiste ou homme de science, à la fois impulsif et réfléchi, d'une extrême délicatesse de sentiments, souffrant presque toujours dans ses relations avec les classes élevées. La femme de la bourgeoisie n'a pas de place dans *Wellenbraut*, mais nous la connaissons ;

(1) « Es kann nur Kunstromane geben, es gibt Künstlernovellen. Es gibt Sittenromane, aber es gibt nur Dorfnovellen. » *Vom Baum der Erkenntniss*, 210.

elle est douce, bonne ménagère, désarmée quand il lui faut lutter contre la femme aristocratique, cachant beaucoup de poésie sous sa vie prosaïque. Et, peu à peu, dans les nouvelles de Gutzkow entreront, en même temps que dans ses romans, les gens du peuple, les ouvriers, les artisans, les prolétaires, toute cette masse qu'il devinait active et énergique, vers laquelle toujours s'étaient portés ses regards.

Dans la nouvelle que Gutzko wécrivit après *Die Wellenbraut*, et qu'il appela *Die Selbsttaufe* (1) (Le baptême par soi-même), le conflit est psychologique autant que social (2). Le titre vient de ce que le héros Gottfried a changé son nom en celui d'Ottfried : c'est là un symbole, qui signifie que « tout homme, à une époque de sa vie, devrait avoir le droit de choisir son nom comme il choisit sa position et sa religion (3). » Ottfried a commencé, comme Gutzkow, par des études théologiques, et les a bientôt abandonnées pour la philosophie. Dans un moment de lassitude et de désespoir, il a aimé à la campagne Agathe, jeune fille simple et bonne ; puis, la confiance et l'activité lui étant revenues, il a trouvé chez la sœur d'Agathe, Sidonie, qui habite la ville, une nature plus conforme à la sienne ; c'est vers Sidonie qu'il se sent attiré, et c'est elle qu'il épouse. Le changement qui se produit dans ses sentiments est finement analysé (4) ; le milieu brillant qui entoure Sidonie est bien décrit ; Walmuth, son père, est un type intéressant de l'homme riche, vaniteux et égoïste, qui trouve bonne une vie spirituelle, agrémentée d'excellents dîners.

Die Selbsttaufe est la nouvelle dont, quatre ans plus tard,

(1) G. W., III. Nouvelle écrite en 1844.
(2) C'est le même conflit que dans *Ein Weisses Blatt;* le thème de *Seraphine*, à ce moment, remplit toute la vie et l'œuvre de Gutzkow.
(3) G. W., III, 118.
(4) Il y a dans cette nouvelle beaucoup de souvenirs de Gutzkow, des indications sur son enfance et sa jeunesse.

Gutzkow tirait (1) un drame psychologique et social, *Ott-fried* (2) (1848). Une comparaison entre la nouvelle et le drame est instructive ; elle prouve combien, au théâtre, Gutzkow parfois ignorait l'art de choisir et de grouper les faits, combien aussi l'optique de la scène l'entraînait à forcer certains effets, surtout dans le comique. C'est sans doute en pensant à *Ottfried* que Gutzkow dira plus tard (3) : « Faire un drame d'un roman ou d'une nouvelle est dangereux et presque impossible. » On ne sait au début de la pièce à quel personnage doit aller l'intérêt ; Gutzkow s'attache à reproduire la manière de parler des campagnards ; le passage est joli, mais inutile et long ; ce qui devrait être une scène devient un acte. Les caractères les mieux tracés dans *Selbsttaufe* sont ici sans nuances ; Walmuth, si vivant, est devenu ridicule (4). La conclusion du drame est singulière. Ottfried épouse Agathe et non Sidonie ; ce brusque changement dans sa volonté surprend et déplaît (5).

A partir de 1848, Gutzkow donnera plus de bonnes nouvelles (6) que de bons drames, ce que l'on peut expliquer

(1) V. *Rückblicke*, 332.

(2) *Ottfried*, Schauspiel in fünf Aufzügen. G. *Dram. Werke*, III.

(3) *Vom Baum der Erkenntniss* (1868), 209.

(4) Seuls, les passages copiés sur la nouvelle sont excellents (par exemple la 2ᵉ scène du 3ᵉ acte et la 2ᵉ du 4ᵉ). On regrette que Gutzkow n'ait pas plus souvent employé ce procédé, d'autant plus facile que le dialogue revient à chaque page dans son récit.

(5) Gutzkow, ayant fait d'*Ottfried* une comédie, pensait qu'il ne pouvait laisser le public sur une impression tragique. Il aplanit à la fin toutes les difficultés.

(6) Une nouvelle que Gutzkow écrivit en 1844, *Die Königin der Nacht* (G. W., IV, 81), offre peu d'attrait. Une autre, *Eine Phantasieliebe* (G. W., II, 246), est d'un romantisme obscur et sans poésie ; le « Zufall » y joue le rôle d'une puissance fatale, invisible au-dessous des phénomènes ; elle contient des réminiscences de Novalis (p. 359), des allusions à la comtesse Hahn-Hahn, à Fanny Lewald, à George Sand (*Jacques*, *Spiridion*) ; elle rappelle, par sa forme et par sa ten-

par les raisons suivantes : d'abord, il est, dans la nouvelle, rarement sorti (1) du domaine social et psychologique, où il pouvait être vraiment original ; ensuite, n'ayant point le souci de l'effet dans ses récits, il a pu tracer les caractères avec plus de délicatesse ; enfin, la nouvelle, par son cadre étroit, le forçait à serrer son sujet de plus près qu'il ne le faisait au théâtre, à laisser de côté bien des éléments disparates. *Die Curstauben* (2) (1832), *der Emporblick* (3) (1852), *die Nihilisten* (4) (1853), *J. Jacques* (5) (1854), *die Diakonissin* (6) (1855) sont des œuvres de valeurs différentes, sans doute, mais qui révèlent toutes un merveilleux esprit d'observation.

Gutzkow apparaît avec toutes ses qualités quand il expose les sentiments les plus simples et les plus généraux. Il est, par sa nature et par les principes de toute son œuvre, le peintre de la commune existence. Il avait plus que tout autre l'intelligence de son temps et des conditions sociales où il vivait ; il connaissait le tragique journalier, celui qui ne se traduit point par de grandes passions et par des crimes, mais qui fait la souffrance continue. Il était tout pénétré de l'humaine tendresse, — ses adversaires auraient dit : de l'humaine faiblesse. Il y avait dans sa conception si sérieuse de l'homme infiniment de grandeur et de douceur. Une âme

dance satirique, *Die literarischen Elfen*, mais elle a le défaut d'être plus longue et moins intéressante par le sujet qu'elle traite.

(1) *König Franz in Fontainebleau* (G. W., III, 311) est une des rares exceptions.

(2) G. W., III, 260. Cette nouvelle, recueillie dans le *Novellenschatz* de Heynse (t. XXIV), est une étude intéressante du caractère juif.

(3) G. W., II, 141. *Der Emporblick* renferme des peintures très nettes de la vie d'une grande ville.

(4) G. W., III, 146. Cette nouvelle étudie, au milieu d'événements révolutionnaires (ceux de 1848), un problème psychologique.

(5) G. W., IV, 102.

(6) G. W., III, 329.

noble, suivant lui, ne doit pas payer son bonheur du bonheur d'un autre. Il le répétait encore dans une de ses dernières pièces (1) : on n'a pas le droit de marcher devant soi sans se retourner, sans égards, sans scrupules, sans faiblesses ; le bonheur individuel doit être cherché dans le bonheur des autres ; quand tous le comprendront, la souffrance de chacun sera finie. La philosophie pratique que Gutzkow exposait dans sa prison en 1835 inspire ses meilleures· nouvelles et ses plus beaux drames.

Il est intéressant de comparer au théâtre de Gutzkow celui d'un autre écrivain de la Jeune Allemagne qui, dans l'art dramatique, s'essaya souvent avec succès entre 1842 et 1848, Heinrich Laube. On voit une fois de plus la différence entre la Jeune Allemagne tapageuse et théoricienne, et la Jeune Allemagne réfléchie, vraiment active.

Laube, lorsqu'il put quitter le domaine de Muskau (le 1ᵉʳ janvier 1839), partit pour la France (2) où il voyagea deux années. La douceur du climat, la beauté du pays l'attiraient et le retinrent. Il parcourut longuement la province, tenta de revivre le passé, d'imaginer la France des rois. Tous les châteaux qu'il visitait sur les bords de la Loire ou le long des Pyrénées évoquaient en lui des souvenirs qu'il enchaînait et dramatisait, qu'il contait dans les *Französische Lustschlösser* (3) ou *die Gräfin Chateaubriand* (4). Ses récits ont de la vraisemblance. Le cadre, la couleur, les personnages répondent à ce que l'on sait de l'époque et du pays. Il possède cet art, qui souvent fait défaut à Gutzkow, de reproduire le passé avec exactitude, de le sentir, de l'animer. On le lit

(1) *Ella Rose oder die Rechte des Herzens*, 1856. G. *Dram. Werke*, II, 98. « Glück, auf Kosten eines andern erworben, zieht nie edle Seelen ein. »

(2) V. *Erinnerungen*. L. W., I, 370.

(3) L. W., IV, V.

(4) L. W., II et III.

sans ennui, surtout sans fatigue. Il aime la France dans
ce qu'elle a de voluptueux et de brillant : l'époque où il se
reporte de préférence est le XVIe siècle ; son roi favori est
François Ier (1) ; le monde où il se plaît à vivre est celui des
princes, des courtisans, des reines et des maîtresses, société
frivole et séduisante, dont les petites ambitions firent souvent dans l'histoire les grands coups de théâtre (2).

Tel fut aussi le monde que Laube peignit dans ses drames.
On trouve dans son théâtre des souvenirs historiques, des
allusions politiques, beaucoup d'aisance dans le dialogue,
de la fraîcheur et de l'entrain (3), mais point d'étude morale
ou sociale. Les pièces qui ont le plus l'allure révolutionnaire
ne sont, à les considérer de près, nullement subversives (4).
Monaldeschi (5) (1842), dont tout le pathétique est phraséolo-
gie pure, est une belle description de Fontainebleau, analogue
à celle qui se trouve dans les *Lustschlösser* (surtout le cinquième acte) (6). *Rokoko* (7) (1842) n'est qu'un joli tableau

(1) V. *Lustschlösser (Cognac)* et *Die Gräfin Chateaubriand*.

(2) Il dit dans ses *Lustschlösser* (p. 130), à propos de la Journée des
Dupes, que les Français s'entendent mieux qu'aucun autre peuple à
faire une pièce ; c'est dans leurs mœurs.

(3) Wehl, qui l'a connu, le juge bien quand il écrit (*Zeit und
Menschen*, II, 258) : « Seine letzten Schriften sind ziemlich wie seine
ersten : rasch und lebhaft hingeworfen, impulsiv, rücksichtslos in ihren
Aufstellungen und Behauptungen, etwas schwülstig und breitspurig,
überzeugt von ihrem oft sehr abenteuerlichen Inhalt, und voll von
einer unverwüstlichen Frische und Jugendlichkeit. »

(4) V. pour la dramaturgie de Laube : Lettres de Laube à Wehl
(Wehl, *Das Junge Deutschland*, 1886); Lettres de Laube à Devrient
(publiées par Houben dans la *Neue freie Presse*, 11, 18 août 1901, et
dans *Emil Devrient*).

(5) V. Laube, *Dramatische Werke*. Volksausgabe, Leipzig, Weber.
— *Monaldeschi* fut joué à Dresde en 1842. V. Houben, *Emil Devrient*,
p 80 et suiv.

(6) Comparer aussi à *Christine*, d'Alexandre Dumas.

(7) *Rokoko* fut joué à Dresde le 29 avril 1842. — Houben, *Emil
Devrient*, p. 83.

de la vie des courtisans au xviiie siècle. *Struensee* (1) (1844), grand drame historique,' est plus propre à la scène que *Patkul, Pugatscheff* et *Wullenweber,* mais il ne faut y chercher ni principe social, ni pensée politique, ni conflit psychologique ; les événements les plus grands de l'histoire sont l'effet de petites intrigues que l'amour noue et dénoue ; et *Struensee* est pourtant, avec *Die Karlschüler* (2) (1846), l'œuvre où Laube a su mettre le plus de flamme et de poésie (3).

Une pièce, toutefois, qui parut trop audacieuse, puisqu'elle ne put être jouée à Dresde (4), sur cette même scène où avait paru *Uriel,* semble prouver que Laube était encore un digne représentant de la Jeune Allemagne : c'est *Prinz Friedrich.* Le sujet de ce drame l'a fait comparer à *Zopf und Schwert.* Les deux œuvres ont passé pour être parmi les meilleures créations de l'école condamnée par la Diète, et elles sont citées côte à côte dans les histoires littéraires du xixe siècle allemand. Or, *Zopf und Schwert* est, on l'a vu, parmi tous les ouvrages de Gutzkow, celui qui représente le moins la tendance « Jeune Allemagne » ; c'est une comédie destinée à faire rire, et rien de plus. *Prinz Friedrich,* par contre (5), fourmille d'allusions

(1) *Struensee* fut joué en 1845 à Dresde avec grand succès. La censure en interdit la représentation à Vienne et à Berlin.

(2) *Die Karlschüler* furent bien accueillis par le public. V. Houben, *Emil Devrient,* p. 86-87.

(3) C'est la couleur locale surtout qui fait l'attrait de ces pièces et marque leurs différences. Un caractère ressemble à l'autre : que le héros s'appelle Monaldeschi, Struensee ou Schiller, il est la nature démoniaque et ambitieuse que chacun doit admirer; les jeunes filles, Sylva ou Laura, l'aiment aveuglément; les duchesses et les reines préfèrent son amour à la grandeur de leur rang.

(4) Au mois de février 1848. V. Houben, *Emil Devrient,* p. 87 et 337.

(5) Le plus récent historien de la Jeune Allemagne, Houben, écrit avec raison : « Laubes Dramen wimmeln von Politik, gehen aber den wirklich grossen Problemen dieser Sphäre aus dem Wege, und laufen auf eine persönliche Intrigue hinaus. » Houben, *Emil Devrient,* p. 79.

politiques et religieuses ; mais, dans les revendications dont
chaque scène est remplie, qu'est-ce qui répond vraiment à
la pensée de Laube, que réclame-t-il lui-même ? Katte a des
paroles qui devaient paraître bien dangereuses à la censure,
il est, en politique, en religion, comme en littérature, fervent
admirateur des Français ; mais le Kronprinz Friedrich est
loin de partager ses opinions : je te ferais fusiller, dit-il à
son ami, si je gouvernais le pays, car tes paroles sont un
poison destructeur de tout lien social (1). Friedrich n'a de
français que ses goûts artistiques ; il déclare que jamais il
ne s'entendra avec l'étranger contre le roi ; il réclame bien
haut Strasbourg ; il avoue que Katte ne peut être considéré
comme bon citoyen (2). Contre la tyrannie paternelle, il en
appelle aux droits de la personnalité humaine. Qu'entend-il
par là ? Uniquement la liberté de penser suivant sa conscience (3), d'être calviniste, luthérien ou indifférent. Des sub-
tilités dogmatiques, des allusions trop prolongées à la « Dom
Agende » viennent arrêter la marche du drame (4) ; et, dans
le débat entre le père et le fils, il n'y a pas un mot qui vienne
de l'âme, pas une parole qui rappelle les accents d'*Uriel
Acosta*. Rien de plus abstrait et de plus vague que les idées
du Kronprinz sur la liberté et le bonheur des hommes (5).
On sourit à l'entendre dire que s'il avait la Silésie il en ferait

(1) P. 24.
(2) V. surtout p. 43, 58, 149.
(3) P. 103-142.
(4) Surtout au début du cinquième acte.
(5) Voici, par exemple, quelques aphorismes que l'on dirait copiés
dans Schiller. Page 3 : « Ich will, ich muss ein eigener Mensch sein.
Dies ist mein Recht. » — Page 67 : « Ganz will ich leben oder gar
nicht. » — Page 102 : « O nein, Müller ! Ich habe auch meinen Glau-
benssatz ; es ist der Glaube an mein Recht, an meine Freiheit,es ist der
Grundsatz eines Mannes der dir sagt : Meine Seele ist mein, und ich
allein habe sie zu vertreten. Sie soll nicht abhängig sein vom Glauben
eines Andern, sie soll nicht vom Zufall leben. »

un pays idyllique : ce n'est certes pas la liberté religieuse qui, accordée aux tisserands, les sauverait de la misère. L'intérêt, le ressort tragique n'est ni dans la politique ni dans la religion, il est dans l'attitude du roi à l'égard de Katte (1) et dans le contre-coup produit sur Friedrich. La tendance reste longtemps obscure, et, quand elle apparaît comme étant surtout religieuse, elle n'attire plus guère notre attention. *Prinz Friedrich*, qui inquiéta les gouvernements comme le premier roman de Laube, *die Poeten*, est à vrai dire, malgré ses phrases sonores, encore moins révolutionnaire. Le héros du drame est un des meilleurs portraits que Laube ait faits de lui-même : il était en politique indifférent (2), partisan peut-être à ce moment de l'hégémonie prussienne (3) ;

(1) Il est aussi dans l'attitude du roi à l'égard de Doris Ritter, une suivante de la reine, personnage secondaire, qui passe bientôt au premier plan.

(2) V. Wehl, *Zeit und Menschen*, II, 259.

(3) V. sa comédie *Gottsched und Gellert*, 1845. — Mais, en 1848, pour des raisons d'intérêt, Laube devint partisan de l'unité de l'Allemagne sous l'hégémonie autrichienne. Il avait sollicité le poste de directeur du « Hoftheater » de Berlin ; se le voyant refuser par Frédéric-Guillaume IV, il tourna ses regards vers l'Autriche. C'est son ami Wehl qui nous donne ces renseignements (*Zeit und Menschen*, II, 257) : « Laube war in Preussen geboren, und hatte durch seine Bekanntschaft mit Fürst Pückler Muskau und dessen Gemahlin, einer Tochter des preussischen Staatskanzlers Fürsten von Hardenberg, nach der Verbüssung seiner ersten tollen Schriften, mit der Regierung seines engeren Vaterlands Frieden gemacht. In Folge der Aufnahme die später einige Stücke gefunden, und der literarischen Stellung, die er einnahm, durfte er am Ende wohl meinen an die Spitze des Berliner Hoftheaters gestellt zu werden. Trotz aller dieser günstigen Eigenschaften aber fielen, nach Küstner's Ausscheiden, die Blicke von König Friedrich Wilhelm dem Vierten nicht auf Laube, der dadurch verdrossen und unwirsch gemacht, nun Preussen völlig den Rücken kehrte, und mehr denn je sein Augenmerk nach Wien zu richten begann. »

il restait, au point de vue moral, le défenseur des droits du
cœur et de la conscience, mais d'une façon vague et théorique ; il ne savait que répéter des formules renouvelées de
Schiller ; il était ignorant de toutes les conditions sociales
de son époque, de tous les problèmes dont elle cherchait la
solution.

Laube, de son temps déjà, passait pour brillant et superficiel (1) ; cette réputation était méritée. Tandis que Gutzkow
prenait pour modèles Shakespeare, Molière, Corneille,
Schiller et Lessing (2), et portait à la scène les mêmes problèmes que George Sand ou Balzac, Laube était l'élève de
Dumas, de Victor Hugo (3) et de Scribe autant que de
Shakespeare (4). Mais, par l'habileté de sa technique, par
l'art de la mise en scène qui suppléait au manque de pensées,
il sut plaire ; il eut des succès moins éclatants que Gutzkow,
il en eut peut-être de plus nombreux.

Gutzkow, qui croyait en 1839, comme il le disait à Schücking, que Laube ne le suivrait pas au théâtre, voyait ce rival
lui disputer la faveur du public (5). Il était las de ses efforts
pour instruire le spectateur : « si le théâtre ne me réussit
pas, avait-il écrit à Schücking, il me restera toujours le

(1) V. Kühne, *Portraits and Silhouetten*. Saint-René Taillandier,
Revue des Deux-Mondes, 15 avril 1850.

(2) Il imite très rarement Scribe et lui est toujours supérieur.

(3) V. Wehl, *Zeit und Menschen*. II, 249.

(4) Lorsqu'il fut nommé directeur du Burgtheater, il fit jouer surtout des pièces françaises. V. Laube, *Erinnerungen*, 2ᵉ partie, 1841-
1881. L. W., XVI, p. 179 et suiv., et *Das Burgtheater*, 2ᵉ édition, 1891,
p. 125.

(5) Sur les rapports de Gutzkow et de Laube vers 1848, voir des
articles de Houben dans la *Sonntagsbeilage* de la *Vossische Zeitung*,
21 et 28 juin, 19 juillet 1903. — Ce furent des rivaux assez jaloux l'un
de l'autre. Laube monta au Burgtheater quelques drames de Gutzkow,
parmi lesquels *Ottfried*.

roman (1) ». C'est par ce genre littéraire qu'il songeait maintenant à continuer son action sociale. Mais, pour comprendre ce qu'il entreprit et exécuta, il faut voir comment il jugeait
ses contemporains depuis qu'il avait écrit les *Bulwers Zeit-*
genossen.

(1) V. l'article de Houben dans le *Hamburgischer Correspondent,*
24 janvier 1903.

L'HISTORIEN (de 1840 à 1848)

I. *Briefe aus Paris* (1842). — Gutzkow est meilleur historien que Heine
dans *Lutetia*. — La France de 1840. — Le mouvement politique :
Louis-Philippe, Thiers, Guizot. — Le Communisme. Gutzkow
l'admire sans l'accepter ; il le trouve trop abstrait et trop matérialiste. — Gutzkow et les écrivains français. — Jugement de Kühne
sur les *Briefe aus Paris*. — Gutzkow et Weitling. — Influence du
communisme français en Allemagne.

II. Gutzkow et la Révolution de 1848. — *Ansprache an die Berliner*
(mars 1848). — Gutzkow perd sa femme Amalie. — *Deutschland am
Vorabend seines Falles oder seiner Grösse* (automne 1848). —
Gutzkow reste hostile aux doctrinaires (Dahlmann et Gervinus), et
les événements justifient ses vues.

I

Lorsque Gutzkow avait, en 1842 (1), entrepris un premier
voyage en France, il avait promis à Brockhaus (2) des Lettres
de Paris. L'ouvrage qu'il composa révèle, autant que ses
Öffentliche Charaktere, ses *Zeitgenossen* et son *Börne*, avec
quelle netteté il jugeait la situation politique du moment et
les hommes d'État. Parmi les relations très nombreuses (3)

---

(1) Février et mars 1842.
(2) V. *Rückblicke*, 226.
(3) Heine, *Französische Zustände*. Fried. Raumer, *Briefe aus Paris
und Frankreich in Jahre 1830*. Beurmann, *Paris und Brüssel*. Th.
Mundt, *Spaziergänge und Weltfahrten*. Ed. Gans, *Rückblicke (Paris*

écrites depuis Börne sur la capitale française, il n'en est pas une qui atteigne à la valeur des *Briefe aus Paris* de Gutzkow ; si on les rapproche des articles que Heine publia à l'*Allgemeine Zeitung* de 1840 à 1842, et qui furent rassemblés plus tard sous le nom de *Lutetia*, on est frappé de la supériorité de Gutzkow comme historien.

Gutzkow rappelle dans une de ses Lettres (1) quels sentiments divers le nom de Paris avait éveillés en lui depuis ses plus jeunes années jusqu'à 1840. Enfant, il avait haï la France et aimé Paris (2), l'une parce qu'elle avait menacé l'Allemagne, l'autre parce que son père lui avait décrit longuement la grande cité où il était entré vainqueur. Après la Révolution de Juillet, il n'avait plus pensé et senti qu'avec la France ; puis était venu le désenchantement, le recul des idées libérales, le réveil des sentiments nationalistes à propos de la question d'Orient. Louis-Philippe gouvernait maintenant suivant ce régime que Heine, dans *Lutetia* (3), appelait parlementaire et non constitutionnel ; Thiers, Guizot se succédaient au pouvoir selon que la faveur du roi les faisait monter ou descendre, l'un amenant la paix armée, l'autre la paix à tout prix.

Paris est inoffensif (4), dit Gutzkow en arrivant dans la capitale. Le pavé de bois est un signe des temps : avec le bois, plus de barricades, plus de révolutions. La façon dont il juge

im Jahre 1825, 1830, 1835). — Voir, sur ces deux derniers ouvrages, Kühne, *Weibliche und männliche Charaktere*, 1838, chap. XIV (*Der Zeitgeist auf Reisen*). — La liste de tous les livres allemands qui furent écrits sur Paris entre 1830 et 1838 serait longue. Hans Blœsch n'en compte pas moins de douze. V. Hans Blœsch, *Das junge Deutschland in seinen Beziehungen zu Frankreich* (*Beilage zur Allgemeinen Zeitung*, n° 103, 8 mai 1903, et *Untersuchungen zur neueren Sprach und Literatur-Geschichte*, 1. Heft, p. 33, Bern, 1903).

(1) *Briefe aus Paris*. G. W. VII, 5ᵉ Lettre.
(2) G. W., VII, 77.
(3) H. W., IX, 179.
(4) V. aussi *Rückblicke*, 266.

la politique de Louis-Philippe confirme ce qu'il écrivait en
1837 à la fin des *Zeitgenossen :* le gouvernement de la France
n'est plus un organisme (1), c'est une administration centra-
lisatrice ; le roi ne songe qu'à affermir la dynastie d'Orléans.
Heine avait dit de Louis-Philippe (2) qu'il était silencieux,
réfléchi, actif, qu'il gouvernait par lui-même, et qu'il importait peu que son ministre s'appelât Thiers ou Guizot. Gutzkow
porte un jugement tout différent. Pour lui, Louis-Philippe
est le plus vertueux et le plus inquiet des hommes ; il est
instruit, voit juste, mais manque de volonté ; parler, s'exprimer, se justifier est son seul délassement ; il se fie à tout le
monde et se méfie de tout le monde (3). Et cette méfiance, ce
malaise ont gagné la France ; tout le pays est mort comme le
Palais-Royal (4).

Des deux ministres de Louis-Philippe, Heine préférait
Thiers (5) ; les sympathies de Gutzkow vont plutôt à Guizot.

(1) G. W., VII, p. 87, 104.

(2) *Lutetia*, H. W., IX, 174 et suiv. — Laube naturellement porte sur
Louis-Philippe le même jugement que Heine. Voir L. W., I, 376.

(3) G. W., VII, 324. — C'est aussi ce que disait Louis Blanc dans son
Histoire de dix ans : « On croit généralement en Europe que c'est par
Louis-Philippe que la Révolution a été muselée, et que son habileté
personnelle a fait la situation présente. Qu'on le lui impute à blâme
ou à louange, c'est une erreur. Le roi a montré des qualités d'un ordre
secondaire. On citerait difficilement dans le passé un prince qui ait
été plus complètement dépourvu d'initiative, et qui, s'étant beaucoup mêlé aux affaires, les eût moins marquées de son empreinte....
— On a fait un honneur à Louis-Philippe de ce qui n'était qu'un
résultat certain de la puissance des intérêts bourgeois mal réglés et mal
compris ». Tome V, p. 463. — « Au milieu de ces événements qui tenaient
l'Europe attentive, le roi des Français s'occupait de consolider sa
dynastie, et poursuivait avec sérénité l'accomplissement de ses desseins ». II, 251. — Remarquer que Gutzkow avait déjà porté ce jugement en 1837 dans les *Zeitgenossen* (*Anhang* supprimé dans la
dernière édition).

(4) G. W., VII, 336, 332.

(5) H. W., IX, 175 et passim.

Thiers, à son gré (1), a le tort de se placer toujours au point de vue de Richelieu et de Napoléon, et de déclarer que la France bouleversera le monde si on l'attaque. Dans une conversation que Gutzkow eut avec Thiers (2), celui-ci lui demanda de quel esprit politique l'Allemagne était animée : elle est maintenant, répondit Gutzkow en manière de reproche, plus nationale que libérale ; mais laissez-la faire, elle redeviendra libérale (3). Guizot (4), protestant élevé à Genève, est ami de la paix et, par suite, plus utile à la France que Thiers ; son grand défaut est d'être un doctrinaire (5) : il a un système de gouvernement, ce qui le rend hostile au véritable libéralisme (6). Un autre ministre, Molé, qui sait mieux s'inspirer des circonstances, gouvernerait dans un esprit plus libéral, mais il n'est pas encore l'homme nécessaire à la France (7). « Louis-Philippe, Molé, Guizot : tous les trois ont perdu leur père sur l'échafaud. Louis-Philippe craint les Français, Molé les flatte, Guizot les méprise. Aucun ne leur manifeste un esprit d'oubli, de réconciliation et d'amour ». Un seul homme pourrait, par une politique plus haute, accomplir cette œuvre « de réconciliation et d'amour » : c'est Lamartine.

Un étranger, ajoute Gutzkow, un Allemand surtout ne doit point se réjouir de voir la France en cet état, sans volonté et sans courage. Seul, le nationalisme le plus aveugle peut faire éprouver un pareil sentiment. Il faut comprendre

(1) G. W., VII, 193. V. aussi *Rückblicke*, 267.
(2) G. W., VII, p. 193-202. C'est Saint-Marc Girardin qui l'introduisait auprès des hommes politiques et des écrivains.
(3) G. W., VII, 203. Gutzkow faisait allusion à l'attitude de Thiers en 1840. La politique de provocation du ministère Thiers avait amené le mouvement national allemand (Voir plus haut).
(4) V. surtout 7° et 28° lettres.
(5) G. W., III, 316.
(6) G. W., VII, 318.
(7) G. W., VII, 321-322.

que les « peuples seraient en meilleure situation les uns
à l'égard des autres si chacun avait le plein usage de ses
facultés naturelles (1). » Une force contenue, quelle qu'elle
soit, doit toujours se déployer ; la France se réveillera de
son engourdissement, et chacun doit le désirer, car c'est
encore de sa constitution que dépend la constitution de
l'Europe (2). La France, suivant Gutzkow, doit être puissante,
ce qui ne signifie pas qu'elle doit être guerrière. Il savait
reconnaître où étaient, dans la lassitude générale, la vigueur
et l'activité : il étudiait de près le mouvement social-démo-
cratique.

Babeuf est, à son avis, le fondateur du communisme (3).
Buonarroti et Owen peuvent, à certains égards, être appelés
ses disciples. En France, son influence n'a pas été immédiate, Saint-Simon et Fourier ont servi d'intermédiaires ;
mais, maintenant, le communisme agit si puissamment sur
les classes travailleuses que la doctrine éveille l'attention
des penseurs. Lahautière écrit le *Catéchisme Communiste* ;
Cabet, le *Voyage en Icarie* (4) ; Pierre Leroux est une des
têtes du parti qui se forme, et George Sand (5) a échangé
pour le défendre le frac contre la blouse, la *Revue des Deux-
Mondes* contre la *Revue Indépendante*. Gutzkow compare
le Fouriérisme au « socialisme », (terme que Leroux venait
de répandre (6), et sous lequel on désignait aussi le communisme). Ayant assisté à un banquet fouriériste (7), il déclare

(1) G. W., VII, 330.
(2) P. 332. « Nur ein innerlich erstarkendes Frankreich kann die
Garantie künftigen Friedens sein ».
(3) G. W., VII, 265.
(4) Gutzkow l'analyse longuement. G. W., 266-269.
(5) G. W., VII, 94.
(6) Ce n'est pas Leroux qui l'a créé. Voir Menger, *L'État socialiste*,
traduction Milhaud, p. 24. Paris, 1904.
(7) G. W., VII, 168-169.

apprécier beaucoup les principes humanitaires qui furent exposés. Il trouve Fourier et Owen bien supérieurs à Hegel et à Schelling, mais il s'étonne de voir le Fouriérisme faire à la société actuelle tant de concessions, permettre, par exemple, la rente paresseuse et l'héritage injuste (1). Il préfère au Fouriérisme (2) un socialisme qui ne serait pas révolutionnaire, et qui supprimerait le régime de la propriété sans faire appel à la violence. Il reproche au communisme de 1840 de ne tenir aucun compte du passé historique, et de ne penser qu'à l'amélioration physique de l'humanité, d'être par conséquent à la fois abstrait et matérialiste (3). Les théories économiques de Michel Chevalier semblent avoir toutes ses préférences (4). Michel Chevalier, dit-il, veille à la fois aux intérêts de l'existence et aux garanties de la liberté ; les réformes qu'il propose s'appuient sur un principe industriel : elles tendent à créer par l'organisation du travail l'union politique à l'intérieur et la paix à l'extérieur ; ses observations concordent avec celles des socialistes, mais ses vues sont plus précises ; il s'est formé à l'école de J.-B. Say, et ne se perd pas dans le rêve.

Gutzkow est dans ces jugements plus près du Saint-Simonisme que du socialisme ; pourtant il lisait avec attention les

(1) G. W., VII, 262.
(2) G. W., VII, 168-169.
(3) G. W., 95-98.
(4) G. W., VII, 286. Gutzkow ne peut s'empêcher de comparer sa propre destinée à celle de Chevalier. Michel Chevalier était il y a dix ans Saint-Simonien, écrit Gutzkow ; il fut condamné à un an de prison, mais, au lieu de l'enfermer, on l'envoya muni d'argent dans le nord de l'Amérique étudier la vie publique ; il communiqua au *Journal des Débats* des rapports pleins d'intérêt, fut nommé à son retour professeur de l'Université, et l'écrivain qui avait appartenu à la « Jeune France » est aujourd'hui conseiller d'État ; ce sont là des procédés que l'Allemagne ne connaît guère.

brochures (1) que Weitling (2) envoyait de Genève, et qu'un cordonnier allemand, Bauer, vendait à Paris. Weitling, tout tailleur qu'il est, écrit bien, disait Gutzkow dans ses *Briefe aus Paris*. Il n'aime pas la science et les savants, mais il a d'excellentes idées sur les associations ouvrières et les coopérations. Il donne de la situation de l'ouvrier des descriptions poignantes et vraies. Gutzkow en reproduit quelques-unes ; il rappelle (3) qu'il avait demandé dans les *Zeitgenossen* que l'on créât un ministre du Salut public (*Minister der Nationalwohlfahrt*) : actuellement, dit-il, l'État exploite la société ou la laisse exploiter ; il faut une politique intérieure active qui remplace la politique d'intrigues ou de replâtrages.

Durant ce séjour de six semaines à Paris, Gutzkow put voir aussi quelques écrivains. Il a conté simplement et d'un ton humoristique ces visites, où, plus d'une fois, il dut remarquer qu'il n'était pas très connu en France. On l'interrogea beaucoup sur l'Allemagne, sur le nationalisme, le libéralisme, sur Bruno Bauer et les *Hallische Jahrbücher* (4). George Sand (5), Jules Janin voulurent savoir s'ils étaient bien traduits, l'une par Fanny Tarnow, l'autre par Lewald. Gutzkow s'aperçut que George Sand ignorait tout de l'Allemagne, et que Jules Janin (6) était bien plus estimé à l'étranger que dans son propre pays. Les écrivains qui ont le mieux compris l'Allemagne sont, suivant lui, Saint-Marc Girardin dans ses Études pédagogiques, Philarète Chasles, qu'il trouve

---

(1) *Die junge Generation. Der Hülferuf der deutschen Jugend.* G. W., VII, 260.

(2) Chassé de Paris en 1839. — Voir, sur Weitling, Ch. Andler, *Le Manifeste communiste. Introduction historique et commentaire.* Paris 1901.

(3) G. W., 274.

(4) G. W. VII, 186.

(5) P. 226 et suiv. Gutzkow appelle George Sand le plus grand des écrivains français contemporains. V. p. 119.

(6) P. 211-215.

érudit, et Edgard Quinet (1), qu'il tient pour mauvais poète et
excellent critique. On remarquera que Gutzkow, dans ses
Briefe aus Paris, se tait sur Heine ; il dit dans ses *Rückblicke* (2) qu'il refusa une invitation de Heine par déférence
pour les amis de Börne, particulièrement pour Mme Strauss.

Le livre de Gutzkow fit du bruit en Allemagne (3). Kühne
salua son apparition d'un article très élogieux, qu'il repro-
duisit l'année d'après dans les *Portraits und Silhouetten*
(1843). On retrouve dans les *Briefe aus Paris*, écrivait-il, ce
talent extraordinaire de publiciste dont Gutzkow a toujours
fait preuve. Personne, en Allemagne, n'a mieux parlé de
Thiers, de Guizot, de Michel Chevalier, des Fouriéristes et
des communistes. Personne n'a apporté dans la causerie
littéraire plus de simplicité et de naturel. Gutzkow ne
se contente point de remarques rapides et superficielles.
Ayant longuement étudié la France avant d'y venir, ses
lectures attentives s'unissent au hasard d'une visite ou d'une
rencontre ; à l'opinion réfléchie et raisonnée s'ajoute l'impression du moment. Un des charmes des *Briefe aus
Paris* est aussi dans le patriotisme qui les anime : un Allemand, après les avoir lues, a plus de confiance en l'avenir
de son pays.

Kühne fait remarquer que la partie la plus approfondie
de ces Lettres est celle où Gutzkow traite du communisme.
Les théories sociales répandues en France se rattachaient
trop à ce que nous savons des principes de Gutzkow, pour

---

(1) G. W., VII, 287.

(2) V. *Rückblicke*, 268-270. V. aussi *Dionysius Longinus*, 1878,
p. 75-76. Heine, dit Gutzkow, froissé de ce refus, répondit par des
injures que Strodtmann et Emil Kuh s'empressèrent de répéter. —
Parmi les Allemands réfugiés à Paris, Gutzkow rencontra Venedey
qui, depuis les fêtes de Hambach, avait dû quitter l'Allemagne. G. W.,
VII, 276.

(3) V. Metternich, *Mémoires*, VI, 610. « Après le dîner j'ai lu les
Lettres de Paris par Gutzkow. » 21 octobre 1842.

qu'il ne leur accordât pas toute son attention. Il entra d'ailleurs, à cette époque, en relations avec Weitling, comme l'ont récemment révélé les recherches faites par Geiger aux archives prussiennes (1).

Le 4 février, puis le 2 mai 1843, Gutzkow avait écrit au ministère prussien pour demander que l'interdit qui frappait ses ouvrages fût levé (2) : il déclarait s'occuper surtout de théâtre ; il disait que ses *Briefe aus Paris* étaient inspirées par un esprit très national (3). On allait faire droit à sa requête, lorsque le gouvernement reçut de Zurich avis que Gutzkow était en rapport avec le communiste Weitling (4). L'avis, dit Geiger, n'était pas sans fondement, comme le prouvent quelques passages du *Telegraph* (5) : en février 1843 avait paru dans ce journal un article de Weitling (6) emprunté à la revue paraissant à Vevey, *Die junge Generation ;* le numéro 47 du *Telegraph* signala les pages des *Briefe aus Paris* sur le communisme ; les numéros 102 et 109 apportèrent un long extrait du livre de Weitling, *Garantieen der Harmonie und der Freiheit.*

Lorsque Gutzkow fut accusé par le ministère prussien de soutenir le parti communiste, Schirges, qui dirigeait le *Telegraph*, déclara que cette accusation était pure calomnie, et Gutzkow bientôt se défendit lui-même dans un article (7) du *Frankfurter Journal.* Il avait échangé, dit-il, des lettres avec Weitling, comme devait le faire tout publiciste à qui rien

(1) V. Geiger, *Das Junge Deutschland und die preussische Censur*, 225-241.

(2) Il venait d'être levé pour Mundt et Laube.

(3) Geiger, 229.

(4) Geiger, 233. — Le ministre von Arnim en fut informé le 1er août 1843 par son collègue Bülow.

(5) V. Geiger, 234.

(6) *So kann es nicht bleiben ! Eine kommunistische Hoffnung.*

(7) L'article est daté de Turin, 18 août 1843, sous le titre : *Ernstliche Verwahrung.*

d'important ne saurait échapper; mais il avait, dans ses *Briefe aus Paris,* combattu le communisme; il se proposait de déterminer bientôt ce que ces théories sociales présentent de sérieux ou de chimérique. Dix jours après (1), au même journal, il écrivait : « Songer au bien du prochain est le principe de ce communisme que doit professer quiconque a dans sa poitrine un cœur sensible (2) »; mais il conseillait de rejeter tout ce qu'il y avait d'abstrait et de révolutionnaire dans les rêves communistes. Le ministère prussien ne se . contenta point de ces explications. Werthern, qui représentait en Suisse le gouvernement prussien, fut chargé de faire une enquête. Le conseiller Bluntschli donna des renseignements sur Gutzkow, dont le talent lui semblait bien inférieur à celui de Weitling. Sans doute ce jugement fut connu du public, car Gutzkow fit paraître en septembre au *Telegraph* des articles très vifs contre Bluntschli (3). Le ministre von Arnim, dans un rapport au roi du 2 octobre 1843, disait que le rôle de Gutzkow dans le communisme lui semblait équivoque (4); il indiquait surtout un passage d'une lettre à Weitling où Gutzkow avait écrit : « Je suis pour le principe communiste ». Pourtant, le 10 décembre de la même année, fut levé l'interdit qui pesait sur Gutzkow.

Ce sont là sans doute les seules attaches que Gutzkow ait eues avec le socialisme, et les archives prussiennes ne fournissent pas de preuves qui permettent de douter de la sin-

---

(1) 28 août.

(2) Geiger, 236.

(3) *Doktor Bluntschli und die Kommunisten* (*Telegraph,* 150-152). Bluntschli, dans les poursuites contre Weitling, avait rédigé le réquisitoire. Gutzkow l'accusa d'avoir, pour des motifs personnels, occasionné tout ce tapage communiste. — V. Andler, *Le Manifeste communiste. Introduction historique,* p. 32, et Wilhelm Marr, *Das Junge Deutschland in der Schweiz* (1846), p. 48.

(4) V. Geiger, 237.

cérité des articles qu'il envoyait au journal de Francfort. Gutzkow disait étudier dans le communisme l'un des « symptômes de l'époque ». Or, il y en avait peu d'aussi important vers 1840. Paris était le centre d'un actif mouvement social. Les ouvrages de Fourier (1), de Cabet (2), de Proudhon (3) se succédaient sans interruption. Louis Blanc publiait son *Histoire de dix ans* (1841-44); Eugène Sue, les *Mystères de Paris*. Le communisme allemand venait faire ses débuts dans la capitale française. Arnold Ruge, forcé de quitter Dresde, fondait en 1843 à Paris les *Annales franco-allemandes*, où il comptait parmi ses collaborateurs Marx et Engels ; Marx écrivait sa *Critique de la Philosophie hegelienne du droit.* Engels son étude sur la *Situation des classes ouvrières en Angleterre* (1845). La partie doctrinaire du communisme ne s'imposait pas encore à l'attention européenne : en Allemagne, le livre de Lorenz Stein sur le *Socialisme et le Communisme français* (1842) avait passé pour un conte venu de loin (4); seuls, quelques littérateurs s'intéressaient à ces études sociales, parmi lesquels Mundt, qui, dans son *Histoire de la Société* (5) et dans sa *Littérature du Présent* (6), exposait, avec une clarté méritoire pour l'époque, les doctrines et les écoles. Mais, ce qui agissait vraiment sur les esprits, c'était le communisme dans l'histoire et le roman. Louis Blanc, dit le prince de Saxe-Cobourg (7), avait une foule de lecteurs ; il n'y avait pas d'ouvrage histo-

(1) Collection publiée en 1841.

(2) *Voyage en Icarie*, 1840.

(3) *Qu'est-ce que la propriété?*, 1841. *De la création de l'ordre dans l'humanité, ou principes d'organisation politique*, 1845.

(4) V. Ziegler, *Die geistigen und socialen Strömungen*, 458.

(5) *Geschichte der Gesellschaft in ihren neueren Entwickelungen und Problemen*, 1844.

(6) *Literatur der Gegenwart.* 1ʳᵉ édition, 1842; 2ᵉ édition, 1853.

(7) V. Denis, *L'Allemagne de 1810 à 1852.*

rique aussi généralement lu en France et en Europe (1) que
l'*Histoire de dix ans*. Eugène Sue, raconte Laube dans ses
Erinnerungen (2), était le romancier de l'Europe en 1840
comme George Sand et Balzac l'avaient été dans les dix
années précédentes. Mundt relève également cette influence :
au point de vue social, écrit-il (3), George Sand n'avait
parlé que des rapports de sentiment, surtout entre les deux
sexes ; Balzac avait été seulement peintre de mœurs ; mais
Eugène Sue avait introduit les conditions matérielles d'existence dans le roman, et, par là, il était écrivain socialiste (4).

Louis Blanc, Eugène Sue faisaient naître en Allemagne
l'intérêt pour l'ouvrier, bien qu'il n'y eût encore dans ce pays
que peu de centres industriels. Bettina, en 1843, écrivait
Dies Buch gehört dem König, dont le deuxième volume
était consacré aux pauvres et à ceux que la société appelle
criminels. Freiligrath, l'un des plus grands parmi les poètes
sociaux, rappelait la misère de l'ouvrier. Le soulèvement des
tisserands de Silésie en 1844 éveillait l'attention générale.

Tel était le « symptôme de l'époque » auquel Gutzkow
voulait avoir le droit d'être attentif. Mais il n'était pas, comme
Mundt, de ces littérateurs qui se contentent de classer et
d'analyser des doctrines. De même qu'en 1830 il n'avait pris
au Saint-Simonisme que ce qui répondait à sa pensée, de

---

(1) V. Mundt, *Literatur*, p. 499 (2ᵉ édition). « Es ist kaum ein historisches Werk so allgemein in Frankreich und Europa gelesen worden, als diese ungemein lebensvolle Darstellung, welche zugleich das
Verdienst hat, manche factische Zusammenhänge dieser Epoche zuerst
aufgeklärt und unzweifelhaft hingestellt zu haben. »

(2) *Erinnerungen*, 2ᵉ partie, L. W. XVI, p. 62.

(3) *Literatur*, 2ᵉ édition, p. 430, 437.

(4) Eugène Sue, *Les Mystères de Paris*, 1842-1843 ; *Le Juif-Errant*,
1844-1845. — L'influence des *Mystères de Paris* surtout fut très grande :
Aug. Brass écrit des *Mysterien von Berlin*, 5 vol., 1844-45. Lud. Schu-
bar publie des *Mysterien von Berlin*, 12 vol., 1846-47. Voir aussi les
romans de Sternberg et de Willkomm.

même il choisissait et rejetait dans le communisme. Ce qui l'attirait, c'étaient les études économiques et sociales, les tendances philanthropiques surtout. Il avait, avant Marx et Engels, dit le rôle que la masse (1) était appelée à jouer au XIXᵉ siècle ; il avait aussi, avant eux (2), en combattant l'hegelianisme, donné une formule du matérialisme historique. Il fut l'un des premiers à signaler à l'Allemagne les écrits de Cabet, de Weitling et d'Eugène Sue. Il accueillit avec admiration le livre de Bettina. Elle porte jusqu'au roi (3), écrivait-il, la question communiste ; elle a l'audace de lui dire que le père est responsable de l'enfant (4), l'État du citoyen ; elle peint la misère avec tant de douleur qu'on ne peut la lire sans émotion.

Mais il aima de moins en moins le côté doctrinaire et révolutionnaire du communisme, les tendances abstraites et les sentiments de haine qu'il avait déjà blâmés aux *Briefe aus Paris*. Il garda, en face du communisme, l'esprit d'individualisme qui faisait de lui un isolé au milieu de tous les partis. Dans un deuxième voyage à Paris, en 1846, il ne mentionne Marx (5) que pour dire que c'est un doctrinaire prussien, et, tout en faisant l'éloge de Proudhon, il trouve qu'il perd en influence. Dans ses *Rückblicke*, il reproche au communisme son esprit sectaire (6). « Lorsque l'école des socialistes pénétra dans les *Jahrbücher*, dit-il, lorsque Marx, Engels, Hess, Jung fondèrent la *Rheinische Zeitung*, alors commença cet esprit de parti qui dure toujours, et qui ne s'occupe que de ce qui appartient au parti ».

(1) Voir surtout les *Zeitgenossen*. G. W., VIII.
(2) V. *Zur Philosophie der Geschichte*. G. W. XII.
(3) V. sur Bettina et Frédéric-Guillaume IV, L. Geiger, *Bettina von Arnim und Friedrich Wilhelm IV*. 1902.
(4) V. *Öffentliche Charaktere. Bettinens Königsbuch*. G.W., IX, 234.
(5) V. *Pariser Eindrücke*, 1846. G. W., VII, 401.
(6) V. *Rückblicke*, p. 274.

II (1)

En revenant de son deuxième voyage en France, Gutzkow trouva le Congrès des Germanistes réuni à Francfort (2) (septembre 1846). Il y rencontra Dahlmann, Gervinus, L. Ranke, Sybel, qui parlaient d'assemblées nationales et d'un Parlement allemand. Gutzkow, comme en 1832, alors qu'il arrivait à Stuttgart, tenait pour vaines ces constructions à priori, où chacun apportait plus de science que de véritable intelligence des besoins du présent ; dans une lettre à Schücking (23 septembre), il appelle « messieurs les Germanistes » « d'orgueilleux autodidactes (3) ».

Il y avait à ce moment en Allemagne un réveil (4) analogue à celui qui suivit la chute de Napoléon. Gervinus, à Heidelberg, fondait la *Deutsche Zeitung*, journal national libéral. En 1847, s'assemblait à Berlin le Landtag uni (5). Les Chambres des États du Sud retrouvaient l'activité qu'elles avaient perdue depuis 1834. Les radicaux démocrates se groupaient à

(1) Ouvrages consultés sur cette période de l'histoire de l'Allemagne :
Sybel, *Die Begründung des deutschen Reichs*, 1889 sqq.
Biedermann, *Geschichte Deutschlands*, 1891.
Brandes, *Das Junge Deutschland*, 2ᵉ édition, 1896.
Saint-René Taillandier, *Études sur les Révolutions en Allemagne*, 1853; *Dix ans de l'Histoire d'Allemagne (1847-1857)*, 1875.
Seignobos, *Histoire politique de l'Europe contemporaine*, 1897.
L. Denis, *L'Allemagne de 1810 à 1852*, 1898.
Ch. Andler, *Le Prince de Bismarck*, 1899.
Lavisse et Rambaud : *Histoire générale*, t. XI.
Paul Matter : *La Prusse et la Révolution de 1848*, 1903.
(2) *Rückblicke*, 291.
(3) V. Houben, *Gutzkow-Funde*, 377.
(4) V. *Rückblicke*, 291.
(5) « Der vereinigte Landtag », d'avril à juin.

Offenbourg en vue d'une entente commune (1). Les modérés,
le 10 octobre, à Heppenheim, demandaient la création d'un
Parlement allemand.

Cinq mois après, une révolution française remuait une
fois de plus l'Europe entière. Ce que Gutzkow avait prévu
se réalisait : Lamartine, en qui il avait espéré, proclamait la
République. La France semblait reprendre sa marche, un
moment arrêtée. L'Allemagne aussitôt céda à cette impulsion :
cinquante et un libéraux, réunis à Heidelberg, nommèrent,
le 5 mars, une Commission de sept membres, chargée d'organiser la formation d'une Assemblée nationale et de convoquer
à Francfort un Parlement préparatoire.

Quiconque avait appartenu à une Chambre allemande (2)
était admis à siéger, mais il suffisait aussi d'avoir fait partie
d'une association politique ou même d'être citoyen notable.
C'est ainsi que Laube, qui jamais n'avait été député, devint
membre du *Vorparlament*. Il a décrit humoristiquement dans
ses *Erinnerungen* (3) la composition de cette Assemblée
improvisée, qui n'avait d'autre titre et d'autre appui que la
confiance de l'opinion publique (4). La gauche était républicaine ; à sa tête étaient Venedey, revenu de Paris, Hecker,
du duché de Bade, « sanguin et énergique », Struve, « maigre
et doctrinaire », Hoff, l'éditeur de Mannheim ; la majorité
était « philistine », à ce point que Hecker pensait qu'il fallait
dissoudre le *Vorparlament*. Laube nous dit avoir siégé au
centre gauche. De ses idées politiques, il parle peu, nous
avouant seulement qu'il désirait la mesure dans la liberté (5).

. (1) 12 septembre 1847.

(2) Laube, *Erinnerungen*, 2ᵉ partie. L. W., XVI, 93.

(³) Le « Vorparlament » se réunit le 31 mars 1848 dans l'église
Saint-Paul à Francfort, et se dispersa le 3 avril, après avoir décrété la
réunion d'une Assemblée nationale pour le 18 mai.

(4) V. Laube, *Erinnerungen*, p. 94, et *Das erste deutsche Parlament*, 1ᵉʳ vol. (*Vorparlament*), surtout p. 21 et suiv.

(5) L. W., XVI, p. 97. « Freiheit mit Maass. »

•

Gutzkow était resté en dehors de ce mouvement politique du sud-ouest de l'Allemagne. Directeur du théâtre de Dresde depuis la fin de l'année 1846, il était en congé à Berlin (1), où il écrivait *Ottfried*, lorsque la Révolution de mars éclata. Avec quelle passion il suivit la marche des événements, des pages écrites cette année même, et reproduites dans ses *Rückblicke*, le laissent deviner (2). Le monde entier, dit-il, était sorti de ses gonds. On ne parlait que de Louis-Philippe, de Lamartine, de Ledru-Rollin et de l'inquiétude de la Diète fédérale. A Berlin, on no savait encore rien de ce qui se passait à Vienne ; « on croyait tout possible, sauf l'ébranlement de l'État prussien (3). » Le Landtag, que le roi avait convoqué pour le 7 avril, allait obtenir goutte à goutte quelques concessions, comme la liberté de la presse et la périodicité des réunions ; on n'osait espérer davantage. « Mais l'élément social de la révolution venue de Paris se frayait un chemin moins à travers les Chambres des États et les cafés qu'à travers les auberges, d'atelier en atelier. On lisait au coin des rues des appels qui convoquaient à des assemblées populaires. L'une devait avoir lieu le 13 au soir. Une assemblée du peuple à Berlin ! Quel changement dans l'État prussien ! Des hommes qui n'étaient pas des soldats devaient se réunir publiquement ! » Les puissances dirigeantes, Thiele, Eichhorn, Bodelschwingh, les militaires et les courtisans trouvaient la chose inouïe.

(1) Il était à Berlin depuis le 3 mars. — V. Lettre à Wehl (Wehl, *Das junge Deutschland,* p. 185). — Sur le rôle joué par Gutzkow dans les journées des 18 et 19 mars, voir A. Wolff, *Berliner Revolutionschronik*, I, p. 238-240.

(2) Voir *Rückblicke*, p. 332 et suiv. — Ces pages se trouvaient dans la première édition de *Deutschland am Vorabend seines Falles oder seiner Grösse*, p. 134-178. Gutzkow, plus tard, ne les a plus imprimées dans cet ouvrage, et les a introduites dans les *Rückblicke*.

(3) *Rückblicke*, 333.

L'émeute s'organisait ; sans parti, sans chef, **sous la**
poussée des ouvriers et des étudiants, elle devint une révolution. On apprit à ce moment la chute de Metternich :
« Metternich est tombé, et nous pouvons supporter encore
Bodelschwingh ! » C'est alors seulement que l'on songea
à dresser de véritables barricades. Le 18 mars amena la
tourmente (1).

Gutzkow fut témoin du soi-disant malentendu qui ensan-
glanta les journées de Mars. « C'était le samedi, l'après-midi,
à deux heures et demie. Le plus beau soleil de printemps
éc'airait la place du Château... Bodelschwingh se retira ;
les principes d'une monarchie ouvertement et honnêtement
constitutionnelle furent promis du balcon du château (2). »
Mais cela ne suffisait pas à la masse. « Que lui importait la
liberté de la presse et la constitution à venir ? » L'armée
avait tiré sur la foule ; la foule cria vengeance et fit des
barricades. Les salves de peloton retentirent le lendemain,
dès quatre heures et demie du matin, à travers les rues.
L'effet que produisit sur les citoyens la vue des cadavres
tombés les poussa à la résistance. Les troupes, sans muni-
tions et sans vivres. cédèrent : vingt hommes résolus auraient
pu envahir le château, imposer au roi son abdication, proclamer la République. Le dimanche, de onze heures à deux
heures, il n'y avait plus en Prusse ni trône ni gouvernement.

Heureusement pour la couronne et pour la vie du roi, personne à Berlin ne désirait la République (3). On donna des
armes aux citoyens, et, le lendemain, c'étaient eux qui mon-
taient la garde devant le château et présentaient les armes

(1) V. *Rückblicke*, 335.
(2) *Rückblicke*, 335.
(3) « Eine Republik, das wäre noch nicht verstanden worden », dit
Gutzkow dans la 1ʳᵉ édition de *Deutschland am Vorabend seines Falles
oder seiner Grösse*, p. 155 ; passage non reproduit dans les éditions postérieures,

au roi. Le 21, Frédéric-Guillaume IV faisait à cheval, à travers les rues de la ville, cette promenade célèbre, où il arbora les couleurs nationales ; il assistait au défilé des victimes du 19 mars ; il saluait les Polonais que l'on avait tirés de prison.

Cependant Gutzkow, à l'hôtel de Russie, discutait avec Max von Gagern (1) l'idée d'une Constitution prussienne. Il essayait d'éveiller le sens politique du Berlinois, de l'intéresser au sort général de l'Allemagne, de lui faire entendre ce que signifiait le drapeau noir-rouge-et-or, et faisait rapidement imprimer chez Springer une *Allocution aux Berlinois* (2).

Cette allocution est très éloquente, et révèle une fois de plus combien les vues politiques de Gutzkow étaient précises. Il rappelle aux Berlinois ce qu'ils ont obtenu par leur sacrifice : la liberté de parler et d'écrire, le jury, des représentants élus librement. Il les presse de tirer parti de ces avantages, sans se laisser payer de mots ni leurrer par des formes constitutionnelles. Les citoyens doivent savoir que l'État n'est rien en dehors d'eux-mêmes, que c'est eux qui gouvernent par leur vote. Ils doivent se défier du mot de « réconciliation » que déjà l'on répand, réfléchir avant de serrer la main de ceux qui furent les serviteurs d'un régime passé, se rappeler enfin qu'une révolution est accomplie. La force qu'ils ont acquise, il leur faut la garder par les armes. La Prusse a 120.000 hommes sous les drapeaux en temps de paix, c'est trop ; 800.000 en temps de guerre, ce n'est pas assez. Chacun doit être armé pour la défense ; nul ne doit rester des années au service, enlevé aux siens et à son métier ; il faut donc une garde nationale et des officiers élus (3).

(1) V. *Rückblicke*, 342.

(2) *Ansprache an die Berliner*. G. W., X, 191.

(3) Gutzkow écrivait à Devrient le 28 mars 1848 : « Wär' ich hier, so zweifle ich nicht dass ich Deputirter werden könnte. Ich bin weniger bei den Parteiführern, wohl aber bei der Masse recht populär ». — Houben, *Emil Devrient*, p. 339.

Dans ces mêmes journées (1), si agitées, Gutzkow avait
auprès de lui sa femme, Amalie, malade de la fièvre typhoïde.
Elle mourut dans la nuit du Vendredi-Saint. Gutzkow souffrit beaucoup de cette mort si brusque. Amalie, depuis
quelques années, avait reconquis toute son affection (2); les

(1) *Rückblicke*, p. 343.

(2) Sur les rapports de Gutzkow avec Thérèse von Bacheracht à cette
époque, voir Wehl, *Zeit und Menschen*, I, 267. « Therese hatte sich
endlich in die Umstände gefunden; sie war es zufrieden, Gutzkow als
Gatten einer Andern zu denken und seine Freundin zu sein. Da auf
einmal raffte ein jäher und unerwarteter Tod Amalie Gutzkow in den
furchtbaren Märztagen von 1848 in Berlin dahin. — Gutzkow war
auf's tiefste erschüttert; von angestrengter Arbeit erschöpft, von dem
Sturm der Zeit überwältigt, sank er in sich zusammen und musste
Trost und Erholung in dem Badeorte Warmbrunn und auf Reisen
suchen. » — Voir encore à ce sujet une lettre de Gutzkow à Wehl, du
18 mai 1848 (Wehl, *Das Junge Deutschland*, 185) et une lettre très
importante de Gutzkow à Devrient, publiée par Houben, *Emil Devrient*,
p. 340 : « Meine Frau ist todt! Vier Wochen sind vorüber, und noch
schreib' ich diese Zeilen unter Thränen. Ich bin zu, zu unglücklich !
.... Wie werd' ich das künftig ertragen ! Ich hatte meine Frau
wirklich lieb, hab' ihr, da sie sich seit meiner Bekanntschaft mit der
Bacheracht so zu ihrem Vortheil veränderte, diese fast selbst geopfert,
war so schön einverstanden mit ihr, nehme sie nach Berlin, weil
mich wirklich die lange Trennung schmerzte, und sie stirbt mir!
Grade, weil mein Herz in einem so unglücklichen Kampf zwischen
zwei weiblichen Naturen stand, die mich liebten, und Ansprüche
auf mich machten, bin ich so unglücklich, dass die arme Amalie,
der ich entschlossen war, mich ganz zu erhalten, aus diesem Wider-
spruche der Gefühle durch den Tod scheiden musste ! Es liegt darin
etwas furchtbar Tragisches, das mich vernichtet. Ich fühle mich
verlassen und bedarf doch der Liebe, und diese Liebe hab' ich
bei der Therese in einem unermesslichen Grade. Kann ich sie
annehmen ? Darf ich ? Ich bin willenlos, und weiss nicht, wo ich mich
hinwenden soll. Ich hatte sonst Furcht vor dem Tod. Ich fange an,
ihm Süssigkeit abzugewinnen. Meine arme, liebe Amalie ! Gott !
Gott ! Ich verwinde es nie. » — Thérèse von Bacheracht espérait
peut-être à ce moment se rapprocher de Gutzkow; voir une lettre
qu'elle écrit à Wehl le 5 mai 1848 (Wehl, *Zeit und Menschen*, II, 119);
ce rapprochement n'eut pas lieu (Wehl, *Zeit und Menschen*, I, 267-270).

différences qui existaient entre leurs caractères s'étaient
effacées ; il lui semblait impossible maintenant de vivre sans
elle. Des semaines passèrent avant qu'il pût annoncer à
ses amis le fatal événement, tant il était abattu. « Chaque
lettre que j'écrivais, disait-il à son oncle Meidinger, faisait
ma blessure plus grande. Je ne fuyais pas devant la douleur ; les plaintes et les larmes étaient plutôt la seule consolation qui me fît du bien ; mais il me fallait garder une
mesure, mettre des bornes, ou c'était m'anéantir moi-même.
J'espère pouvoir un jour peut-être vous décrire de vive voix
ces journées d'épreuves, ou bien reprendre en un temps
moins troublé nos relations écrites, qui m'étaient si chères.
Maintenant je n'en suis pas encore à cette époque de calme.
Quatre mois se sont écoulés, et l'effroyable événement est
encore devant mes yeux ; jamais l'empreinte n'en sortira de
mon cœur. Cette mort si rapide, si inattendue, si triste par
toutes les circonstances qui l'entouraient..... ah ! se représenter tout cela, même par le souvenir seulement, c'est un
déchirement trop douloureux (1). » Gutzkow avait laissé ses
trois enfants à la mère de celle qui venait de mourir.et, avant
de retourner à Dresde, il voulut passer dans un endroit
tranquille le reste de son congé (2). Ce fut à Warmbrunn,
près du Riesengebirge, qu'il termina *Ottfried*, l'œuvre dramatique commencée à Berlin. Ce repos, le retour à la nature,
calmèrent sa souffrance ; il rentra au mois d'août 1848 dans la
Saxe, qui, « comme presque tous les États de la Fédération,
avait reçu ses ministres de Mars » (3), et reprit son poste
au théâtre.

Il ne s'occupait pas de la politique locale, mais ne quittait
pas des yeux le grand mouvement allemand ; une preuve en

---

(1) Fragment d'une lettre inédite du 27 août 1848. On trouvera le
texte de cette lettre à la fin du volume.

(2) *Rückblicke*, p. 345 et suiv.

(3) *Rückblicke*, 46.

est l'écrit qu'il publiait à la fin de 1848 : *Deutschland am Vorabend seines Falles oder seiner Grösse* (1).

Le ton en était sévère (2), dit-il dans ses *Rückblicke*, car l'horizon était sombre. Le Parlement qui avait succédé (3) au Parlement préparatoire gâchait la besogne. Toutes les espérances fondées sur la promenade du roi à travers Berlin s'en allaient. Les hommes dont on attendait le plus faisaient la cour à l'Autriche. Gutzkow a peur que la Révolution de 1848, comme celle de 1830, ne « s'écoule dans le sable » (4). Il s'empresse de montrer ce que l'on peut encore réaliser si l'on voit juste.

En France, la République est née de l'embarras où l'on était de choisir un gouvernement. Sous la garantie d'un esprit aussi noble que Lamartine (5), elle promet d'être ferme et modérée, de s'appuyer sur la fraternité des peuples et de s'inspirer des principes les plus humains. Tandis que Lamartine assurait la paix de l'Europe, Louis Blanc apportait ses rêves. Déjà ils sont déçus ; mais le socialisme va, par l'instruction des classes inférieures, se développer, et devenir en même temps moins dangereux. Jamais on n'empêchera l'affamé d'arracher les barrières qui le séparent de l'arbre chargé de fruits ; il est poussé par un instinct si fort et si pressant que la mitraille ne peut lui opposer qu'une

---

(1) Frankfurt-am-Main, 1848 (L'Allemagne à la veille de sa chute ou de sa grandeur).

(2) V. G. W , X, 200 L'édition de 1875 diffère de l'édition de 1848. Gutzkow, en 1848, prenait parti contre la Prusse avec plus de violence ; il décrivait longuement les journées de mars (voir plus haut, p. 404, n. 2).

(3) Le 18 mai 1848. Laube était député à ce Parlement (V. *Erinnerungen*. L. W., XVI, 112); il avait été élu à Elbogen près de Karlsbad. Il ne croyait pas beaucoup à l'action de cette Assemblée ; il se considérait là comme un invité, et ne fit, dit-il, que regarder ; ce qu'il vit, il l'a conté dans son livre, *Das erste deutsche Parlament* (Leipzig, 1849).

(4) G. W., X, 200.

(5) G. W., X, 203.

résistance momentanée (1). Dans l'atmosphère étouffante
d'une monarchie telle que celle de Louis-Philippe, où la
France ressemblait au hall de la Bourse, les désirs du
socialisme n'ont fait que grandir, n'ayant rien qui les pût
satisfaire ; mais, sous une politique active, nationale, entraî-
nant l'homme tout entier et imposant à tout le monde de
nobles sacrifices, la doctrine socialiste s'adoucira ; les excès
n'en seront plus à craindre. La question, en tout cas, ne saurait être laissée à l'écart. Toujours elle renaîtra tant que
n'aura pas disparu le privilège de la propriété (2). Il appartient à la France de résoudre le problème social ; elle le
peut si elle est une démocratie sincère ; elle ne durera d'ailleurs comme République que si elle reste fidèle au principe
d'où cette forme de gouvernement est sortie (3).

A l'exemple de la France, les peuples se sont soulevés.
L'Allemagne est enfin débarrassée de son despotisme bureaucratique et militaire (4) ; mais elle est encore loin d'avoir une
Constitution, et ce n'est pas le Parlement de Francfort qui la
lui donnera. Parmi les poètes et les savants qui composent
cette assemblée, les uns sont de vieux débris, comme Arndt
et Jahn, « des antiquités fossiles dont chacun sourit » (5) ;
les autres ont des velléités politiques qui font songer au
temps des Conradins. Un historien, Dahlmann, qui passe
pour national-libéral, pense faire l'unité de l'Allemagne par
une force nouvelle, le Kaiser, en face des princes. Son projet
ne saurait être accepté (6). Quel roi, en effet, pourrait être

(1) G. W., X, 204-205-206.
(2) G. W., X, 205-206 Il y avait dans la première édition, p. 13 :
« Die gewünschte Beseitigung der Gefahr schliesst dabei nicht aus,
dass alles was zur Abhülfe der ungleichen Vertheilung der Lebensgü-
ter geschehen kann, wirklich versucht werde. »
(3) P. 276-277.
(4) G. W., X., 203.
(5) G. W., X, 212.
(6) G. W., X, 235, 250, 260.

choisi pour un tel rôle ? On a cru en 1815 que le roi de Prusse en était digne ; mais, depuis trente ans, son gouvernement n'a cessé d'être réactionnaire (1). Frédéric-Guillaume IV, en 1848, s'est flatté de combler l'abîme qui existait entre lui et ses sujets. Il a appelé au ministère Camphausen, un marchand (2). C'était, une fois de plus, leurrer la nation du vain mot de libéralisme ; Camphausen a fait le jeu de la noblesse et de la réaction, il a rayé le 19 mars du calendrier. Un empereur autrichien ne peut pas davantage être mis à la tête de la nation. L'Autriche n'a jamais eu de politique vraiment allemande : pendant des siècles, elle a suivi une politique espagnole ou italienne (3) ; maintenant, elle est encombrée de Slaves et de Tchèques. L'unité avec l'Autriche n'est possible que si l'Autriche ne garde que ses six millions de sujets allemands. Le Parlement de Francfort a cru prendre un chef d'Empire inoffensif en choisissant l'archiduc Don Juan d'Autriche ; il ne voit pas que ce chef d'Empire est dangereux par sa politique antilibérale et italienne. Et puis, ce n'est pas un fantôme d'empereur qu'il convient d'élire. Il faut que la force nouvelle élevée en face des princes soit réelle. Or, il n'y en a qu'une qui puisse leur être opposée, celle du peuple : en lui réside toute nationalité, en lui doit être toute souveraineté.

Voici donc ce que Gutzkow propose (4). L'intérêt national, commun à tous, sera confié à un président, qui ne

(1) Gutzkow ajoutait dans la première édition (page 210) : « Das Band der Preussen an ihr Fürstenhaus ist längst gelockert. Nirgends ein Haupt in dieser Dynastie, auf das es noch mit voller glücklichen Befriedigung blickt. » Gutzkow ici renvoie à l'article qu'il écrivait en 1834 aux *Annales de Rotteck* (*Ueber die historischen Bedingungen einer preussischen Verfassung*), et trouve dans les événements récents une vérification nouvelle de ce qu'il annonçait alors.

(2) G. W., X, 261.

(3) G. W., X, 214 et 277. Voir aussi *Rückblicke*, 347

(4) G. W., X, p. 236.

sera pas choisi parmi les princes ; ce président ne sera responsable de ses actes que devant le Parlement. A côté du
Parlement siégera une assemblée des délégués des princes (1).
Le pouvoir central de l'Allemagne sera par conséquent républicain. Les différents États doivent-ils l'être aussi (2)? Ce
n'est pas l'avis de Gutzkow ; il s'oppose ici aux républicains
qui, dit-il, sont nombreux en ce moment en Allemagne. Il
voudrait que chaque État fût une monarchie élective constitutionnelle (3). Il réduit à six le nombre de ces monarchies :
la Prusse, l'Autriche allemande, la Bavière, le Wurtemberg,
le Hanovre et la Saxe. Tel serait, suivant lui, le meilleur
moyen de fonder l'unité républicaine,sans nuire au caractère
original des diverses parties de la nation germanique. Mais,
il le sait (4), le Parlement de Francfort n'est pas capable
de réaliser ce qu'il rêve. Cette Assemblée n'a déjà que trop
abdiqué ; elle retourne à l'esprit de la Diète fédérale ou du
Parlement préparatoire ; il faut considérer le Parlement
actuel comme provisoire, et demander que l'on s'en rapporte
encore une fois au choix du peuple. L'Allemagne est à la
veille de reculer ou de se ressaisir ; et ce n'est ni un prince
ni un homme d'État qui lui rendra son génie : c'est le peuple
lui-même.

En 1848, comme en 1834, Gutzkow restait donc ennemi du
doctrinarisme scientifique, que ce fût celui de Pfizer, de
Gervinus ou de Dahlmann (5). Il avait prévu l'échec du

(1) Le mode d'élection au Parlement peut être le suffrage direct ou
l'élection par les Chambres des différents États.

(2) G. W., X, p 277.

(3) V. aussi *Rückblicke*, p. 347.

(4) G. W., X, 283.

(5) Sur Dahlmann et Gervinus, voir encore *Rückblicke*, 132. — Sur
les doctrinaires (le parti de Gotha), voir une lettre de Gutzkow à Levin
Schücking, publiée par Houben dans la revue *Deutschland* (15 Déc.
1903). « Ich bin allerdings kein Gothaner. Diese Partei, die ich aus der
Paulskirche scheiden sah, nachdem sie gesagt hatte, sie hielte aus bis

Parlement de Francfort ; les événements ne se chargèrent que trop de justifier ses craintes. Les doctrinaires du Parlement élirent empereur le roi de Prusse (1), et celui-ci ne voulut pas d'une couronne qu'il ne tenait pas de ses pairs. Ce fut la fin de l'Assemblée nationale : l'archiduc Jean, mécontent de n'avoir pas été choisi, avait donné sa démission ; les députés s'en allèrent l'un après l'autre (2). Le parti radical, composé de cent trente-cinq membres, s'étant transporté à Stuttgart, fut bientôt en conflit avec le Wurtemberg ; dès le 18 juin, le ministre Römer fit, de vive force, cesser les séances. La gauche républicaine, qui avait essayé d'organiser la résistance dans les pays du Rhin, fut traquée par l'armée prussienne ; le prince royal Guillaume de Prusse écrasa les insurgés badois. Une répression terrible commença (3) ; les démocrates durent s'enfuir en Suisse, en France, en Amérique. La Diète de Francfort recouvra ses pouvoirs et recommença à siéger, comme avant 1848. « Une Commission de réaction » (4) révisa la Constitution nouvelle pour en éliminer les dispositions révolutionnaires. L'absolutisme reprit le pouvoir à Vienne et à Berlin.

auf den letzten Mann, ist die Unglückspartei Deutschlands in jeder Beziehung in politischer, artistischer, literarischer. Es sind die Doktrinäre, die Professoren, die vornehmen Exklusiven Preussen kann uns zu nichts führen, und wird es nicht. »

    (1) 2 avril 1849

    (2) Laube fut de ce nombre. Dès le mois de mars 1849 il déposa son mandat. Son attitude au Parlement, où il défendait le parti de l'archiduc Jean (erbkaiserliche Partei), lui avait attiré la faveur du ministre autrichien Schmerling qui le fit nommer bientôt directeur du Burgtheater. V. Wehl, *Zeit und Menschen*, II, 257.

    (3) Denis, *L'Allemagne de 1810 à 1852.*

    (4) Seignobos, *Histoire politique de l'Europe contemporaine.*

CHAPITRE VI

Le Romancier. — Conclusion

I. — *Die Ritter vom Geiste* (1850-51). — Association de la pensée contre le matérialisme de 1849. — Le roman du « Nebeneinander ». — Le réalisme de Gutzkow reste mêlé de romantisme.
II. — Conclusion. — Fin du rôle moral et social de la Jeune Allemagne. — Gutzkow jugé par la Critique : l'homme, le politique, l'écrivain.

I

Gutzkow avait quitté Dresde après les journées insurrectionnelles de mai (1). A Francfort, où il était venu résider, il se rémaria avec une proche parente de sa première femme, et ce fut sa seule joie en cette époque de bouleversements (2). Il n'était pas découragé par les événements politiques, mais attristé au plus profond de son cœur (3). Ce qui le peinait le plus, c'est que personne ne semblât ému de ces arrêts de mort qui, sans interruption, se succédaient dans le duché de

---

(1) Ces journées insurrectionnelles avaient amené la fermeture du théâtre. V. *Rückblicke*, 352. « Das dresdener Hoftheater hörte auf. »

(2) V. *Rückblicke*, 355 358. — Lettres à Wehl (Wehl, *Das Junge Deutschland*). — Lettres inédites, à la fin du volume, surtout une lettre de Gutzkow du 26 juillet 1849. — Voir aussi quelques lettres publiées par Houben dans la revue *Deutschland* (Déc. 1903, Janv. 1904).

(3) Voir, à la fin du volume, lettre inédite du 15 août 1849.

Bade (1) : il voyait les libéraux se désintéresser, les doctrinaires se réfugier dans la littérature, Gervinus publier son
Shakespeare, alors que les démocrates fuyaient ou mouraient.

Durant l'hiver de 1849 à 1850, il commença les *Ritter vom
Geiste* (2), pour se délivrer, dit-il, de l'humeur sombre que
lui laissaient tant de tristes expériences et la situation toujours inquiétante de la patrie. Dans cette époque de haine, il
chercha ce qui révélait un sentiment de noblesse et d'humanité, et écrivit un livre qui attestait à la fois sa souffrance et
sa confiance (3).

Le héros du roman, Dankmar Wildungen, a vu partout
le matérialisme lutter contre le matérialisme (4), l'égoïsme
contre l'égoïsme, l'esprit de persécution et de réaction contre
les revendications impatientes ; et il a rêvé entre tous, nobles
et prolétaires, une entente commune (5) dans une association
de la pensée. Il a songé à une chevalerie nouvelle, celle de
l'Esprit, analogue à celle des Templiers autrefois, qui s'oppo-
serait à l'union secrète, égoïste et terrible des Jésuites (6),
et qui serait plus active que celle des francs-maçons, devenue trop indifférente (7).

Dankmar Wildungen n'est pas un caractère strictement
déterminé. C'est une de ces natures comme les aime
Gutzkow : il est capable de scrupules et d'égards sans être

(1) V. *Vorläufer und Nachzügler*, 1850. G. W., X, 286.
(2) V. Lettres à Wehl du 30 octobre 1849, du 4 février et du 9 avril
1850. — Wehl, *Das Junge Deutschland*.
(3) *Die Ritter vom Geiste*. Sechste Auflage. Berlin, 1878. 4 volumes.
Préface de la 1re édition, 1er volume, p. ix
(4) Liv. I, chap. vii.
(5) Liv. V, chap. xi.
(6) Liv. VI, chap. i.
(7) Liv. I, ch. vii.—Voir, sur les tendances démocratiques de Gutzkow
et sur l'attitude qu'il garde envers les différents partis, une lettre inédite du 10 septembre 1850 à son beau-frère. On la trouvera à la fin de
ce volume.

esclave de ses impressions ; il a de la force de volonté, mais il croit que le hasard se joue des volontés. Aidé de son frère Siegbert, il travaille à établir l'entente qu'il souhaite. Il parvient à grouper quelques Chevaliers de l'Esprit, qui, dans la même recherche de l'idéal, oublient leurs origines très diverses : le prince Egon de Hohenberg, descendant d'une antique aristocratie, mais libéral, s'intéressant au peuple, au mouvement industriel et économique ; Armand, l'ami du prince, un Français aux idées communistes, nourri de Saint-Simon, de Leroux et de Proudhon ; Leidenfrost, le révolutionnaire qui ne croit pas à l'existence possible du pays d'Arcadie rêvé par les communistes, et qui veut atteindre rapidement à un bonheur relatif par des moyens violents ; Werdeck, le major, à qui la discipline des armées nouvelles n'a pas fait perdre tout sentiment d'humanité (1). Pour donner à cette ligue une puissance matérielle, Dankmar désire entrer en possession d'une fortune laissée par l'ordre des Templiers (2) et que, depuis des siècles, se disputent l'État et une ville capitale. Des papiers découverts récemment prouvent que cet héritage lui revient ; ils sont dans un écrin qui lui a été dérobé, et qu'il retrouve après de nombreuses aventures.

Les recherches entreprises par Dankmar pour redevenir maître de son bien, les efforts qu'il a faits pour fonder l'association des Chevaliers de l'Esprit, l'ont conduit à travers les différentes classes sociales, qui, toutes, depuis la noblesse de robe et d'épée jusqu'au plus pauvre artisan, ont leur place dans le roman. Presque tous les personnages sont très vivants, très individualisés : le président von Harder, ouvert aux idées nouvelles, humain et contemplatif ; Pauline, parente du prince Egon, la femme géniale et incomprise ; Schlurck, administrateur des biens de Hohenberg, conseiller de justice prudent, cynique et jouisseur ; Mélanie, sa fille,

(1) Livre VII, chap. VIII.
(2) Livre I, chap. IV.

coquette et spirituelle, mélange de fausseté et de sincérité ; Propst Gelbsattel, le piétiste respectueux du gouvernement; Guido Stromer, devenu pasteur après avoir fait tous les métiers, type du sceptique encore plus que du libre penseur ; madame Reichmeyer, la riche juive, intelligente et brillante ; Sylvestre Raflard, le jésuite, qui n'a qu'un but, procurer de l'argent à la société de Loyola, qui regarde la théocratie comme l'ordre souverain, tient Proudhon pour une tête creuse et veut étouffer la pensée au nom de l'humanité. Ackermann, l'une des figures les plus attachantes et les plus sympathiques du roman, personnifie l'industrie nouvelle ; à son retour d'Amérique, il prend en location les biens de Hohenberg pour leur rendre leur ancienne splendeur. Puis voici les simples ou les misérables : le forestier Heunisch ; le barbier Zipfel ; Hackert, l'être déclassé, dévoyé, méprisé de tous et méprisant tout le monde, très farouche, capable par instinct de bonté et de brutalité ; Murray, qui a expié un crime par de longues années de souffrance et d'exil, et qui revient du Nouveau-Monde ; Louise Eisold, la petite pauvresse dévouée en qui tremblent toutes les émotions de la nouvelle conscience populaire, qui ne pense pas abstraitement comme les savants et les historiens de calme réflexion, mais qui hait de tout son cœur le pape, Rome, la hiérarchie, la tradition et l'égoïsme (1).

Dankmar Wildungen a remis aux conseillers de justice les papiers qui prouvent ses droits; il plaide, et va gagner son procès en appel, lorsque Egon, le prince, fait échouer ses projets. Egon a accepté d'être ministre, de défendre une société qui ne vit plus que de compromis entre le passé et le présent; il devient l'instrument de l'État historique, des traditions militaires, du régime des hobereaux et du fonction-

(1) Livre V, chap. VIII. — Beaucoup de personnages sont des portraits; par exemple, le général Voland von der Hahnenfeder est Jos. Maria von Radowitz. Probst Gelbsattel doit être Hengstenberg.

narisme. Il est lui-même une nature violente, hautaine, impérieuse. Il prend des mesures énergiques contre les principes républicains et socialistes; il fait bannir Louis Armand, poursuivre le major Verdeck et Dankmar Wildungen. Celui-ci n'a d'autre ressource que de se cacher. Il accourt chez Ackermann, lui demande refuge, le prie de l'admettre au nombre de ses ouvriers. Il est en prison quand la sentence du tribunal lui donne gain de cause dans son procès d'héritage, et il ne s'échappe que grâce au secours de Hackert.

Egon est bientôt las de servir un gouvernement qu'il méprise et de persécuter ses anciens amis. Écœuré, il revient dans sa propriété pour y chercher le repos. Il le trouve dans la conversation d'Ackermann (1). Et voici que nous apprenons que Ackermann, dont le vrai nom est Rodewald, est le père du prince Egon, l'oncle de Dankmar ; que Murray est un ancien baron Grimm, et que Hackert est Frédéric Zeck, fils de Murray et de Pauline. Tous les personnages importants du roman sont donc unis par les liens du sang : image symbolique de l'affection qui doit exister entre les hommes (2).

Les derniers chapitres du roman indiquent ce que deviennent les Chevaliers de l'Esprit. Armand (3) épouse Fränzchen, la fille du forestier Heunisch. Ce communiste choisit une vie de calme et de travail. Il veut réaliser des réformes par une action continue, et non par de brusques bouleversements ; il montre, par son exemple, que tous les dangers du communisme disparaîtraient si la structure sociale permettait, ordonnait et régularisait la part d'activité que veut prendre le quatrième État. Dankmar apprend que l'écrin qui lui assurait une fortune a disparu dans un incendie, consumé par

---

(1) Livre VI, chap. v et xii.
(2) Ceci est destiné à rappeler le dénouement du *Nathan* de Lessing.
(3) *Die Morgenröthe*, livre VIII, dernier chapitre.

le feu (1). Il regrette peu la force matérielle que l'héritage
des Templiers lui aurait donnée : ce n'est pas avec de l'or et
de l'argent que les Chevaliers de l'Esprit peuvent lutter,
c'est avec de la pensée. Egon rentre dans l'association,
ramené par Rodewald (Ackermann). Il a rendu son porte-
feuille de ministre, retrouvé jeunesse et vie. Il est devenu
plus républicain qu'Armand : l'époque, dit-il, se dissoudra
d'elle-même, car elle est mensonge ; les Chevaliers de l'Esprit
n'ont pas besoin de combattre ; ils n'ont qu'à élever leur
regard, à le détourner d'une société qui est égoïsme et
duperie. Rodewald termine le roman sur ces paroles d'espérance : « Le présent est riche en devoirs sérieux et troublé de
plus d'un souci, mais il a ses joies, que chacun peut goûter
en soi et contempler chez les autres. »

Nous avons essayé de dégager la pensée de ce roman,
telle qu'elle est révélée par les conversations, les actes et
les symboles. Elle est enveloppée d'une variété infinie de
détails. Le cadre extérieur est dépeint avec autant d'exactitude que l'âme des personnages ; la chaumière, le bal public,
la mansarde, le poste de police, la prison trouvent place à
côté du manoir ou du salon luxueux. Il y a des tableaux où
Gutzkow, dans la peinture de la vie aristocratique (2), riva-
lise avec Eichendorff ; il y en a d'autres qui, longuement,
retracent la vie de l'artisan, l'habitation où le pauvre souffre
silencieusement (3), la fabrique où gronde la machine (4). La
nature aussi, mêlée à la destinée humaine, prête à plus d'une
scène son cadre somptueux ou idyllique. Partout apparaît
une rare faculté d'observation en même temps qu'une science
encyclopédique. L'ensemble témoigne d'un puissant effort

(1) Liv. IV, chap. xiii.
(2) Voir livre I, chap. iv, et livre III, chap. vi.
(3) V. surtout livre V, chap. vi. *Stilles Leid und stille Schuld.*
(4) V. livre IV, chap. xi.

pour enfermer toute la civilisation du milieu du XIX⁰ siècle dans un roman du « Nebeneinander » (1).

Ce livre est digne d'être admiré si l'on n'en considère que le fond ; mais, sur la forme, il convient de faire bien des réserves. On connaît les théories de Gutzkow sur le roman. Il disait, dès 1831, dans les *Briefe eines Narren*, que les actions et les pensées humaines doivent être considérées dans l'espace et non dans le temps, que le regard du philosophe comme celui du poète doit dominer toute son époque. Par sa *Philosophie der That und des Ereignisses*, il accordait au hasard une large place dans le jeu des circonstances. Il avait trouvé dans l'œuvre de Balzac et d'Eugène Sue (2) une partie de ce qu'il désirait voir apparaître dans le roman : l'étude psychologique des contemporains ; la variété des personnages et la complexité des événements ; la peinture d'un milieu social ; les mystères aussi que recèle la civilisation, ceux des naissances tenues secrètes, des substitutions de noms, des crimes inexpiés, des intrigues cachées, des associations politiques ou religieuses. Puis, entraîné par l'attrait du symbole, il avait rapproché Balzac et Eugène Sue des écrivains allemands qu'il admirait le plus, Jean-Paul et Gœthe. Il avait uni dans sa pensée *le Père Goriot*, *le Juif Errant* et les *Mystères de Paris* au *Wilhelm Meister* (3) et à *la Loge invisible*. Il avait conçu le roman à la fois comme une épopée, un drame et un poème lyrique (4), où les sentiments de chacun des personnages se mêlent aux coups de la destinée, où l'individualité libre se plie ou bien

(1) V. surtout la préface de la 3ᵉ édition des *Ritter vom Geiste*, I, p. VII.

(2) V. *Beiträge zur Geschichte der neuesten Literatur*, II, 33-39.

(3) V. Levin Schücking, *Lebenserinnerungen*, .II. 55, et une lettre de Gutzkow à Levin Schücking publiée par Houben dans la revue *Deutschland* (Déc. 1903).

(4) V. *Säkularbilder*. G. W., VIII, 436-437.

s'oppose à des conditions d'existence données (1). C'est là ce qu'il avait voulu réaliser dans les *Ritter vom Geiste*. La tentative fut trop audacieuse (2), ou, du moins, il manqua de l'art nécessaire pour édifier l'œuvre grandiose qu'il rêvait. La technique de son roman le prouve. L'action se développe lentement, avec une tranquillité épique, mais les personnages arrivent peu à peu trop nombreux ; une intrigue se joint à l'autre ; une étude sociale, philosophique ou théologique, traîne en longueur ; un mystère devient de plus en plus obscur. Les personnages principaux sont déconcertants ; on les voit agir à l'opposé de ce que l'on attendait. On marche de surprise en surprise. L'attention, loin d'être éveillée par ces brusques changements, s'émousse ; la lecture était un travail, elle devient une fatigue. Sans doute, tout s'éclaire si l'on a la patience de lire jusqu'au bout. Les éléments épars de cette œuvre immense se groupent ; les énigmes se déchiffrent ; on comprend les inconséquences apparentes des caractères ; on devine les symboles ; mais l'attente a duré trop longtemps. Gutzkow mêle trop de romantisme à la peinture du réel ; il abuse du symbolisme ainsi que des procédés dont s'était servi Eugène Sue ; et ce n'est plus qu'avec peine que l'on découvre la matière si riche de son livre.

II

L'effort que nécessite la lecture de ce roman semblait moins pénible en 1850 ; on était habitué aux longs récits ; on n'éprouvait pas encore le besoin d'être instruit rapidement. Quand les *Ritter vom Geiste* commencèrent à paraître en

---

(1) *Vom Baum der Erkenntniss*, p. 209.
(2) Gutzkow écrivait à Wehl, au moment où il commençait le troisième livre des *Ritter vom Geiste* (4 février 1850) : « Ich musst' einmal wieder einen ordentlichen Anlauf zum Parnass nehmen. » V. Wehl, *Das Junge Deutschland*, p. 209.

feuilletons dans la *Deutsche Allgemeine Zeitung* (1), ils s'imposèrent à l'admiration de presque toute l'Allemagne : « Je crois, écrivait Gottfried Keller à Hettner (2) après avoir lu la première partie du roman, que ce sera une œuvre importante qui comblera un vide dans notre littérature (3). » Gutzkow, dans une lettre du 12 mai 1851 à son ami Feodor Wehl, se réjouit de l'accueil fait à son ouvrage, qu'il se hâte de terminer. « L'intérêt est maintenant très grand ; le livre est très demandé ; tout le monde le connaît et le suit avec une attention soutenue. La critique est, par suite, d'autant plus abominable (4). »

S'il était attaqué, et surtout au point de vue politique, ses amis, par contre, s'empressaient de célébrer la valeur de l'œuvre nouvelle. « C'était un Wilhelm Meister politique qu'il avait voulu écrire, dit Prœlss, et c'est à ce titre que cette œuvre grandiose fut saluée par des hommes tels que W. Riehl, M. Carriere, K. Rosenkranz, Fr. Dingelstedt, G. Kolb, R. Gottschall, Fallmerayer, Zabel, Levin Schücking et beaucoup d'autres (5). » Saint-René Taillandier, qui avait

(1) Depuis le 1ᵉʳ juillet 1850. — V. Lettre à Wehl du 9 avril 1850. Wehl, *Das Junge Deutschland*, 211,et Alex. Jung, *Briefe über Gutzkow's Ritter vom Geiste*. Leipzig, 1836.

(2) 16 septembre 1850. V. Bæchtold, *Gottfried Keller's Leben*, 1893, II, 128.

(3) Voici le jugement de G. Keller en entier : « Gutzkow's neuer Roman oder der erste Theil desselben hat mir sehr gefallen, obgleich er etwas liederlich geschrieben ist. Es sind treffende und feine Zeit- und Charakterschilderungen, und er zeigt seine Meisterschaft im Beob- achten. Ich glaube, es wird ein bedeutendes Werk sein, wenn die mannigfaltigen Anlagen gleichmässig fortgeführt werden, und wird eine Lücke in unserer Literatur ausfüllen. »

(4) « Das Interesse ist doch jetzt recht gross. Das Buch ist vielbe- gehrt, alle Welt kennt es und folgt mit Spannung. Um so abscheulicher handelt die Kritik. » Wehl, *Das Junge Deutschland*, 222.

(5) Prœlss, 798. Parmi les autres écrivains admirateurs des *Ritter vom Geiste*, il faut citer W. Alexis (V. Houben, *Gutzkow-Funde*, 502) et Glassbrenner (voir une lettre du 4 juillet 1851, publiée par Wehl, *Zeit und Menschen*, I, 230.)

critiqué le roman en 1851 dans un article de la *Revue des Deux-Mondes* (1), reconnaissait en 1853 (2) qu'il avait en Allemagne un immense retentissement. « Les *Ritter vom Geiste* mirent Gutzkow en tête de la littérature allemande, » put écrire Frenzel (3) dix ans après.

Gutzkow eut un moment de triomphe et de bonheur. C'est alors qu'il composa *Aus der Knabenzeit* (1852) (4), ce livre empreint d'une émotion si douce, où il mêle au récit de son enfance quelques-uns de ces tableaux familiers de la vie berlinoise, qui abondent dans les *Ritter vom Geiste*. Il pouvait croire que l'œuvre de la Jeune Allemagne, du moins celle à laquelle il travaillait depuis plus de vingt années, allait enfin s'accomplir : l'écrivain se rapprochait de la foule, il la guidait, il l'initiait aux problèmes politiques et sociaux dont elle seule pouvait donner la solution. Qu'importaient maintenant les attaques d'une critique réactionnaire ou doctrinaire ?

Si Gutzkow eut vraiment cet espoir (5), sa joie fut de courte durée. Les *Grenzboten*, organe du libéralisme aristocratique, commencèrent dès 1852 (6) une campagne qui ne devait pas cesser de bien des années. Le rédacteur, Julian Schmidt, entreprit de ruiner la réputation des *Ritter*

(1) V. *Revue des Deux-Mondes*, 15 février 1851.

(2) V. *Revue des Deux-Mondes*, 1ᵉʳ février 1853.

(3) Frenzel, *Büsten und Bilder*, 1864.

(4) V. G. W., I. — C'est alors aussi que Gutzkow commença à publier cette revue populaire qui eut tant de succès, *die Unterhaltungen am häuslichen Herd*. Voir les lettres de Gutzkow publiées par Houben, dans la revue *Deutschland* (déc. 1903, janv. 1904).

(5) V. surtout les lettres de Gutzkow à Wehl en 1851. Wehl, *Das Junge Deutschland*.

(6) V. *Grenzboten*, surtout 2 avril 1852. — De 1848 à 1861, Julian Schmidt dirigea les *Grenzboten* avec Freytag. De 1861 à 1870, Freytag resta seul directeur. Voir, sur l'histoire de cette revue, *Grenzboten*, LXII, 52, et LXIII, 1.

vom Geiste. Les comparant aux ouvrages de Dickens et d'Alexandre Dumas, il s'attachait à marquer l'infériorité de Gutzkow. L'auteur de *Pickwick* a, disait-il, de charmants détails, du sentiment, de la gaîté ; l'auteur des *Trois Mousquetaires* conte avec une sorte de naïveté ; mais Gutzkow, toujours, prend la place de ses personnages. Tout lui est occasion d'exprimer ses pensées ; il ne donne rien qui soit vivant, il ne sait pas traiter un caractère avec vigueur, il manque d'idéalisme, il ne connaît que la satire. Son ouvrage, d'ailleurs, par ses dimensions, qui atteignent presque celles du *Conversationslexicon*, présente un obstacle insurmontable à la critique. Les articles de Julian Schmidt faisaient du bruit ; ils représentaient bien l'opinion hostile à Gutzkow. On prit parti pour ou contre les *Ritter vom Geiste*, suivant que l'on était plus ou moins libéral. Les partisans de Gutzkow ne cessèrent de considérer son roman comme une œuvre capitale de la littérature allemande ; ses adversaires en relevaient tous les défauts. Hoffmann écrivit en 1854 un article très élogieux (1) sur les *Ritter vom Geiste ;* Neumann composa une *Vie de Gutzkow* (1854); Gottschall réserva à ses œuvres une large place dans sa *Deutsche Nationallitteratur* (1855); Jung (2) donna tout un livre sur les *Ritter vom Geiste* (1856). Mais ces voix, bientôt, furent isolées : l'avis de Julian Schmidt devint celui de la majorité (3). Et, en même temps que les *Grenzboten* renouvelaient leurs atta-

---

(1) Hoffmann, *Ueber Gutzkow's Ritter vom Geiste.* Album des literarischen Vereins in Nürnberg, 1854.

(2) Alex. Jung : *Briefe über Gutzkow's Ritter vom Geiste.* Leipzig, 1856.

(3) Gottfried Keller, aussi, se ralliait à l'avis de Julian Schmidt. Voir une lettre de Keller à Hettner, janvier 1855 : « Schmidt ist zuweilen nicht übel, seine letzte Nummer wo er die Waldau und Gutzkow durchhechelt ist sehr ergötzlich » V. Bæchtold : *Gottfried Keller,* II, 273. Voir aussi Lettres de Keller à Hettner des 18 oct. 1856, 17 nov. 1857 et 25 nov 1857.

ques, *Soll und Haben*, de Freytag, apparut (1855) comme
une brillante réfutation des *Ritter vom Geiste*, faisant l'éloge
de la bourgeoisie commerçante, plaisant au lecteur par la
clarté du style et la limpidité de la pensée. Les *Ritter vom
Geiste* entrèrent peu à peu dans l'oubli : ils avaient eu trois
éditions jusqu'en 1855 ; ils n'en eurent plus que trois jusqu'à
nos jours, au lieu que *Soll und Haben* a dépassé la quaran-
tième.

La vie de Gutzkow n'atteignait donc pas plus dans le roman que
dans le drame le but qu'il poursuivait ; il n'intéressait pas le
grand public. L'influence de la Jeune Allemagne s'effaçait
complètement. Depuis 1840, les esprits cultivés rejetaient ses
principes ; l'action sociale par la littérature lui échappait
également en 1855. Les forces que Gutzkow avait voulu grouper et rapprocher de la foule, l'art, les études historiques
et la science économique, continuaient leur action autour
de lui dans des directions divergentes : la littérature restait
aristocratique et bourgeoise ; l'histoire se mettait au service
de l'État ; la science économique lui paraissait encore
abstraite et révolutionnaire. Il se voyait seul, sans alliés,
ennemi de la bourgeoisie telle qu'elle était organisée, adversaire du communisme, hostile à la nouvelle littérature
réaliste, par suite aussi bientôt attaqué de tous côtés.

La vie de Gutzkow, à partir de 1860, n'est plus qu'une
lutte incessante dans laquelle son courage n'est pas soutenu
par l'espérance de la victoire. « Mon sort, disait-il en 1857,
c'est tout simplement de prouver à nouveau chaque jour ce
que je croyais avoir déjà prouvé il y a plus d'une douzaine
d'années (1). » Pour répondre à la critique, il explique ce
qu'il a tenté, ce qu'il a voulu ; il écrit sa vie (2), ses pen-

(1) Lettre inédite du 4 juin 1857, publiée à la fin du volume.
(2) En 1859. Voir l'article qu'il envoya à Gödeke et qui parut dans la
revue *Die Gegenwart* (p. 394) en 1879.

sées (1), ses souvenirs (2); il publie de longues préfaces (3).
Pour calmer les défiances éveillées contre lui, il laisse de côté,
dans les collections de ses œuvres, ses premiers livres (4); il
élague dans ceux qu'il donne au public les expressions trop
audacieuses; il s'efforce de faire oublier le nom de Jeune
Allemagne (5).

Il ne rejette rien toutefois de ce qu'il avait enseigné. Il
ne cesse de répéter que l'homme doit être moralement et
politiquement libre, conscient de ses droits, juste envers
son semblable (6). Il garde en face des gouvernements
l'attitude indépendante de ses jeunes années : « Quand
viendra le temps, écrit-il en 1868, où les princes ne se
garantiront plus mutuellement leurs trônes, mais où les
peuples feront accord pour assurer leur liberté (7)? » En
1870, il est vrai, il applaudit à la politique extérieure de

---

(1) *Vom Baum der Erkenntniss*, 1868.

(2) *Die schöneren Stunden*, 1869; *Lebensbilder*, 1871-72; *Rückblicke*,
1875.

(3) V. *Dramatische Werke*, 1871, et *Gesammelte Werke*, 1872-76 (Édition Costenoble.) Bulthaupt dit avec raison, mais sans expliquer les
motifs de l'attitude de Gutzkow : « Es ist ein unaufhörliches Erklären,
sich Rechtfertigen und Vertheidigen, ein beständiger grimmiger
Kampf gegen die Kritik. » *Dramaturgie des Schauspiels*, 4ᵉ édition,
1894, III, 261.

(4) Par exemple : *Ueber die historischen Bedingungen einer preussischen Verfassung. Briefe eines Narren. Beiträge zur Geschichte der
neuesten Literatur.*

(5) « Das « Junge Deutschland! » Was das für ein dummer Begriff
ist, der sich von Literaturgeschichte zu Literaturgeschichte..... fort-
schleppt ! Junge Autoren, die gar wenig Aehnlichkeit unter sich
hatten, die sich einander befehdeten, koppelt man mit Gewalt, wie
Simson seine Füchse, immer und immer zusammen ! Die Tradition
will es einmal so. » *Dionysius Longinus*, 1878, p. 49.'

(6) *Vom Baum der Erkenntniss*, 1868.

(7) « Wann wird die Zeit anbrechen, wo sich die Fürsten nicht
gegenseitig ihre Throne, sondern die Völker gegenseitig ihre Freihei-
ten verbürgen? » *Vom Baum der Erkenntniss*, 1868, p. 121.

Bismarck (1) ; il réclame l'Alsace et la Lorraine ; mais c'est
qu'il ignore les causes véritables de la guerre et qu'il en veut
à la France d'avoir trahi les espérances fondées sur elle (2).
Autant il admirait la République de 1792 et de 1848, autant il
déteste le bonapartisme belliqueux : en 1842, il disait (3) que
la France devait être forte pour agir moralement et socialement ; en 1870, il demande qu'on l'affaiblisse pour qu'elle ne
trouble pas, par les armes, la paix du monde (4). Il doutait
maintenant que la France fût digne d'être une République ;
il n'eut pour le peuple blessé aucune parole de respect ou de
sympathie (5). Mais Gutzkow ne céda qu'un instant à l'entraî-
nement de toute l'Allemagne. L'amour qu'il avait toujours
éprouvé pour son pays ne prit pas pour longtemps la forme
d'un chauvinisme aveugle, et redevint ce patriotisme ouvert,
éclairé, qu'il avait tant admiré dans Börne (6). Dès 1871,
il estimait les conquêtes par les armes à leur juste valeur.
Le travail silencieux des esprits reste le même qu'autrefois,
écrivait-il dans la préface de ses drames (7) ; les forces de la
nature n'interrompent pas leur action, et des idées nées dans
une mansarde ont produit des révolutions plus grandes que
l'ébranlement du monde politique. Ses défiances à l'égard de

(1) V. *Das Duell wegen Ems*, écrit après les premières victoires
allemandes (juillet 1870). G. W., X, 380.
(2) V. une lettre de Gutzkow à Ludmilla Assing, du 25 octobre 1870,
publiée par Houben dans la *Sonntagsbeilage* (n° 50) *zur Vossischen
Zeitung* (13 décembre 1903) : « Bismarck, Moltke, u. s. w., das sind ja
Nebensachen. Die Hauptsache ist die grosse historische Frage : Soll
Frankreichs nichtswürdiges Verlangen nach unserem Boden fort-
dauern. »
(3) V. *Briefe aus Paris*. G. W., VII, 332.
(4) V. la lettre citée et *Das Duell wegen Ems*. G. W., X.
(5) V. *Durch Frankreich im Jahre 1874*. G. W., VII, 449.
(6) Surtout dans l'ouvrage de Börne, *Menzel der Franzosenfresser*.
(7) G. *Dram. Werke*. I, Berlin, mai 1871

la Prusse bureaucratique et militaire reprirent le dessüs (1).
En publiant *Deutschland am Vorabend seines Falles oder
seiner Grösse* dans ses Œuvres complètes, il disait de la
politique de Bismarck : « Puisse cette couronne impériale
allemande créée à l'étranger, à Versailles, n'avoir pas besoin
d'un renouvellement constant de glorieuses victoires pour
prouver la nécessité de son existence ! (2) »

Ils étaient rares, les Allemands qui parlaient ainsi au
lendemain de la fondation de l'empire. On était tout à la
joie d'avoir enfin réalisé l'unité (3). On ne se demandait
pas de quel prix cet avantage devait être payé. Gutzkow,
dont la pensée restait claire et qui, par ses principes, était
encore plus près de 1830 que de 1870 (4), ne partageait pas
l'enivrement général.

Ses dernières années furent tristes. Le nombre de ses
adversaires politiques et littéraires grandissait ; il avait
contre lui les historiens, comme Hillebrand (5) ; les partisans de Hebbel ou de Otto Ludwig, comme Julian Schmidt,

---

(1) V. surtout le roman *Die neuen Serapionsbrüder*, 1877. V. aussi
ce passage inédit de son Journal : « Preussens natürliche Grenzen
sind seine Kanonen !! schrieb ich schon im Jahre 1838 (Band 10),
habe noch immer keinen Orden. »

(2) G. W., X, 237. Spätere Anmerkung : « Möge die im Auslande,
in Versailles, geschaffene deutsche Kaiserkrone nicht der steten
Erneuerung glorreicher Siege bedürfen, um die Nothwendigkeit ihrer
Existenz zu beweisen. »

(3) Gutzkow appelait ce sentiment : *Reichseinheitstrunkenheit.* Voir
G. W., XII, 222.

(4) V. la préface que Gutzkow en 1875 écrit pour la troisième
édition de son *Börne* : « In neuerer Zeit ist es Sitte geworden, über
Ludwig Börne geringschätzend zu urtheilen. Gervinus hat dafür den
Ton angegeben. Die Frivolität unserer Epoche, verbunden mit dem
Reichseinheitsgefühl, das sich in allerlei Gestalt, auch übermüthiger,
ausspricht, hat seinem Urtheil nachgeredet. » G. W., XII, 221.

(5) J. Hillebrand, *Deutsche Nationalliteratur des 19. Jahrhunderts,*
troisième édition revue et complétée par K. Hillebrand (1875).

Kreissig (1), Emil Kuh (2) ; les amis de Heine, comme Strodtmann (3). Très sensible à la critique, il souffrait infiniment
de leurs attaques toujours répétées : « Socrate est mort de
la ciguë, disait-il un jour à Wehl (4). Mes adversaires veulent
prouver que l'amertume aussi peut tuer (5). » Son dernier
ouvrage, *Dionysius Longinus* (1878), où il combat avec tant
d'âpreté ce qu'il appelle « le culte de Hebbel », est moins un
livre de vengeance que de douleur.

Après sa mort, son nom ne fut pas épargné. Il était à
peine descendu dans la tombe (6), que Treitschke, par sa
Deutsche Geschichte im XIX. Jahrhundert (7), élevait un
monument à la nationalité allemande sous l'hégémonie
prussienne : lorsqu'en 1889, dans le quatrième volume de son
histoire, il vint à parler du mouvement de 1830, il condamna
sans réserve Gutzkow et la Jeune Allemagne. Son jugement
fut répété ; les noms de Gutzkow, de Laube et de Mundt
furent rapprochés de nouveau ; le même dédain passa sur
eux. Gutzkow resta l'auteur de *Wally*, et de *Wally* seulement ; c'est à peine si parfois on se souvint qu'il avait écrit
aussi *Uriel Acosta*. La France ne fut pas plus juste ; elle
l'ignora ou ne le comprit pas. Saint-René Taillandier (8)

(1) Kreissig, *Vorlesungen über den deutschen Roman der Gegenwart*, 1871. Voir p. 185 ce qu'il dit des *Ritter vom Geiste*.

(2) Emil Kuh, *Hebbel*, 2 vol. 1877.

(3) Strodtmann, *Heines Leben und Werke*, 1867-69.— Wurzbach, qui
essaie d'exposer la vie et la pensée de Gutzkow, commet sur son œuvre
de singulières erreurs. Wurzbach, *Karl Gutzkow*, 1871.

(4) *Zeit und Menschen*, II, 111.

(5) En janvier 1865, il tenta de se suicider.

(6) 17 décembre 1878.

(7) Le premier volume parut en 1879.

(8) Gutzkow disait vers 1846 que Saint-René Taillandier était le
Français qui connaissait le mieux l'Allemagne (V. *Paris und Frankreich*. G. W. VII, 383). En 1857, dans une lettre à A. Weill, Gutzkow
traite Saint-René Taillandier de « Schwätzer » : « Zerstören Sie doch
einmal die stereotype Kategorie dieses Schwätzers von der Jeune
Allemagne ! » 30 nov. 1857. V. A. Weill, *Briefe hervorragender verstorbener Männer Deutschlands*. Zürich, 1889.

répandit sur ses œuvres, au hasard, l'éloge et le blâme : il n'admirait dans *Maha Guru* que la forme voltairienne (1); il blâmait *Deutschland am Vorabend seines Falles oder seiner Grösse*, se demandant pourquoi Gutzkow revenait aux errements de sa jeunesse (2); il trouvait dans l'œuvre de Mundt plus de passion et de sincérité.

C'est de nos jours seulement qu'on a commencé à juger Gutzkow avec plus de justesse. On a lu les ouvrages où ses amis, Frenzel (3), Levin Schücking (4), Wehl (5), parlent de lui avec tant d'émotion (6). Nerrlich (7) l'a défendu contre Treitschke. Brandes (8) a, par ses belles études, attiré l'attention sur lui. Richard Fester a tenté de résumer sa pensée (9). Prœlss (10) lui a donné une large place dans son ouvrage sur la Jeune Allemagne, mais en ne déterminant pas assez à quel point il diffère de Mundt et de Laube. Geiger (11),

(1) V. Saint-René Taillandier, *Histoire de la Jeune Allemagne*, p. 15.

(2) *Id.*, p. 20.

(3) K. Frenzel, *Büsten und Bilder*, Hanovre 1864, et *Gutzkow's Nekrolog*, dans les *Westermanns Monatshefte*, 1879.

(4) Levin Schücking, *Lebenserinnerungen*. Breslau 1886.

(5) Feodor Wehl, *Das Junge Deutschland*. Hambourg, 1886. *Zeit und Menschen*, 2ᵉ vol. Altona, 1889. — V. aussi Al. Weill, *Briefe hervorragender verstorbener Männer Deutschlands*, 1889. Les lettres sont intéressantes, mais Weill, devenu l'ennemi de Gutzkow, est très dur pour lui dans la préface de ce recueil.

(6) Franzos a publié sa correspondance avec Büchner, 1879. — Voir aussi des lettres de Gutzkow à Büchner publiées par Ch. Andler. *Euphorion*, Drittes Ergänzungsheft, 1897.

(7) P. Nerrlich, *Herr von Treitschke und das junge Deutschland*. Berlin 1890 (3ᵉ édition).

(8) Brandes, *Das Junge Deutschland*, 1891.

(9) Richard Fester, *Eine vergessene Geschichtsphilosophie*, dans : *Sammlung wissenschaftlicher Vorträge*. Neue Folge. V. Serie. Hamburg, 1891.

(10) Prœlss, *Das Junge Deutschland*, 1892.

(11) Geiger, *Das Junge Deutschland und die preussiche Censur*. Berlin, 1900. — Voir aussi des lettres de Gutzkow publiées par Geiger dans *Aus Ad. Stahr's Nachlass*, 1903.

par ses recherches aux Archives prussiennes, a prouvé com·
bien son attitude en face des gouvernements fut plus digne
que celle de ses compagnons. Caselmann (1) l'a étudié comme
théologien. Houben a écrit une « Dissertation » sur ses
drames (2); il rassemble ses lettres et celles de ses amis; il
a déjà publié dans divers journaux et dans deux ouvrages le
résultat de ses recherches (3); il prépare une biographie de
Gutzkow.

Mieux on connaît le mouvement politique, moral et littéraire de 1830 à 1848, plus on estime Gutzkow, plus on le
trouve supérieur à Mundt et Laube. Les jugements portés sur
lui sont pourtant loin de s'accorder; ils diffèrent suivant que
l'on parle de l'homme, du politique ou de l'écrivain.

L'homme a grandi aux yeux de la plupart des historiens (4). On sait qu'il était ombrageux, irascible, d'une sensibilité qui fit souffrir ceux qui l'entouraient, mais on ne
répète plus aujourd'hui qu'il n'avait point de cœur. On ne se
raille plus de ses héros faibles. Beaucoup reconnaissent la
noblesse de son caractère, les qualités de son intelligence, et
devinent, même dans l'amertume de certains de ses écrits, la
douceur de ses sentiments. On comprend qu'il a, mieux
qu'aucun autre, connu l'âme humaine, qu'il est, par ses études
psychologiques et sociales, tout proche de nous.

(1) Caselmann, *Karl Gutzkows Stellung zu den religiös-ethischen
Problemen seiner Zeit*, Augsburg, 1900.

(2) Houben, *Studien über die Dramen Karl Gutzkows*, Düsseldorf,
1898.

(3) Houben, *Gutzkow-Funde*, 1901 ; *Emil Devrient*, 1903. — Le
premier de ces ouvrages est très important pour l'histoire de Gutzkow ;
il fait bien comprendre l'œuvre par la vie de l'écrivain. — Mentionnons aussi l'étude de Blösch sur la Jeune Allemagne dans ses rapports
avec la France. Dᵣ Hans Blösch, *Das junge Deutschland in seinen
Beziehungen zu Frankreich*. Berne 1903.

(4) R.-M. Meyer est encore très dur pour Gutzkow dans sa *Littérature
allemande du XIXᵉ siècle*. Bartels a plus de sympathie pour Gutzkow.

Le politique est encore estimé différemment selon le parti auquel on appartient, mais les adversaires de Gutzkow sont maintenant moins nombreux. La deuxième moitié du XIXᵉ siècle, dont la tendance fut nationaliste, ne l'a point compris ; il semble que, de nos jours, les esprits soient mieux ouverts à ses idées. Quelques historiens, toutefois, qui lui sont favorables, voudraient faire de lui un précurseur de l'unité allemande telle qu'elle existe aujourd'hui : ils mentionnent à peine quelques-uns de ses livres ou bien ils les excusent ; ils interprètent des pages, qu'il écrivit en 1870, dans un sens contraire à l'œuvre de toute sa vie. Gutzkow n'aurait pas accepté la gloire qu'on cherche à lui donner par de tels moyens. C'est le rabaisser, en effet, que de fausser ses principes et de réclamer pour lui une sorte d'indulgence. Ne diminuons pas sa pensée. Ne passons pas sous silence les livres de sa jeunesse, si vibrants et si riches d'idées. Ne rejetons rien de son œuvre (1). Considérons qu'elle fut inspirée toujours par les mêmes sentiments démocratiques, et soutenue par les mêmes tendances humanitaires. Gutzkow a pu renoncer au républicanisme, lorsqu'il pensa que cette forme de gouvernement était un rêve irréalisable ; il n'a jamais admis la paix armée et l'esprit de défiance entre les peuples. C'est en démocrate qu'il a jugé le XIXᵉ siècle, et c'est pourquoi il a vu bien des problèmes qui échappaient à la plupart de ses contemporains. Il a compris ce qu'il convenait de faire en des temps difficiles plus nettement que Gervinus et Dahlmann, parce que, n'étant pas doctrinaire (2), il sentait

(1) Gutzkow désirait que l'historien lût ses premiers écrits, ses articles du *Phœnix*, par exemple, dans le texte original : « Ich wünschte ein Literarhistoriker läse diese Arbeiten in der Zeitschrift selbst. » Il disait cela en 1859 ; voir *die Gegenwart*, 1879, p. 394.

(2) Sur les doctrinaires il écrivait encore en 1875 dans ses *Rückblicke*, p. 132 : « Diese vornehmthuende Richtung, über Politik zu sprechen, ging vornehmlich von Dahlmann aus, wurde kurz vor und

le travail obscur de son époque et la puissance nouvelle qui s'affermissait, celle de la masse (1). Sans doute il a cru que ce travail était plus rapide qu'il ne l'est en réalité, mais il étonnait ses amis « par ses prédictions prophétiques et par la justesse de ce qu'il annonçait (2) ».

L'écrivain est, en général, jugé avec sévérité. On reconnaît à Gutzkow le mérite d'avoir ouvert des voies nouvelles et rapproché la littérature de la vie, mais on lui en veut d'avoir uni le romantisme au réalisme, de n'être pas, par la forme, aussi moderne que par la pensée. On lui reproche de n'avoir ni l'art des romantiques, ni l'art des réalistes, ni la poésie des uns, ni la netteté des autres, de demander au lecteur ou au spectateur un trop grand effort d'attention. On est, par suite, loin de s'entendre sur la valeur de ses livres. Mielke (3) fait remarquer dans les *Ritter vom Geiste* bien des défauts ; Bulthaupt (4) est modéré dans ses éloges, même lorsqu'il parle d'*Uriel Acosta ;* il tient *Werner* (5) pour une pièce des plus médiocres.

Gutzkow savait, par expérience, combien son œuvre pouvait être critiquée, et il se défendit plus d'une fois, même contre

---

nach dem Jahre 1848 von Gervinus und dem Anhang der « Deutschen Zeitung » weiter gepflegt und dann als Gothaismus in Scene gesetzt. Sie bildet leider noch jetzt den engeren Auschuss des National-liberalismus. »

(1) Il le répétait en 1856 : « Die Heroenzeit wird (ganz gegen Thomas Carlyle's Vergötterung der Menschengötter) nicht so bald wiederkehren. » « Die Herrschaft des Massengeistes bezeichnet die neuere Geschichte. » *Die geistige Bewegung*, 1856. G. W., X, 305

(2) Wehl, *Zeit und Menschen*. I, 279.

(3) Mielke, *Der deutsche Roman des neunzehnten Jahrhunderts*, 1890. Les *Ritter vom Geiste* sont par contre l'ouvrage de Gutzkow que R.-M. Meyer semble préférer.

(4) Bulthaupt, *Dramaturgie des Schauspiels*, 4ᵉ édition, 1894, 3ᵉ vol.

(5) Eugen Wolff, dans un choix des drames de Gutzkow (*Gutzkow's Meisterdramen*, 1902), laisse *Werner* de côté

La politique n'a encore aucune difformément sur le parti
auquel il a tenu. mais ses adversaires de Gutzkow sont
maintenant bien honorent. La première moitié du XIX
siècle. n'a à ce point ni nationaliste. ni à peut compris:
… à nos jours, les esprits soient mieux ouverts
… recherches historiens unanimes, qui lui sont favorables. Seulement sur de lui un penseur à l'unité alle-
nande elle n'a été mise aujourd'hui. ils pensèrent à
… ou … de les excusent : ils
… dans un sens
… Gutzkow n'aurait pas
… *damner* par de tels
… que de fausser ses prin-
… une sorte d'indulgence. Ne
… pas sous silence les
… libérale et si riches d'idées. Ne reje-
… Considérons qu'elle fut inspirée
… mêmes sentiments démocratiques, et sou-
… mêmes tendances humanitaires. Gutzkow a pu
… au *républicanisme*, lorsqu'il pense que cette forme
gouvernement était un rêve irréalisable; il n'a jamais
… la paix armée et l'esprit de …
C'est en démocrate qu'il a …
… vu bien des pro…
de ses contempor…
faire en des temps …
Dahlmann, pe…

(1) Gut… …rits, ses
article… … Jah-
wün… …schrit
sell…

bli…

le travail obscur qui s'affermissait, de son époque et la puissance nouvelle que ce travail était celle de la masse (1). Sans doute il a cru mais il étonnait plus rapide qu'il ne l'est en réalité. et par la justesse ses amis « par ses prédictions prophétiques de ce qu'il annonçait (2) ».

L'écrivain est, en général, jugé avec sévérité. On reconnaît à Gutzkow le mérite d'avoir ouvert des voies nouvelles et rapproché la littérature de la vie, mais on lui en veut d'avoir ni le romantisme au réalisme, de n'être pas, par la forme, moderne que par la pensée. On lui reproche de n'avoir ni l'art des romantiques, ni l'art des réalistes, ni la poésie des ni la netteté des autres, de demander au lecteur ou au spectateur un trop grand effort d'attention. On st, par suite loin de s'entendre sur la valeur de ses livres. Mielk émarquer dans les *Ritter vom Geiste* bien des drians ; Bo haupt (4) est modéré dans ses éloges, même lorsqu'il parle d' *Uriel Acosta* ; il tient *Werner* (5) pour une pièce des plus médiocres.

Gutzkow savait, par expérience, combien son œuvre pouvait être critiquée, et il se défendit plus d'une fois, même contre

von Gervinus und dem Anhang der « Deutschen dann als Gothaismus in Scene gesetzt. engeren Ausschuss des National-libe

Die Heroenzeit wird (ganz gegen der Menschengötter) nicht so bald des Massengeistes bezeichnet die wegung, 1856. G. W., X, 305.

les jugements que la postérité porterait sur lui. Dans une vie comme la sienne, disait-il, qui fut une « vie véritable », c'est-à-dire pleine de douleurs et de joies, il n'était pas juste de n'exiger que des ouvrages parfaits. Tout ce qu'il avait donné marquait un nouveau stade dans sa carrière d'écrivain, mais aussi représentait un moment intellectuel de la nation. N'ayant cessé de chevaucher et de lutter, il avait souvent travaillé sous une sombre impression, et ne pouvait être un artiste souriant et reposé (1).

(1) Nous empruntons à son autobiographie ce passage très important, où il se juge lui-même : « Ich will von der dann kommenden Zeit und der Gegenwart nicht sprechen. Aber ich glaube, es ist ungerecht, in einem Autorleben, wie dem meinigen, das in der That *ein Leben* war (voll Schmerz und Freude) nur nach der zu alten Zeiten vollständig zutreffenden Vollkommenheit der Leistungen zu verlangen. Ich bin der moderne Autor, der, ohne Amt und Gunst der Fürsten, ganz nur durch sich selbst besteht, und doch nicht wieder der moderne Autor, der eine einzige Kraft benutzt, um Band nach Band vollzuschreiben und ad infinitum und ad libitum arbeitet. Alles was ich schrieb ist Signatur irgend eines Entwickelungstadiums in mir. Man sage, ich entwickelte mich von der Unreife aus; gut; man erkenne nur an, dass ich unter dem Einfluss von Umständen mich entwickelte, die eine gewisse normale Bedeutsamkeit für das ganze geistige Leben der Nation von 1830 an haben. Weil ich als Krieger stritt und zu Pferde sass, konnte ich nicht friedliche Hütten bauen als reiner Kunstdichter.......... Meine Gegner drehen das alles freilich um und sagen : er hing sich an Alles was gerade passirte, folgte nur der Mode u. s. w. Das ist Verleumdung, gänzliches Verkennen meiner Natur und des Dranges, aus dem ich nur einmal das geworden bin, was ich bin, oder wofür ich gelte. Ich habe nicht gelesen, was Julian Schmidt in seiner Literaturgeschichte über mich sagt, ich glaube aber, er imputirt mir eine stets verkehrte Stellung zur gesunden Vernunft und Moral Er hat darin Recht, dass ich unter dem Eindruck eines dunklen Gefühls arbeite. Ob das so schrecklich ist? Ob nicht die halbe deutsche Literatur seit Opitz eine träumerische und tastende ist. » — V. *Die Gegenwart*, 1879, p. 394. — Voir aussi, à la fin de ce volume, les fragments inédits du *Journal* de Gutzkow, surtout les dernières pensées.

Il nous faut retenir cette pensée. Nul n'a parlé de Gutzkow avec plus de justesse que lui-même. Il avouait ses défauts en même temps qu'il se justifiait; il reconnaissait qu'il y avait dans ses ouvrages quelque chose d'inachevé, d'agité, d'obscur; mais il demandait aussi qu'on ne les considérât pas abstraitement d'un point de vue purement esthétique. Il voulait qu'on y cherchât la vie de l'écrivain, les circonstances où ils furent composés; c'est pour nous aider à les comprendre qu'il a laissé tant de mémoires sur lui-même et sur ses contemporains (1). Quand une fois l'on est entré dans son œuvre qui semble, au premier abord, si touffue et si fragmentaire, on est frappé de l'harmonie de son ensemble : au milieu d'une époque disparate et bouleversée, elle se développe comme un organisme dont toutes les parties se commandent, animée par les mêmes principes, du premier jusqu'au dernier livre, humaine, sincère, sérieuse, unissant à un intérêt général l'attrait d'une puissante personnalité.

(1) Lorsque, à l'aide de ses Souvenirs et de ses Lettres, on contrôle les jugements qui ont été portés sur lui, on est surpris de voir certains de ses ouvrages si peu estimés, tandis que d'autres sont portés très haut. Il est certain que Gutzkow estimait infiniment plus que *Das Urbild des Tartüffe* des œuvres comme *Die Säkularbilder*, *Börne* et *Werner*.

APPENDICE

LETTRES ET PENSÉES INÉDITES DE GUTZKOW

Lettres

Les lettres que nous publions ici nous ont été transmises par Mᵐᵉ Bertha Gutzkow ; elles donnent quelques renseignements sur l'écrivain et le politique, mais font surtout connaître l'homme dans son intimité.

— I —

Lettre de Gutzkow à son oncle Meidinger (1)

Mein guter Onkel,

Seit den schmerzlichen Tagen des April hab' ich Ihnen nicht geschrieben. Jeder Brief, den ich damals aufsetzte, riss die Wunde nur noch grösser auf. Ich floh vor den Schmerzen nicht, Klage und Thränen waren vielmehr der einzige Trost, der mir wohl that, und doch musst' ich ein Maass halten, irgend ein Ziel setzen, ich wäre sonst selbst zu Grunde gegangen. Ihnen hoff' ich vielleicht einmal mündlich eine Schilderung des Erlebten geben zu können, oder in beruhigter Zeit unsere

(1) Cette lettre est importante, car elle montre bien dans quels rapports Gutzkow avait vécu avec sa première femme, Amalie.

mir so theure Verbindung schriftlich aufnehmen zu können. Noch ist freilich diese beruhigte Zeit nicht da. Vier Monate sind seither verflossen, aber das Schreckliche steht mir noch immer vor Augen, und aus meinem Herzen wird sich der Eindruck nie verlieren. Dieser Tod, so rasch, so unerwartet, so jammervoll in allen seinen Nebenumständen.... ach, es ist zu herzzerreissend, sich auch nur in der Erinnerung alles wieder zu vergegenwärtigen.

Das ist nun ein Abschnitt meines Lebens, von dem ich nicht weiss, wie ich ihn überwinden werde. Zu neuen energischen Lebensunternehmungen ist mir der Muth gebrochen, auch hab' ich an den Kindern das Bleigewicht einer zwar theuren Last, des einzigen sprechenden Vermächtnisses der Verstorbenen, aber auch welche Verpflichtungen jetzt, welche Anweisung auf eine bestimmte feste Grenze meiner Lebensbahn! Wäre ich vermögend genug, sie in Pension zu geben, so würde das meinem Herzen nicht genügen; ich liebe die Kinder innig, und möchte sie brav erziehen, dass ich mir keine Vorwürfe zu machen brauche. Nachdem ich 12 Jahre in dieser Ehe gelebt hatte, hätte mir Amalie nicht mehr sterben müssen. Sie war mir zu nothwendig geworden. Die ersten Jahre konnte es scheinen, als würden wir uns nicht verstehen, und ich kann wohl sagen, ich habe durch die Ungleichheit unserer Charaktere oft Widerliches durchgemacht. Dann kamen wirkliche nothwendige Störungen, zuletzt aber Aussöhnungen, Einkehr in's innere Herz, und Amalie hatte in den letzten Jahren vollen Anspruch auf meine Liebe, und ich habe sie wahr und innig geliebt, so dass ich einer schönen und glücklichen Zukunft entgegenzusehen hoffen durfte, und da machte das Geschick, wie im Handumwenden so rasch, Einspruch, und nun ist es so, wie es ist, jammervoll und untröstlich für mich.

Ich schrieb Ihnen auch deshalb nicht, lieber Onkel, weil ich durch diesen Tod in meiner Stellung zum Allgemeinen

zurückgekommen bin. Ich war gar zu niedergeschmettert, als
dass ich mich an Wahlbewegungen hätte betheiligen können,
und durch eine frankfurter oder preussische Wahl mich von
meiner hiesigen eingeengten und rücksichtsvollen Stellung
zur Freiheit hätte aufschwingen können. So steh'ich im
Ganzen nur als theilnahmloser Zuschauer da, und leide recht
darunter, dass so vieles in mir, was gährt und tobt, nicht
zum Ausbruch kommen kann.

Seit einigen Tagen ist Emil nicht wohl. Die Mutter, die
morgen reisen wollte, bleibt noch einige Tage. Sie wollte
Fritz,da die älteren bis 1. Oktober Ferien haben, mitnehmen,
nun schickt sie ihn voraus und Herrmann mag sich ihm
anschliessen. Bis Eisenach will ich sie morgen begleiten.
Nun hab'ich gedacht, lieber Onkel, ob sie nicht Herrmann,
der gesetzt und vernünftig ist, nach Rödelheim nehmen
wollten. Die gute Tante wird ihn gewiss mit gewohnter Güte
und Liebe begrüssen. Ist er doch für mich die schmerzendste
Erinnerung an Amalie! Ganz wie Herrmann sah sie aus in
ihrer letzten Stunde. Sie hatte sich, der Eisumschläge wegen,
das Haar abschneiden lassen : das kurze Haar gab ihrem Ge-
sicht vollkommene Aehnlichkeit mit Herrmann, von dem sie
in ihren letzten Augenblicken am öftesten sprach. Wollen
sie ihm einige Wochen väterliche Herberge gestatten ? Die
Augen werden mir feucht, wenn ich daran denke, dass sie
ihn umarmen und an Ihr gutes Herz drücken werden. Ich
kann Ihnen nur mit Liebe und Dankbarkeit lohnen. Geben
Sie ihm dann und wann ein gutes Buch, vielleicht fände sich
Jemand, der auf meine Kosten täglich eine Repetition mit
ihm vornimmt. Wenn er baden will oder sonst Ausgaben
baar verursacht, so leg'ich fünf Thaler bei, und gebe auch
natürlich alles, was sonst etwa noch vorkommen könnte.

In einiger Zeit selbst dann die Grossmutter.

Nun, theurer Onkel, leben Sie herzlich wohl ! Lassen Sie
sich durch meine Jungen, Ihren Pathen, am wärmsten von

mir grüssen! Alles Gute und Liebe der theuren Familie in Rödelheim, Minna und Elisa und den andern Schwiegersöhnen. Möchte für das viele Schmerzliche, das wir seither erduldet, uns allen Ersatz werden in einigen Lichtblicken der Zukunft!
Treu und anhänglich wie immer,

Ihr Freund und Neffe

Gutzkow.

Dresden.
Sonntag, den 27. August 1848.

— 2 —

Lettres de la mère d'Amalie, Elise Freinsheim (1).

Den 31. Dez.

Geliebter Karl,

Noch wenige Stunden, und dies Jahr mit seinem vielen Leid ist dahingeschwunden. Die schmerzliche Erinnerung an das durchlebte presst das Herz, und erschüttert einen auf's Neue so tief. Voriges Jahr, nachdem sich Alles wieder so gut gestaltet, dachten wir nicht, dass so bald schon dieser harte Schlag uns treffen würde. Ich möchte dir so gern freundliche Bilder vorführen; aber leider ist es mir nicht vergönnt, meine Stimmung ist allzu trübe.

(1) L'une de ces lettres est adressée à Gutzkow, l'autre à Julie von Carlsen, fille du général von Carlsen. Élise annonce dans la seconde lettre le prochain mariage de Gutzkow avec Bertha Meidinger, cousine d'Amalie.

Möge das neue Jahr ein recht segenreiches für dich, mein guter Karl, sein, dich und die lieben Kinder recht gesund erhalten, dann wirst du auch mit mehr Muth und Kraft dich in das Unabänderliche finden. Ach, dass Alles so kommen musste!

Recht lebhaft war ich am Weihnachtsabend mit Euch Lieben beschäftigt. Ich konnte mir denken, wie unermüdlich du gewesen, Alles recht schön zu machen; du bist auch wirklich ein Muster darin. Die freudestrahlenden Augen deiner Kinder werden dich erquickt haben. Wie reich war die Bescheerung, wobei auch das Nützliche so schön vereint war! Die Kinder beschrieben mit vieler Glückseligkeit all die Herrlichkeiten, die sie bekommen. Was mag das für ein Jubel gewesen sein!

Den 2ten. — Erst jetzt komm'ich zur Fortsetzung meines Schreibens. Viel war ich beim Jahreswechsel mit dir, mein guter theurer Karl, beschäftigt. Möge mein heisses Flehen für dein und der Kinder Wohl in Erfüllung gehn! Alle Verwandten und Freunde nehmen den innigsten Antheil an Euch Lieben. Mit Löwenthals sind wir oft zusammen, was uns gegenseitig recht wohlthätig ist; die junge liebenswürdige Nichte Löwenthals wird heute (nachdem sie 9 Wochen hier gewesen) wieder zu ihren Eltern zurückkehren. Frau T. wird diese heitere Umgebung recht vermissen. Von Allen die liebevollsten Grüsse meinem theuren Karl.

Du wirst erstaunt sein, zu hören, dass Wihl die Redaktion einer Zeitung in Paderborn übernommen, und vorgestern dahin gereist ist. Der Aermste, wenn er nur endlich etwas sichers und dauerhaftes fände! Löwenthal fürchtet, er würde es nicht durchführen können, nach einem Vierteljahr wieder davon ab sein, was mir ausserordentlich leid thun würde. Er sendet dir die herzlichsten Grüsse und lässt dir sagen : am Weihnachtsabend wäre er viel mit Euch beschäftigt gewesen, er hätte der Vergangenheit gedacht, wo er, an diesem Abend, in eurer so schönen Mitte glücklich gewesen. Noch bei der letzten Bescheerung, wo er hier gewesen, hättest du ihm Handschuhe gegeben, die von deiner letzten Barschaft gekauft worden. Gefreut und tief gerührt hätte ihn diese Liebesgabe. Schreibe ihm nun bald einmal, es würde ihn sehr aufrichten, denn seine Stimmung ist oft recht trübe. Das Vertrauen zu den Menschen sinkt immer tiefer. Löwenthals waren den Abend gerade da, wie er seinen Abschiedsbesuch machte, wo er unter anderm äusserte, man müsse recht grob sein, man stünde sich besser dabei u. s. w.; überhaupt fanden wir ihn recht trübe und bitter gestimmt, was mir einen wehmüthigen Eindruck hinterliess.

Das plötzliche Verlassen der früheren Wohnung, in dieser Jahreszeit, war wirklich ein Heldenentschluss, aber belohnend dass du dich in der neuen so behaglich fühlst, und du dich so bedeutend verbessert hast. Jetzt wo die Kälte gekommen, wirst du nun recht froh sein, eine wärmere Wohnung zu haben. Die Kinder haben einen weiteren aber doch guten Weg in die Schule. Ich habe mir den Plan herbeigeholt, und mich dadurch dieses Hauses erinnert, welches ich manchmal seiner freundlichen Lage wegen mir besonders betrachtet hatte; es ist ganz nahe, wo Dr Behrs wohnen. Julie war einige Tage in voriger Woche hier bei ihren Verwandten v. Bechtold. P. v. C. hat den Posten des Grafen Nobili bekommen, ist General und gefällt sich recht gut hier. Juliens Anwesenheit thut mir wohl, sie war recht oft bei mir, wo wir fast nur von unserer theuren Amalie, von dir und den Kindern sprachen. Ich theilte ihr die Briefe der Kinder mit, da sie Alles interessirt, was Euch Lieben betrifft. Sie bedauert jetzt sogar nichts mehr von dir zu hören, du hättest ihr versprochen, zuweilen zu schreiben u. s. w. Tausend herzliche Grüsse sendet sie dir und den Kindern.

Der Sammt zu einer Weste für dich war in einer Rolle besonders zur Post gegeben worden. Wir sind verlangend zu hören, ob dir dies zugekommen ist, da weder du noch die Kinder etwas davon erwähnt.

Lebe wohl, mein theurer Karl. Gott erhalte dich und die lieben Kinder recht gesund. Dies ist der grösste Wunsch

Deiner treuen Mutter,

Elise.

Du ahndest vielleicht schon was ich dir, meine geliebte theuere Julie, mitzutheilen habe, was ich schon seit mehreren Tagen mit mir herumtrage, theils keine Zeit theils keine Stimmung hinzufand. G. ist mit Bertha versprochen, im September wird er sie schon als seine Frau abholen. Wohl sehe ich es als eine Fügung des Himmels an, dass es so gekommen, denn ohne Frau wäre G. nicht geblieben; dies war ich überzeugt, durch eine uns Fremde hätten wir dann Alles verloren. Ach, und dennoch, meine geliebte Julie, bin ich so schmerzlich bewegt. Bertha ist gut, und mir mit Liebe ergeben; aber was ich verlor, kann sie mir nie ersetzen. Das treue Herz von unserer Amalie kann mir nie ersetzt werden, so wenig wie dir, die du doch noch andere Ansprüche an's Leben machst.

Bertha ist glückselig und äusserst zärtlich; ihre Eltern sind unaussprechlich glücklich, und Karl? er liebt sie, sonst würde er sie nicht gewählt haben. Ich erinnere mich nicht, ihn mit Amalie so zärtlich gesehen zu haben; er ist wie ein junger Mann von zwanzig Jahren. Wie dies möglich, nach solchem Verlust, begreife ich oft nicht.

Die Stelle als Dramaturg wird G. aufgeben, wohl auch aufgeben müssen. Es ist ihm weiter nichts daran gelegen, da er zu sehr von so ernstlichem Schaffen abgehalten war. Er gedenkt, wenn sonst nichts dazwischen kommt, noch einige

Jahre in Dresden zu bleiben. Auch eine Haushälterin will er beibehalten, da es für Bertha in einer fremden Stadt zu beschwerlich wäre, u. s. w. Heute Abend reist er ab und gedenkt Sonntag in D. einzutreffen.

Das neue Stück ist vollendet. Seit einigen Tagen gab er sich den trüben Gedanken hin, es könnte nicht gefallen; doch seit er es gestern den bedeutendsten Theatermitgliedern vorgelesen, diese so überaus entzückt davon waren, ist er vergnügt, diese frohe Aussicht auf guten Erfolg noch mitzunehmen. Die Manuskripte schicke ich dir, gelegentlich auch von dem neuen Stück, was ich wohl noch bekommen werde.

Luise ist seit gestern hier; sie wollte den Abend wieder zurück, Minna hielt sie aber fest, da heute G. und Bertha bei ihr essen werden. Ich habe heute Karl noch nicht gesehen, da er wohl noch viel zu thun hat; überhaupt war er in dieser Bräutigamszeit mehr draussen, was ich auch natürlich fand. Bertha liess sich für ihn photographiren, was ein recht gelungenes Bild gewesen ist.

Soeben war L bei mir; er sendet dir tausend Grüsse, lässt sich auch den Deinigen empfehlen. K. wollte die Brautgeschichte noch geheim gehalten haben, bis nach seiner Abreise, wiewohl Viele sich es nicht mehr ausreden lassen. Man hat sie, wenn auch nicht allein, doch oft zusammen gesehen, und wohl gemerkt, dass sie sich füreinander interessiren. Mein Bruder und seine Frau sind sehr glücklich über dies Ereigniss, Minna nicht minder.

Grüsse mir deine liebe Cousine und Elise. Es freut mich, dass sie immer gute Berichte von ihren Lieben haben. Gott stehe ihnen ferner bei.

Mein guter Mann grüsst tausendmal. Lebe wohl! Lasse bald von dir hören. Mit der treusten Anhänglichkeit umfasst dich

Deine
ELISE.

— 3 —

*Lettres de Gutzkow à Meidinger, qui devint son beau-père
en septembre 1849* (1).

Mein theurer Freund, Onkel, Vater,

Wie viel Bande des innigsten Zusammenhangs, der
herzlichsten Liebe und Anhänglichkeit! Mögen dich diese
Zeilen im Vollgenuss des Wimpfener Aufenthaltes antref-
fen! Wie mir Bertha schreibt, ist ja jetzt dort ein ganzer
Familienkongress versammelt und wartet der Mehrung des
Reiches, die da kommen soll. Möge die Stunde der Prüfung
der guten Elise leicht kommen und belohnend enden! Ihr
und Walther meinen herzlichsten Gruss. Wär' ich in meiner
Zeit weniger beschränkt, wie gern schrieb' ich jedem Einzelnen und knüpfte mein neues Verhältniss zur Familie
durch ausführliche Erzählung und Aussprache an; mögen
Sie aber auch so, durch die Versicherung der Andern gewiss
sein, dass ich ein treues und zuverlässiges Glied der Familie
bin und bleiben werde. Käme eine ernste Zeit einmal, wo
Einer für den Andern stehen soll, wie freudig will ich für
meinen Theil dem Wohl des Ganzen mich widmen! Aber
noch wollen wir hoffen, dass der frohe, glückliche Zustand, wie er jetzt besteht, noch lange dauert, und jede
Wolke, die ihn trüben könnte, fern bleibt.

(1) Dans la première lettre, Gutzkow dit sa pensée sur Bertha et
sur la vie qu'elle accepte auprès de lui. Il annonce qu'il a quitté le
théâtre de Dresde. Dans la deuxième, il parle incidemment de sa
comédie *Der Königsleutenant*, exprime la tristesse que lui causent la
politique de réaction et les exécutions dans le duché de Bade.

Mit meiner lieben Bertha bin ich nun seit der Trennung im lebhaftesten brieflichen Verkehr. Es war sehr gut, dass sich vor unserer Vereinigung noch diese Verständigung durch die Feder einstellen musste. Man gibt sich vollständiger, als man beim persönlichen Umgang sogleich vermag. Das, was wir niederschreiben, kann bei unwahren Naturen freilich erst recht Lüge sein, aber bei reinen, wahren, unverbildeten Naturen drückt es oft die gesammeltere Stimmung unseres Wesens und ihren eigentlichen Grundton aus. Ich habe zwei Briefe von Bertha. Sie haben mir sehr wohl gefallen und durch viele feine Wendungen sogar überrascht. Ich erkenne immer mehr die grosse Bildungsfähigkeit dieses lieben Kindes, und fühle mich glücklich, das Meinige thun zu können, sie zu einer recht klaren Auffassung des Lebens und der Menschen zu führen. Die Aufgabe, die sich Bertha für ihr Leben gestellt hat, ist nicht klein. Wie ich früher zurückkam, überzeugt'ich mich recht, wie viel es sagen will, diesen drei Kindern gegenüber sich so behaupten zu sollen, dass ihr dabei die Lust und Freude an ihrer Wahl nicht vergeht. Doch hoff'ich viel auf den Unterstützung leistenden Ton, den ich auch in meinem häuslichen Kreise mir zu erhalten wusste, den Ton der Harmlosigkeit, Heiterkeit, Entfernung aller Pedanterie. Es soll nie zu ernst bei uns hergehen, sie soll sich von den Kindern munter angeregt, nicht gedrückt fühlen. Wir lachen viel, necken uns, sind keine Grillenfänger. Und kommt einmal etwas Trübes, etwas Grämliches über mich, so wird es Bertha als Gelegenheit ergreifen, mit meinem Innersten nur um so vertrauter zu werden. Ich habe die besten und schönsten Hoffnungen.

Inzwischen denk'ich nun sehr lebhaft an die Vorbereitungen zur Vereinigung. Mein Verhältniss zum hiesigen Theater hat sich, wie ich voraussah, gelöst ; die Fortdauer dieses Postens war zweifelhaft geworden, also zog ich vor, lieber selbst auszuscheiden. Ich verliere momentan, denke aber

dauernd zu gewinnen. Ich habe seit meinem 16ten Lebens-
jahre' mich selbst erhalten, habe die ersten 8-9 Jahre
meiner Ehe ohne Anlehnung an eine bestimmte sichere
Einnahme anständig existirt, konnte auch jetzt, wo allerdings alle Verhältnisse und buchhändlerischen Erwerbsquel-
len schwieriger geworden sind, mich mit Ehren behaupten.
In dieser Rücksicht spricht die Erfahrung für mich, so dass
du und die liebe Mutter darüber beruhigt sein können.

Für die Vorbereitungen zum Empfange Berthas geh'ich
nur von der Voraussetzung aus, das, was noch fehlte, so
einzurichten, dass es dem Charakter meiner übrigen Einrichtung entspricht. Keinen Luxus, sondern nur Geschmack! Sei
überzeugt, dass ich in dem, was ich zur nöthigen Completi-
rung meiner Einrichtung und zur Herstellung des Schlaf-
zimmers bestelle, nicht über die Grenzen euerer Wünsche
hinausgehen werde, und dass ich nur von dem Gesichts-
punkte ausgehe : Ihr sollt, wenn ihr uns besucht, an unserer
Einrichtung und Art zu existiren Eure Freude haben.

Den 8ten September denk'ich hier abzureisen, und bis zum
15ten möcht'ich dann wohl dass die Vereinigung stattfände.
Ich möchte, um mit Bertha noch etwas reisen zu können
wegen der Ferien der Kinder, die nach der Hochzeit in
Frankfurt sein sollen, von der schöneren Jahreszeit noch
etwas Nutzen ziehen. Meine hiesigen Bestellungen gehen alle
darauf, dass bis zum 1ten September der ganze Zustand, wie
ich Bertha empfangen will, in Ordnung ist.

Von Politik wollen wir schweigen. Die Ereignisse sind
der Art, dass man nicht zu bedauern braucht, wenn man
sich nicht mit ihnen beschäftigt.

Den herzlichsten Gruss und Kuss der lieben Mutter, die so
vertrauensvoll und gut mit ihren klaren, reinen Augen mich
an ihr Herz drückte und mir den Glauben schenkt, dass ich
Bertha glücklich machen will. Sie soll nie getäuscht werden!
Nur ein reines und wahres Gefühl konnte es gewesen sein,

das mich bestimmte, diesen Bund zu schliessen, nur wirkliche Neigung, eine wirkliche magnetische Bezauberung. Verstandescalcul und Berechnung hat da nicht stattgefunden, und dem, was von Herzen kommt, kann man vertrauen. Sie soll es fest und unbedingt!

Ich muss eines sagen, dass der Augenblick, wo ich mich über mein Vorhaben den Kindern entdeckte, sehr rührend war. Als ich Fritz und Herrmann fragte, ob sie's zufrieden waren, sagten sie treuherzig : Ja! Der unschuldig verschämte Blick der Kinder dabei wird mir unvergesslich sein. Bertha theilt vielleicht der Mutter das Nähere mit, was ich ihr darüber schrieb.

Für heute ein herzlich Lebewohl und Gruss, und Handschlag für jetzt und alle Zeit! Dein treuer, aufrichtiger, neuer Sohn.

KARL GUTZKOW.

Dresden, den 26sten Juli 49.

Wohl hast du Recht, lieber Vater, dass die Einholung der Zeugnisse etwas sehr langweilig ist. Ich schicke hier die für Dr Kugler bestimmte Vollmacht. Sie musste nach hiesiger Sitte ausgestellt werden. Das drei-vierfach gepanzerte Dokument eines treuväterlichen Konstats muss nun von Frankfurt aus noch durch ein Kirchenzeugniss vermehrt werden, dass von dort aus der Berliner Proklamation nichts im Wege stünde. Vielleicht kann die Senatsentscheidung, die du erwähnst, diese Form haben. Aber welche Vorstellung hat Herr Kugler von dem kirchlichen Zeugniss, um das ich ihn schon bat? Müssen wir nicht auch in Frankfurt proklamirt werden? Vom hiesigen Vormundschaftsgericht erwarte ich nächster Tage die Bescheinigung, dass die Angelegenheiten meiner Kinder geordnet sind. Ich liess die Eltern in Wimpfen unterschreiben, dass Amalia für 2500 Gulden Ausstattung erhielt. Mag die den Kindern verrechnet werden?

Angaben wegen Abnutzung, Nichtmehrvorhandensein, Er-
gänzung hätten eine weitläufige gerichtliche Taxation veran-
lasst und die Bescheinigung sehr aufgehalten. Eheliche
Errungenschaft gibt es nach hiesigen Gesetzen nur, wenn
eine Frau z. B. als Schauspielerin selbst etwas verdient :
die eheliche Erwerbung des Mannes gehört dem Mann.

Aus dem, was dir meine liebe holde Bertha aus meinen
Briefen mittheilt, siehst du; in welcher Spannung, welcher
freudigen Anregung ich mich befinde. Berthas Briefe machen
mir die grösste Freude. Sie sind wahr, aufrichtig und voll
schöner, treffender Wendungen, die mir eine sehr tüchtige
Bildungsfähigkeit versprechen. Es war sehr gut, dass wir
noch Gelegenheit fanden, uns schriftlich zu verständigen.
Man lässt auf dem Papiere mehr in sein Inneres ein, als bei
den leichten Begegnungen des Umgangs. Pedantische Rügen
wird Bertha bei mir nie zu gewärtigen haben, noch weniger
ein methodisches Schulmeistern. Sie ist so reich begabt, dass
sie schon aus sich selbst zum Ziele kommen wird ; ich werde
sie ganz gewähren lassen, und immer harmlos und heiter
selbst da verfahren, wo sie von meiner Erfahrung und vorge-
schrittenen Lebenskenntniss lernen kann. Ich bin überzeugt,
ist sie erst mein, werdet Ihr von ihr die heitersten Briefe
empfangen, so dass Ihr auch über das Loos dieses lieben
Kindes glücklich und beruhigt sein könnt. Die Trennung
von den ihrigen, die hiesige Isolirung wird ihr zwar man-
chen vorübergehenden Augenblick der Trauer bringen;
indessen war es nöthig, die Zeit des ersten Verwachsens
miteinander an einem fernen Orte zuzubringen. Ihr werdet
uns im nächsten Frühjahr und Sommer besuchen und, macht's
Euch Freude, so viel wie möglich von Euren Besitzthümern
um Euch zu haben, so ziehen wir wieder nach Frankfurt
oder doch in die Umgegend. Ein kleiner Grundbesitz im
Rheingau wäre für mich in älteren Tagen einmal das
höchste Glück.

. Büchlers Sendung von 200 Thalern wend'ich zu den Ankäufen an, die zu Berthas Bequemlichkeit und Erheiterung nöthig sind. Vorläufig reicht die Summe noch vollkommen aus. Die Rechnungen, die für diese Complettirung meiner Wirtschaft einlaufen und bezahlt werden, spar'ich alle auf, um sie Bertha und Papa und Mama vorzulegen.

Nach der hiesigen Beschäftigung, die mich sehr in Anspruch nimmt, reis'ich ab. Mit deinem Urtheil über den *Königsleutnant* hast du sehr Recht. Es ist immer schwer, aus *gegebenen* Thatsachen ein freies Werk zu schaffen. Ich wollte mich an das Positive halten, wie es wir bei Goethe lesen, bin dadurch aber gebunden gewesen, und, was das Schlimmste ist, das Publikum wird so ein Werk nur als ein freies betrachten und urtheilen, und wenn's doch anders hätte sein können. Wenn der Franzose nicht sehr heissblutig, feurig und rasch gesprochen wird, ist er langweilig ; ich habe das hier schon bemerkt, wo der Darsteller auf der Leseprobe ihn zum Einschlafen las. Ich musste ihn unterbrechen, und habe statt seiner gelesen, wo er dann seine frischeren Farben bekam. Wenn das Stück in Frankfurt nichts machen sollte, so lasst mich darum den Humor nicht verderben. Ich wünsche nicht, dass Bertha den Abend in die Vorstellung geht.

Gestern hatt'ich von meinem Leipziger Verleger die angenehme Zusicherung, dass ich für die nothwendig gewordene theilweise 3te Auflage einiger meiner Dramen 675 Thaler erhalte. Eine solche Einnahme ohne einen Federstrich, thut ausserordentlich wohl.

Die politischen Constellationen sind traurig ; die Hinrichtungen in Baden schaudervoll : oft wendet sich mir's Herz im Busen um, und ich mache mir die bittersten Vorwürfe, wie man in solcher Zeit an sich selbst, an Liebe und Frauen denken kann. Und doch was lässt sich anders thun, als höchstens sich selbst zum Erschiessen reif machen !

Welch'ein Gericht muss gehalten werden, um diese freche
Reaktion zu strafen !

Grüss die gute Mutter, Bertha, Mamma, Büchler, und
bleibe wie bisher aufrichtig und wohl gesinnt deinem ver-
bundenen Freund und Sohn

GUTZKOW.

Dresden, den 15ten August 49.

— 4 —

Lettre de Gutzkow à son beau-frère (1).

Habe Nachsicht mit mir, lieber, theurer Schwager, wenn
ich dir auf deine Aufforderung ehrlich und redlich antworte.

Meinem innern, menschlichen Leben nahegerückt, musst
du verstehen, was ich mir über deinen Plan, einen Baum der
Liebe für die Flüchtlinge und die Angehörigen der Märty-
rer zu pflanzen, ernstlich sagen musste.

Ich kann an diesem Unternehmen nicht Theil nehmen.
Jedem Andern würde ich äussere Gründe, Verhinderung
u. s. w. gesagt haben ; dir aber sag'ich aufrichtig, dass ich
mit meiner Stellung zu den schwierigen Aufgaben meines
Lebens vorsichtig sein muss.

Ich bin von dem Heerd der Theilnahme für jenen Zweck
weit entrückt. Ich lebe hier auf den äussersten Vorposten
der demokratischen Sympathieen und muss meine Stellung
zur Literatur und zum Volksleben im Grossen und Ganzen
fassen. Mich an kleine, wenn auch noch sehr nützliche, wohl-
gemeinte Partheizwecke zu oft ausgeben darf ich nicht. Ich
bin es weit weniger meiner Person als meiner Sache, die

(1) Gutzkow affirme que ses convictions sont bien démocratiques,
mais il tient à garder une attitude réservée. Il veut agir par ses
écrits, particulièrement par les *Ritter vom Geiste*, et se tenir à l'écart
des manifestations politiques.

auch die Eure ist, schuldig, dass ich mir für meine Wirksamkeit einen gewissen Takt vorschreiben muss, den ich nicht so ängstlich aushalten würde, wenn ich am Rhein oder am Main lebte. Hier in Dresden, in Berlin, kennt man mich als Demokraten, ich gebe mich dafür, und man weiss, was man an mir hat. Um mich aber aufrecht zu erhalten und meinem Ideal zu nützen, muss ich versuchen, als Granit da zu stehen : in das Kieselgerölle darf ich nicht kommen. Wenn ich am *Baum der Liebe* fehle, so ist das weder Furcht, noch Hochmuth, sondern lediglich derselbe besonnene Takt, der mich bewahrt hat, dass ich noch jetzt auf hiesiger höchst schwieriger Stelle existire und mit einer gewissen von aller Parthei entfernten Sicherheit, z. B. in meinen *Rittern vom Geiste*, jetzt unserm gemeinsamen Glaubensbekenntniss nützen kann.

So aufrichtig schreib'ich dir, dem Schwager, dem Freunde, der meine Auffassung mit dem Interesse unsrer Familie in Einklang bringen kann. Ich bin überzeugt, du billigst diese Ansicht, die ich gegen einen Fremden kaum aussprechen würde. Ich werde mich einem Opfer für jenen Zweck sicher nicht entziehen, aber in das Geschwirr all der Namen, die ein solches Album haben müssen, kann ich nicht eintreten. Ich bin unter einer solchen .... (1) mir selbst.

Ging'es nach meinem Ziele, so hätt'ich mich schon längst in irgend einem Schlosshof gestellt und auf eigne Hand Revolutionen gemacht. Was wäre das aber? Wer seine Kräfte falsch placirt, begeht ein Unrecht. Barrikaden bauen, Volkssprecher sein, schreiben, Alles soll die Anwendung einer Mission sein. Ich weiss recht gut, dass man sagen kann; Ja, wenn Jeder so reden wollte... wohl! ich kann aber nicht anders !

Unser guter Freinsheim ist nicht mehr. Unsere Familie

_____

(1) **Deux mots illisibles.**

hat ein böses Schicksal. Die Schicksale hören gar nicht auf,
bis eine neue Generation da ist, dann kommt's an uns.

Bertha ist noch recht schwach. Eine Bauermagd, frisch
vom Felde hergenommen, ist die Amme. Plump genug
geht's da her und das Kind befand sich bei der Muttermilch
besser. Bertha war heute ein Paar Stunden auf, bekam aber
wieder Frösteln. Dass ich der Mutter nicht wieder schrieb,
verursachte ihr Weinen. Ich habe zu trösten und Vieles
auszureden. Sie hat viel Freundschaft um sich, und doch
fehlt das Rechte, der belebende Hauch der Familie.

Herzlichen Gruss der treuen Minna. Und nochmal vergib
mir meine aufrichtige Erklärung, die aus einer Erwägung
fliesst, die ich mir, den Meinigen und meinem eignen Leben
schuldig bin.

Mit aufrichtiger Liebe,

Dein Freund und Schwager
GUTZKOW.

Dresden, den 10. Sept. 5o.

— 5 —

Lettre à Julie von Carlsen (1).

Den 4. Juni 57.

« Zweifle an der Innern Klarheit. »

Doch Sie, liebe Julia, trotz meiner Briefsaumseligkeit
nie an meiner treusten Freundschaft und immer nach
Darmstadt hin gewandten Theilnahme ! Jeder Brief, der
von Ihnen kommt, bringt mir, die eine Stelle ausgenommen;

---

(1) Fille du général von Carlsen, amie de la première femme de
Gutzkow, Amalie. Cette lettre révèle combien Gutzkow est découragé
dès 1857.

wo Sie über mich zu klagen pflegen, immer das Wohl-
thuendste. Wohl kann ich mir denken, wie es Ihr Herz
bedrängt, wenn rings um die alten Waffengefährten Ihres
Vaters in die ewige Garnison einziehen. Aber P. Carlsen
steht am hohen Mast, und war immer der Letzte, der blasen
und trommeln liess; sein Abzug hat noch gute Weile. Grüssen
Sie den tapfern Helden herzlich von mir!

Wir leben hier so hin in Pflicht und Pflicht, Ifflandsches
Familiengemälde. Arbeit, Rechnen, mehr Sorge als Freude.
Die schönen Tage von Aranjuez sind vorüber, liebe Julia!
Das waren andere Zeiten, wo wir Abends in der schief-
winkligen Eckstube sassen und die vorgelesenen Dramen (1),
was Ihre Güte schon für sehr wirksam und auf Furore
berechnet erklärte, noch ehe es gelesen war. Die Zukunft
liegt nur noch in den Kindern. Fritz und Herrmann waren
in diesen Pfingstagen hier und sind heute zurückgekehrt;
vor 14 Tagen war Karl Meidinger hier; nächste Woche
soll endlich Elisabeth-Johanna getauft werden; die Taufe
kostet uns schon 3 Th^{lr} Strafe ob allzulanger Verzögerung.

Meine Söhne sind gut und tüchtig. Herrmann forcirt
sich leider in einem Beruf, für den er, glaub'ich, nicht
geschaffen ist. Ja, dem gönne ich eine Ihrer reichen Partieen;
nebenbei könnt'er malen, dichten, musiciren. Es ist eine
Künstlernatur; schade, dass es keine fahrenden Sänger
mehr geben darf, ihr Fortkarren geht per Schub. Herrmann
rührt mich aber unendlich. Er scheint kalt und ist in stetem
Schwärmen begriffen, er bewahrt das Andenken an meine
schöneren Lebenshoffnungen so wie Sie, und kann sich
gar nicht hineinfinden in mein Loos, das ganz einfach
darin besteht, alle Tage wieder von Neuem beweisen zu
müssen, was ich schon glaubte vor mehr als einem Dutzend
Jahren bewiesen zu haben. Wenn sich nur Herrmanns

(1) Peut-être un mot a-t-il été omis ici.

Gesundheit befestigte! Er glaubt sein Herz schlüge an der unrechten Seite. Ich liess ihn von einem Professor heute früh untersuchen. Als dieser ihn auslachte, lachte auch er, und so reiste er getröstet nach Berlin zurück.

Mit dem Theater hab'ich wenig Zusammenhang. Ich schreibe an meinem grossen Roman (1) und sehne mich diese Riesenarbeit — auch nur zur Hälfte erst überstanden zu haben. Der Hof liegt nicht so bequem in beiden Rittern. Für Alles was Sie mir von Darmstadt und der artistischen Umgegend berichten, sag'ich Ihnen meinen herzlichsten Dank. Grüssen Sie auch gelegentlich Freund Pirscher. Wenn Haase den *Königsleutenant* noch einmal ' spielen sollte, verlang'ich Honorar. Jedes Hoftheater, das das Stück brachte, bezahlte es, trotzdem, dass es gedruckt und 10 Jahre alt ist! Mit Emil Devrients Alt- und — Entre nous! — Rostig- werden, seiner Uberflügelung, die noch dauert, hat auch meine Theatercarrière aufgehört. Das Durcheinander auf der gegenwärtigen deutschen Bühne ist zu gross : Xenien, Kladeradatsch, jede von der Birschpfeiffer zugerichtete beliebte Novelle, all'Augenblick einmal ein neuer Messias ; alles dies ist in Paris auch so, aber da hat man nur eine Stadt, mit der man im Kampf liegt ; in Deutschland nützt sich unsre Mühe und Arbeit durch zwanzig Städte hin, und jeder Tag scheint zwölf Monate zu haben.

Machen die Herrn von dem Schillerstiftbuch auf unsere « Jahrbücher » aufmerksam? Ob sie nicht von uns direkt etwa ein Dutzend beziehen und zu unserm Besten verkaufen möchten? Ist denn in Ihrer Zeitung nicht verkündet worden, dass der König von Hanover nun auch 3oo Fl. gegeben hat und wird Ihre Allerdurchlauchtigste nicht folgen? (2).

. . . .

(1) *Der Zauberer von Rom.*
(2) La lettre est ici interrompue.

Journal de Gutzkow

Le *Journal* inédit de Gutzkow dont nous publions quelques fragments a été trouvé dans la chambre où il mourut asphyxié à Sachsenhausen, le 17 décembre 1878 (1) ; une partie des papiers restés sur la table de travail avait été consumée par le feu. Ce *Journal* contient des pensées, quelques plans de nouvelles, l'esquisse d'un drame. Les sujets abordés sont ceux qui ont préoccupé Gutzkow toute sa vie : religion, éducation, rapports de l'homme et de la femme, amour, mariage, renommée, etc..... Le ton de ces pages est généralement attristé.

L'écriture, très fine, très serrée, est à peine lisible : la fin d'un mot souvent doit être cherchée dans le mot suivant, bien des lettres sont omises, les caractères latins se mêlent aux caractères allemands jusque dans la même syllabe. Gutzkow écrivait vite, suivant l'impulsion du moment, puis il corrigeait pour donner à la phrase précision, force et harmonie. Dans son *Journal* il y a beaucoup de corrections au crayon faites entre les lignes ou à la marge.

Nous donnons les passages que nous avons pu déchiffrer en entier ; ces quelques pensées prouveront combien Gutzkow jusqu'au dernier jour est resté fidèle à lui-même.

(1) C'est à Mme Bertha Gutzkow que nous devons ces renseignements ; elle nous les a donnés en nous communiquant le Journal de son mari.

Es dankt dir einst das liebe Vaterland,
Wenn klein der Ort, wo deine Wiege stand ;
Wardst du in der Städte Chaos du geboren,
Geht dir ein Denkstein ganz gewiss verloren.

Literatur der Welt hat es längst vor Goethe gegeben,
Und die umfassendste gar. Als man lateinisch noch schrieb.

« Preussens natürliche Grenzen sind seine Kanonen !! »
schrieb ich schon im Jahre 1838 (Band 10) : habe noch
immer keinen Orden.

Mein Leben lang war Gott mein einziger Gedanke.
Auch wenn ich « sündigte ». Dann unterhielt ich mich mit
ihm, und stritt mit ihm, und wóllte mir mein Recht nicht
nehmen lassen, nach den Gesetzen der Natur zu leben und
mich durch den Genuss über den Mangel an Glück zu trösten und zu erheben.

In grossen Perioden entschuldigt der Ehrgeiz der Masse
den Ehrgeiz der Einzelnen.

Öffentl. Charakt., IX, 162.

Des Lebens Weisheit besteht darin, fortwährend sich in
der Lage zu wissen, von zwei Uebeln das geringere zu
wählen.

Jeden Schmerz empfinden wir im Alter doppelt. Wir
wissen, dass wir auf keine Freuden mehr zum Ersatz zu
rechnen haben.

Verspäte dich nicht beim Ideale,
Sonst überrascht dich bald das Schaale.

Das buddische Gebet.

Bramah, Bramah, lass mich sterben,
Nichts als die Vernichtung erben,

Luft und leerer Staub nur sein!
Denn im Himmel fortzuschlendern
Mich tausendfach zu verändern
Wäre mir die höchste Pein.

An einen Verzagenden.

Von Epheu nur und selten nur von Rosen
Ist unsers Lebensbaumes Stamm umrandet!
Von goldnen Stunden, frohen Schicksalsrosen
Gewinnt man die nur, die man selbst sich dankt!
Doch schreite fest nur in dem Lebenskreise,
Den dir des Schicksals Hand gezogen hat,
So manches Grün spriesst doch auf deinem Pfad
Und Manches lohnt sich dir auf geisterhafte Weise.

Die Irritationen des Gewissens.

Man kann das Gewissen auch überreizen, wo dann
Hamlets Wort eintritt : So macht Gewissen feige aus uns
allen! Von der Furcht vor dem, was nach dem Tode kommt,
ist hier ein Rest. Ich meine das nur immer *Nein* sagende
Gewissen und ohne ein *Ja* gar nicht in dieser Welt zu
leben ist.

Man sage was man wolle, liebenswürdig sind die Menschen, die ihre Fehler so subtil ciseliren, dass sie damit
niemals die Gesellschaft beleidigen, und sie im Gegentheil
zuweilen erfreuen.

Seiner Leiden darf man sich nicht schämen,
Doch nicht sich öffentlich um etwas grämen —
Und es ist doch Gram, schon Hamlet hat's gesagt,
Was zumeist Aller Herzen nagt.

Wohl euch, wenn ihr den Fluch nicht zu begreifen weisst,
Titanenschmerz : das sein zu müssen, was man ist.

Nur der Eitle ist glücklich.

Mit Lichtgedanken muss man nicht gleich zu Worten fahren,
Nichtgedanken erscheinen sie uns in Jahren.

Nur die Tugend ist eine wahrhafte, der man ansieht, dass
sie nicht auf Nachahmung beruht.

> Lass dieses Blatt kein welkes sein,
> Verweht vom flücht'gen Winde,
> Nein, mit dem Wunsche möcht'ich's weihn,
> Dir weihn zum Angebinde,
> Dass dir es scheine immerdar
> Ein Trieb vom eignen Leben,
> Von deinem Stamm, und jedes Jahr
> Dir dann wie neugegeben!

Nicht zur religiösen oder politischen Aufklärung sollen
wir erziehen, sondern nur zur Fähigkeit, sich selbst zur
religiösen und politischen Aufklärung auszubilden. Eltern,
Erzieher, die nur die Resultate Karl Moors, Schopenhauers,
Strauss's ihren Kindern, Zöglingen beibringen wollten, würden nur Fluch davon ernten.

Ein guter Stoff. Ein in Amerika verheiratheter Deutscher wirft bei einer Reise nach Deutschland das schmäh-
liche Joch der Knechtschaft ab, das ihm die amerikanische
Unsitte der Frauentyrannei auferlegte.

> Erst wenn der Thürme Zungen schweigen,
> Die Orgel nicht mehr brausend ruft,
> Ein Pfaffe in die Hochzeitsreigen
> Nicht treten darf an Lebensgruft,
> Wird blühen uns des Geistes Mai
> Und Menschheit athmen gross und frei.

Was hat nur dich zum Philosophen gemacht!
Ich glaube, es war der Schwindel!
Du hast nur immer an Grosses gedacht,
Warst gross auch schon in der Windel.

Die beste Muse ist ein fleissiger Copist. Er treibt den
Autor vorwärts, er lässt ihn nicht zur Ruhe kommen.

Der Deutsche.

Gelten muss er etwas oder leisten,
Hofrath oder Sieger sein.

Viel wissen bläht auf; wenig wissen freilich noch mehr.

Mai 76.

Es ist recht schön Charakter haben.
Wenn nur mehr Menschen da wären,
Die es zu würdigen wüssten!

Wahre Freude macht uns nur die Erfüllung unserer
Wünsche; selten das, womit man uns angenehm zu über-
raschen gedenkt. Gewöhnlich geht es so innerhalb des
Familienlebens mit den Geschenken.

Gerüstet sein auf die stete Nichterfüllung unsrer Wünsche
und das Nichtzutreffen unserer Voraussetzungen verbürgt
allein den ehelichen Frieden.

Das Christenthum ist eine Gebiets-, keine Weltfrage.

Die traurigste Erinnerung ist die des Blinden auf alte
Lebensgewohnheiten.

Die verschiedenen Stimmungsströmungen im Menschen!
Entweder Alles in Hass oder Alles in Liebe.

Der Glaube an Gott beruht auf der Frage: Wann je
gefallen ist denn uns das Weltgebäude da?

Ich kann keinen Dichter achten, bei dem nicht die Poesie die zweite Stelle, die erste die Entwicklung des individuellen Menschen einnimmt.

6. Mai 78.

Die Wolke zieht, die Woge schwimmt,
Der Himmel gibt, der Himmel nimmt!
Er wird uns stärken, wird uns lähmen!
Nur Eines kann er uns nicht nehmen,
Das, was im Ringen und im Streben,
Kämpfer wir nur uns selbst gegeben.

Den 27. Aug. 78.

INDEX ALPHABÉTIQUE

Pages

Absolutisme. 97, 413
Allemagne. 37-48, 147, 266, 392,
410-412
Allgemeine Zeitung (l') 33-35, 56,
80, 390
et Laube. 107
–   et Gutzkow 124,
130, 132, 135, 141, 221,
228, 231, 244, 245
Alexis (Willibald) . 31, 85, 276
Altenstein 13, 186, 244
Amour. 184, 185
Ancillon 12, 26, 135
Angleterre. 146, 266
Arndt. 16, 25, 410
Arnim. 14
Art 195, 432, 433
Article xiii de la Constitu-
tion fédérative 38
Auerbach. 209, 322, 323
Aurora. 105
Autriche. 38-41, 81, 109,
288, n. 1, 411

Babeuf. 393
Bacheracht (Thérèse von). 349,
350, 368, 407
Bade (Duché de). . . 26, 38, 78

Baison 342
Balance (la). 237, 326
Balzac . . . 111, 172, n. 1, 277,
352, 400, 420
Bauer (Bruno) 301, n. 6, 303, 395
Bavière. 25, 38, 70
Bazard. 54, 58, 60
Berlin. 6, 11-15, 21-28,
83, 123, 344, 404-407, 454
Bettina (v. Arnim). 141, 156-158,
215, 400, 401
Birsch-Pfeiffer 99, 457
Bismarck. 427
Blanc (Louis). 391, n. 3, 399, 409
*Blätter für Leben, Kunst
und Wissenschaft* . 246, n. 2,
265, n. 1
Blösch . . . 389, n. 3, 431, n. 3
Bluntschli 398
Böckh (Aug.). 22
Börne (Influence de). . . 61, 64
—   et Gutzkow. . 18, 73, 76,
181, 225, 239, 325, 326, 396
—   et Heine . . 94, 181, 182,
324, 327
—   et la Jeune Allemagne
(V. Jeune Allemagne)

Pages

Börne et Kühne. . 197, 198, 250
— et Lamennais. 141, 181, 326
— et Laube. 108, n. 3, 112, 116
— et Menzel. . 19, n. 3, 32,
226, 238
— et Mundt 85, 97
— et Rahel. 151
— et le Saint-Simonisme
(V. Saint-Simonisme)
— Gesammelte Schriften. 18
— Schilderungen aus
Paris. 18, 34
— Briefe aus Paris. 30, 93
— Gallóphobie de
Menzel. 238
— Menzel der Franzo-
senfresser. . . 239, 326
Brandes 355, 430
Breslau 104, 115
Brockhaus 32, 108
Brunswick. 26
Büchner (Georges). 187-193, 220,
222, 231, 237, 249, 252, n. 1, 312
Bulthaupt. 433
Bulwer (Lytton). 223, 261, 279,
280, 347
Buonarroti. 393
Burschenschaft. 12, 16, 21, 24,
30, 104, 106, 172, 237.
Byron 15, 121, 165, 273, 290, 307

Cabet 393, 399, 401
Campe (J.) . . . 66, 80, 132, 213
Camphausen 411
Carové. 49 n. 1, 56, n. 4, 57, 67
Caselmann 23, 431
Casimir-Perier 35, 98
Catholicisme et Saint-
Simonisme . . . 53
— de Börne. 181, 326
— de Görres. 297, 298

Pages

Censure (Conseil de la) 12, 26,
170, 208, 232, 249, 250, 260, 273,
370
Chateaubriand 134
Chemins de fer. . 109, 243, 329
(Voir mouvement industriel).
Chevalier (Michel) . . . 94, 394
Choléra (le). 28
Christianisme 152, 205, 211, 216,
217, 234, 270, 278, 289, 317, 461,
462
Collectivisme. 59
Cologne (Affaire de) 296
Communisme. 283, 285, 393, 398,
399, 401, 409, 416, 418
Constitutionalisme. 41, 59, 282,
405, 406
Corneille. 369
Cosmopolitisme. 55, 56, 59, 228,
231, 270, 332
Cotta et le journalisme. . 17, 33
— et Gutzkow. 124, 132, 138
— et Heine. 34, 80
— et Metternich 80
Cousin (Victor) . 46, 65, n. 1, 68
Critique (Gutzkow jugé par
la) Avant 1850. 194,
220, 225, 227, 243, 260,
n. 7, 263, 271, n. 4, 273,
317, n. 2, 318, n. 5, 339,
342, 351 n. 2, 358, 362,
371, 396
— Après 1850. 367, 422, 424,
429-435
Culte des héros. 71, 76, 116, 433,
n. 1

Dahlmann. . 296, 402, 410, 412,
432, n. 2
Dambach 174, 175
Débats (Journal des). . . 24, 84

Pages

Décret du 28 juin 1832. . . . 79
Décret du 10 décembre 1835. 61,
233, 241, 249, 250, 251
Démocrate (Gutzkow) 432, 453
(Voir républicanisme)
Désarroi. 61, 96
Deutsche Revue. . . 221-231, 233,
n. 5, 237, 239. 244, 245, 246, n. 2.
250-253, 274
Devrient (Em.). . 341, n. 2, 346,
362, 457
Dickens. 424
Diderot 126, 342
Diète fédérale. . 12, 79, 91, 93.
233, 238, 241, 251, 413
Dilettantisme de Laube 106. 110.
122
Dingelstedt . 295, 344, n. 3. 422
Divisions de cet ouvrage. 60, 61
Doctrinaires. 44 46, 68, 85, 180,
332, 412, 432. n. 2
Dom Agende (Voir Union
évangélique)
Dramaturgie de Laube. 105. 383-
388

—   de Gutzkow. 271,
276. 333-387. 457
Drame fataliste. 361-364
— historique. 192, 193, 342.
354-361, 371-374
— philosophique. . 364-371
— psychologique. 271, 340-
342, 349 354, 375, 380.
— social. 271. 344-349, 375,
380
Dresde. 358, 360, 364, 370, 408, 454
Droste-Vischering . . . 297, 299
Duller (Ed.) 191. 276
Dumas (A.) . 111, 122, 276, 348.
424

Pages

Économie politique. 36, 278. 286,
347. 394, 425
Éducation. 52, 288, 316, 347, 461
Église (l') (Privilèges de). . 90
—· et le mariage. . . . 116
— et la pensée libre. 124,
138, 289
— et la Révolution. 298-300
Eichhorn. 301, n. 6, 344, n. 4, 404
Elegante Zeitung. . 84, 110-114,
126-128, 222, 245, 305
Émancipation de la chair. 54, 95,
116, 121, 183, 209. 218, n. 3. 255,
306, 310, 314
Émancipation des Juifs. 90, 97,
135, 210, 290, 296
Émancipation féminine. 54, 60,
145, 218, 307, 308
Émancipation littéraire . . 162
Enfantin (Prosper). 54, 59. 60, 94
Enfants (de Gutzkow). 295, 450,
456
Engels 399, 401
Esthétique 162, 274
État (l') (Devoirs de). 286, 287,
376
— hegelien. . . . 265, 268
— (Idée abstraite de). 69, 213
— et la Révolution. . 298,
300, 406
— séparé de l'Église. . 290
*Evangelische Kirchenzei-
tung* 210

Femme (la) (suiv. Gutzkow). 8,
138. 154, 267, 366, 368, 378
— (suiv. Laube). . 107, 117
— (suiv. Rahel). . . . 153
— (suiv. Schleierma-
cher). 184
Fester (R.) . . . 271, n. 4, 430

Pages

Feuerbach . .   272. 301 n. 3, 303
Förster (Fried.) 13, 31
Fouriérisme .   286, 393, 394, 399
France (la) jugée par Gutzkow.
   73, 266, 269, 291, 292, 389-400,
     403, 409, 410, 427
—   jugée par Heine.   35, 391,
     392
—   jugée par Rahel . .   146
    (Voir Paris).
Francfort.   30, 178, 210, 259, 354,
     402, 414
—   (Attentat de) 93, 124, 188
Franzos (K. E.), *Büchner* . .   187,
     n. 4, 192
Frédéric-Guillaume-Charles
   de Prusse 6, 7
Frédéric-Guillaume III. .   26, 69,
     87, 130, 233
Frédéric-Guillaume IV.   344, 406,
     411
Freihafen   85, n. 2, 96, 203, 327
Freiligrath 320, 400
Freinsheim 246, 249, 442
Frenzel (K) 5, 423, 430
Freytag . . . .   5, 423, n. 6, 425

Gagern   46
Gans (Ed.).   23, 70, 178, 183, 231,
     244, 276, 389, n. 3
Gegenwart (die). . .   5, 425, 432
Geiger 5, 104, 430
Gentz 80, 135
Gervinus.   272, n. 4, 296, 328-332,
     402, 412, 415, 428 n. 4, 432 n. 2
Glassbrenner (A.)   15
Globe (le). . .   37, 49 n. 1, 53-59
Goedeke 5, 296
Goethe (Le culte de) . . .   13, 84
—   *Egmont*   373
—   *Faust*. .   11, 95, 165, 198

Pages

Goethe *Wilhelm Meister* .   223,
     276, 420, 422
—   et Bettina   156-158
—   et Börne .   158, n. 1, 325
—   et Gutzkow . .   128, 169,
     194, 272-274
—   et Heine   95
—   et Kühne   198
—   et Laube   223
—   et Menzel . . .   18, 128
—   et Rahel . . .   148, 149
—   et Wienbarg . . .   165-169
Görres 97, 99, 297, 299
Göschel 203, 210
Gotha (parti de) . . .   412, n. 5,
     432, n. 2
Gottschall 422, 424
Grabbe 231, 312, 322
Grenzboten   423
Guizot   390-392
Günther   203
Gutzkow (Amalie).   246, 341, 350,
     407, 440
Gutzkow (Bertha).   439, 445, 448,
     449, 451, 455, 456
Gutzkow (Karl) (Parents de)   7, 8
— .   (Enfance de). . .   8-11
—   au gymnase. . .   11-20
—   à l'Université . .   21-28
—   (Portrait physique de) 21
—   et Börne. V. Börne.
—   et Heine. V. Heine.
—   etc.
≏   ŒUVRES (1).
    Bibliographie (V.
    n. bibliogr. de
    l'Avant-Propos).
—   *Blätter für Poesie
    und Prosa* . . .   19

(1) Les œuvres sont rangées suivant l'ordre chronologique.

Pages

Gutzkow (Karl) *De diis fata-*
libus. 20, 25
— *Forum der Jour-*
nalliteratur . . 26
— *Literaturblatt* du
Morgenblatt 32, 125
— *Poésies lyriques* . 36
— *Ueb. die histori-*
schen Bedingun-
gen einer preus-
sischen Verfas-
sung 61-64
— *Briefe eines Nar-*
ren. 66-76
— *Der jüngste Ana-*
charsis. 82
— *Divination auf den*
würtembergi-
schen Landtag 89
— *Jupiter Vindex* . 99
— *Maha Guru* . 100, 127
— *Novellen* 129
— *Schleiermachers*
Nekrolog. . . . 130
— *Öffentliche Cha-*
raktere. 134
— *Marino Falieri.* . 136
— *Der Sadducäer von*
Amsterdam . . 137,
364, 367
— *Literaturblatt* du
Phœnix. . . . 178-182
— *Préface aux Let-*
tres de Schleier-
macher. 183
— *Nero.* 100, 193
— *Hamlet in Witten-*
berg 194
— *Wally* . 127, 161, n. 4, 214-
219, 228, 229, 232, 233, 320

Pages

Gutzkow (Karl). *Vertheidi-*
gung gegen
Menzel . . . 229, n. 2
— *Appellation an den*
gesunden Mens-
chenverstand. . 229
— *Gedanken im Ker-*
ker. 254
— *Seraphine* . . 27, 254,
261-263, 350
— *Zur Philosophie*
der Geschichte.
(*Philosophie der*
That und des
Ereignisses). . 254,
260, 264-272
— *Gœthe.* 254, 260, 272-274
— *Soireen.* 260, 274, n. 3
— *Beiträge zur*
Geschichte der
neuesten Lite-
ratur. . . . 274-278
— *Die Zeitgenossen*
(*Säkularbilder*). 279-
293, 391, 395
— *Die rothe Mütze*
und die Kapuze. 299
— *Die literarischen*
Elfen (dans le
Skizzenbuch). . 308
— *Götter, Helden,*
Don-Quixote . . 311
— *Blasedow und*
seine Söhne. . . 315
— *Vergangenheit*
und Gegenwart
(dans le *Jahr-*
buch der Lite-
ratur) 3, 321
— *Börnes Leben* . 325-327

Pages

Gutzkow (Karl). *König Saul* 333, 335
— *Richard Savage*. 333, 335-339
— *Die Gräfin Esther*. 339
— *Werner*. . . . 339-342
— *Patkul*. 342, 344, 372
— *Die Schule der Reichen* . . 344-349
— *Ein weisses Blatt*. 351, 352
— *Die stille Familie*. 353
— *Die beiden Auswanderer*. . . . 353
— *Anonym* . . . . . . ·353
— *Standesvorurtheile*. . . 354, n 1
— *Briefe aus Paris*. 389-397
— *Zopf und Schwert*. 354-356, 359, 372, 384
— *Das Urbild des Tartüffe*. . 354, 356-359, 362, 372, 435
— *Pugatscheff* . . . 355-361, 372
— *Der dreizehnte November*. . . 355, 363
— *Uriel Acosta*. 137, 364-371, 375, 385, 429
— *Wullenweber*. 371-374
— *Nouvelles*. . . 376-381
— *Ottfried*. 375, 380, 408
— *Ansprache an die Berliner* . . . 406
— *Deutschland am Vorabend seines Falles oder seiner Grösse*. 409-412, 428

Pages

Gutzkow (Karl). *Liesli* . . . 375
— *Der Königsleutenant*. 356. n. 1, 375, 452, 457
— *Vor - und Nach-Märzliches*. 339, n.5
— *Die Ritter vom Geiste* . 415-425, 452
— *Aus der Knabenzeit* 4, 423
— *Unterhaltungen am hauslichen Herd* . . . 423, n 4
— *Philipp und Perez* 375
— *Lorbeer und Myrthe* 375
— *Lenz und Söhne*. 347, n. 3, 375
— *Die Diakonissin* . 375
— *Ella Rose* 375
— *Der Zauberer von Rom*. 122, 299, n. 3, 457
— *Vom Baum der Erkenntniss* 426, n. 1
— *Die schöneren Stunden*. . 426, n. 2
— *Des Duell wegen Ems*. . . . 427, n 1
— *Lebensbilder* 4, 426, n.2
— *Dramatische Werke* . . 426, n. 3
— *Gesammelte Werke*. . . 426, n. 3
— *Rückblicke*. 4, 426, n. 2
— *Dionysius Longinus*. 429
— (Principes politiques de) (Voir Politiques).

Pages

Gutzkow (Karl). Religion de)
(Voir Religion),
etc.

Halle 30, 104
Hallische Jahrbücher . 263, 296,
301, 319, 332, 34', 395
Hambach (Fête de). 61, 76. 77,
85, 91, 97
Hambourg. . . 132, 137, 294, 342,
346, 354, 370
Hardenberg. 26, 83, 304
Hasard (Rôle du). 72, 74, 265, 266,
352, 378
Hebbel 342, 371, 428, 429
Hecker 403
Hegel (Enseignement de). 12, 13,
210, 211
— et Börne. 31
— et Gutzkow . 22, 25, 28, n 1,
68, 70 213, 216, 268, 301, 394
— et Kühne 197-202
— et Mundt . . 86, 97, 98, 207
— et Strauss . . 210-212, 301
Hegelianisme. 13, 253, 265, 301-303
Heidelberg 88
Heine (Influence de). 61, 64, 96,
143, 166, 181, 183
— et Börne (Voir Börne).
— et Gutzkow 16, 64, 73, 125,
134, 181-183, 274, 282, 313,
320-325, 389-392, 396
— et la Jeune Allemagne·
(V. Jeune Allemagne)
— et Kühne. 197
— et Laube . . 113, 114, 116,
117, 120, 240, 313, 324, 391,
n. 2
— et Menzel. 17, 94, 242, 274,
n. 4
— et Mundt. 85, 97, 306, 327

Pages

Heine et le S. Simonisme
(v. S. Simonisme)
— et Wienbarg. . 111, n. 4,
166, 219, 239
— Lieder 16
— Reisebilder . . 16, 34, 166
— Englische Fragmente. 34
— Einleitung zu « Kahl-
dorf über den Adel » 34
— Französische Zustände 35,
77, 80, 389
— Zur Geschichte der
neueren schönen Lite-
ratur (Romantische
Schule) . 94-96, 113, 141,
240, 241
— Zur Geschichte der
Religion und Philo-
sophie 181, 182
— Lettre à la Diète . . 241
— Ueber den Denuncian-
ten 242
— Schwabenspiegel. 242, 322
— Lutetia 390-392
— (Idées morales, reli-
gieuses de) (Voir
morale, religion).
Heinse. 114, 116, 117, 122
n. 1
Hengstenberg . 22, 130, 210, 232,
n. 3, 301, 417, n. 1
Herder . . 95, 133, 138, n. 1, 268
Hermes 299
Héros faibles. . . 137. n. 1, 139,
343, 367, 382, 431
Herwegh . . . 319, 338, 344, n. 3
Hesperus 36, 79
Hesse. 26, 38, 79, 188
Hillebrand (Joseph et Karl). 332,
428

Pages

Histoire (l'). . 73, 132, 164, 266-
268, 277, 425
Hochwächter 43, 91
Hof 318, 403
Hoffmann 14, 263, 277
Hoffmann v. Fallersleben. 344,
n. 3
Hollande 111
Holzmann (M.). . . 31, n. 3, 77
Houben (H.). 5. 358, 431
Houwald. 14
Huber (v. A.). 130
Hugo (Victor) et Gutzkow. 276,
290, 348
et Laube. 223, 387
et H. Stieglitz. 160
— et Rahel . . . 150
Humboldt. . . . . 153, n. 3

Immermann. 313, 318, n. 2, 320,
322
Industriel (mouvement). 50, 54,
59, 114, 140, 243, 282, 287, 328. 417
Italie. 120-122, 354

Jahn 12, 410
Jahrbuch der Literatur. . . 321
Jahrbücher für wissen-
schaftliche Kritik . 84, 86, 210
Jakoby (Joël) . . . 187, 263, n. 1
Janin (Jules). 111, 178, n. 1, 395
Jäschkowitz (Laube à). 106, 115
Jean-Paul et Gutzkow. 14, 18, 74
75, 82, 282, 318, 420
— et Mundt 97
— et Rahel 150
— et Wienbarg. . . 162
Jésuites (les) . 81, 297, 415, 417
Jeune Allemagne (Börne et
la). 225, 226, 237, 238,
250, 252, n. 1, 326

Pages

Jeune Allemagne (Code littéraire de la). . 275-278
— (Code politique et
social de la). . 279-282
— Considérée comme
conjuration politi-
que 236-239
— (Décret du 10 déc.
et la) . . . 233-236, 251
— (Divisions de l'his-
toire de la). . . . 61
— (Fin du rôle histo-
rique de la) . 318-333
— (Fin du rôle social
de la) 425
— (Formation de la). 220-
235
— (Gutzkow et la) . 125,
128, 180, 230, 253-256,
314, 320, 382, 423, 426,
429
— (Heine et la) 231, 239-
243, 252, 320
— (Kühne et la). 202, 249-
250, 252, 305
— (Laube et la). 125, 128,
215, 224, 234, 251, 252,
256, 304, 384-387
— (Matérialisme de la). 48,
109
— (Mundt et la). 208, 215,
221, 224, 225, 236, 306,
327
— (Nom de la). 124, 128,
167, 169, 180, 202, 208,
215, 245
— (Quinet et la). . 59, 242
— (Rahel et la) 155
— (Saint - Simonisme
de la) 59

Pages

Jeune Allemagne (Wienbarg
et là) . 167, 220, 230, 251,
252, 304
Johnson (Samuel). 335
Journal inédit de Gutzkow 458
Journalisme. . . 33-37, 110, 124,
126, 178, 291, 295, 423, n. 4
Judaïsme berlinois . . . 83, 146
— (Gutzkow et le). 16, 18,
65, 70, 132, 135, 137-140,
240, 229, 231, 290, 296,
364-368, 417
Jung (A.) . . 261, n. 7, 295, 322,
323, 424
Juste Milieu 98
(Voir Casimir-Périer)

Kamptz 13, 20, 26, 30
Kant 216, 269
Karlsbad (Décrets de). . 12, 273
Keller (Gottfried) . 422, 424, n. 3
Kombst (G.). 39
König (H.). . 111, n. 2, 231, 277,
295
Kreissig 429
Kuh (Emil). 5, n.2, 429
Kühne. 196
— et Börne (voir Börne).
— et Gutzkow. 202, 249, 250,
305, 339, 342, 396
— et Heine (voir Heine)
— et Mundt. 161, 196, 244, 305
— *Eine Quarantäne im
Irrenhause.* . . . 196-203
— *Weibliche und männli-
che Charaktere.* . . 305
— *Klosternovellen.* . . . 306
— *Portraits und Sil-
houetten* . 111, n. 3, 396

Lachmann . . . . . 22, 214, n. 7

Pages

Lahautière. 393
Lamarque (funérailles de). 76
Lamartine. . . 392, 403, 404, 409
Lamennais 68, 141, 181,
217, 326
Landtag wurtembergeois. 89-92
— prussien . 64, 402, 404
Laube (Enfance et Jeunesse
de). 103-105
— et Börne (voir Börne)
— et Gutzkow . . 102, 119,
121, 125, 126, 127, 128, 177,
n. 1, 215, 223, 224, 247, 252,
276, 313, 339, 384-387, 429
— et Heine (voir Heine).
— et Heinse (v. Heinse).
— et la Jeune Allemagne
(v. Jeune Allemagne)
— et le Saint-Simonisme
(v. Saint-Simonisme)
— Œuvres —
— *Gustave-Adolphe* . . 105
— *Maurice de Saxe* . . 105
— *Nicolo Zaganini* . . 105
— *Das neue Jahrhun-
dert.* 107
— *Politische Briefe* . . 108
— *Moderne Briefe* 114, n. 5
— *Das junge Europa.* 107,
115
— *Die Poeten* . . . 115-118
— *Die Krieger.* . . 173, 174
— *Die Bürger* 175
— *Reisenovellen.* . 120, 172
— *Liebesbriefe* 222
— *Moderne Charakte-
ristiken.* 222-224
— *Die Schauspielerin* . 303
— *Geschichte der deu-
tschen Literatur.* 304, 330

Pages

Laube. *Jagdbrevier* 304
— *Französische Lust-*
   schlösser 382
— *Gräfin Chateaubriant* 382
— *Monaldeschi* 383
— *Rokoko* 383
— *Struensee* 384
— *Die Karlschüler* . . . 384
— *Prinz Friedrich* . 384-387
— *Das Burgtheater.* 339, 387
                              n. 4
— *Erinnerungen* 103
— (Dramaturgie de).(Voir
   Dramaturgie).
— (Principes politiques
   de).(Voir Politiques
   et Prison), etc.
Leipzig 85, 109, 127, 171
Lenau . . . . . 36, n. 1, 209, 313
Leo 97, 300
Lerminier 37-48, 154
Leroux (Pierre). . . 59, 393, 416
Lessing 95, 133, 140, 265,
            338, 342, 367, 418, n. 2
Lettres inédites de Gutzkow 439
Lettres (Romans par) . . 66, n. 1,
                  115, 125, 206
Lewald 99, 136, 231, 395
Libéralisme allemand, jugé
            par Gutzkow. 63,
            68-71, 90-91, 392,
            395, 406
— jugé par Laube 106
— jugé par Mundt 97
— jugé par Saint-
   Marc Girar-
   din, Lermi-
   nier, Quinet. 37-48
— jugé par Wien-
   barg . 167-168

Pages

List (Frédéric). 29, 109
Literaturblatt (du *Morgen-*
   blatt) 28, 32, 36, 125
Littérature de 1830, jugée par
   Gutzkow 19, 73, 125, 133, 178,
            275-277, 313, 322, 333
Louis Ier de Bavière. . . . 98-99
Louis-Philippe jugé par Gutz-
   kow . . . 292, 390-392,
            404, 410
— jugé par Heine
            35, 391
— jugé par Laube
            391, n. 2
— jugé par Louis
   Blanc. 392, n. 3
Löwenthal. 132, 137, 138,
            214, 233, 248, 443
Ludwig (Otto). 428
Luther 87, 163, 216, 317

Mannheim . . 132, 136, 233, 245
Margraff (H). 320
Marheineke 22
Mariage 54, 288
Marx (Karl). . . . 272, 399, 401
Masse (Rôle de la) . . . 72, 253,
            283, 379, 459
Matérialisme du communisme 394
— historique. . . 401
— de la Jeune Al-
   lemagne . 47-48,
            228, 243
— de Laube . 118, 122
Mayence (Commission de). 12, 67,
            93, 237
Mazzini 237
Mehemet-Ali 134, 331
Meidinger . . . . 294, 298, n. 5,
            439, 447, 450

Pages

Mélodrame français . . 364, n. 1
Menzel 16. 17
— et le *Morgenblatt* (voir
     Morgenblatt)
— et Börne (voir Börne)
— et Gutzkow. 17, 26, 28, 32,
    -73, 88, 90, 92, 101, 125, 128,
    129. 180, 228, 229, 275
— et Heine (voir Heine)
— et Laube . . . 128, 223
— et Metternich . 232, n. 5
— et Rochow. 232
— *Deutsche Literatur.* . 17,
                          94, 275
— *Geist der Geschichte* 228
— *Denkwürdigkeiten* . 232,
                          n. 4
Metternich et Gutzkow 135, 288,
            n. 1, 360, 396. n. 3
— et la Jeune Alle-
     magne. . . . 233
— et Menzel. 232, n. 5
— et la réaction. 12,
     78. 93, 97, 332
— et la Révolu-
     tion. 287, 288, 405
Mielke 433
Mirabeau 150
Molière. . . . 337, n. 4, 348, 356
Moral (Mouvement). 61, 141, 228,
                          333, 334
Morales (Idées) de Gutzkow 142,
    182, 186, 255, 265-268, 285, 288,
    293, 378, 381, 382, 393-395,
                          415, 418
— de Heine . . . 96, 114,
                  182, 239-241
— de Rahel. 152
— du Saint - Simo -
     nisme. 52, 54, 59

Pages

Morales (Idées) de Wien-
     barg . . . 163, 164,
                  271, n. 3
Morgenblatt. 14, 17, 36, 125, n. 3,
              136, 223, 228, 230
Mosen (Julius) 296
Moyen-Age allemand (Voir
     Teutonisme).
Mühlbach (Louise) . . . 288, 308
Mundt (Enfance et jeunesse de) 85
. — et Börne (voir Börne)
— et Gutzkow 179, 194, 204,
    21, 224, 225, 227, 230, 232, 244,
              308, 309, 313, 429
— et Laube. . . . 209, 224
— et le décret du 10 dé-
     cembre . . . 251, 252
— et Heine (voir Heine)
— et la Jeune Allema-
     gne (voir Jeune
     Allemagne).
— et le Saint-Simo-
     nisme (voir Saint-
     Simonisme).

ŒUVRES

— *Die Einheit Deutsch-
     lands* 85
— *Das Duett* 86
— *Madelon oder die Ro-
     mantiker in Paris.* 86
— *Kritische Wälder* . . 86
— *Moderne Lebenswir-
     ren* . 96, 115, 172, n. 1,
              173, 201
— *Charlotte Stieglitz.
     Ein Denkmal* . 158-161
— *Der literarische Zo-
     diakus* 204
— *Madonna* 204-208
— *Die Dioskuren* . . . 306

Pages

Mundt. *Die Kunst der deu-*
    tschen Prosa . . . 306
  — *Charaktere und Si-*
    tuationen 306
  — *Spaziergange und*
    Weltfahrten . 307, 338.
                    n. 3
  — *Geschichte der Ge-*
    sellschaft 399
  — *Literatur der Gegen-*
    wart. 399
  — (Voir *Freihafen, Zo-*
    diaque, etc.).
Munich 99
Mythe. 211-213

Napoléon Ier jugé par Gutz-
     kow 7, 71, 269, 282
  — jugé par Rahel 146
Nagler 39, 78, 80
National (le) 84, 249
Nationale (Vie) . . 164, 168, 178
Nationalisme 56, 147, 228,
             331, 332, 395
Nature (Sentiment de la). 9, 318
                      419
Neander (Aug.) 22
Nebeneinander (Théorie du) 74,
                      420
Nerrlich. . . . . . . 430, n. 7
Neumann 424
Nodier 111
Nouvelle (la), selon Gutzkow
       129, 137, 376-381
Novalis . . . . . 14, 18, 380, n. 6

Organisateur. 53, 58
Owen 393

Paix entre les peuples . . 50, 58
          269, 409, 432

Pages

Paris et Börne 18, 31
  — et Gutzkow . . . 7, 74, 368,
        390-396, 399, 401
  — et Heine. . . . 35, 391, 392
Parlement allemand . . 402, 403,
        409, 410, 413
Patriotisme de Börne. 32, 326, 427
  —   de Gutzkow . . 396
  —   de Menzel. . 17, 94,
      223, 228, 231, 238, 242
  —   et Saint-Simo-
      nisme. 59
Paulus. . . . . . . 248, 260, n. 7
Pédagogie de Gutzkow. 316, 317,
             347, 461
Petite Allemagne 332
Pfizer (P.) 46, 90, 92
Phœnix. . . . 178, 191, 192, 239,
        274, 43', n. 1
Pierson, *Gustav Kühne.* 85, n. 2,
            196, n. 2
Piétisme. 10, 12, 48, 183, 185, 367, 417
Platen 13, 99, 335
Platon 68, 168
Poète (le), selon Gutzkow. 36, 255,
            434, 463
Politique (mouvement). 12, 25, 30,
    38-48, 60, 77-81, 89-93, 114, 182,
    233, 234, 236, 238-241, 296, 331,
    332, 344, 402-413, 415, 427, 428, 432
Politiques (principes) de Bör-
    ne. 31, 93, 182, 238, 325
  —   de Gutzkow. 15, 18, 21,
    28, 61-65, 68-72, 90-92,
    98, 134, 177-180, 292,
    293, 332, 391, 392, 402-
    412, 427, 432, 452.
  —   de Laube. 117, 173, 176,
    386, 391, n. 2, 403, 409,
    n. 3, 413, n. 2.

Pages

Politische Annalen. 34
Pologne. 27, 106, 107, 173
Portfolio 41
Principes de 1813 . 16, 17, 94, 107
Principes de 1830. 25, 29, 107, 115
Prison (Gutzkow en). . . 245-249
— (Laube en). . . . 170-176
Prœlss 5, 430
Propriété . . 49, 52, 285, 394, 410
Prose nouvelle jugée par
Wienbarg 166
jugée par
Mundt. . 306
Proudhon 399, 401, 416
Prusse (la) et l'Affaire de Co-
logne 297
— et la Jeune Alle-
magne . . 249, 250
— jugée par Gutzkow
63, 65, 69, 269, 298, 359,
406, 428, 459
— jugée par Heine 81, 249
n. 4
— jugée par Mundt. 85
— jugée par Laube. 386
— (Politique de la). 12, 26,
37-46
Pückler-Muskau 66, n. 1, 83, 107,
171, 222, 276, 304

Quinet (Edgar) 37-49, 59, 242, 396

Rahel . 60, 84. 141, 145-155, 249,
309
— et Gutzkow. . . 154, 215
— et Laube 154, 222
— et Mundt 155, 307
Ranke. 22, 81, 97, 402
Raspail 327
Raumer (F.) et la Censure . 12
— et Börne. . . . 31

Pages

Raumer (F.) et Gutzkow. 22, 69,
70, 312
— et Heine. . . . 81
— et le Saint-Si-
monisme. . . 57
Raupach 14, 344
Réaction (Triomphe de la) 78, 413
Réalisme de Büchner. . . . 192
— de Gutzkow. 120, 222,
263, 378, 425, 433
— de Laube. 105, 118, 121
Réformateur (le) 181, 326
Rehfues 111, 277, 299
Reimarus 213
Reinganum, *Börnes Leben.* 31, n. 3
Religion (la) (les Allemands
et). 131, 210, 296
— (Börne et). 181, 226
326
— (Gutzkow et) . 10,
20, 88, 104, 131, 140, 213, 216,
217, 253, 255, 270, 271, 278, 289,
299-303, 315-318, 367, 459, 461, 462
— (Hegel et) 207, 211,
301
— (Heine et) . 95, 96,
114, 240-242
— (Laube et) 104, 117,
131, 304, n. 8, 385, 386
— (Mundt et) 87, 205-
207
— (Rahel et). 151, 152
— (Saint-Simo-
nisme et) 51, 52,
53, 96, 217, 240, 285
Renan . . . . 213, n. 3
Républicains (Défaite des) 76, 91,
413
Républicanisme (le) de Börne 31,
35, 76

Pages

Républicanisme (le) de Büchner 188
— de Gutzkow 65,
67, 68, 76, 124, 236, 405, 409, 410,
412, 419, 427, 432
— jugé par Heine 77
Révolution de 1789 146, 192, 266,
269, 270, 273, 282
— de 1830. . 25, 44, 60,
91, 106, 116, 270, 292, 327
— de 1848. 251, 403-408,
409
Revue des Deux-Mondes 45, n. 2,
47, 181, 230, 393, 423
Revue de Paris 230
Ribbeck (F.) 13
Rochow. 170, 176, 232, 233, 304, 306
Rodrigues (Eugène). 53
Rodrigues (Olinde) . 49' n. 1, 58
Roman (le) selon Gutzkow . 74,
276, 291, 419, 420
Romantisme allemand . 14, 15,
95, 130
— français 111, 130, 348
— de Gutzkow. 14, 15
195, 263, 376, 421, 433
Rosenkranz 231, 244, 320, 322, 422
Rotteck . . . 38, 46, 63, n. 1, 80
Rousseau. 265, 286
Rückert 13, 160
Ruge. 301, 303, 322, 339, 371, 399
Russie 46

Saint-Marc Girardin. . 24, 37-47,
65, n. 1, 395
Saint-René Taillandier. 47, 160,
n. 1, 358, 423, 429
Saint-Simon 49-52 393
Saint-Simonisme (le) . . . 52-54
— (Influence du). 55-61

Pages

Saint-Simonisme (le) (Börne
et). 60, 94, n. 1, 239
— (Gutzkow et). 60, 67,
101, 217, 253, 255, 268,
270, 272, 278, 284 288,
290, 310, 394, 416
— (Heine et). 59, 94-96,
113, 114, 240
— (Kühne et) . . 199
— (Laube et). . 60, 107,
117, 172, n. 1
— (Menzel et) . . . 228
— (Mundt et) 60, 206,
207
— (Rahel et) 60, 152, 249
— (Wienbarg et). 60,
221, 271, n.3
— et la Religion (v.
Religion).
Sand (George). . . 111, 126, 141,
154, 217, 277, 288, 289, 307, 309,
377, 380, n. 6, 393, 395, 400
Sand (Ludwig) 11
Saphir 14
Sauerländer 178, 220
Savage (Richard) 335
Saxe 26, 40, 85
Say (J. B.). 36, 278, 394
Schall (Karl) 106
Scheidemantel (Rosalie). 27, 83,
89, 138, 140, 262, 368
Schiller . . 13, 95, 151, 338, 341,
361, 371, 373, 387
Schlegel (F.) 17, 183
Schleiermacher . 13, 22, 81, 130,
157, 183, 216, 271, 278, 289, 302
Schlesier (G.) 126, 217
Schmidt (Julian) . . . 5, 423, 428
Schott. 49, 91
Schücking (L.) . 5, 296, 422, 430

Pages

Schulz 36, 79
Schwab (G.). 36
Schweizer (V.) . 111, n. 3, 305,
n. 3
Scott (Walter). 14, 277
Scribe. . 111, 355, 362, n. 1, 387
Seydelmann. . . . 136, 137, n. 1
Shakespeare . . . 333, n. 2, 372
Shelley. . 121, 201, 290, 311, 312
Siebenpfeiffer 43, 55, 77, 79, 99
Sociales (Idées).
(voir Morales).
Socialisme de Büchner . . . 189
— français en Alle-
magne . . . 399-400
— jugé par Gutz-
kow . . 393-401, 409,
416, 418
Spiritualisme allemand 47, 48, 228
Staël (M⁻ᵉ de) jugée par Heine 95
— jugée par Lermi-
nier 154
— jugée par Rahel 150
Stahr (A.). 358, 362
Steffens. . 32, 68, 69, 87, 97, 180,
208, 314
Stehely (Café) 14, 84
Stein (Lorenz v.). 49, n. 1, 57, 399
Stieglitz (Charlotte) 155, 158-161,
217, 249, 309
Stieglitz (Heinrich) 84, 155, 160, 161
Strauss (David). . . 141, 210-213,
301, 302, 322
Strodtmann. . . . . 59, n. 2, 429
Struve. 403
Stuttgart 17, 33, 62
Sue (Eugène). . . . 111, 223, 277
399, 400, 420
Sybel (F.). 402

Pages

Talleyrand 134
Tarnow (Fanny). . 288, n. 5, 395
Telegraph 260, 295, 308, 319, 354, 397
Temps (le) 37, 84, 249
Teutonisme. 25, 64, 65, 90, 228, 410
Thiers. 331, 390-392
Tieck et Gutzkow. 14, 99, 178, 195,
263, 276, 335, 377
— et Kühne 197
— et Mundt. 87, 97
— et la Jeune Allemagne
195, 306-307
Treitschke 11, n. 7, 39, n. 4, 46, 429
Tzchoppe . . . 26, 169, 233, 245

Uhland. 14, 90, 178
Union évangélique . 32, n. 6, 87,
131, 210
Unité allemande 30, 37, 42, 46, 269,
410, 411, 428

Varnhagen. . . . 83, 84, 145, 249
— et Gutzkow. 84, 180,
226, 227, 231, 244, 313
— et Heine 59, n. 2, 80,
81, 84
— et Laube 83, n. 3, 171,
224, 226
— et Metternich.236, 244
— et Mundt 83, n. 3, 225
Veit (Moritz). . 49, n. 1, 57, 58, 83,
107, 172, n. 1, 231
Venedey. . . . 247, 396, n. 2, 403
Vienne . . . 121, 354, 360, 404
Vigny (Alf. de) . . . . 337, n. 3
Voltaire 17, 101, 126
Voyages (Récits de) 122

Wagner. 87
Wehl (F.) . 4, n. 2, 349, 350, 429,
430

Pages

Weidig. 188. 295
Weill (Alexandre). . 8, 209, 430,
n. 5
Weimar. 30
Weitling. 395, 397, 398
Wellington 131
Weltschmerz 15
Wieland. 13, 101
Wienbarg (Enfance et jeu-
nesse de). . . 111
— et Gutzkow. 215, 220,
271, 274, 305, 339
— et Heine 111, n. 4, 239
— et la Jeune Alle-
magne (Voir
Jeune Allema-
gne).
— et Menzel 230
— et le Saint-Simo-
nisme (v. Saint-
Simonisme).

Pages

Wienbarg, *Holland in den
Jahren 1831-1832.* 111
— *Æsthetische Feld-
züge* . 141, 162-169
— *Zur neuesten Lite-
ratur.* 220
— *Wanderungen
durch den Thier-
kreis* . 221, 232, 271
— *Tagebuch aus
Helgoland* . . . 305
Wihl. 323, 443
Wirth 77, 79, 99
Wohl-Strauss (Madame) 112, 325,
n. 2, 396
Wolf 15
Wurtemberg . . . 26, 39, 89, 413
Wurzbach . . . . . . 429, n. 3
Zelter 13
Zodiaque . 96, 204, 224, 225, 227
Zollverein. 30

TABLE DES MATIÈRES

———

	Pages
Avant-Propos	VII
Note Bibliographique	IX
Abréviations des notes	XI

PREMIÈRE PARTIE

Le Mouvement Politique de 1830-1832
Influence de Börne
Une Année de Désarroi : 1833

Chapitre Premier. — Berlin (1811-1831) 3-28

Chapitre II. — Stuttgart (1831-1832). -- *Les principes de 1830 vont remplacer, dans la pensée de Gutzkow, les principes de 1813* 29-61

Chapitre III. — Stuttgart (Suite). — *La Prusse dénoncée par Gutzkow à l'Allemagne du Sud* 62-81

Chapitre IV. — Années de voyage et d'apprentissage littéraire (1832-1833). 82 102

Chapitre V. — Laube 103-122

Chapitre VI. — Gutzkow cherche une forme de littérature nouvelle (1833-1834). 123-142

14.

DEUXIÈME PARTIE

Le Mouvement moral et social de 1834-1835
Influence du Saint-Simonisme et de Heine

CHAPITRE PREMIER. — L'Émancipation féminine 145-161

CHAPITRE II. — L'Émancipation littéraire 162-169

CHAPITRE III. — Laube en prison (26 juillet 1832 - 20 mars 1835) 170-176

CHAPITRE IV. — Une Année de polémique dans la vie de Gutzkow (1835) 177-195

CHAPITRE V. — Trois Romans 196-219

CHAPITRE VI. — La Jeune Allemagne 219 234

CHAPITRE VII — Les conséquences immédiates du Décret du 10 décembre. 235-256

TROISIÈME PARTIE

Les Résultats.

CHAPITRE PREMIER. — Francfort (1835-1837). — Œuvres de critique et de spéculation 259-293

CHAPITRE II. — Hambourg (1838). — Année de polémique. — Gutzkow reprend dans le monde littéraire la position qu'il occupait en 1835. 294-318

CHAPITRE III. — Hambourg (Suite) (1839-1840). — Fin du rôle historique de la Jeune Allemagne. 319-333

CHAPITRE IV. —Drames et nouvelles. — Influence morale et sociale de la Jeune Allemagne par la Littérature 334-388

CHAPITRE V. — L'historien (de 1840 à 1848) 389-413

CHAPITRE VI. — Le Romancier. — Conclusion 414-335

APPENDICE
Lettres et Pensées inédites de Gutzkow

Lettres 439-457
Pensées 458

INDEX 465